透视图解

汽车构造·原理
与拆装

（第2版）

升级版

于海东　刘青山　主编

化学工业出版社

·北京·

内容简介

　　本书在上一版的基础上增加了汽车电动化、智能化、网联化内容，更加顺应当前汽车发展趋势。全书共分6章，具体介绍了汽车分类及组成，汽车动力系统，汽车传动、驱动系统，汽车底盘系统，汽车电气系统和汽车智能网联系统。

　　本书可作为汽车院校学生及汽车行业从业人员学习汽车技术的参考用书，同时也适合广大汽车爱好者、汽车驾驶员等阅读使用。

图书在版编目（CIP）数据

透视图解汽车构造·原理与拆装：升级版 / 于海东，刘青山主编 . -- 2版 . -- 北京 ：化学工业出版社，2024. 10. -- ISBN 978-7-122-46077-6

Ⅰ. U463-64

中国国家版本馆 CIP 数据核字第 2024NB0071 号

责任编辑：周　红　　　　　　文字编辑：袁　宁
责任校对：宋　玮　　　　　　装帧设计：王晓宇

出版发行：化学工业出版社
　　　　　（北京市东城区青年湖南街 13 号　邮政编码 100011）
印　　装：天津市银博印刷集团有限公司
787mm×1092mm　1/16　印张 17　字数 417 千字
2024 年 10 月北京第 2 版第 1 次印刷

购书咨询：010-64518888
售后服务：010-64518899
网　　址：http://www.cip.com.cn
凡购买本书，如有缺损质量问题，本社销售中心负责调换。

定　　价：128.00 元

前言
Preface

汽车工业历经数十年的改良与创新，方形成今日繁荣的汽车文化。汽车在我们的日常生活中扮演着日益重要的角色，汽车保有量的持续增长也推动了汽车行业从业人员的不断增多。

汽车透视图以直观的方式展现了汽车的精密制造、配合关系及其内部构造和原理。对于非专业人士和汽车爱好者而言，透视图有助于他们更加清晰地了解汽车各部分的组成及构造，进而加深对汽车结构与工作原理的理解。

笔者从事汽车资料图书编写工作二十多年，积累了大量的汽车结构透视图、系统分解图及线描图。在本书中，笔者精心挑选了大众／奥迪车系的高清图片，并依据汽车结构特点进行分类，与现有教材体系相契合。本书通过深入浅出的语言，结合原理与图示，将复杂的汽车构造原理以简洁明了的方式呈现，旨在帮助汽车行业从业人员及汽车爱好者更好地学习和掌握汽车构造知识。

《透视图解汽车构造原理与拆装》自2017年出版以来，受到了广大读者的热烈追捧与好评。然而，鉴于近年来汽车技术的日新月异，特别是在电动化、智能化、网联化等领域取得了显著进展，其内容已无法全面适应当前汽车技术的变革。为此，笔者依据读者反馈，紧密结合当前汽车技术发展的热点，对内容进行了全面而深入的升级。

新版在保持原有整体风格的基础上，对部分内容进行了精心调整。重新选择了更能准确表达系统原理的高清图片，这些图片不仅满足了基础原理的展示需求，还针对当前汽车上搭载的先进系统进行了图片的扩充，使读者能够更直观地了解现代汽车的构造与原理。同时，对文字进行了重新加工整理，使内容更加严谨、准确，易于理解。此外，还对配套的视频进行了重新规划与制作，确保视频内容与新版图书内容相辅相成，为读者提供更为丰富、直观的学习体验。

此次全新升级的《透视图解汽车构造原理与拆装》，旨在为广大读者提供更加全面、准确、前沿的汽车构造原理与拆装知识，助力读者更好地掌握现代汽车技术的精髓。

本书在继续发挥内容框架齐全、图片清晰全面等优点的基础上，增加了汽车电动化、智能化、网联化内容，以顺应当前汽车发展趋势。电动化方面重点选择纯电动汽车和插电式混合动力汽车相关内容和图片，附带介绍燃料电池汽车基本构造。汽车智能化、网联化方面介绍当前汽车搭载的车道偏离预警（LDW）、车道保持辅助（LKA）、自适应巡航控制（ACC）、自动紧急制动（AEB）、前向碰撞预警（FCW）以及自动泊车辅助等智能化系统的结构原理。

本书可作为汽车院校学生及汽车行业从业人员学习汽车技术的参考用书，同时也适合广大汽车爱好者、汽车驾驶员等阅读使用。

本书由于海东、刘青山主编，参加编写的还有邢磊、于韩、李文艳、邓冬梅、邓晓蓉等。

由于笔者水平有限，书中难免有不妥之处，恳请广大读者批评指正。

编　者

目录 Contents

Automobile Structure

第 **3** 章
汽车传动、驱动系统
113 ~ 184

第 4 章
汽车底盘系统

第 5 章

汽车电气系统

第 6 章

汽车智能网联系统

247 ~ 261

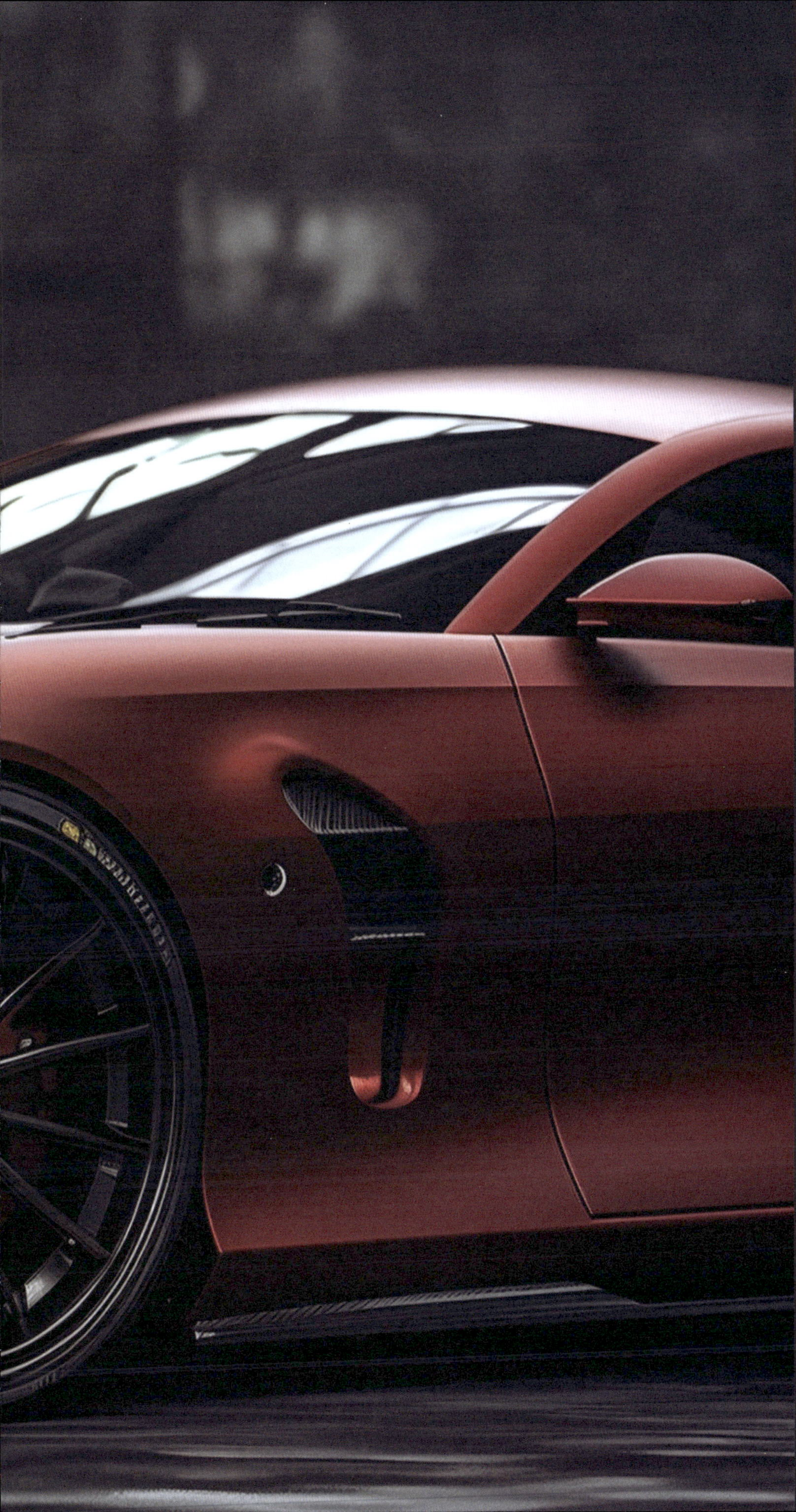

第1章 汽车分类及组成

1.1
汽车分类

1.1.1 汽车车身参数

如图 1-1-1 所示是奥迪 A6 汽车车身尺寸图。

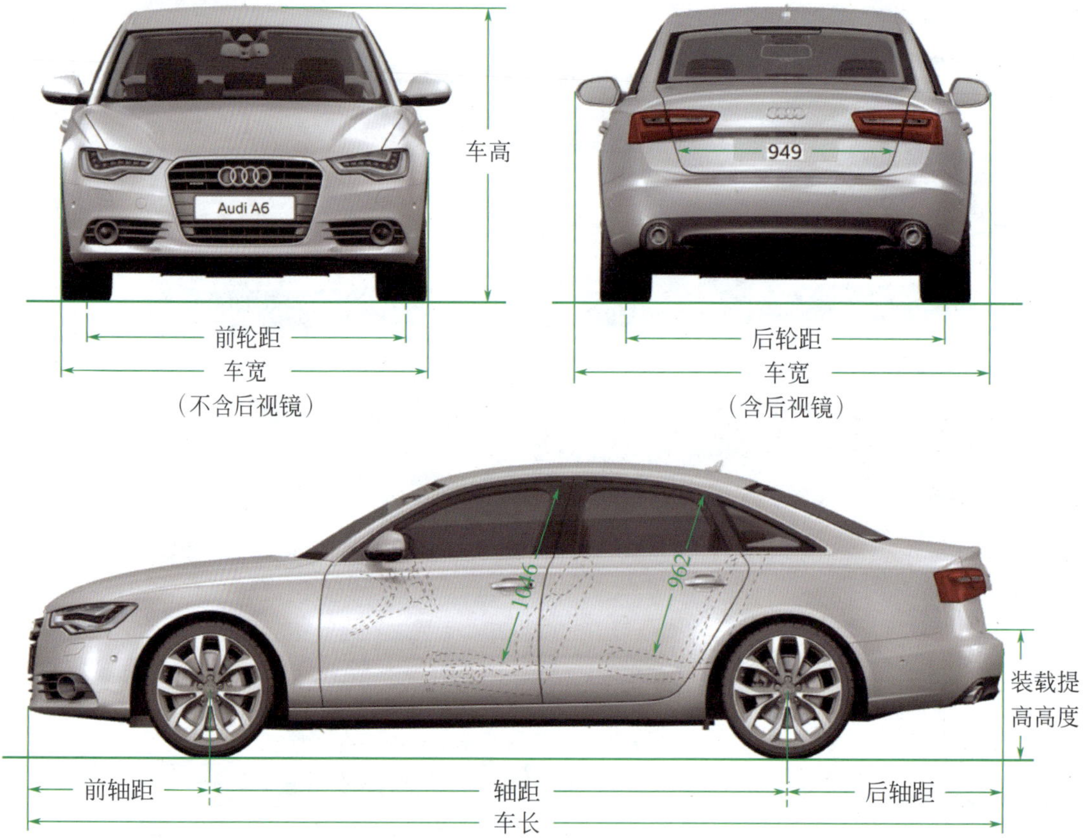

项目	尺寸	项目	尺寸
车长 /mm	4915	允许总质量 /kg	2155
车宽 /mm	1874	车内前部宽度 /mm	1460
车高 /mm	1455	车内后部宽度 /mm	1429
前轮距 /mm	1627	车内前部高度 /mm	1046
后轮距 /mm	1618	车内后部高度 /mm	962
轴距 /mm	2912	载货宽度 /mm	949
牵引质量（在8%的斜坡上使用制动器）/kg	1800	装载提高高度 /mm	647
空车质量 /kg	1575	行李箱容积 /L	470

图 1-1-1 奥迪 A6 汽车车身尺寸图

1.1.2　汽车分类

汽车级别可分为微型车、小型车、紧凑型车、中型车、中大型车、豪华车、SUV、MPV、跑车、皮卡、微面（微型面包车）、轻客、微卡（微型卡车）。

扫一扫看动画视频

（1）**微型车**　微型车也被称为 A00 级车，一般情况下，属于该级别的车的轴距在 2000～2300mm 之间，车身长度在 4000mm 之内。比较典型的微型车如奥拓、奇瑞 QQ、比亚迪 F0、Smart Fortwo 等，如图 1-1-2 所示。

图 1-1-2　典型的微型车

（2）**小型车**　小型车也被称为 A0 级车，一般情况下，属于该级别的车的轴距在 2300～2500mm 之间，车身长度在 4000～4300mm 之间。比较典型的小型车如 POLO、飞度、赛欧等，如图 1-1-3 所示。

图 1-1-3　典型的小型车

（3）**紧凑型车**　紧凑型车也被称为 A 级车，一般情况下，属于该级别的车的轴距在 2500～2700mm 之间，车身长度在 4200～4600mm 之间。比较典型的紧凑型车如高尔夫、科鲁兹、福克斯等，如图 1-1-4 所示。

图 1-1-4 典型的紧凑型车

（4）中型车 中型车也被称为 B 级车，一般情况下，属于该级别的车的轴距在 2700～2900mm 之间，车身长度在 4500～4900mm 之间。比较典型的中型车如宝马 3 系、雅阁、迈腾等，如图 1-1-5 所示。

图 1-1-5 典型的中型车

（5）中大型车 中大型车也被称为 C 级车，一般情况下，属于该级别的车的轴距在 2800～3000mm 之间，车身长度在 4800～5000mm 之间。比较典型的中大型车如奥迪 A6L、奔驰 E 级、丰田皇冠、宝马 5 系 Li、沃尔沃 S80L 等，如图 1-1-6 所示。

图 1-1-6 典型的中大型车

（6）**豪华车**　豪华车也被称为 D 级车，一般情况下，属于该级别的车的轴距超过 3000mm，车身长度超过 5000mm。比较典型的豪华车有奔驰 S 级、奥迪 A8L、宝马 7 系、雷克萨斯 LS、迈巴赫、劳斯莱斯幻影等，如图 1-1-7 所示。

图 1-1-7　典型的豪华车

（7）SUV（级别） SUV 是 sport utility vehicle 的缩写，中文意思是运动型多功能车，是一种同时拥有旅行车般的舒适性和空间及一定越野能力的车型。现在的 SUV 一般是指那些以轿车平台为基础生产，在一定程度上既具有轿车的舒适性又有越野车的通过性的车型，如图 1-1-8 所示。

(a) 小型 SUV   (b) 紧凑型 SUV

(c) 中型 SUV   (d) 中大型 SUV

图 1-1-8　典型的 SUV

① 小型 SUV　小型 SUV 车长一般在 3850～4350mm 之间，轴距小于 2670mm。典型车型有现代 ix25、雪铁龙 C3、本田 XR-V 等。

② 紧凑型 SUV　紧凑型 SUV 车长一般在 4300～4750mm 之间，轴距为 2600～2760mm。典型车型有途观、哈弗 H6、宝马 X1、标致 2008、本田 CR-V 等。

③ 中型 SUV　中型 SUV 车长在 4400～4850mm 之间，轴距为 2650～2800mm。典型车型有奥迪 Q5、奔驰 GLC 级、牧马人、沃尔沃 XC60 等。

④ 中大型 SUV　中大型 SUV 车长在 4750～5150mm 之间，轴距为 2790～3050mm。典型车型有路虎揽胜、丰田普拉多、大众途锐、宝马 X5、奥迪 Q7、兰德酷路泽等。

（8）MPV（级别） MPV 是指多用途汽车（multi-purpose vehicles），从源头上讲，MPV 是从旅行轿车逐渐演变而来的，它集旅行车宽大乘员空间、轿车的舒适性和厢式货车的功能于一身，一般为两厢式结构，即多用途车。

MPV 拥有一个完整宽大的乘员空间，使它在内部结构上具有很大的灵活性，这也是 MPV 最具吸引力的地方。车厢内可以布置七八个座位，还有一定的行李空间；座椅布置灵活，可全部折叠或放倒，有些还可以前后左右移动甚至旋转。典型的 MPV 车型有本田奥德赛、别克 GL8、宝马 2 系多功能旅行车、大众途安、大众夏朗、丰田埃尔法等，如图 1-1-9 所示。

图 1-1-9　典型的 MPV

1.2
汽车组成

扫一扫看动画视频

电器——组合仪表

汽车主要由以下部分构成：动力系统（涵盖发动机、电动汽车的动力电池等）、驱动系统（包括变速器、电动汽车的驱动电机及减速器等）、底盘系统、电气系统，以及高级驾驶辅助系统（ADAS），如图 1-2-1 所示。

动力系统——发动机（带混合动力系统）

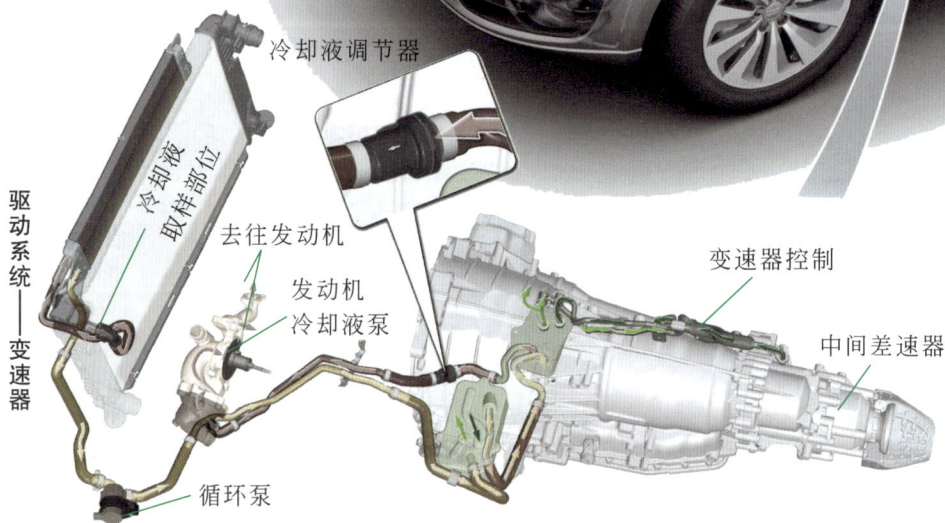

冷却液调节器

驱动系统——变速器

冷却液取样部位

去往发动机

发动机冷却液泵

循环泵

变速器控制

中间差速器

图 1-2-1　汽车基本组成图

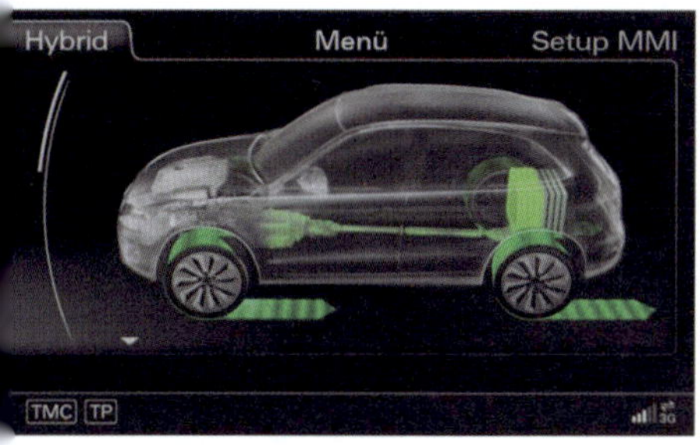
Hybrid
Menü
Setup MMI
TMC
TP

电器——混合动力系统

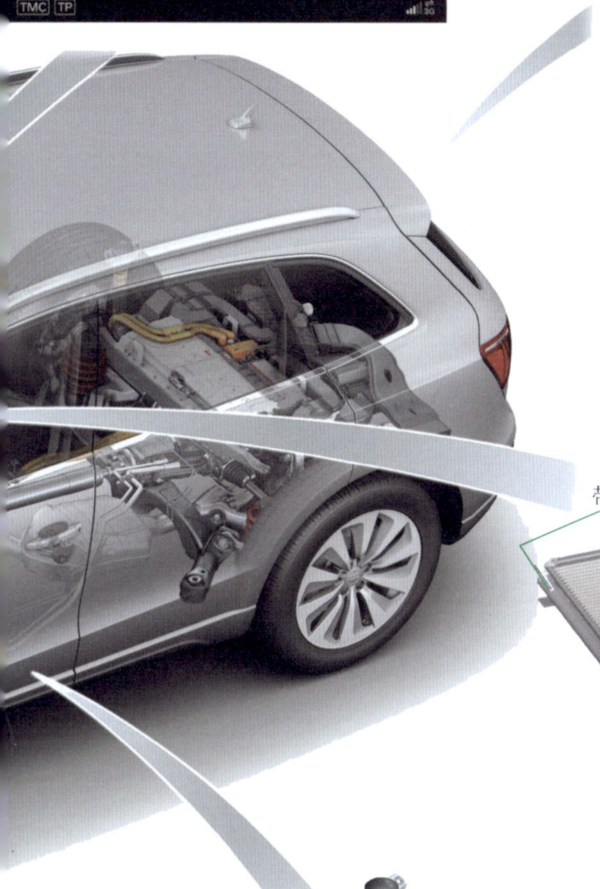

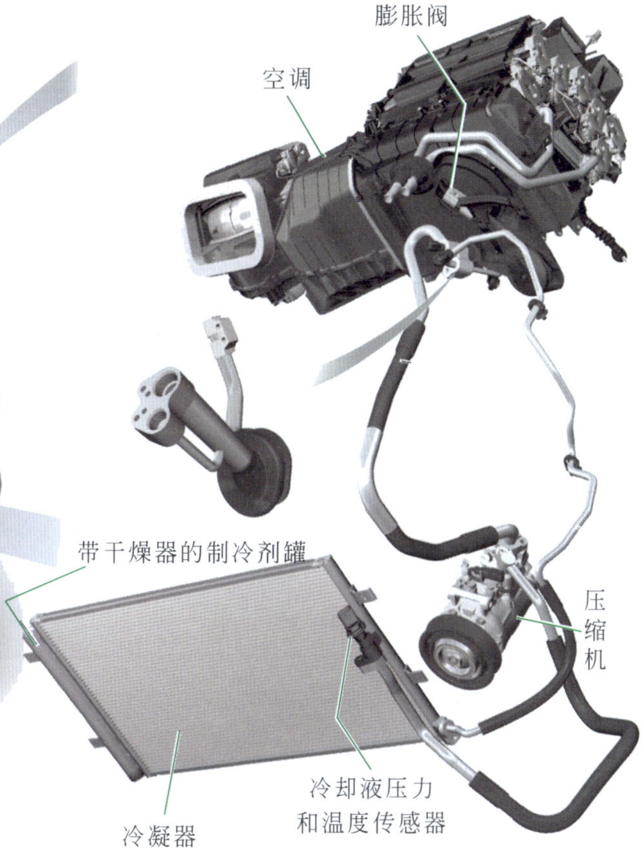
膨胀阀
空调
带干燥器的制冷剂罐
压缩机
冷却液压力和温度传感器
冷凝器

电器——空调系统

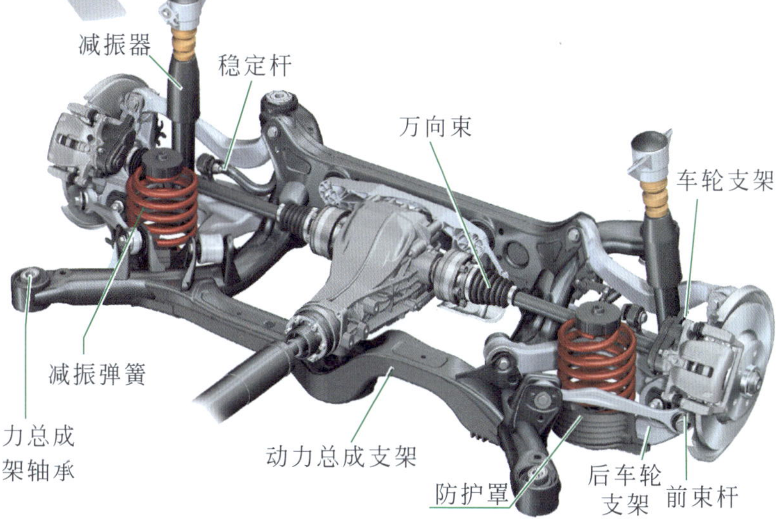
减振器
稳定杆
万向束
车轮支架
减振弹簧
动力总成支架轴承
动力总成支架
防护罩
后车轮支架
前束杆

底盘——悬架

1.2.1 动力系统

汽车动力系统，作为汽车的心脏，其核心职责是产生强大的驱动力，确保车辆在各种路况下都能稳定、安全地行驶。这种驱动力来源于发动机或电动机的运转，通过一系列的机械和电力学原理，最终转化为推动汽车前进的力量。无论是传统的燃油发动机还是现在的电动汽车电池，其核心目标都是产生这一关键的驱动力。

（1）发动机 作为传统汽车的"心脏"，发动机通过燃油的燃烧，将化学能转化为机械能，从而产生驱动力。图 1-2-2 所示为大众车型应用最为广泛的 EA888 发动机外观和宝马曾经的高端车型搭载的 V 型 12 缸 N74 发动机外观。

(a) 大众 EA888 发动机

(b) 宝马 N74 发动机

图 1-2-2 大众 EA888、宝马 N74 发动机外观图

（2）**动力电池**　在电动汽车中，电池组取代了发动机的位置，承担着储存和释放能量的任务。它不仅要确保车辆的正常运行，还要确保在充电和使用过程中的安全。图 1-2-3 所示为常见的纯电动、混合动力汽车动力电池外观。

汽车动力系统不仅仅是一个技术产品，更是一个时代的象征。它代表了人类对机械、工程和科技的极致追求。在未来，随着环保理念的深入人心和新能源技术的普及，汽车动力系统还将迎来更多的变革和挑战。但无论怎样变化，其核心目标——为车辆提供稳定、高效的驱动力——将始终不变。

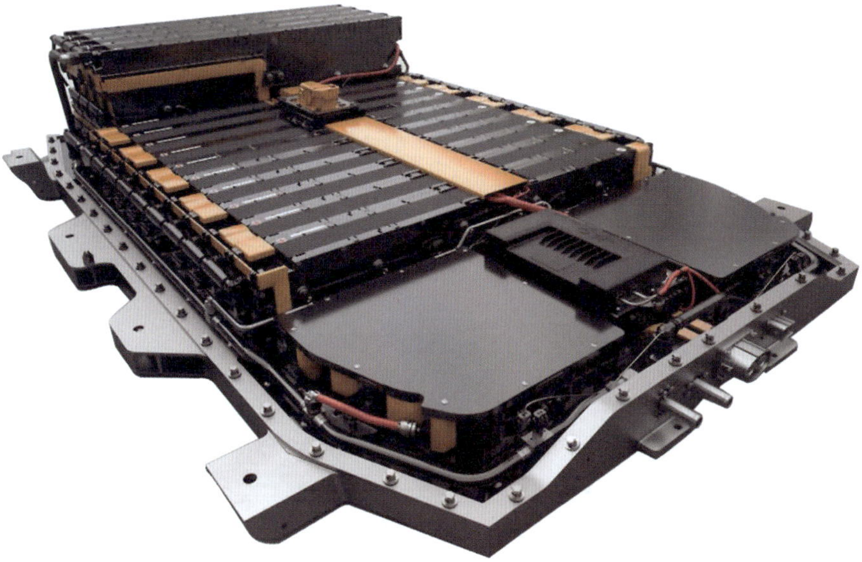

(a) 纯电动汽车动力电池

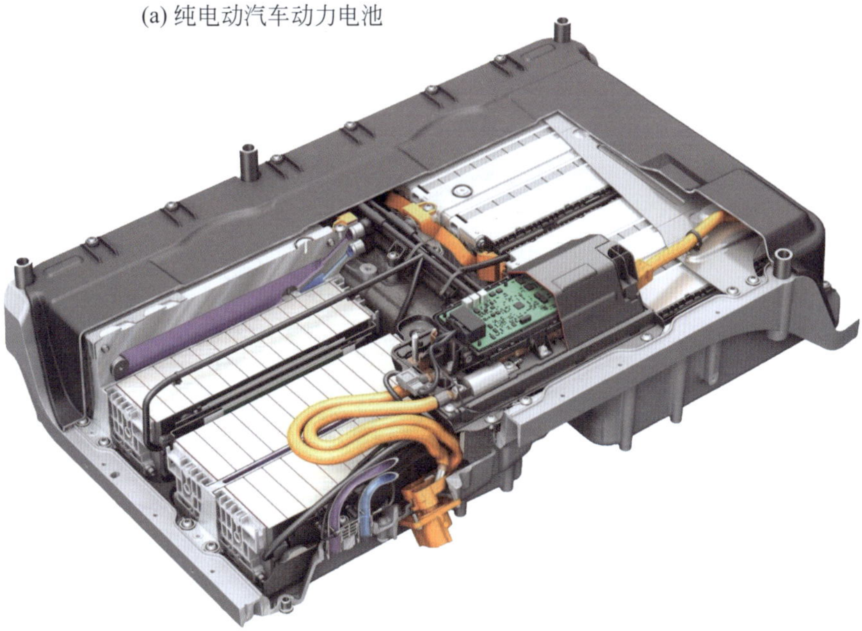

(b) 混合动力汽车动力电池

图 1-2-3　纯电动、混合动力汽车动力电池外观

1.2.2 驱动系统

汽车的驱动系统，是一套精密且至关重要的机械系统。它承担着将动力系统产生的强大动力，精准且有效地传递到车轮的任务，从而让汽车得以顺畅地行驶。

（1）**传统汽车驱动系统**　传统汽车的驱动系统，主要包含变速器、差速器以及半轴等部分。

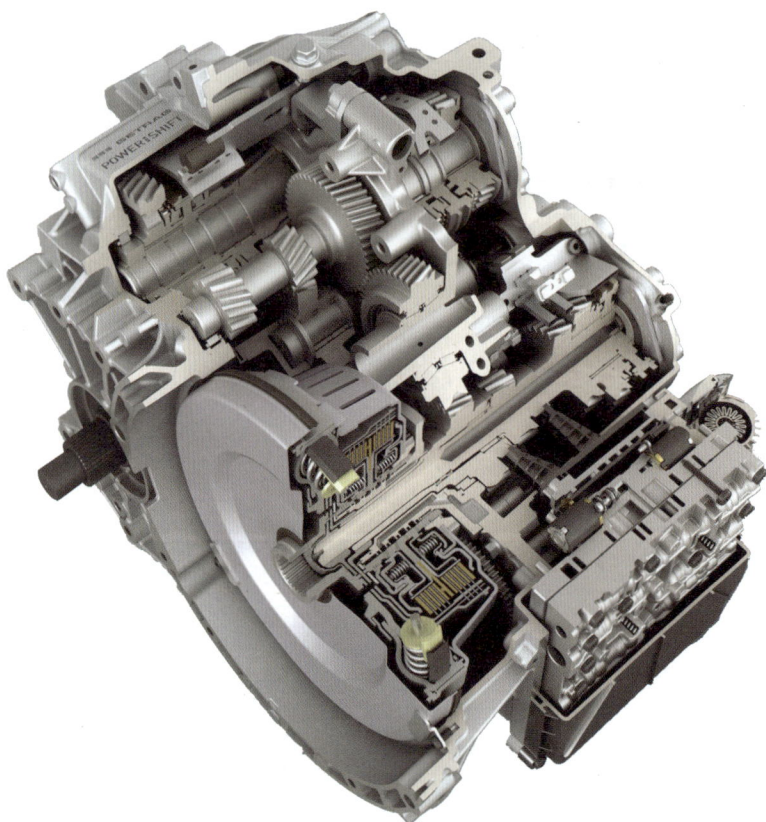

(a) 前驱式传统汽车驱动系统的变速器

这些部件协同工作，确保发动机的动力能够被适当地调节并传递到车轮。变速器的作用在于调节传动比，以适应不同的行驶需求和速度。差速器则负责将发动机的动力进行分配，使汽车在转弯或行驶在不平坦的路面时，车轮能得到适当的动力。半轴作为连接差速器和车轮的部件，负责将动力传输至车轮。前驱式传统汽车驱动系统的变速器如图 1-2-4（a）所示，后驱式传统汽车驱动系统的变速器如图 1-2-4（b）所示。

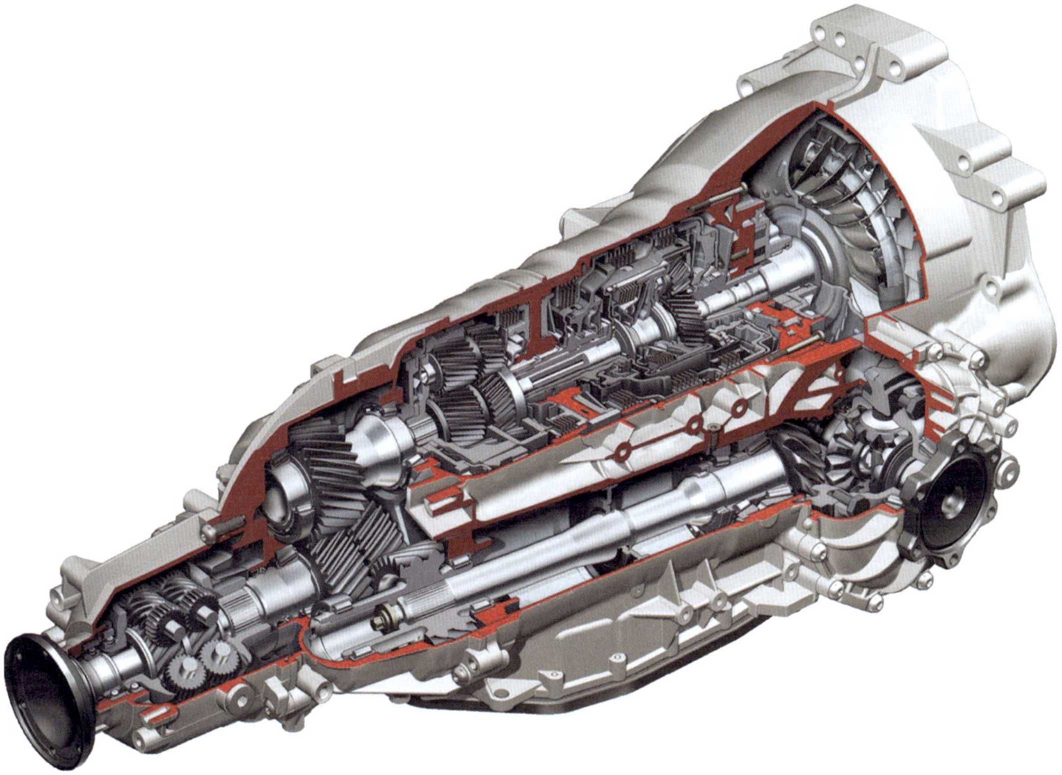

(b) 后驱式传统汽车驱动系统的变速器

图 1-2-4　传统汽车驱动系统变速器

（2）**电动汽车驱动系统**　相较于传统汽车，电动汽车的驱动系统有所不同。它的核心构成包括驱动电机、单速减速器和半轴等。驱动电机是电动汽车的动力源泉，它能够将电能转化为机械能，为汽车提供前进的动力。单速减速器则对电机产生的动力进行减速和增扭，确保动力能够适应汽车的行驶需求。半轴作为连接减速器和车轮的部件，承担着将动力传输至车轮的任务。纯电动汽车驱动系统如图 1-2-5（a）所示，插电式混合动力汽车驱动系统如图 1-2-5（b）所示。

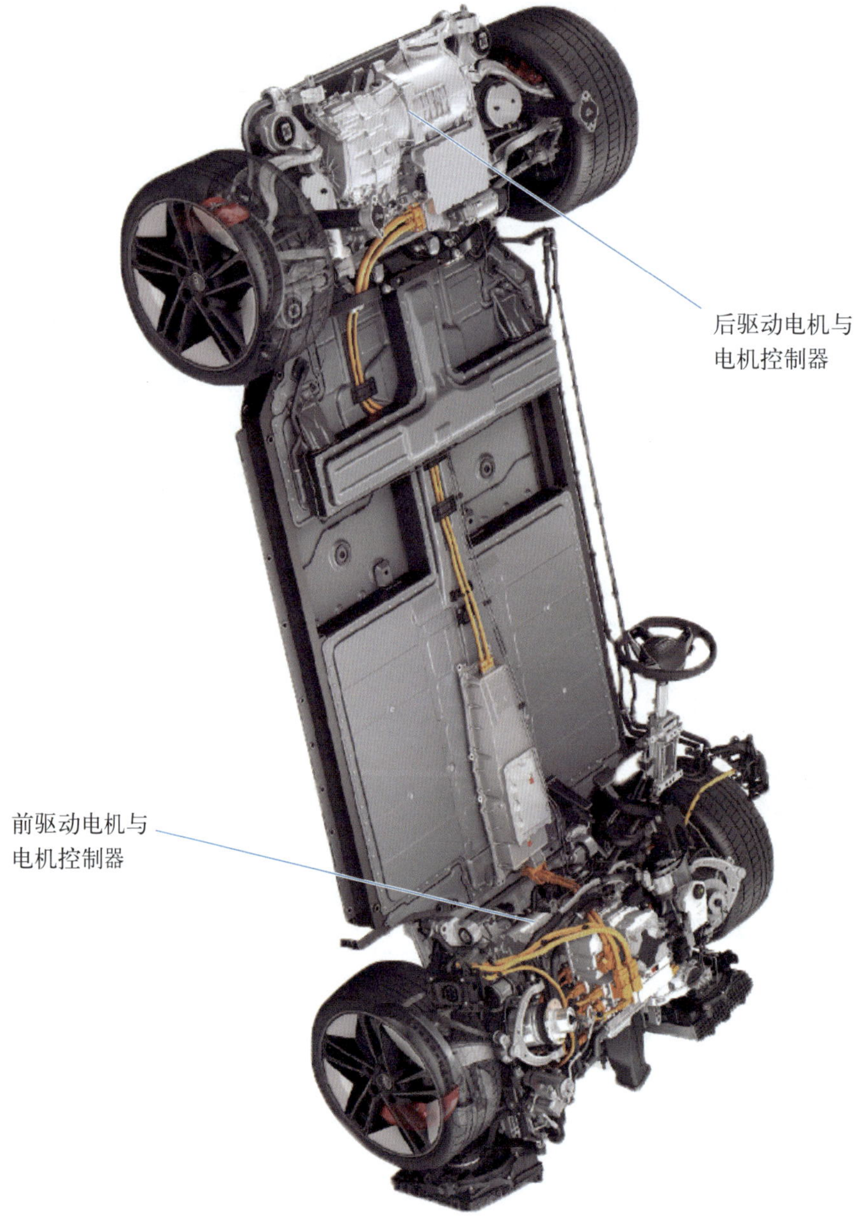

后驱动电机与
电机控制器

前驱动电机与
电机控制器

(a) 纯电动汽车驱动系统

总而言之，无论是传统汽车还是电动汽车，驱动系统都是其不可或缺的重要组成部分。它们通过精密的机械和电控部件的协同工作，将发动机或电机产生的动力传递至车轮，从而推动汽车向前行驶。正是这一系统的存在，使得汽车得以在各种路况和环境下稳定、顺畅地行驶。

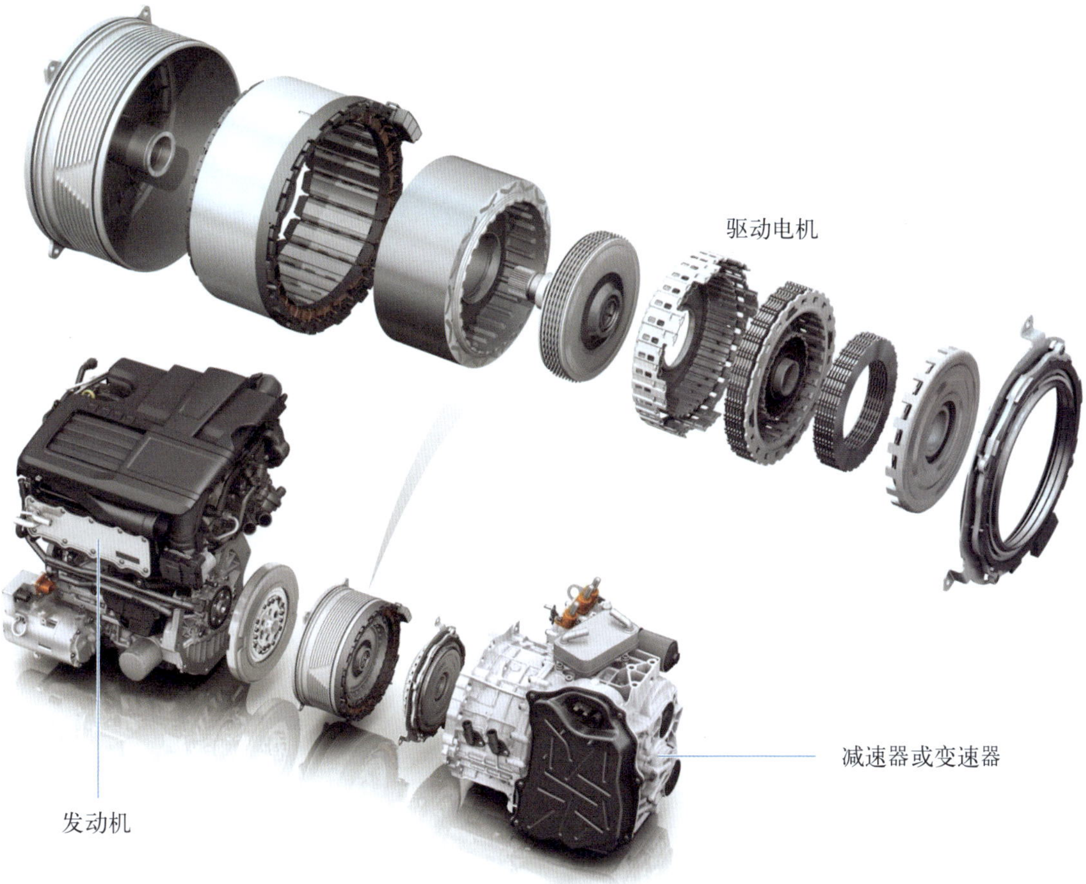

驱动电机

减速器或变速器

发动机

(b) 插电式混合动力汽车驱动系统

图 1-2-5　电动汽车驱动系统

1.2.3 底盘系统

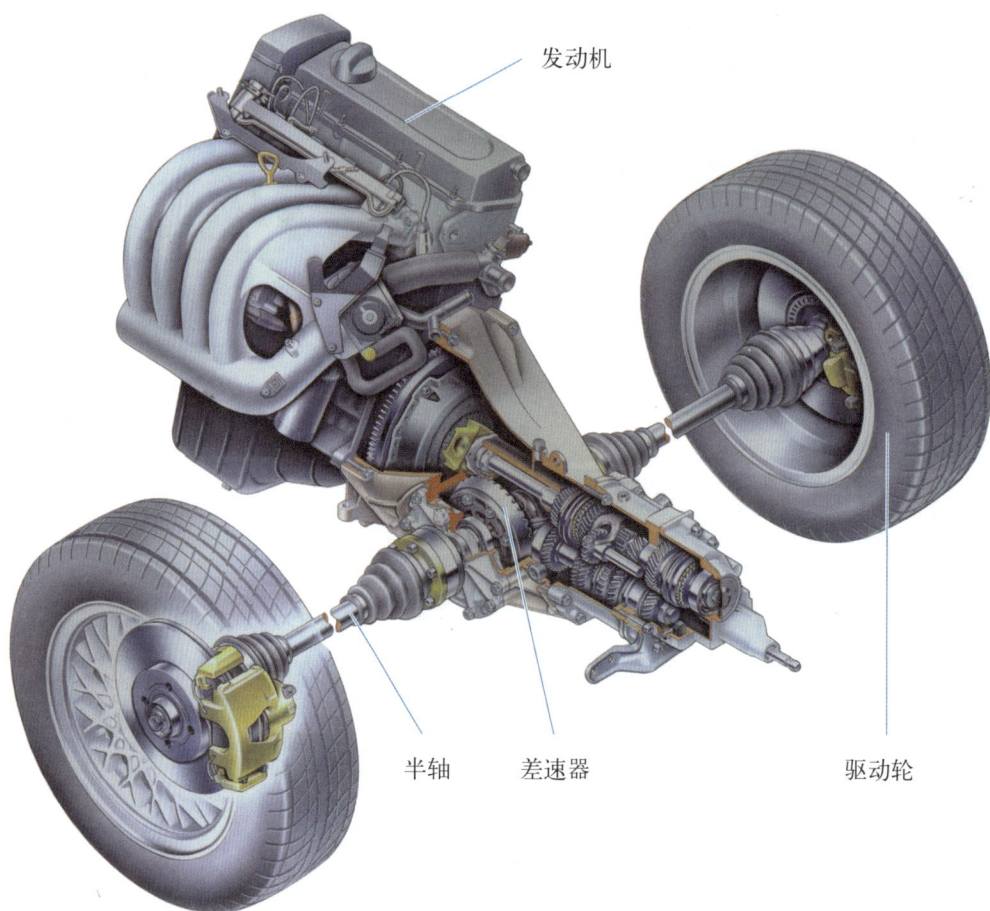

汽车底盘是汽车车身的承载和支撑部分，底盘上安装有发动机、变速器以及各种组件，构成汽车整体造型。汽车底盘可分为传动系统、行驶系统、转向系统和制动系统。

（1）**传动系统** 传动系统（图1-2-6）的作用是将动力传输到驱动轮上，让汽车在路面上产生位移。

（2）**行驶系统** 行驶系统是指能接收发动机经传动系统传来的扭矩，并通过驱动轮与路面间的附着作用产生牵引力（驱动力），使汽车产生位移，并完成承载、缓和冲击和振动等功能的部件的总称。这些部件包括车桥、车轮和悬架等，见图1-2-7。

（3）**转向系统** 转向系统是指能按驾驶员意图使车辆产生位移的部件的总称。转向系统包括转向操纵和转向助力两大部分，见图1-2-8。

发动机

半轴　　差速器　　驱动轮

图1-2-6　传动系统

悬架

车桥

车轮

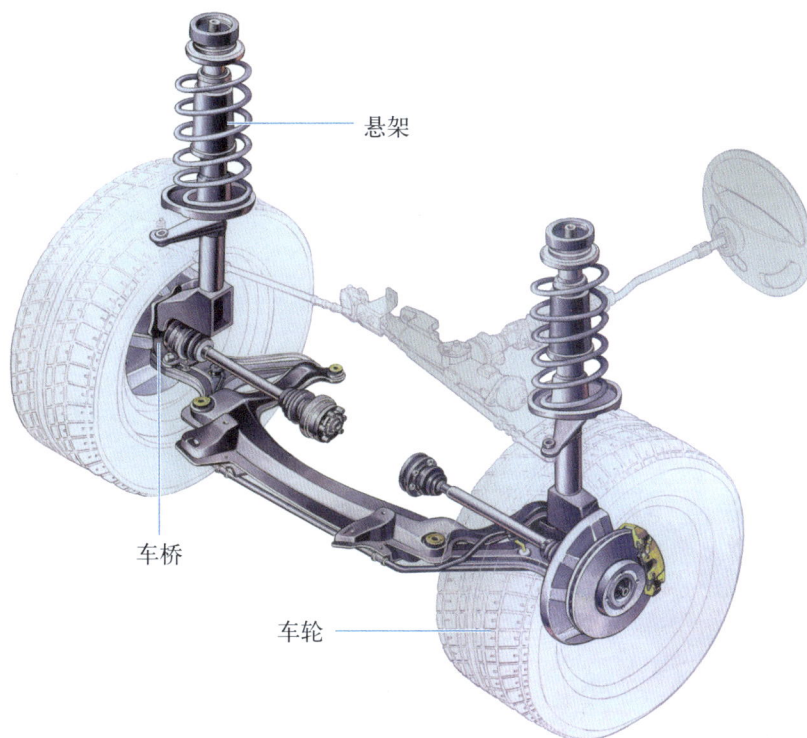

图 1-2-7　行驶系统

方向盘
（转向操纵机构）

转向器
（转向操纵机构）

转向助力泵
（转向助力机构）

图 1-2-8　转向系统

（4）**制动系统** 制动系统是指能使车辆适时减速、停车和驻车的系统（图1-2-9）。按其功能划分，可分为行车制动和驻车制动两大部分；按动力介质划分，可分为液压制动、气压制动以及气液混合制动等。现今的乘用车，其行车制动都采用液压制动，其驻车制动有机械式和电子式两大类。

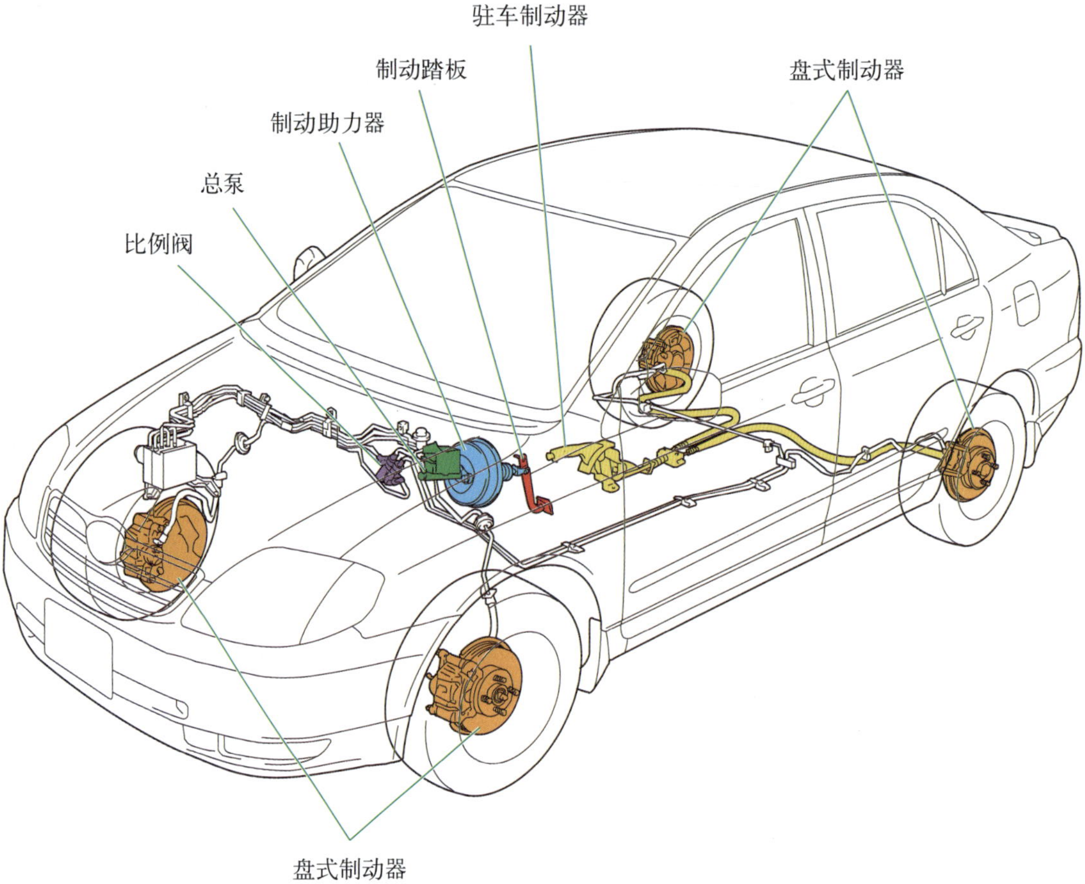

图 1-2-9 制动系统

1.2.4 电气系统

电气系统是汽车用电设备的总称。传统汽车低压电气系统包括蓄电池、发动机、照明、雨刮洗涤、空调、音响等。电动汽车高压电气系统包含动力电池、高压配电盒、电机控制器、电动空调压缩机、PTC加热器、车载充电机等。传统汽车低压电气系统如图1-2-10（a）所示，电动汽车高压电气系统如图1-2-10（b）所示。

ABS控制器

车距调节控制器

自动变速器控制器（CAN）

收音机

数据总线诊断接口

外部音频源接口

媒体收音机

仪表板

发动机控制器

辅助加热装置控制器

车载电网控制器

轮胎气压检测控制器

电控制转向控制器

大灯照明距离调节装置控制器

转向角度传感器

自动空调控制器

电话发送和接收单元

远光灯辅助系统控制器

行车道保持辅助系统控制器

驾驶员车门控制器

安全气囊控制器

副驾驶车门控制器

主动转向控制器

座椅通风控制器

左后车门控制器

右后车门控制器

后行李箱盖控制器2（副控）

舒适系统中央控制器

拖车识别控制器

TV调频器（MOST）

后行李箱盖控制器（主控）

电机驻车制动器控制器

倒车影像系统控制器

收音机（MOST）

驻车辅助系统控制器

数码音响系统控制器

电子调节减振控制器

换道辅助系统控制器2（副控）

换道辅助系统控制器（主控）

全轮驱动控制器

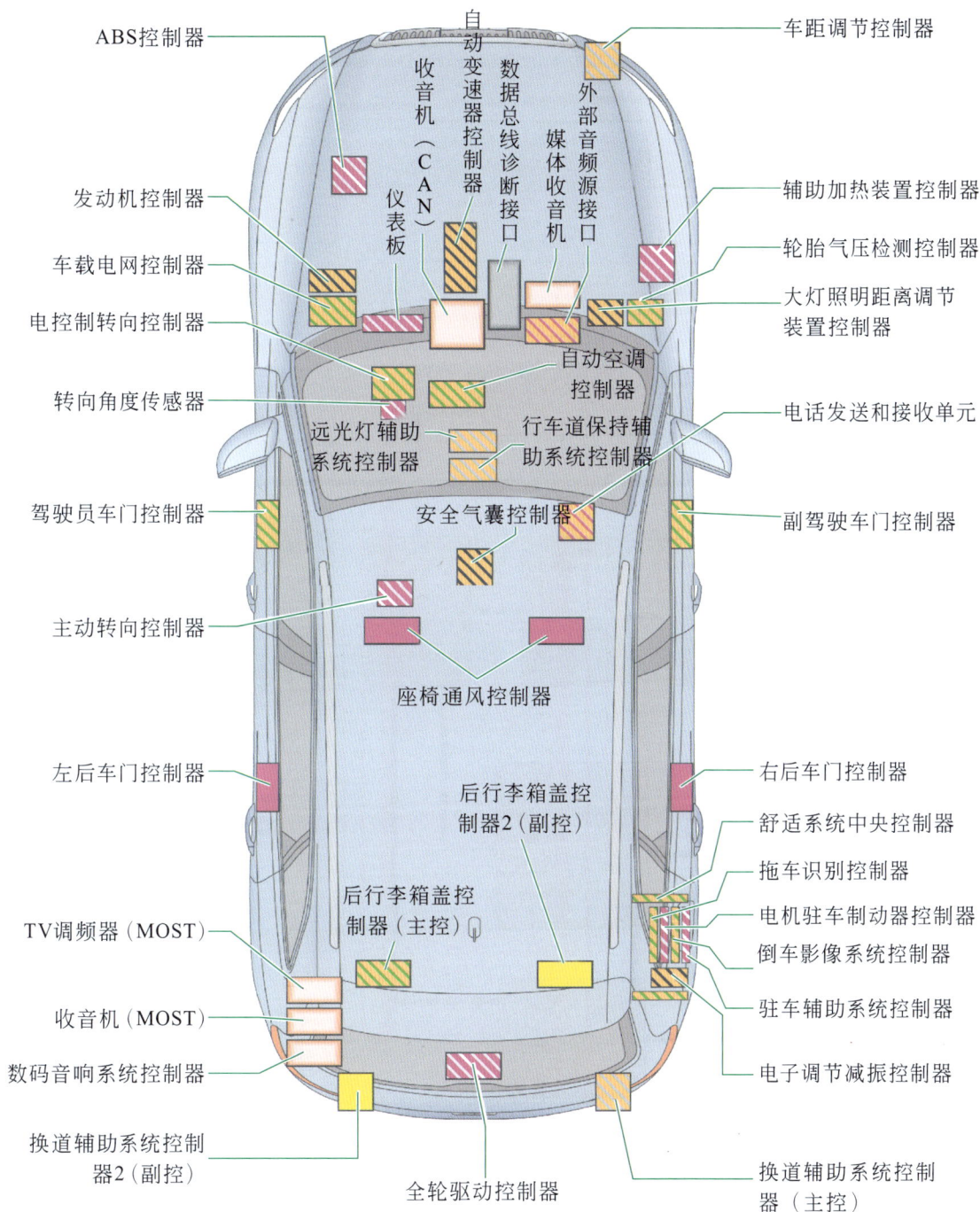

(a)传统汽车低压电气系统

图 1-2-10

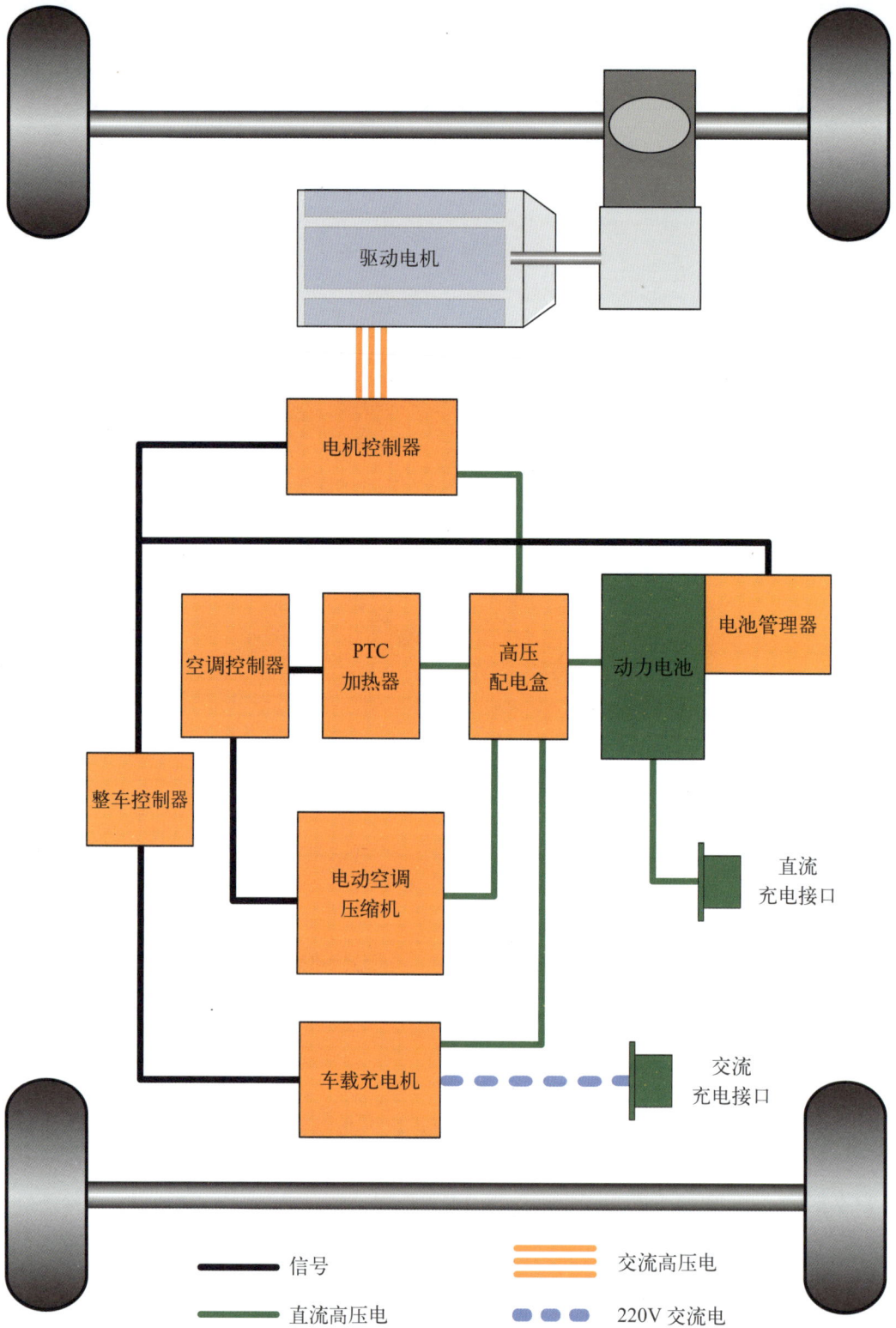

图 1-2-10　汽车电气系统

(b)电动汽车高压电气系统

1.2.5　高级驾驶辅助系统（ADAS）

高级驾驶辅助系统（advanced driver assistance systems，ADAS）又称为先进驾驶辅助系统。其主要功能是利用安装在车上的各式各样的传感器提前感知车辆及其周围情况并进行分析处理，发现危险及时预警，提醒驾驶员或执行器介入汽车操作，保障车辆安全行驶。

先进驾驶辅助系统是智能网联汽车的重要组成部分，是无人驾驶汽车的关键技术和过渡形态。先进驾驶辅助系统按照功能分类主要有三大类：视野改善类、安全预警类、主动控制类，如图 1-2-11 所示。前向碰撞预警系统示意图如图 1-2-12 所示。

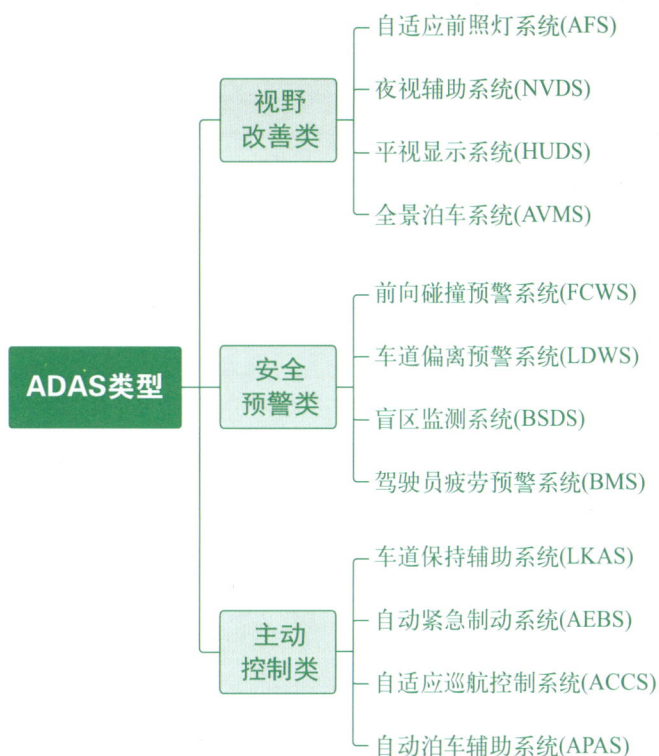

ADAS类型

视野改善类
- 自适应前照灯系统(AFS)
- 夜视辅助系统(NVDS)
- 平视显示系统(HUDS)
- 全景泊车系统(AVMS)

安全预警类
- 前向碰撞预警系统(FCWS)
- 车道偏离预警系统(LDWS)
- 盲区监测系统(BSDS)
- 驾驶员疲劳预警系统(BMS)

主动控制类
- 车道保持辅助系统(LKAS)
- 自动紧急制动系统(AEBS)
- 自适应巡航控制系统(ACCS)
- 自动泊车辅助系统(APAS)

图 1-2-11　ADAS 系统类型

图 1-2-12　前向碰撞预警系统示意图

Automobile Structure

第 **2** 章

汽车动力系统

2.1
发动机概述

　　汽车发动机作为核心部件，肩负着为汽车提供动力的重任，充当着汽车的动力源。在气缸内，燃料的燃烧产生巨大压力，驱动活塞进行上下运动。活塞的运动会传递至连杆，进而推动曲轴进行旋转。曲轴的旋转通过与之相连的离合器（或变矩器）传递至变速器，经过变速器的合理分配，最终将动力传递至车轮，从而推动汽车前行。汽车发动机外观如图 2-1-1 所示。

发动机机油尺

机油滤清器

发电机

空调压缩机

(a)大众EA888发动机外观图

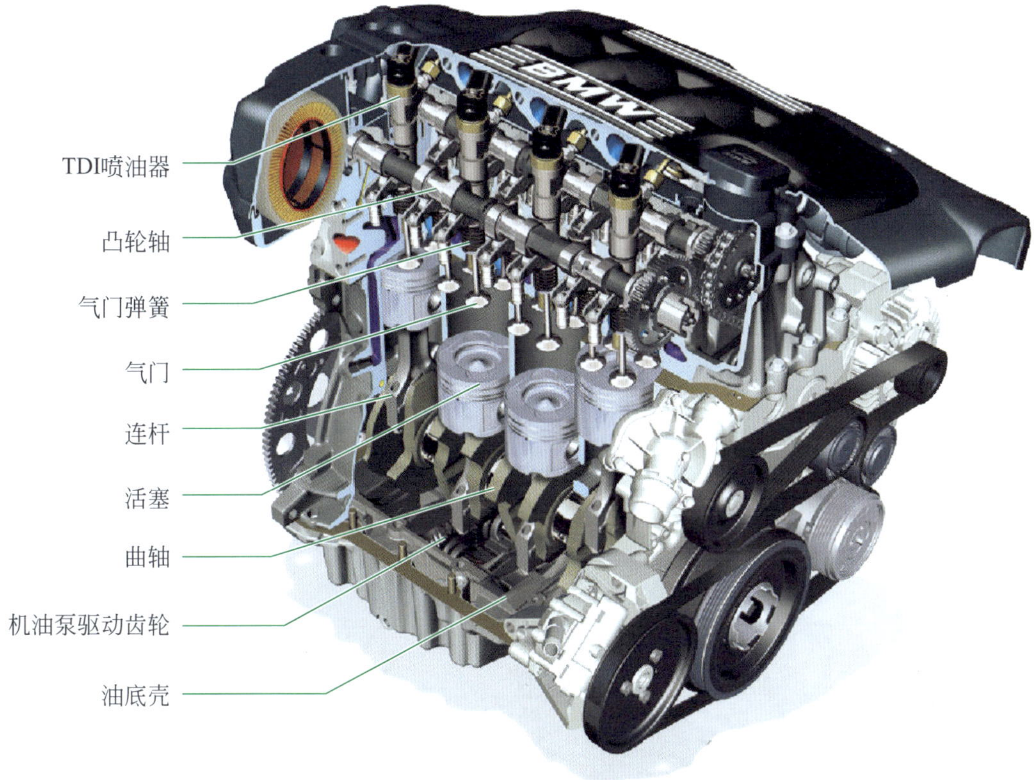

TDI喷油器

凸轮轴

气门弹簧

气门

连杆

活塞

曲轴

机油泵驱动齿轮

油底壳

(b)宝马直列四缸TDI发动机剖视图

图 2-1-1 汽车发动机外观图

2.2
发动机类型

扫一扫看动画视频

汽车发动机依据所应用燃料类型，可分为汽油发动机、柴油发动机以及清洁燃料发动机等。清洁燃料发动机在燃料供给和喷油器方面与前两种发动机有所差异，其余部分可参照前两种发动机进行理解。此外，发动机还可根据气缸排列形式进行分类，包括直列式、V 型、VR 型、W 型以及水平对置式发动机。

2.2.1 汽油发动机

汽油发动机，是一种以汽油为燃料的发动机。其具备转速高、重量轻、噪声小、启动便捷以及制造成本较低等优势，因此在现代汽车领域得到了广泛应用。随着科技的不断进步，汽油发动机在汽车领域也普遍采用了涡轮增压和缸内直喷等技术，进一步提升了其功率和经济性能。汽油发动机的组成部分如图 2-2-1 所示。

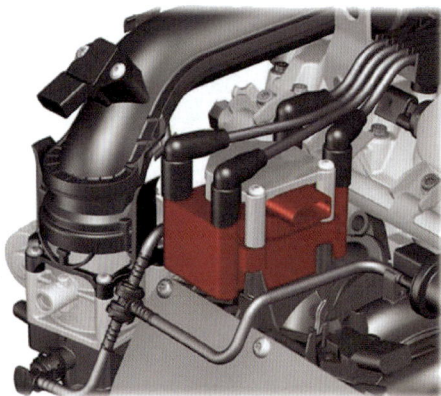

两气门气缸盖，缸内直喷

点火变压器（四个气缸共用一个点火变压器）

正时带罩盖，
材料：熟料、镁

图 2-2-1 汽油发动机组成图

气缸体（集成曲轴箱通风和油气分离器）

涡轮增压器（带电动调节排气泄压阀，进气管中集成水冷增压空气冷却系统）

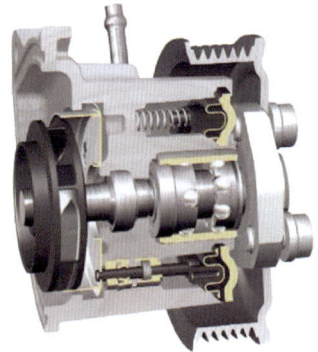

冷却液泵（热管理系统可切换的冷却液泵）

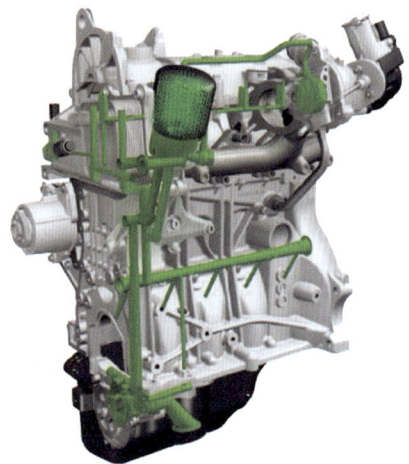

流量可调的机油循环回路（带油道压力可调的机油泵）

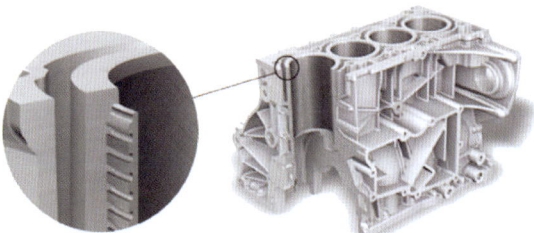

铝制气缸体采用开放式水道，并带有灰铸铁气缸套

2.2.2 柴油发动机

柴油发动机，一种以柴油为燃料的发动机，具有较高的压缩比和热效率，从而在经济性能和排放性能方面优于汽油发动机。此类发动机广泛应用于皮卡、客／货汽车以及工程机械车上，甚至部分豪华轿车也采用柴油发动机。柴油发动机的组成如图 2-2-2 所示。

进气系统（带可变进气管长度调节）

高压共轨喷射

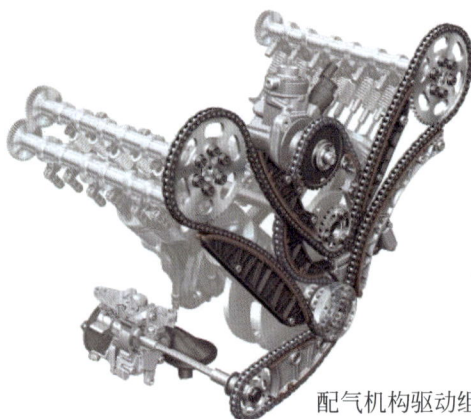

配气机构驱动组件

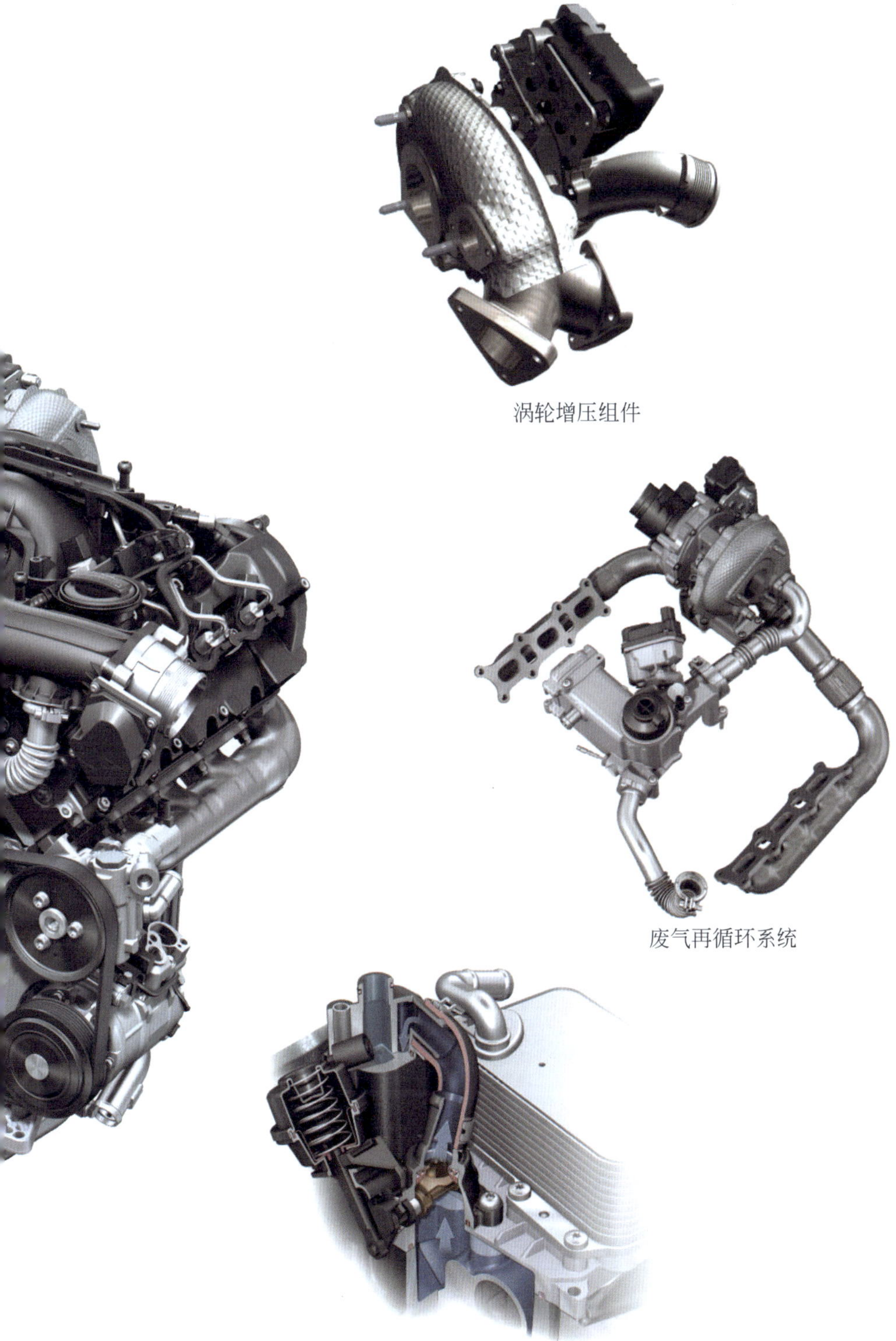

涡轮增压组件

废气再循环系统

热能管理系统　　　　图 2-2-2　柴油发动机组成图

2.2.3 直列式（L 型）发动机

直列式发动机是指各气缸呈直列分布，其特点是机体宽度较小，而高度和长度较大。此类排列方式一般仅适用于 6 缸及以下的发动机。6 缸直列式发动机在平衡性方面表现最佳，运行过程中不会产生振动。然而，其也有局限性，即多个气缸导致发动机横向尺寸较大，不适用于横向安装。图 2-2-3 展示了直列式发动机（L5）的气缸布置。

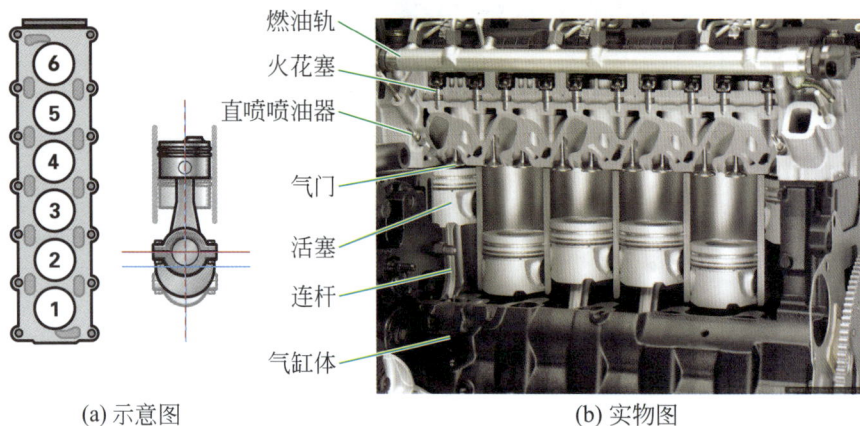

(a) 示意图　　　　　　　　　　　　　(b) 实物图

图 2-2-3　直列式发动机（L5）气缸布置

2.2.4　V 型发动机

V 型发动机是指两列气缸呈 V 形排列的发动机。在这种发动机中，气缸以 60°～120° 的夹角布置，并使气缸中心线与曲轴中心线相交。V 型发动机的机体宽度较大，而长度和高度较小，结构相对复杂。然而，其刚度较高，质量和外形尺寸较小，但仍存在一定的局限性。由于发动机宽度较大，其具有两个分离的气缸盖，因此需要更为复杂的设计和更大的发动机舱容积。V 型发动机气缸布置如图 2-2-4 所示。

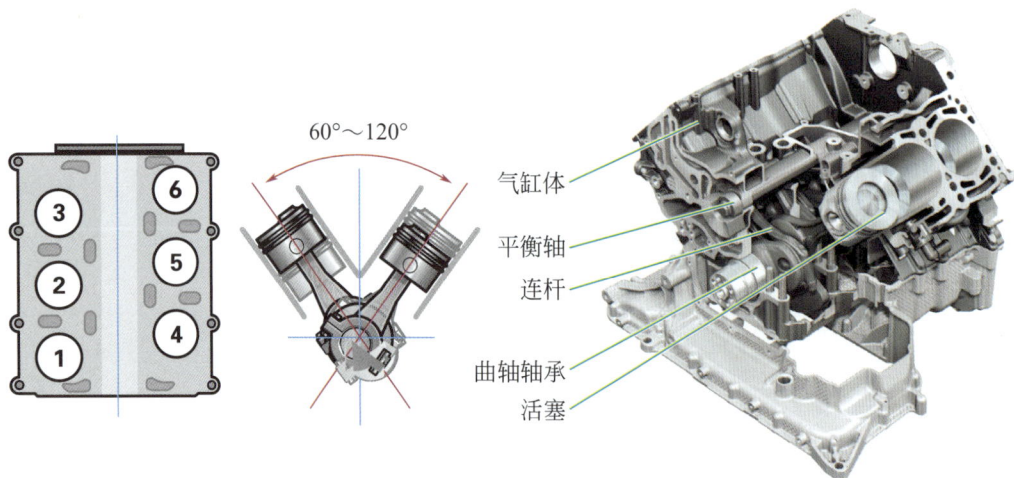

图 2-2-4　V 型发动机气缸布置

2.2.5　VR 型发动机

VR 型发动机，作为一种独特的发动机设计，通过将 V 型发动机的两组气缸以 15°的小夹角交错布置，成功实现了发动机体积的大幅度缩减。由此，即使是小尺寸的汽车，也能配备高效的 VR 型发动机。此外，由于两列气缸紧密相邻，得以共享一个缸盖，相较于常规夹角的 V 型发动机，VR 型发动机在生产成本方面具有明显优势。值得一提的是，VR 型发动机还为 W 型发动机的研发奠定了基础。VR 型发动机气缸布置形式如图 2-2-5 所示。

图 2-2-5　VR 型发动机气缸布置形式

2.2.6　W 型发动机

W 型发动机整合了两个"VR 气缸组"。在单个气缸组内，气缸之间的夹角为 15°，而两个 VR 气缸组支架的夹角则为 72°。W 型发动机的气缸布局如图 2-2-6 所示。

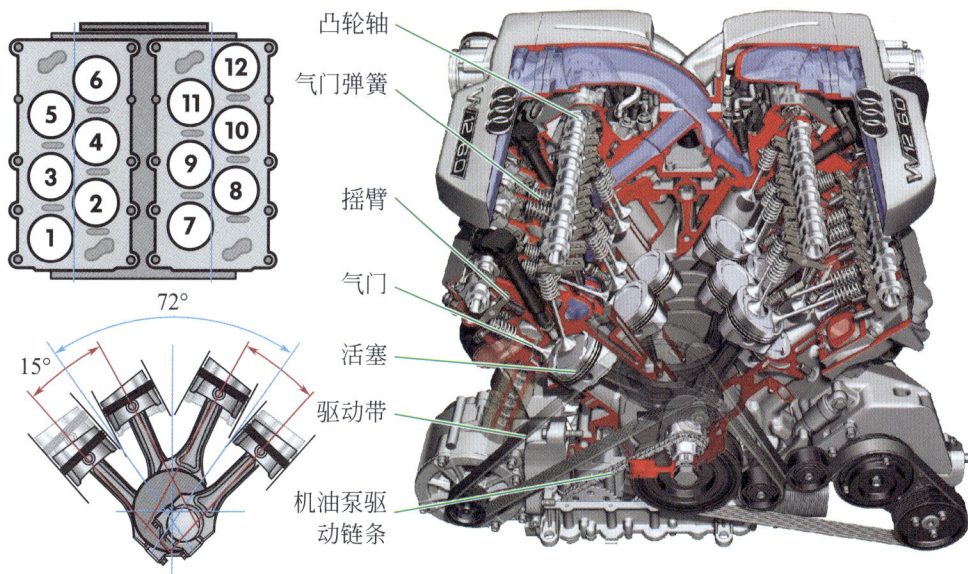

凸轮轴
气门弹簧
摇臂
气门
活塞
驱动带
机油泵驱动链条

图 2-2-6　W 型发动机气缸布置形式

2.2.7　水平对置式发动机

水平对置式发动机的设计特点在于，其两列气缸体呈相对水平布局，从而使得发动机的重心较低，进而提升了发动机运行的平稳性。水平对置式发动机气缸布置如图 2-2-7 所示。

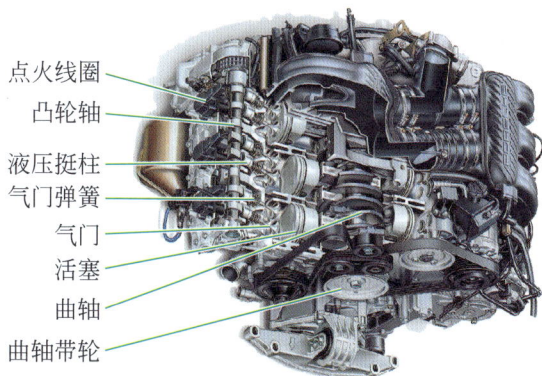

点火线圈
凸轮轴
液压挺柱
气门弹簧
气门
活塞
曲轴
曲轴带轮

图 2-2-7　水平对置式发动机气缸布置形式

2.3 发动机工作原理

扫一扫看动画视频

2.3.1 发动机基本术语

发动机基本术语如图 2-3-1 所示。

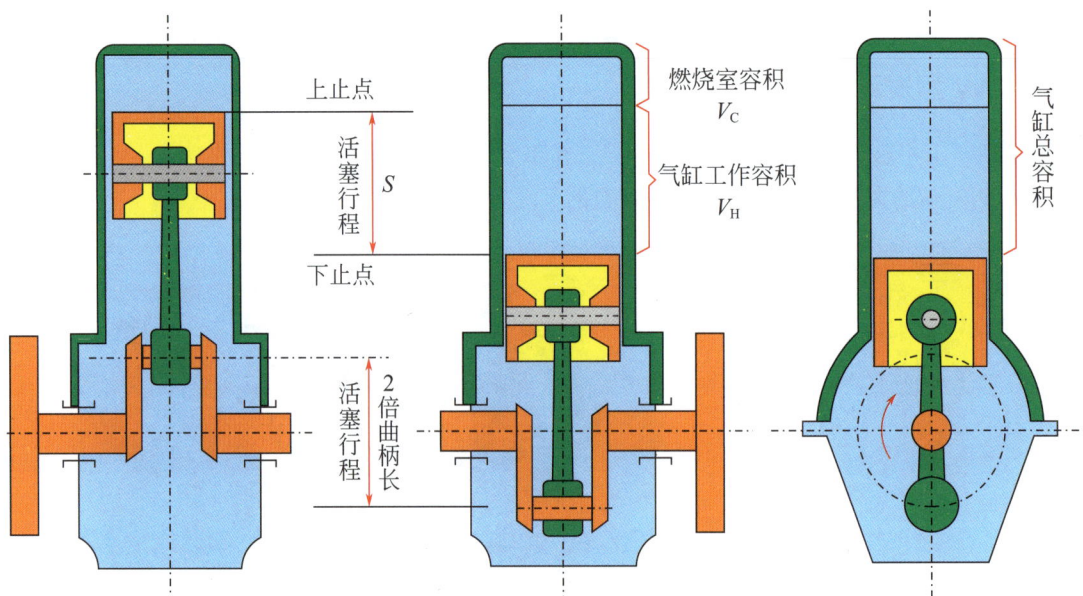

图 2-3-1 发动机基本术语

（1）**工作循环** 由进气、压缩、做功和排气四个工作过程组成的封闭过程。

（2）**上、下止点** 活塞顶离曲轴回转中心最远处为上止点；活塞顶离曲轴回转中心最近处为下止点。

（3）**活塞行程** 上、下止点间的距离称为活塞行程。

（4）**气缸工作容积** 上、下止点间所包容的气缸容积称为气缸工作容积。

（5）**排量** 所有气缸工作容积的总和称为内燃机排量。

（6）**燃烧室容积** 活塞位于上止点时，活塞顶面以上、气缸盖底面以下所形成的空间称为燃烧室，其容积称为燃烧室容积，也叫压缩容积。

（7）**气缸总容积** 气缸工作容积与燃烧室容积之和为气缸总容积。

（8）**压缩比** 气缸总容积与燃烧室容积之比称为压缩比。压缩比的大小表示活塞由下止点运动到上止点时，气缸内的气体被压缩的程度。压缩比越大，压缩终了时气缸内的气体压力和温度就越高。

（9）**工况** 内燃机在某一时刻的运行状况简称工况，以该时刻内燃机输出的有效功率和曲轴转速表示。曲轴转速即为内燃机转速。

2.3.2　四行程汽油发动机工作原理

四行程汽油发动机工作原理如图 2-3-2 所示。

扫一扫看动画视频

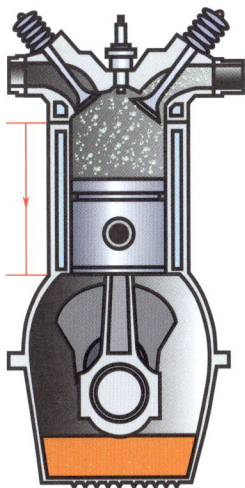

活塞在曲轴的带动下由上止点移向下止点，此时排气门关闭，进气门开启。在活塞移动过程中，气缸容积逐渐增大，气缸内形成一定的真空度。空气和汽油的混合物通过进气门被吸入气缸，并在气缸内进一步混合形成可燃混合气。

(a) 进气行程

进气行程结束后，曲轴继续带动活塞由下止点移向上止点。这时进气门和排气门均关闭。随着活塞的移动和气缸容积的不断缩小，气缸内的可燃混合气体被压缩，其压力和温度同时升高。

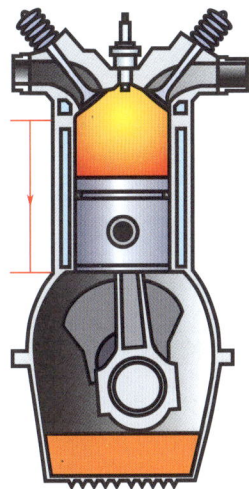

(b) 压缩行程

压缩行程结束时，气缸盖上的火花塞产生电火花，将气缸内可燃混合气体点燃，火焰迅速传遍整个燃烧室，同时放出大量的热能。燃烧气体的体积急剧膨胀，压力和温度迅速升高，在气体压力的作用下，活塞由上止点移向下止点并通过连杆推动曲轴旋转做功。这时，进气门和排气门仍关闭。

(c) 做功行程

排气行程开始，排气门开启，进气门仍然关闭，曲轴通过连杆带动活塞由下止点移向上止点，此时膨胀过后的燃烧气体在其自身剩余压力和活塞的推动下，经排气门排出气缸之外。当活塞到达上止点时，排气行程结束，排气门关闭。

(d) 排气行程

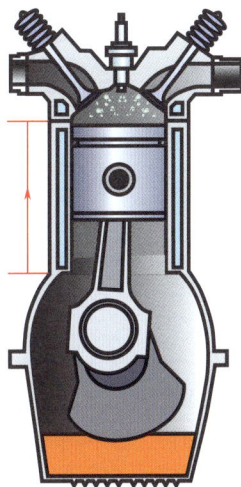

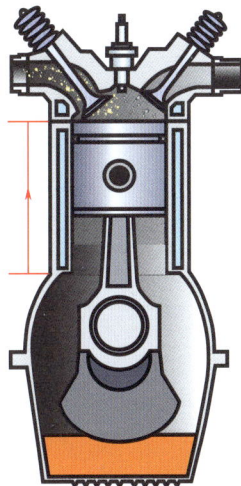

图 2-3-2　四行程汽油发动机工作原理

2.3.3 二行程汽油发动机工作原理

二行程汽油发动机工作原理如图 2-3-3 所示。

第一行程（压缩/进气）：活塞向上运动，将三个通道（排气道、进气道、扫气通道）都关闭，活塞上部开始压缩。当活塞继续向上运动时，活塞下方打开进气孔，可燃混合气体进入曲轴箱内

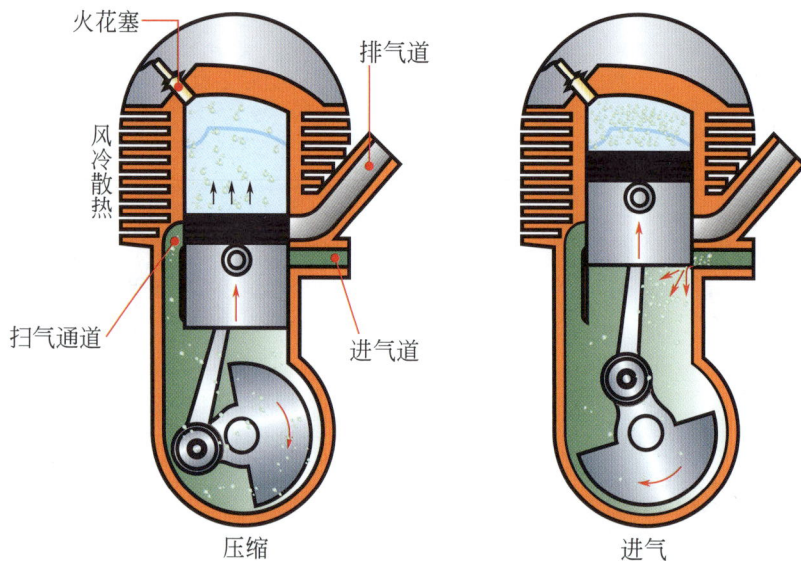

火花塞
排气道
风冷散热
扫气通道
进气道

压缩　　　　　　进气

(a) 压缩/进气

第二行程（燃烧/排气）：当活塞接近上止点时，火花塞产生火花点燃混合气体，混合气体燃烧膨胀产生巨大的热能推动活塞向下运动。活塞继续向下运动，进气孔关闭，曲轴箱的可燃混合气体受到压缩，当活塞接近下止点时，排气孔打开，气体排出

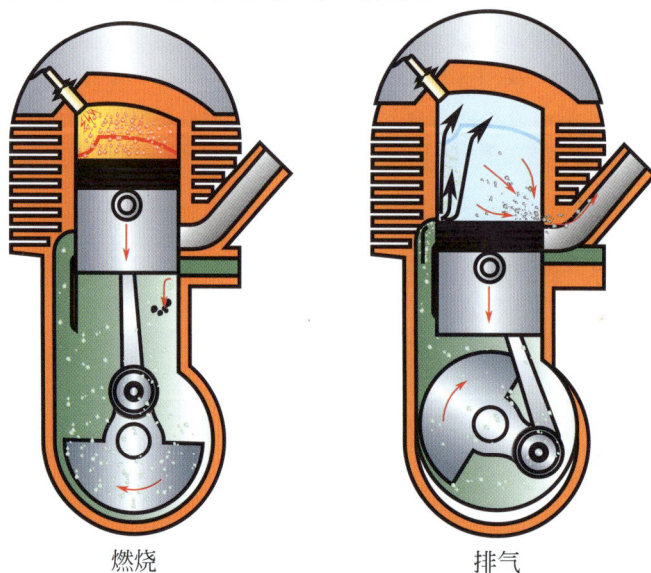

燃烧　　　　　　排气

(b) 燃烧/排气

图 2-3-3　二行程汽油发动机工作原理

2.3.4　四行程柴油发动机工作原理

　　四行程柴油发动机的工作循环由进气、压缩、做功和排气四个阶段组成。在各个活塞行程中，进气门和排气门的开关状态以及曲柄连杆机构的运动与汽油发动机完全一致。然而，鉴于柴油和汽油的使用性能差异，柴油发动机与汽油发动机在混合气体的形成方法和点火方式上存在本质区别。四行程柴油发动机工作原理如图 2-3-4 所示。

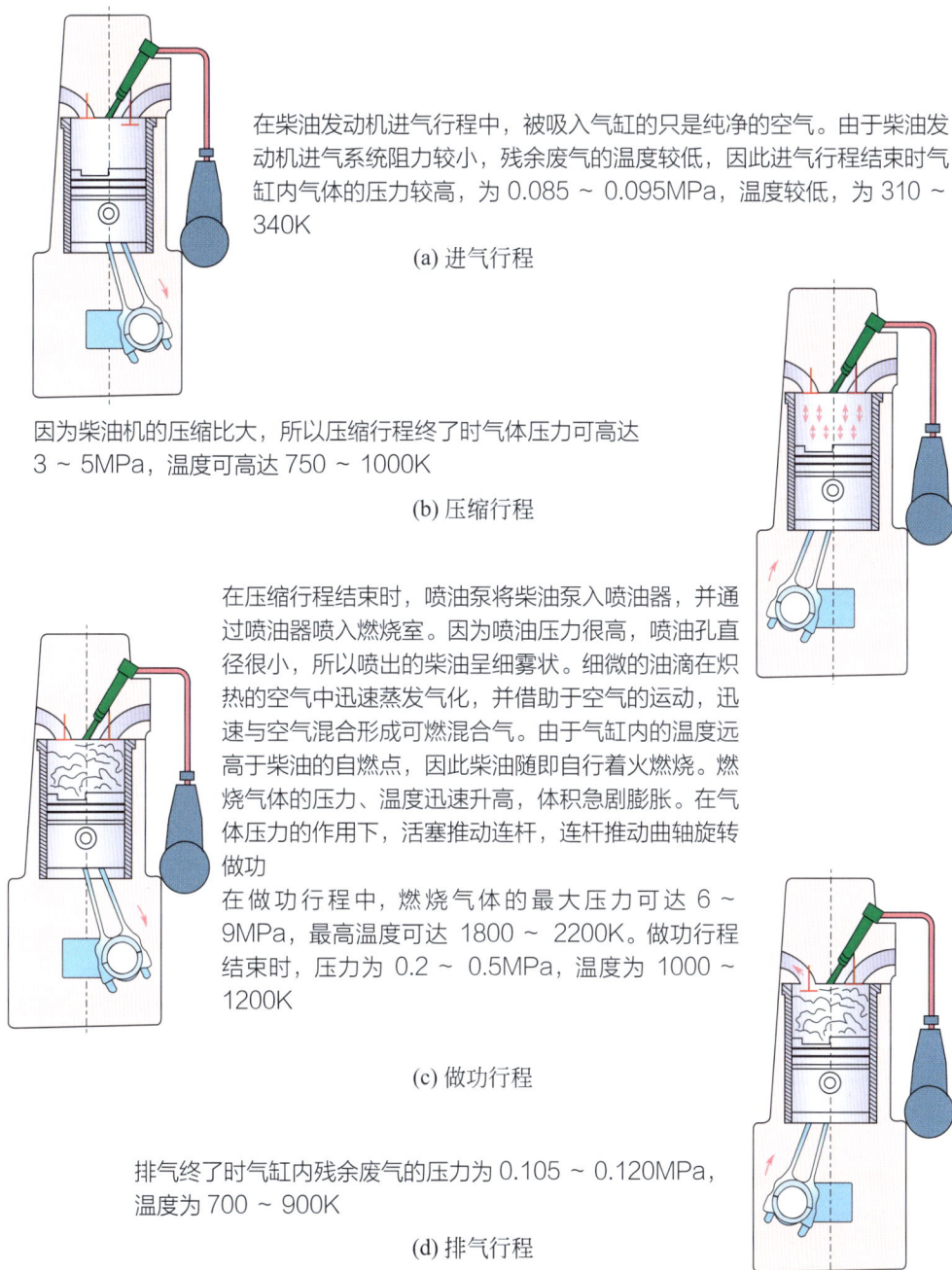

在柴油发动机进气行程中，被吸入气缸的只是纯净的空气。由于柴油发动机进气系统阻力较小，残余废气的温度较低，因此进气行程结束时气缸内气体的压力较高，为 0.085 ~ 0.095MPa，温度较低，为 310 ~ 340K

(a) 进气行程

因为柴油机的压缩比大，所以压缩行程终了时气体压力可高达 3 ~ 5MPa，温度可高达 750 ~ 1000K

(b) 压缩行程

在压缩行程结束时，喷油泵将柴油泵入喷油器，并通过喷油器喷入燃烧室。因为喷油压力很高，喷油孔直径很小，所以喷出的柴油呈细雾状。细微的油滴在炽热的空气中迅速蒸发气化，并借助于空气的运动，迅速与空气混合形成可燃混合气。由于气缸内的温度远高于柴油的自燃点，因此柴油随即自行着火燃烧。燃烧气体的压力、温度迅速升高，体积急剧膨胀。在气体压力的作用下，活塞推动连杆，连杆推动曲轴旋转做功

在做功行程中，燃烧气体的最大压力可达 6 ~ 9MPa，最高温度可达 1800 ~ 2200K。做功行程结束时，压力为 0.2 ~ 0.5MPa，温度为 1000 ~ 1200K

(c) 做功行程

排气终了时气缸内残余废气的压力为 0.105 ~ 0.120MPa，温度为 700 ~ 900K

(d) 排气行程

图 2-3-4　四行程柴油发动机工作原理

2.4
发动机构造

2.4.1　发动机总体构造

汽车发动机作为汽车的核心部件，肩负着将燃料能转化为机械能，驱动汽车行驶的重要任务。

汽车发动机由两大机构、五大系统组成。两大机构分别为曲柄连杆机构和配气机构；五大系统分别为燃油供给系统、润滑系统、冷却系统、启动系统、点火系统（汽油发动机特有）。这些部分相互协作，共同保证发动机的高效、稳定运行。发动机总体构成如图 2-4-1 所示。

点火系统

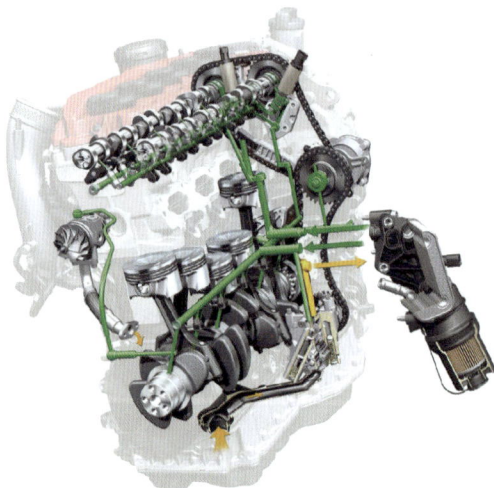

润滑系统

图 2-4-1　发动机总体构成

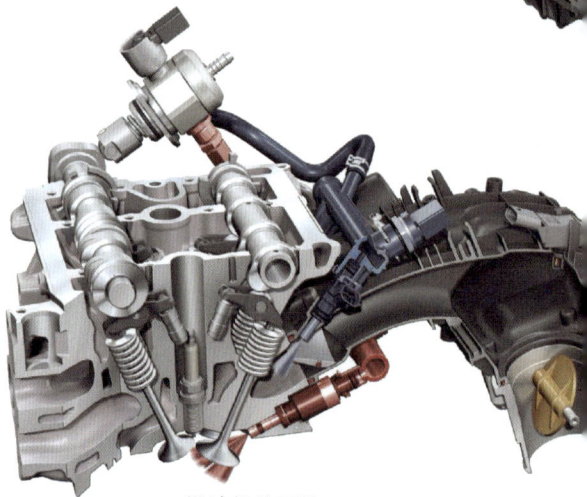

燃油供给系统

启动系统

冷却系统

发动机

曲柄连杆机构

配气机构

尽管发动机类型各异，但其结构和组成部分大体一致。直列式 4 缸（L 型 4 缸）、V 型 6 缸、V 型 8 缸、V 型 12 缸、W 型 12 缸发动机构造如图 2-4-2 所示。

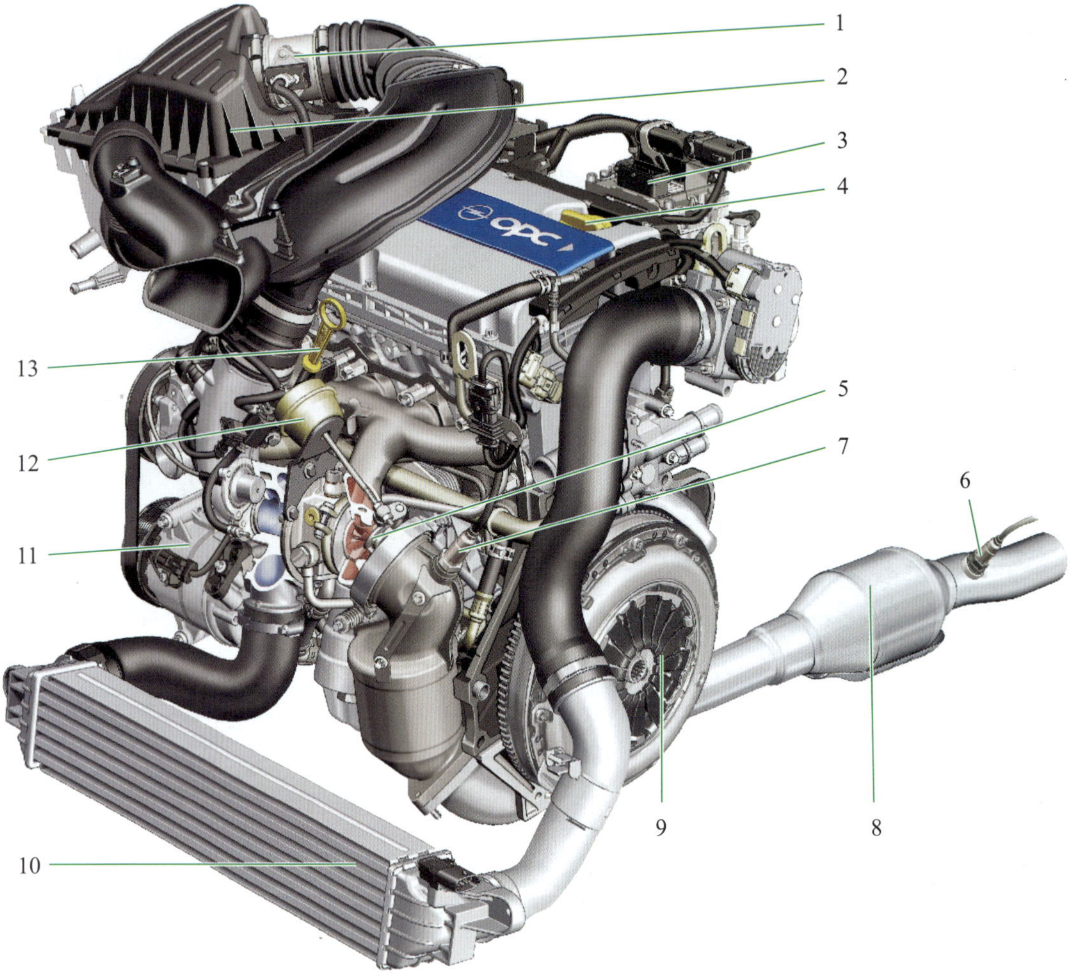

(a) 直列式4缸（L型4缸）发动机构造图

1—空气流量计；	8—三元催化转换器；
2—空气滤清器；	9—离合器；
3—点火线圈；	10—冷却器；
4—机油加注口；	11—空调压缩机；
5—废气涡轮增压器；	12—增压压力调节装置；
6—后氧传感器；	13—机油尺
7—前氧传感器；	

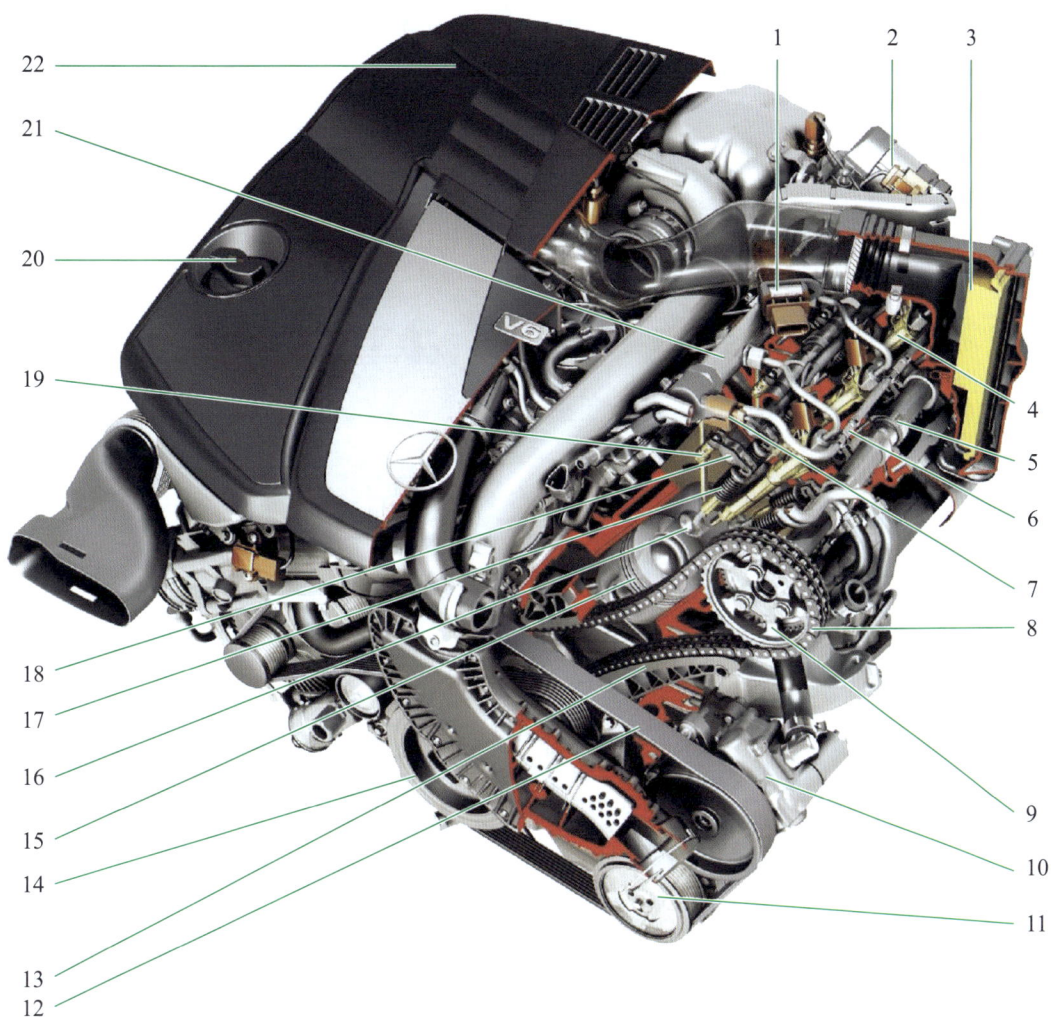

(b) V型6缸发动机构造图

1—进气压力/湿度传感器；	12—驱动带；
2—燃油高压泵；	13—驱动链条轨；
3—空气滤清器；	14—曲轴带轮；
4—TDI喷油器；	15—活塞；
5—凸轮轴；	16—气门；
6—燃油输送管至高压油轨；	17—气门弹簧；
7—高压油轨压力传感器；	18—摇臂；
8—凸轮轴驱动链条；	19—液压挺柱；
9—凸轮轴链轮；	20—机油加注口；
10—转向助力泵；	21—高压油轨；
11—空调压缩机；	22—发动机罩盖

图 2-4-2

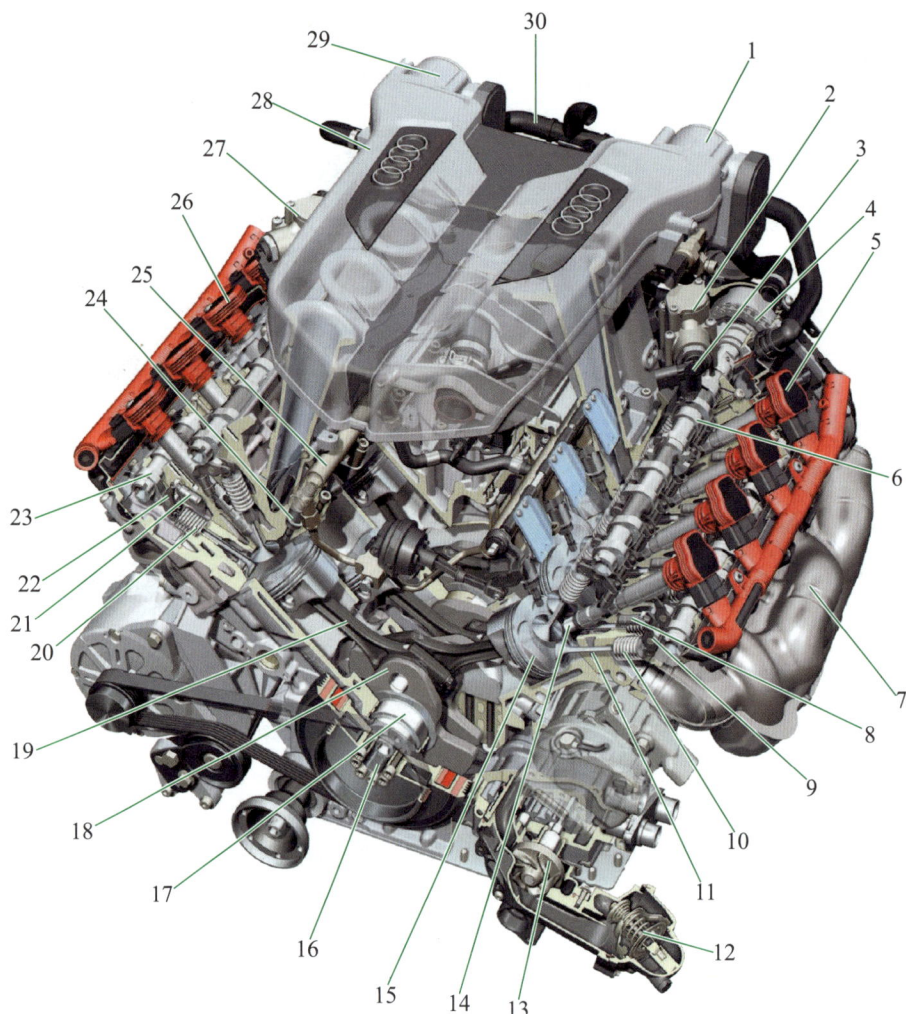

(c) V型8缸发动机构造图

1—节气门（右侧气缸）；	15—活塞；
2—燃油高压泵（右侧气缸）；	16—曲轴带轮；
3—燃油压力传感器（右侧气缸）；	17—曲轴轴瓦；
4—凸轮轴驱动链条与链轮；	18—曲轴；
5,26—点火线圈（单缸独立点火）；	19—连杆；
6—凸轮轴（右侧气缸）；	20—气门弹簧；
7—排气歧管（右侧气缸）；	22—摇臂；
8,21—液压挺柱；	23—凸轮轴；
9—摇臂；	24—缸内直喷喷油器；
10—气门弹簧；	25—高压油轨；
11—气门；	27—燃油高压泵（左侧气缸）；
12—节温器；	28—发动机罩盖；
13—冷却液泵；	29—节气门（左侧气缸）；
14—火花塞；	30—真空管

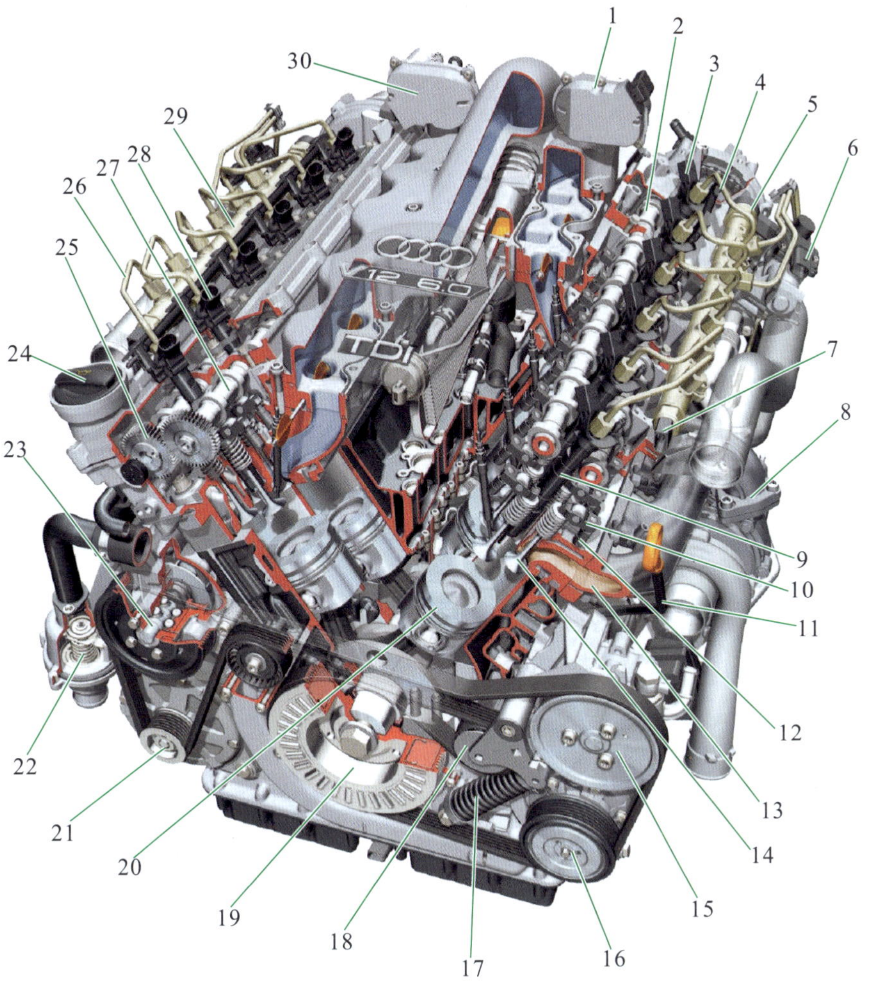

(d) V型12缸TDI发动机构造图

1—节气门（右侧气缸）;	16—空调压缩机;
2—凸轮轴（右侧气缸）;	17—带轮张紧器弹簧;
3—高压喷油器插接器（右侧气缸）;	18—带轮张紧器;
4—高压输油管（右侧气缸高压油轨至喷油器）;	19—曲轴带轮;
5—高压油轨（右侧气缸）;	20—活塞;
6—燃油高压泵（左侧气缸）;	21—发电机;
7—燃油压力传感器;	22—节温器;
8—涡轮增压器;	23—冷却液泵;
9—高压喷油器;	24—机油加注口;
10—摇臂;	25—凸轮轴啮合齿轮;
11—机油尺;	26—高压输油管（左侧气缸高压油轨至喷油器）;
12—液压挺柱;	27—凸轮轴（左侧气缸）;
13—排气歧管;	28—高压喷油器插接器（左侧气缸）;
14—气门;	29—高压油轨（左侧气缸）;
15—转向助力泵;	30—节气门体（左侧气缸）

图 2-4-2

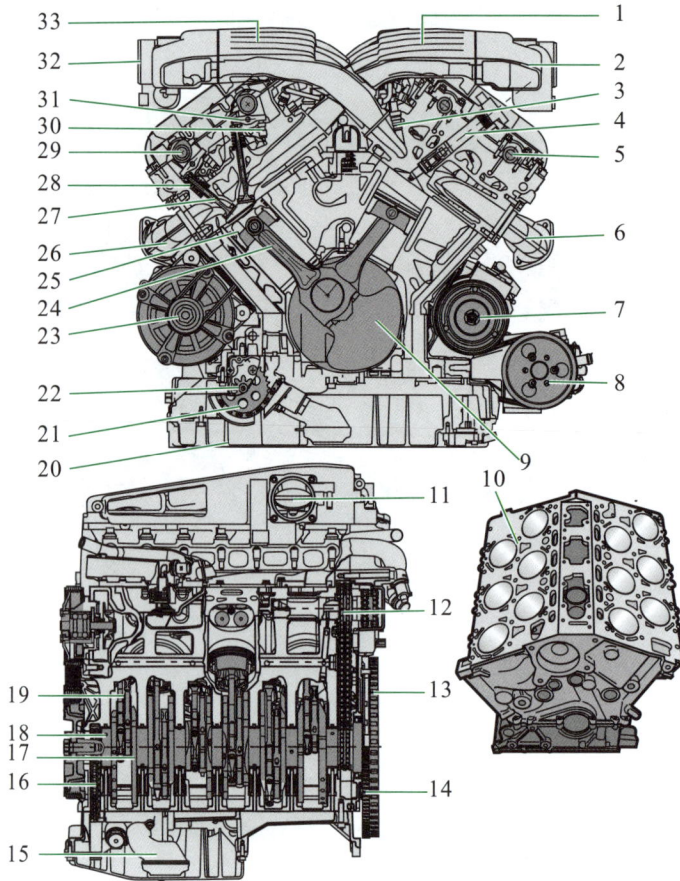

(e) W型12缸发动机构造图

1—组合型进气歧管（右侧气缸）;

2—节气门体（右侧气缸）;

3—喷油器（右侧气缸）;

4—点火线圈与火花塞（右侧气缸）;

5—凸轮轴（右侧气缸）;

6—排气管（右侧气缸）;

7—冷却液泵;

8—转向助力泵;

9—曲轴;

10—W12 气缸体结构;

11—节气门体;

12—凸轮轴驱动链条;

13—驱动带（驱动附件）;

14—曲轴带轮;

15—机油泵集滤器;

16—机油泵驱动链轮;

17—曲轴;

18—曲轴轴瓦;

19—连杆;

20—油底壳;

21—机油泵驱动链轮;

22—机油泵;

23—发电机;

24—连杆;

25—活塞;

26—排气管（左侧气缸）;

27—气门;

28—气门弹簧;

29—凸轮轴（左侧气缸）;

30—液压挺柱;

31—摇臂;

32—节气门体（左侧气缸）;

33—组合型进气歧管（左侧气缸）

图 2-4-2　不同发动机总体构造图

2.4.2 曲柄连杆机构

扫一扫看动画视频

  曲柄连杆机构，作为汽车发动机的心脏部分，是实现工作循环、完成能量转换不可或缺的组成部件。它精细而复杂，由机体组、活塞连杆组和曲轴飞轮组等部分构成，每一部分都发挥着至关重要的作用。机体组是整个机构的基础，它稳固而结实，为其他部分的运动提供了坚实的支撑；活塞连杆组则是实现往复运动的桥梁，通过它的传递，使得发动机的活塞能够产生持续的动力；而曲轴飞轮组则是将活塞的往复运动转化为旋转运动的核心部分，它通过旋转将动力传输到汽车的各个部位，驱动汽车前进。曲柄连杆机构的正常运转，是汽车启动、加速、减速、停止等一切动作的前提，它的重要性不言而喻。曲柄连杆机构总体构造如图 2-4-3 所示。

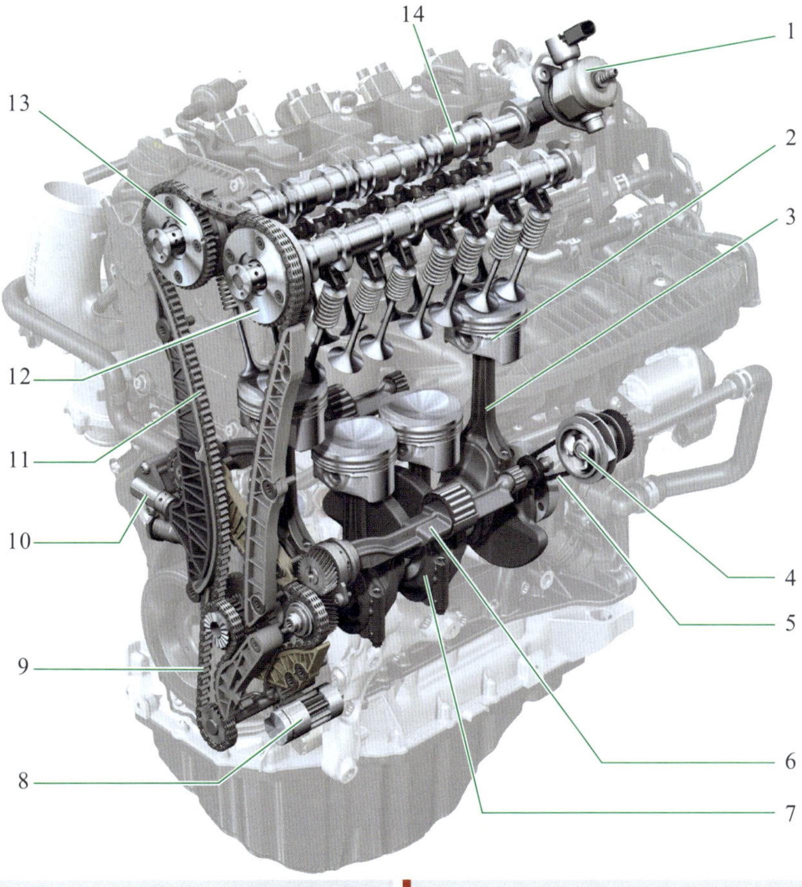

1—燃油高压泵；	8—可调式外部齿轮机油泵；
2—活塞；	9—机油泵驱动链条；
3—连杆；	10—链条张紧器；
4—冷却液泵；	11—齿形带传动；
5—冷却液泵驱动带；	12—进气凸轮轴调节器；
6—平衡轴；	13—排气凸轮轴调节器；
7—曲轴；	14—具有气门行程切换功能的排气凸轮轴

图 2-4-3　曲柄连杆机构总体构造

（1）**机体组**　发动机机体组主要由气缸体、曲轴箱、气缸盖罩、气门导管、摇臂及油底壳等部分构成，如图2-4-4所示。气缸体组件充当发动机的支架，是曲柄连杆机构、配气机构以及发动机各主要零部件的装配基础。气缸盖组件的作用是封闭气缸顶部，与活塞顶部和气缸壁共同构建燃烧室。同时，气缸盖、气缸体内的水套、油道以及油底壳分别担任冷却系统和润滑系统的组成部分。

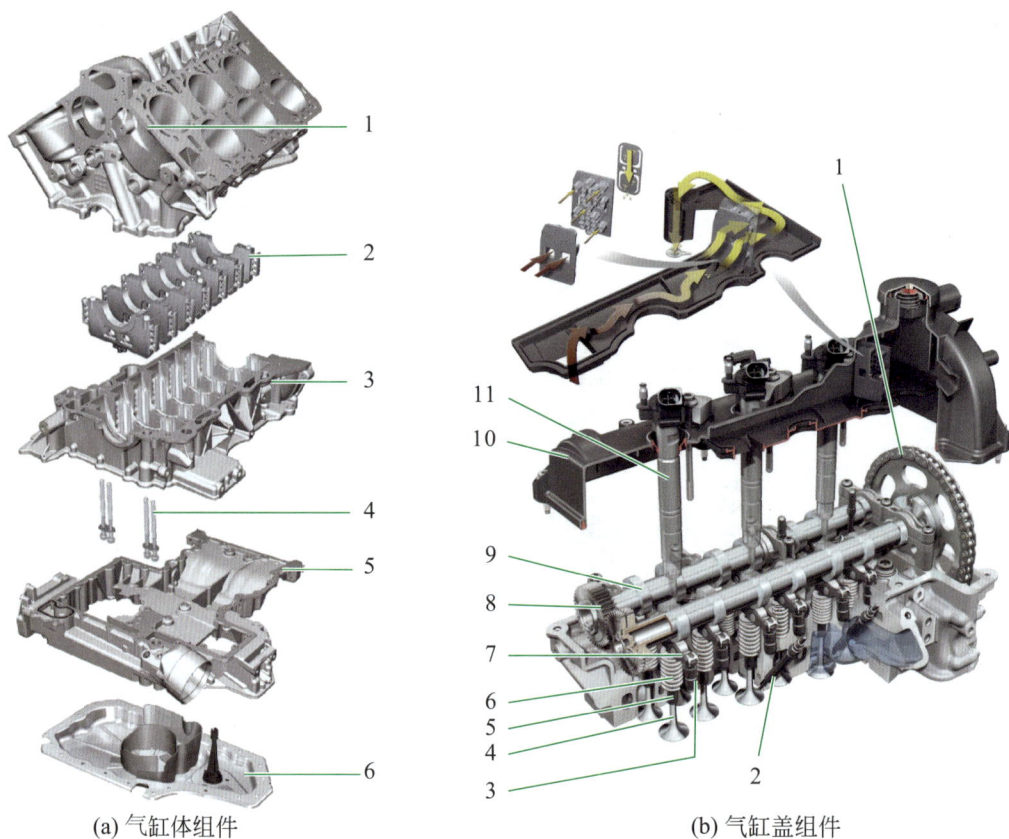

(a) 气缸体组件　　　　　　　　　　　　(b) 气缸盖组件

1—气缸体；

2—曲轴轴瓦盖；

3—曲轴箱；

4—曲轴箱紧固螺栓；

5—曲轴箱下盖；

6—油底壳

1—凸轮轴驱动链轮；

2—直喷喷油器；

3—液压挺柱；

4—气门；

5—气门导管；

6—气门弹簧；

7—摇臂；

8—凸轮轴同步驱动齿轮；

9—凸轮轴；

10—气缸盖罩；

11—点火线圈与火花塞

图2-4-4　机体组

① 气缸体组件。气缸体如图 2-4-5 所示。

(a) 奥迪1.2L TFSI发动机气缸体

1—气缸体；

2—气缸衬套及开槽；

3—倒扣；

4—外壁；

5—气缸衬套

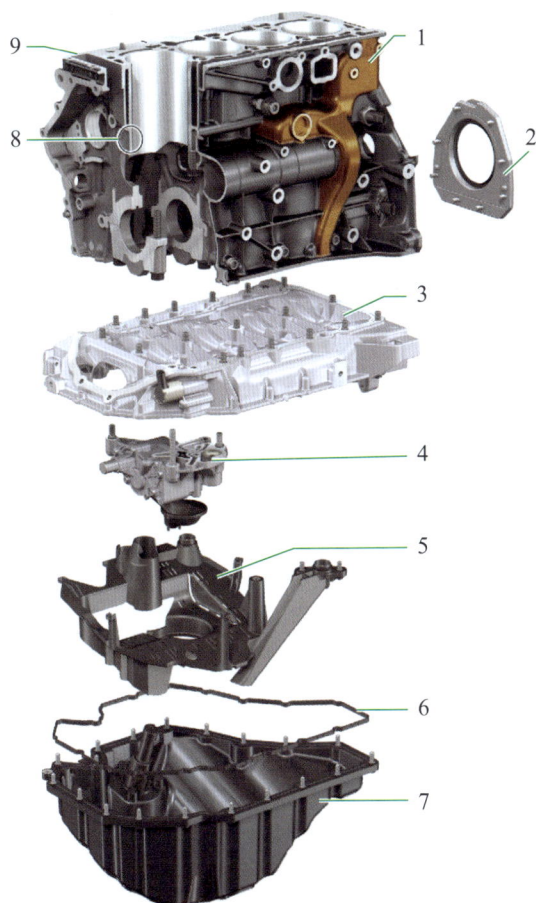

(b) 大众EA888发动机气缸体

气缸体一般用高强度灰铸铁或铝合金铸造。但在轿车发动机上采用铝合金气缸体的越来越普遍。与灰铸铁气缸体相比，铝合金气缸体具有下列优点。

a. 全铝气缸体与铝活塞的热膨胀系数相同，因此活塞与气缸的间隙可以控制到最小，从而可以降低噪声和机油消耗量。

b. 由于铝合金的导热性很好，因此采用全铝气缸体可以提高压缩比，有利于提高发动机的功率。

c. 铝合金气缸体重量轻，有利于前置发动机前轮驱动的轿车前后轮载荷的合理分配。

d. 铝合金气缸体散热性能好，可以减少冷却液使用量，减小散热器尺寸，使整个发动机轻量化。

铝合金气缸体的缺点是成本高。

1—粗粒机油分离器；

2—密封凸缘；

3—带挡板的油底壳上部；

4—可调式外部齿轮机油泵；

5—油底壳蜂巢状插入件；

6—衬垫；

7—油底壳下部（塑料制成）；

8—3mm 气缸壁厚度；

9—灰铸铁气缸体

图 2-4-5　气缸体

② 气缸盖组件。气缸盖如图 2-4-6 所示。

气缸盖的生产材料通常为优质灰铸铁或合金铸铁，而在汽油发动机中，铝合金气缸盖则更为常见。铝合金的高导热性能有助于提升发动机的压缩比，因此，铝合金气缸盖在汽车发动机中得到了广泛应用。

气缸盖是一种结构复杂的箱型零件，其上设有进排气气门座孔、气门导管孔、火花塞安装孔（汽油机）或喷油器安装孔（柴油机）。气缸盖内部还铸有水套、进排气气道和燃烧室或燃烧室的部分区域。若凸轮轴安装在气缸盖上，则气缸盖上还需加工凸轮轴承孔或凸轮轴承座，以及相应的润滑油道。

1—点火线圈（单缸独立点火）；
2—进气凸轮轴；
3—摇臂；
4—进气凸轮轴调节器（无级调节至60°曲轴角）；
5—排气凸轮轴调节器（无级调节至33°或34°曲轴角）；
6—气缸盖外壳；
7—排气歧管；
8—具有气门行程切换功能的排气凸轮轴；
9—冷却液温度传感器；
10—用于气门行程切换的执行器

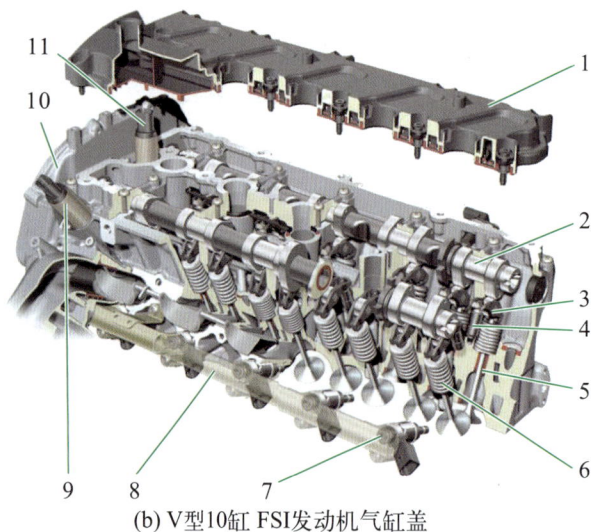

(a) 大众EA888发动机气缸盖

1—气缸盖罩；
2—具有气门行程切换功能的排气凸轮轴；
3—摇臂；
4—液压挺柱；
5—气门；
6—气门弹簧；
7—高压喷油器；
8—高压油轨；
9—进气凸轮轴正时调节电磁阀；
10—叶片式凸轮轴正时调节器；
11—排气凸轮轴正时调节电磁阀

(b) V型10缸 FSI发动机气缸盖

图 2-4-6　气缸盖

（2）活塞连杆组

① 活塞与活塞环。活塞的主要功用是承受燃烧气体压力，并将此力通过活塞销传给连杆以推动曲轴旋转。此外活塞顶部与气缸盖、气缸壁共同组成燃烧室。

活塞环分气环和油环两种。气环的主要功用是密封和传热。油环的主要功用是刮除飞溅到气缸壁上多余的机油，并在气缸壁上涂布一层均匀的油膜。

② 连杆组。连杆组的功用是将活塞承受的力传给曲轴，并将活塞的往复运动转变为曲轴的旋转运动。连杆组包括连杆体、连杆盖、连杆螺栓和连杆轴承等零件。习惯上常把连杆体、连杆盖和连杆螺栓合起来称作连杆，有时也称连杆体为连杆。

活塞连杆组的构造如图 2-4-7 所示。

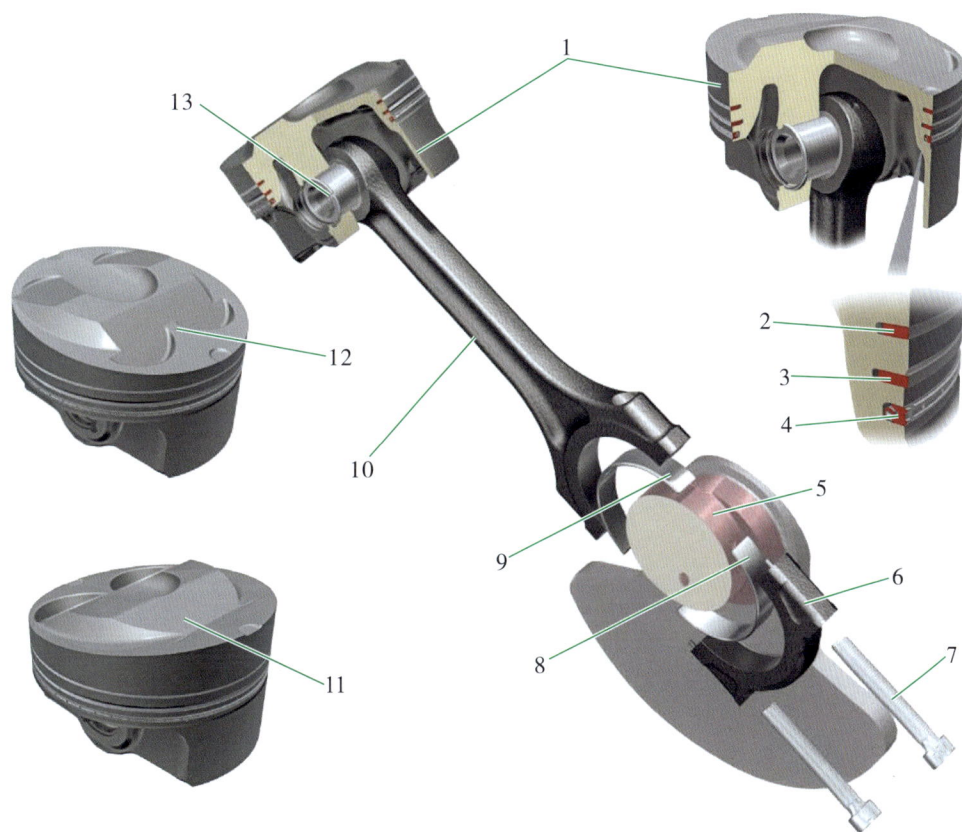

1—活塞；

2—第一道气环；

3—第二道气环；

4—油环；

5—曲轴上的连杆瓦轴径；

6—连杆瓦盖；

7—连杆瓦盖紧固螺栓；

8—连杆轴瓦（下）；

9—连杆轴瓦（上）；

10—连杆；

11—1缸、3缸、5缸、8缸、10缸、12缸活塞（头部有区别）；

12—2缸、4缸、6缸、7缸、9缸、11缸活塞（头部有区别）；

13—活塞销

图 2-4-7　活塞连杆组的构造

（3）**曲轴飞轮组** 曲轴飞轮组的功能是将活塞的往复运动转换为曲轴的旋转运动，为汽车行驶及其他需要动力的机构提供扭矩。同时，它还具备储能功能，以抵消非做功行程的阻力，使发动机运行稳定。曲轴飞轮组主要由曲轴、飞轮以及其他具有不同功能的零件和附件构成。曲轴飞轮组结构如图2-4-8所示。

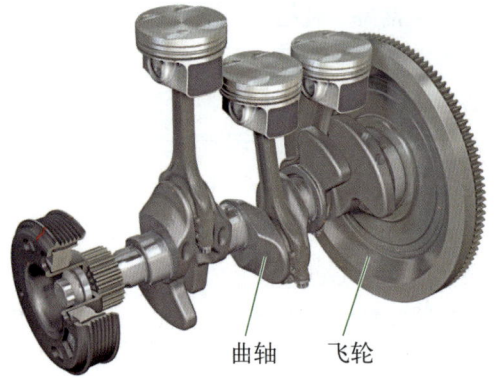

① 曲轴。曲轴的功用是把活塞、连杆传来的气体压力转变为扭矩，用以驱动汽车的传动系统和发动机的配气机构以及其他辅助装置。曲轴一般由若干个单元曲拐构成。一个曲柄销、左右两个曲柄臂和左右两个主轴颈构成一个单元曲拐。单缸发动机的曲轴只有一个曲拐，多缸直列式发动机曲轴的曲拐数与气缸数相同，V型发动机曲轴的曲拐数等于气缸数的一半。将若干个单元曲拐按照一定的相位连接起来，再加上曲轴前、后端便构成一根曲轴。曲轴飞轮组的结构如图2-4-9所示。

图2-4-8 曲轴飞轮组结构

1—链条驱动机构的双链条齿轮；
2—W型发动机曲轴倒角（连杆轴颈成对布置，并与曲轴形成呼应，安装连杆时应保证轴瓦不能接触到倒角圆弧或两个连杆表面之间的棱边）；
3,9—主轴承；
4—机油泵齿轮（机油泵驱动齿轮连同平衡轴的齿形带轮被压紧在外部主轴承上，并用减振器固定到位）；
5—减振器；
6—平衡轴齿形带轮；
7—曲轴轴颈；
8—驱动机油泵与平衡轴的轴颈；
10—连杆轴颈

图2-4-9 曲轴飞轮组的结构

② 飞轮。飞轮安装在曲轴的后端，起到储存能量的作用。目前多采用双质量飞轮。双质量飞轮将原来的一个飞轮分成两个部分：一部分保留在原来发动机一侧的位置上，起到原来飞轮的作用，用于启动和传递发动机的转动扭矩，这一部分称为第一质量（初级质量）；另一部分则放置在传动系统变速器一侧，用于提高变速器的转动惯量，这一部分称为第二质量（次级质量）。两部分飞轮之间有一个环形的油腔，在腔内装有弹簧减振器，由弹簧减振器将两部分飞轮连接为一个整体。双质量飞轮结构如图 2-4-10 所示。

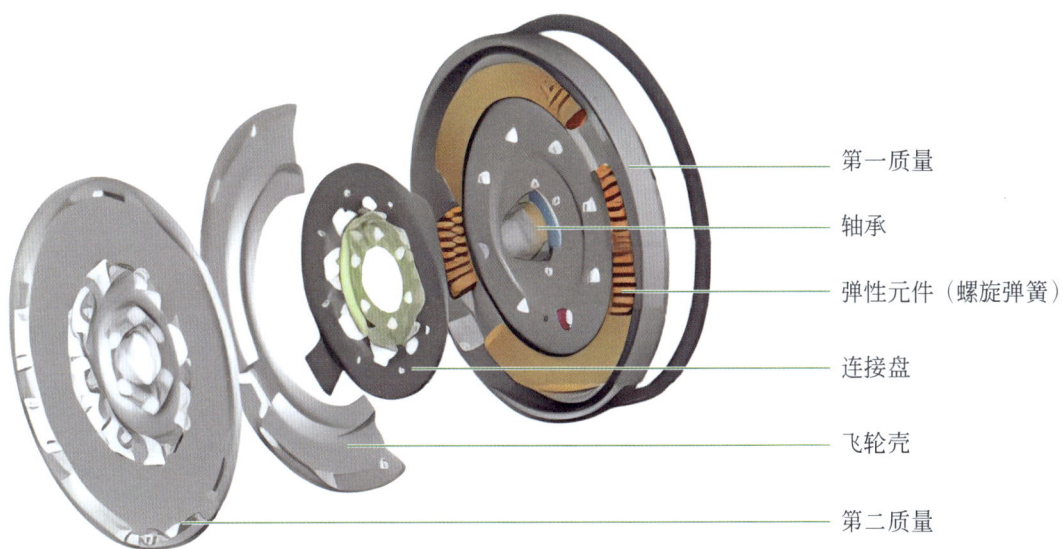

第一质量

轴承

弹性元件（螺旋弹簧）

连接盘

飞轮壳

第二质量

图 2-4-10　双质量飞轮的结构

③ 发动机工作顺序与曲轴曲拐布置。四行程直列式四缸发动机的发火间隔角为 720°/4=180°。四个曲拐在同一平面内。发动机工作顺序为 1-3-4-2 或 1-2-4-3。其发动机工作顺序和曲轴曲拐布置如图 2-4-11 所示。

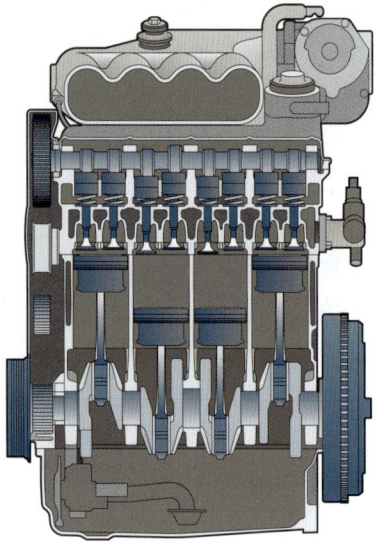

工作顺序1-3-4-2

曲轴转角/（°）	第1缸	第2缸	第3缸	第4缸
0～180	做功	排气	压缩	进气
180～360	排气	进气	做功	压缩
360～540	进气	压缩	排气	做功
540～720	压缩	做功	进气	排气

工作顺序1-2-4-3

曲轴转角/（°）	第1缸	第2缸	第3缸	第4缸
0～180	做功	压缩	排气	进气
180～360	排气	做功	进气	压缩
360～540	进气	排气	压缩	做功
540～720	压缩	进气	做功	排气

图 2-4-11　直列式四缸发动机工作顺序和曲轴曲拐布置

　　V 型 6 缸发动机，面对发动机冷却风扇，右侧气缸用 R 表示，从前向后气缸号依次为 R1、R2、R3；左侧气缸用 L 表示，从前向后气缸号依次为 L1、L2、L3。V 型 6 缸发动机的发火间隔角为 120°，三个曲拐互成 120°，工作顺序为 R1-L3-R3-L2-R2-L1。其发动机工作顺序和曲轴曲拐布置如图 2-4-12 所示。

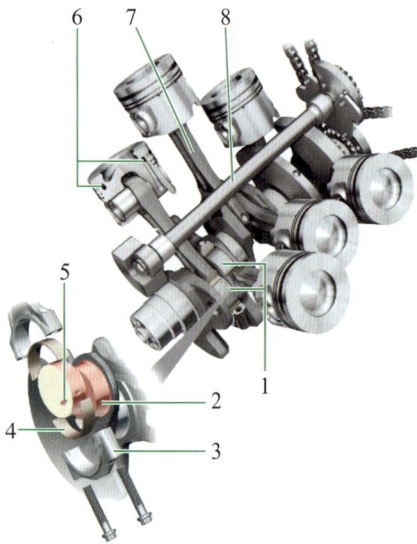

曲轴转角/（°）		R1	R2	R3	L1	L2	L3
0～180	0～60	做功	排气	进气	做功	进气	压缩
	60～120	做功	排气	压缩	排气	进气	压缩
	120～180	做功	进气	压缩	排气	进气	做功
180～360	180～240	排气	进气	压缩	排气	压缩	做功
	240～300	排气	进气	做功	进气	压缩	做功
	300～360	排气	压缩	做功	进气	压缩	排气
360～540	360～420	进气	压缩	做功	进气	做功	排气
	420～480	进气	压缩	排气	压缩	做功	排气
	480～540	进气	做功	排气	压缩	做功	进气
540～720	540～600	压缩	做功	排气	压缩	排气	进气
	600～660	压缩	做功	进气	做功	排气	进气
	660～720	压缩	排气	进气	做功	排气	压缩

1—连杆轴颈；
2,5—连杆轴瓦润滑孔；
3—连杆轴瓦下盖；
4—连杆轴瓦；

6—活塞销润滑油道；
7—连杆；
8—平衡轴

图 2-4-12　V 型 6 缸发动机工作顺序和曲轴曲拐布置

V 型 8 缸发动机的发火间隔角为 720° /8=90°。4 个曲拐互成 90°。工作顺序为 R1-L1-R4-L4-L2-R3-L3-R2 或 L1-R4-L4-L2-R3-R2-L3-R1。其发动机工作顺序和曲轴曲拐布置如图 2-4-13 所示。

曲轴转角/(°)	R1	R2	R3	R4	L1	L2	L3	L4
0~90	做功	做功	排气	压缩	压缩	进气	排气	进气
90~180		排气	进气		做功			压缩
180~270	排气			做功		压缩	进气	
270~360		进气	压缩		排气			做功
360~450	进气			排气		做功	压缩	
450~540		压缩	做功		进气			排气
540~630	压缩			进气		排气	做功	
630~720		做功	排气		压缩			进气

图 2-4-13　V 型 8 缸发动机工作顺序和曲轴曲拐布置

W 型发动机糅合了两个 VR 型气缸组，单个气缸组内气缸之间的夹角为 15°，两个 VR 型气缸组之间的夹角为 72°。W12 发动机气缸布置如图 2-4-14 所示。每侧的一个连杆与另一侧位置对应的连杆安装于同一个曲轴轴颈上，其工作顺序为 L1-R6-L5-R2-L3-R4-L6-R1-L2-R5-L4-R3。

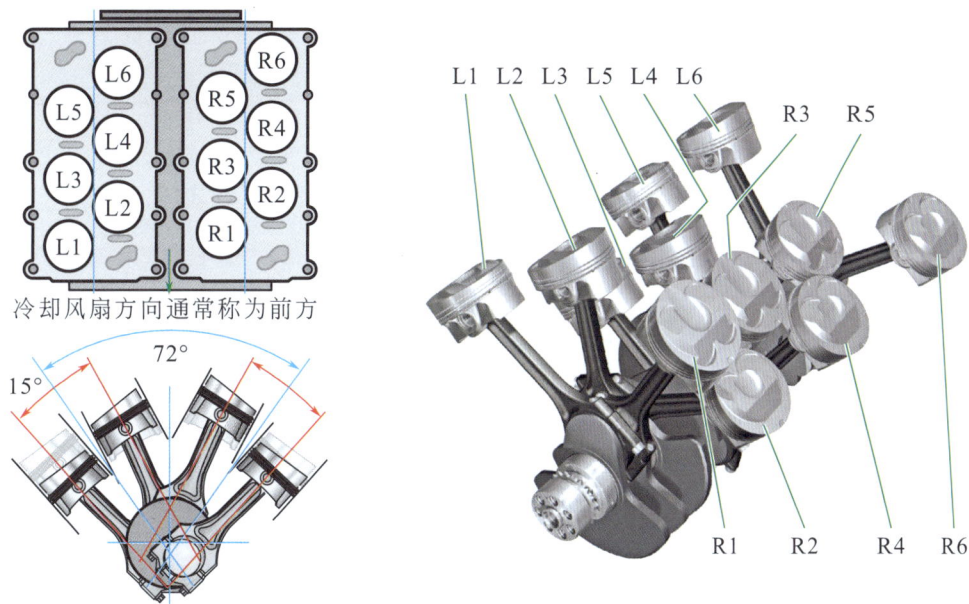

L6　R6
L5　R5
L4　R4
L3　R3
L2　R2
L1　R1

冷却风扇方向通常称为前方

72°　15°

L1　L2　L3　L5　L4　L6　　R3　R5

R1　R2　R4　R6

图 2-4-14　W12 发动机气缸布置

2.4.3　配气机构

四行程发动机均配备气门式配气机构，其功能是根据发动机的工作顺序和循环需求，适时开启和关闭各气缸的进气门和排气门，确保新气（汽油机

扫一扫看动画视频

为汽油与空气的混合气体，柴油机为新鲜空气）得以进入气缸，废气得以排出。

气门式配气机构由气门传动组和气门组两部分构成。当前汽车发动机普遍采用顶置气门设计，即进气门和排气门位于发动机气缸盖上，且倒挂于气缸顶部。驱动气门的凸轮轴可分为下置式、中置式和顶置式三种，现代汽车多选用顶置凸轮轴结构。配气机构结构如图2-4-15所示。

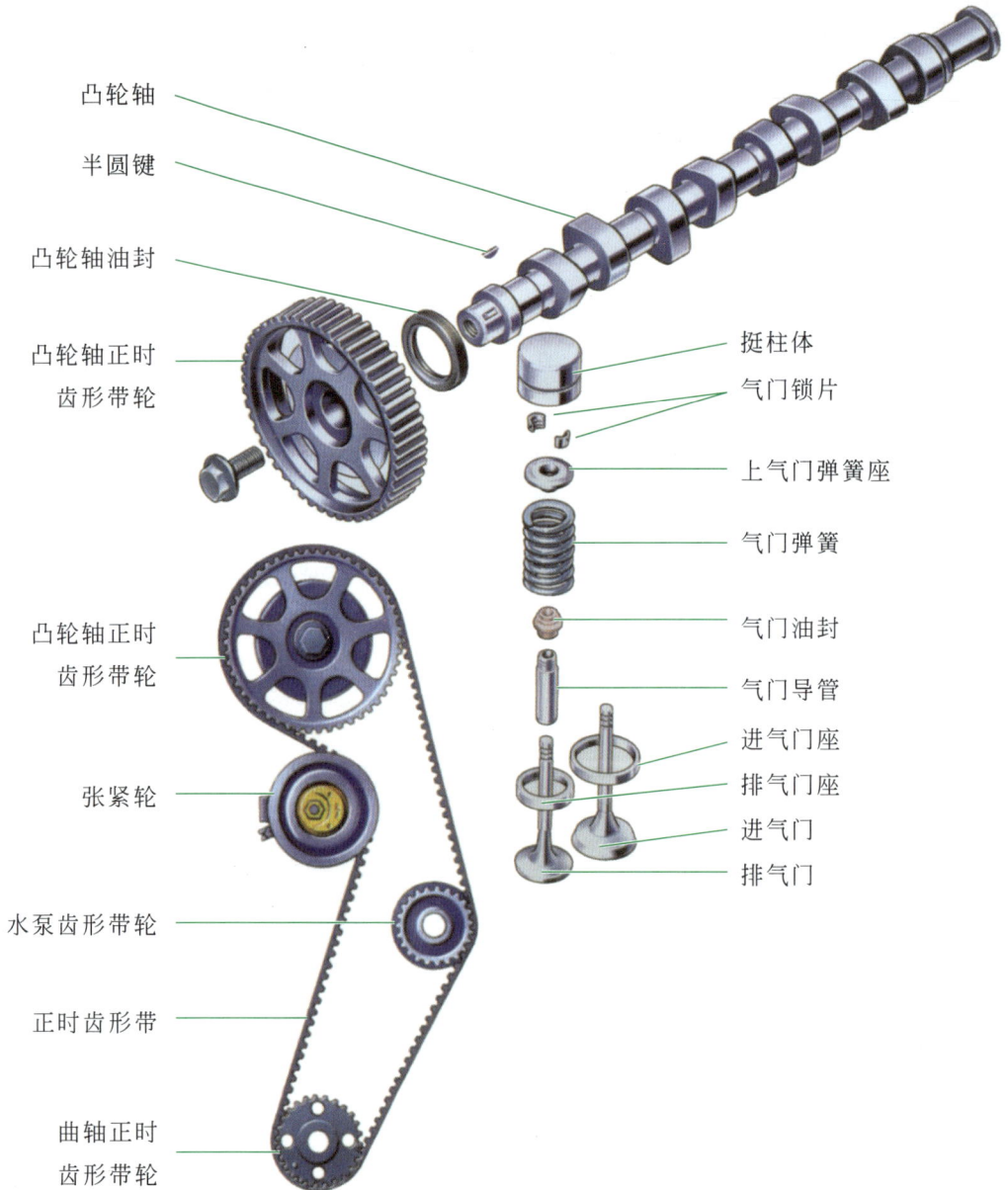

凸轮轴

半圆键

凸轮轴油封

凸轮轴正时
齿形带轮

挺柱体

气门锁片

上气门弹簧座

气门弹簧

气门油封

凸轮轴正时
齿形带轮

气门导管

进气门座

排气门座

张紧轮

进气门

排气门

水泵齿形带轮

正时齿形带

曲轴正时
齿形带轮

图2-4-15　配气机构结构图

在顶置凸轮轴配气机构中，可分为单顶置凸轮轴配气机构与双顶置凸轮轴配气机构两类。在单顶置凸轮轴配气机构中，进排气门由一根凸轮轴的不同轴径驱动。而在双顶置凸轮轴配气机构中，进排气门各自由一根凸轮轴驱动。单顶置凸轮轴配气机构结构如图 2-4-16 所示，双顶置凸轮轴配气机构结构如图 2-4-17 所示。

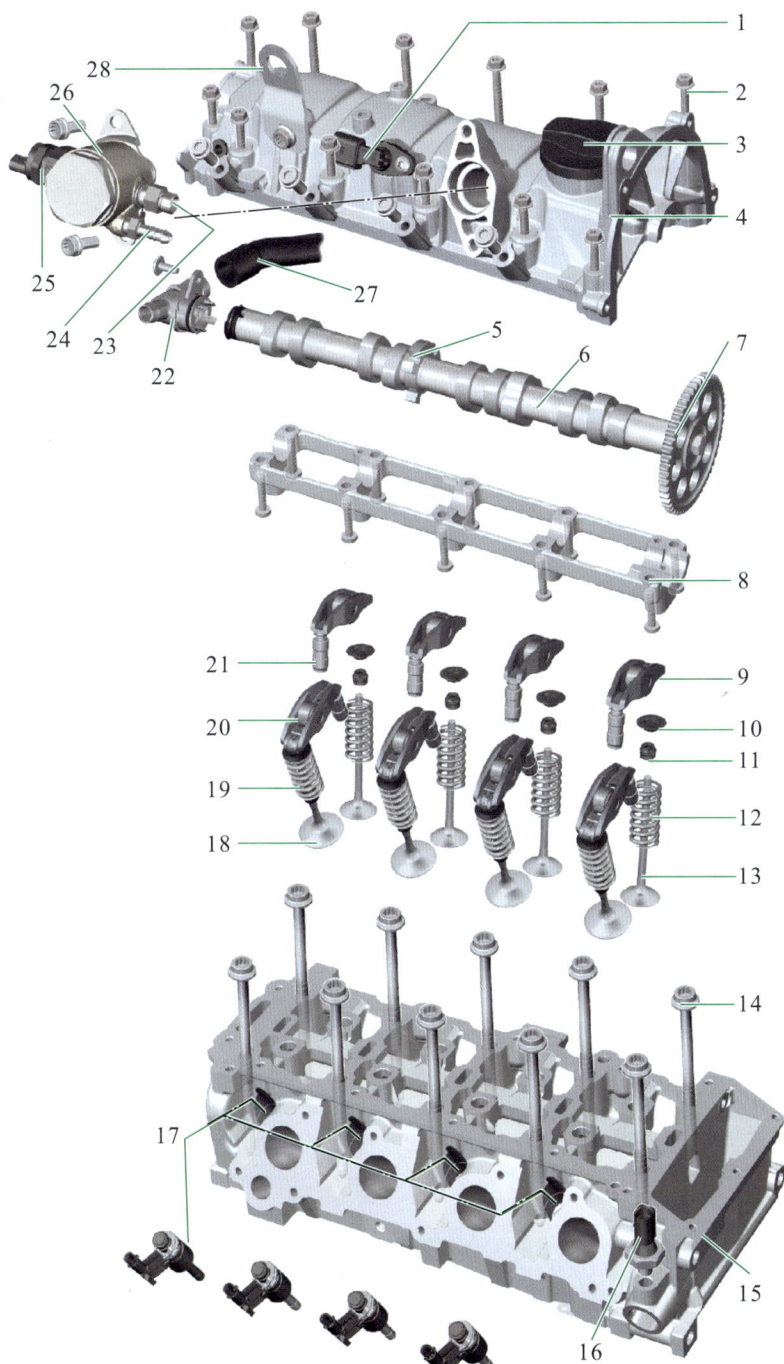

1—霍尔式凸轮轴位置传感器；
2—气缸盖罩紧固螺栓；
3—机油加注口；
4—气缸盖罩；
5—霍尔式凸轮轴位置传感器信号轮；
6—凸轮轴；
7—凸轮轴链轮；
8—凸轮轴轴承盖；
9—摇臂（排气侧）；
10—上气门弹簧座（排气侧）；
11—气门弹簧油封（排气侧）；
12—气门弹簧（排气侧）；
13—排气门；
14—气缸盖螺栓；
15—气缸盖；
16—机油压力开关；
17—直喷喷油器；
18—进气门；
19—气门弹簧（进气侧）；
20—摇臂（进气侧）；
21—液压挺柱（进气侧）；
22—凸轮轴密封盖；
23—高压油泵高压端接口；
24—高压油泵低压端接口（进油管路）；
25—燃油压力调节阀；
26—燃油高压泵；
27—曲轴箱排气系统的连接管道；
28—悬挂吊耳

图 2-4-16　单顶置凸轮轴配气机构结构

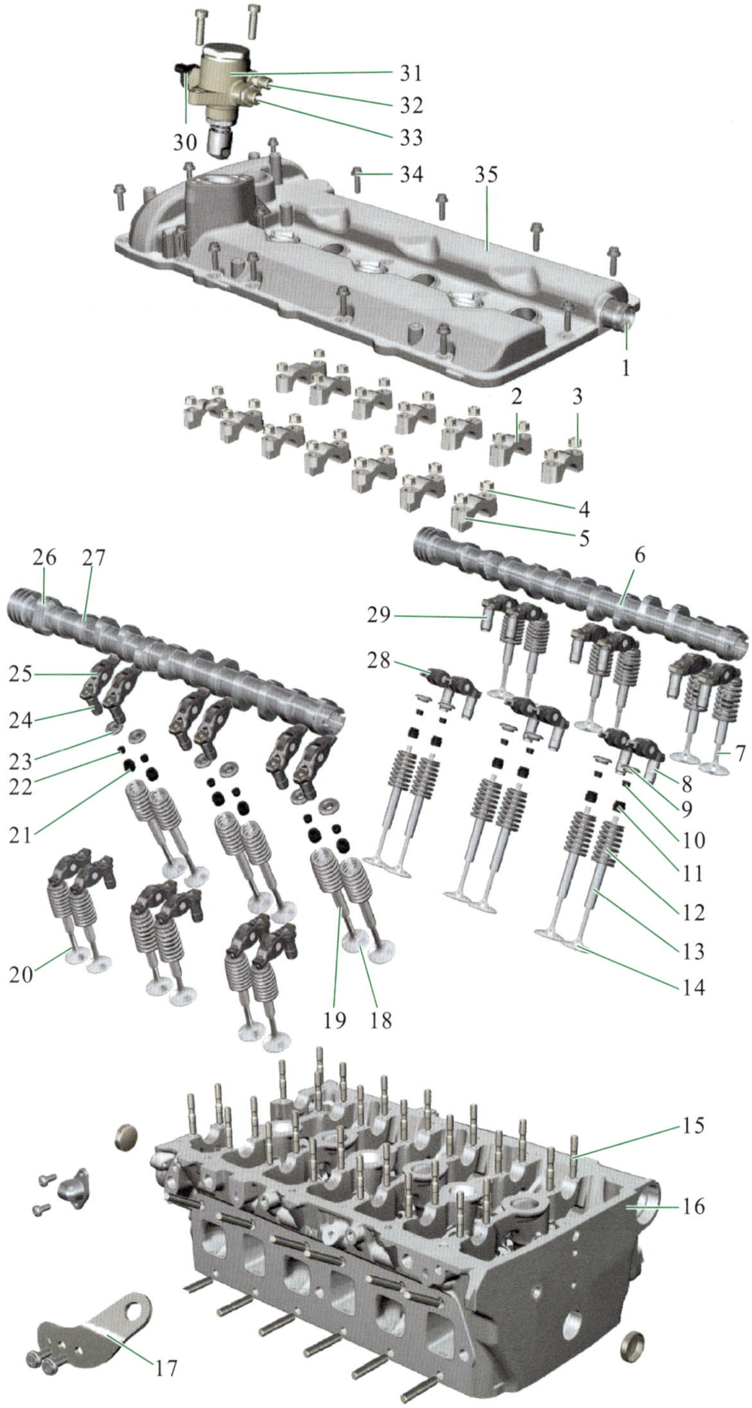

图 2-4-17 双顶置凸轮轴配气机构结构

1—曲轴箱通风管接口；

2—进气凸轮轴轴承盖；

3—进气凸轮轴轴承盖紧固螺母；

4—排气凸轮轴轴承盖紧固螺母；

5—排气凸轮轴轴承盖；

6—排气凸轮轴；

7—排气门（短）；

8—液压挺柱（排气门）；

9—气门弹簧上盖（排气门）；

10—气门弹簧锁片（排气门）；

11—气门弹簧油封（排气门）；

12—气门弹簧（排气门）；

13—气门导管（排气门）；

14—排气门（长）；

15—凸轮轴轴承盖螺栓；

16—气缸盖；

17—悬挂吊耳；

18—进气门（长）；

19—气门导管（进气门）；

20—进气门（短）；

21—气门油封（进气门）；

22—气门锁片（进气门）；

23—气门弹簧上座（进气门）；

24—液压挺柱（进气门）；

25—摇臂（进气门）；

26—高压油泵驱动齿轮；

27—进气凸轮轴；

28—摇臂（排气门）；

29—液压挺柱（排气门）；

30—燃油压力调节阀；

31—燃油高压泵；

32—高压油泵低压端接口（进油管路）；

33—高压油泵高压端接口；

34—气缸盖罩紧固螺栓；

35—气缸盖罩

（1）**气门传动组**　气门传动组主要包括凸轮轴、液压挺柱和摇臂等，其作用是使进排气门按配气相位规定的时刻进行开闭，并保证有足够的开度。气门传动组的组成及在气缸盖中的安装位置如图 2-4-18 所示。

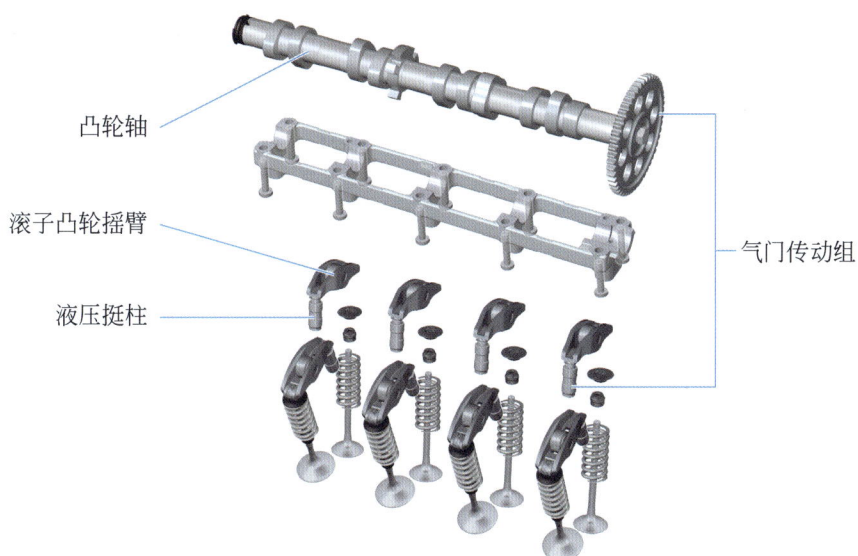

凸轮轴

滚子凸轮摇臂

液压挺柱

气门传动组

图 2-4-18　气门传动组的组成及在气缸盖中的安装位置

① 凸轮轴。凸轮轴的功能，在于驱动与调控各气缸进气门与排气门的开启与闭合。换气过程与燃烧过程受凸轮轴控制，其主要职责是操控进气门与排气门的开启和关闭。凸轮轴由曲轴驱动，其转速与曲轴转速之比为 1:2，换言之，凸轮轴转速仅为曲轴转速的一半。气门行程由凸轮轴上凸轮形状，即凸轮横截面轮廓所决定。凸轮轴及凸轮示意图如图 2-4-19 所示。

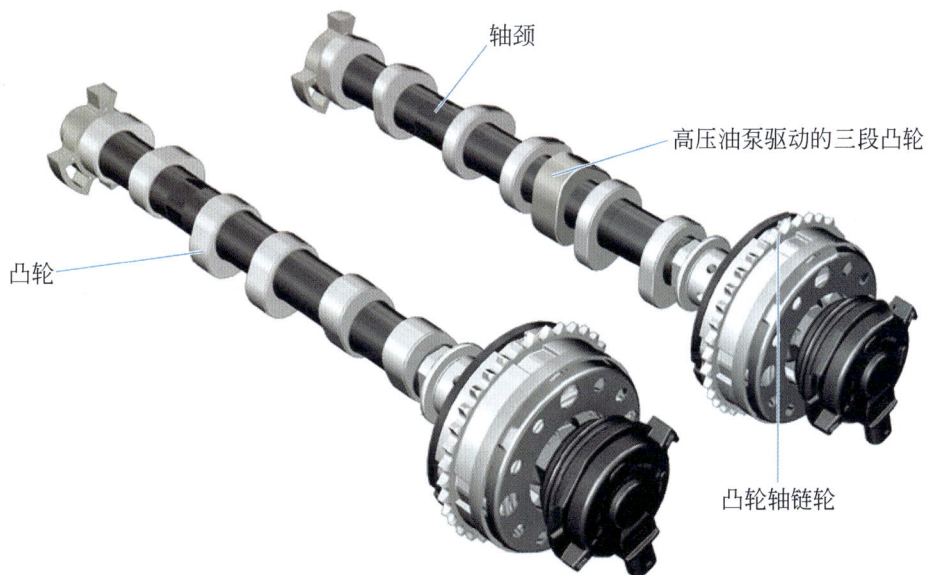

轴颈

高压油泵驱动的三段凸轮

凸轮

凸轮轴链轮

图 2-4-19　凸轮轴及凸轮

气门传动组可根据凸轮轴安装位置及驱动气门方式，划分为顶置凸轮轴直接驱动式、中置凸轮轴推杆驱动式以及下置凸轮轴推杆驱动式三类，如图 2-4-20 所示。

图 2-4-20　凸轮轴安装位置

② 液压挺柱。挺柱的功能是将凸轮轴传递的作用力传递至推杆或气门。挺柱可分为机械挺柱和液压挺柱（亦称气门间隙调节器）两类。在现代发动机中，绝大多数采用液压挺柱，如图 2-4-21 所示。液压挺柱能够确保发动机在所有运行条件下，气门间隙始终保持为零，即便在发动机长时间运行后，也无需对气门间隙进行调整。

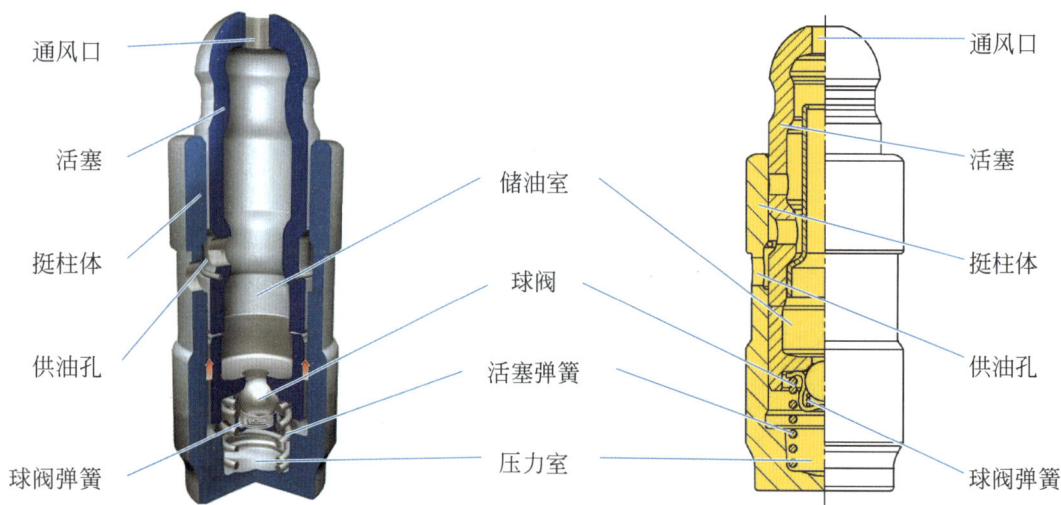

图 2-4-21　液压挺柱结构图

③ 摇臂。摇臂的功能在于转化推杆或凸轮轴传递的力，并将其作用于气门杆尾部，以实现气门的开启。摇臂本质上是一个不等长双臂杠杆，其中间部分设有圆孔。在下置凸轮轴推杆驱动式气门传动组中，摇臂的短臂一端与推杆相连，并设有螺栓孔，用于安装气门调整螺栓；长臂一端则驱动气门，如图 2-4-22（a）所示。目前，常见的滚子凸轮摇臂如图 2-4-22（b）所示，摇臂的一端固定在液压挺柱上，另一端则靠在气门上，凸轮轴的凸轮从上方压迫摇臂中间的滚子。

图 2-4-22 摇臂

（2）气门组 气门组的核心功能为调控进气与排气过程，通过气门的开关动作，实现燃油与空气的流动控制。在发动机内部，气门组肩负着进气与排气的调节重任，对进入发动机的燃料量及排放的燃烧产物量进行精确控制，确保发动机得以正常运转。气门组的主要组成部分包括气门、气门座、气门导管以及气门弹簧等关键零部件。气门组的组成如图 2-4-23 所示。

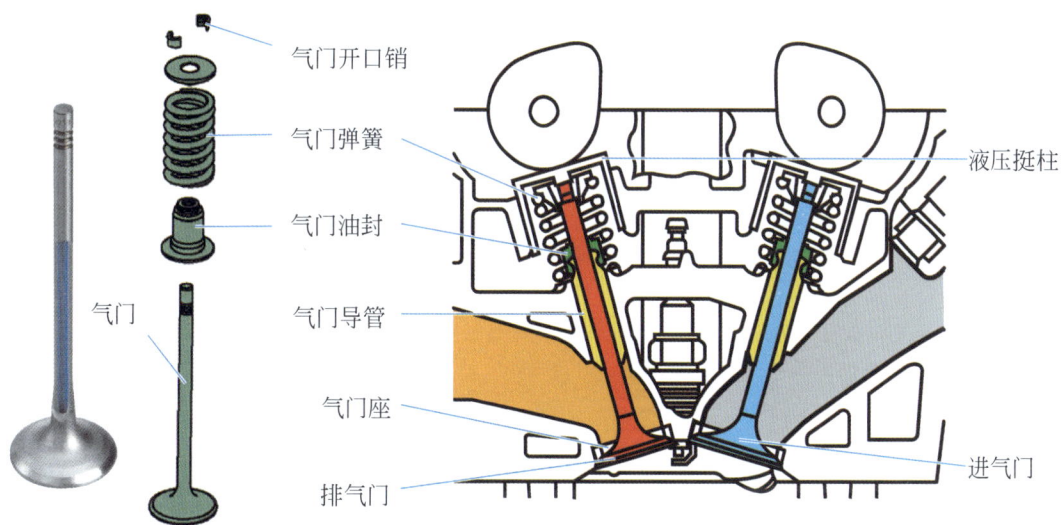

图 2-4-23 气门组的组成

① 气门。气门的作用在于在需要时打开或关闭进排气门，并与气门座精确配合，实现对气缸的严密密封。气门由头部和杆部两个部分组成 [图 2-4-24（a）]。头部负责对气缸的进气和排气通道进行密封，而杆部则为确保气门运动顺畅提供导向功能。气门头部的形状包括平顶、凹顶（喇叭形）和凸顶（球形），如图 2-4-24（b）所示，其中以平顶气门的应用最为广泛。

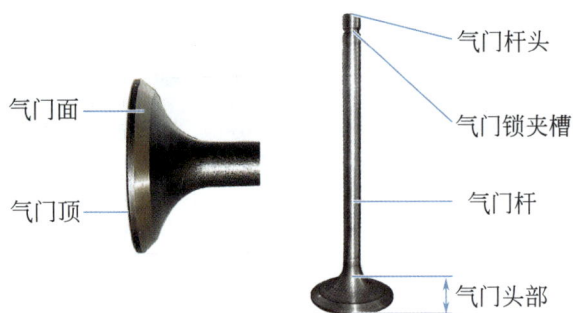

(a)气门结构

平顶　　　　　　　凹顶　　　　　　　凸顶

(b)气门头部形状

图 2-4-24　气门

② 气门弹簧。气门弹簧的功用，在于确保气门在关闭时能紧密贴合气门座或气门座圈，并抵消气门开启时配气机构所产生的惯性力，从而使传动部件始终保持受凸轮轴控制，避免相互脱离。气门弹簧通常为螺旋弹簧，对气门施加关闭方向的张力。多数发动机每颗气门仅使用一个气门弹簧，但部分发动机则为每颗气门配备两个弹簧（同心安装内外两个弹簧）。为确保发动机在高速运转时气门不会发生振动，常用不等螺距弹簧或双弹簧，如图 2-4-25 所示。

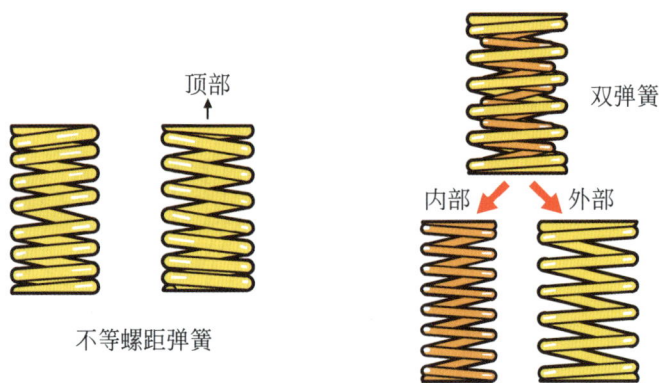

图 2-4-25　气门弹簧

③ 气门座。气缸盖上进排气道与气门锥面相结合的部分称为气门座。该部位是嵌入气缸盖之中的。当气门关闭时，气门工作面与气门座紧密贴合，确保燃烧室保持气密。同时，气门座负责将热量从气门传输至气缸盖，实现其冷却功能。通常，气门座加工成 45°的锥面，以适应气门工作面的配合需求。气门座接触面宽度一般在 1.0～1.4mm 之间。气门座及间隙如图 2-4-26 所示。

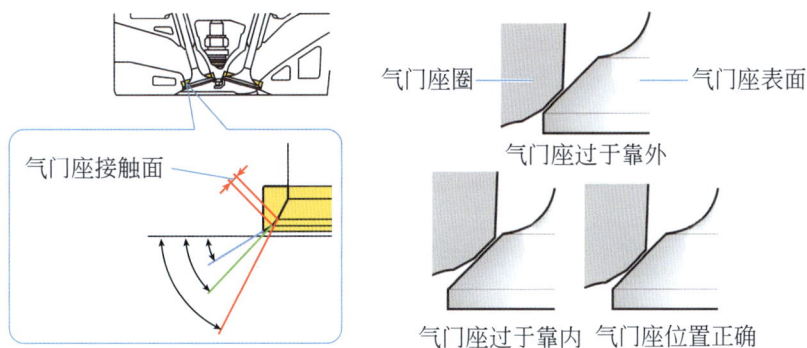

图 2-4-26　气门座及间隙

④ 气门导管。气门导管的主要功能是为气门的运动提供指引，确保气门进行直线往复运动，从而保证气门与气门座之间的正确配合。通常，气门杆与气门导管之间预留 0.05～0.12mm 的间隙，以允许气门杆在导管内自由运动。气门导管依赖配气机构在工作时飞溅出的机油进行润滑。气门导管的安装位置及润滑方式如图 2-4-27 所示。

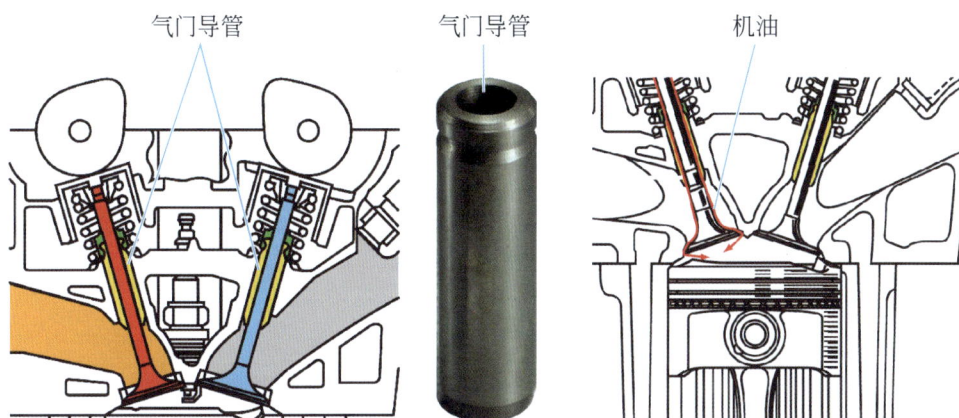

图 2-4-27　气门导管

⑤ 气门锁块（气门开口销）。气门锁块（气门开口销）安装在气门杆头下方的气门锁夹槽中，用来连接气门弹簧和气门，确保气门不会跌落。气门锁块的连接方式有夹紧式 ［图 2-4-28（a）］ 和非夹紧式 ［图 2-4-28（b）］ 两种。

(a) 夹紧式气门锁块　　　　　　　(b) 非夹紧式气门锁块

图 2-4-28　气门锁块安装示意图

（3）配气相位　发动机的进气门应在活塞处于上止点时开启，到下止点时关闭；排气门则应在活塞处于下止点时开启，到上止点时关闭。但是实际发动机的曲轴转速都很高，活塞的每一行程历时都极短，往往会使发动机充气不足或排气不干净，造成发动机功率下降。因此，汽车发动机采取延长进排气时间的方法改善进排气情况，即气门开启和关闭的时刻分别提前或延迟一定的曲轴转角。用曲轴转角表示的进排气门开启持续时间称为配气相位，又称气门正时。用曲轴转角的环形图表示的配气相位称为配气相位图，如图2-4-29所示。

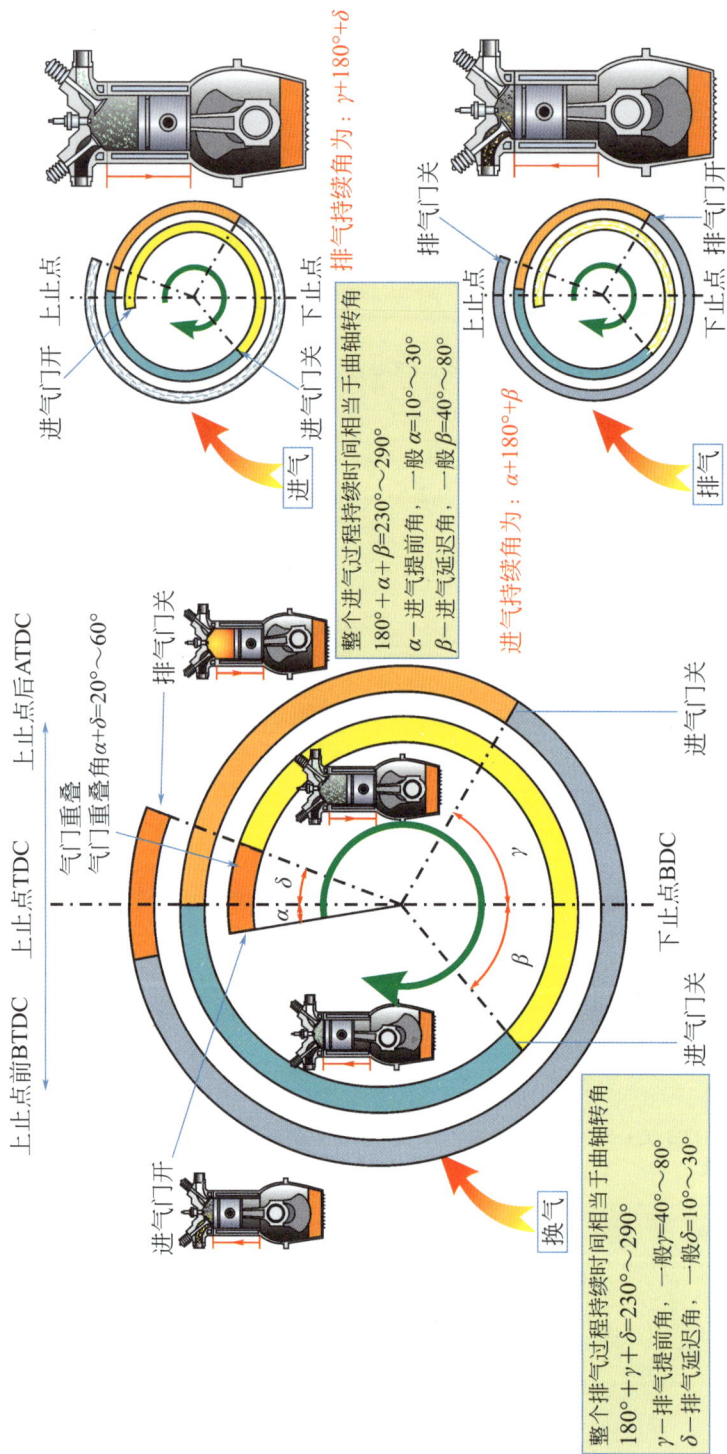

排气持续角为：$\gamma+180°+\delta$

进气持续角为：$\alpha+180°+\beta$

整个进气过程持续时间相当于曲轴转角
$180°+\alpha+\beta=230°\sim290°$
α—进气提前角，一般 $\alpha=10°\sim30°$
β—进气延迟角，一般 $\beta=40°\sim80°$

整个排气过程持续时间相当于曲轴转角
$180°+\gamma+\delta=230°\sim290°$
γ—排气提前角，一般$\gamma=40°\sim80°$
δ—排气延迟角，一般$\delta=10°\sim30°$

进气门开　上止点　进气门关　排气　进气
排气门关　上止点　排气门开　下止点　排气

上止点前BTDC　上止点TDC　上止点后ATDC
气门重叠　气门重叠角$\alpha+\delta=20°\sim60°$
排气门关　进气门关　下止点BDC　进气门开　换气　进气

图2-4-29　配气相位图

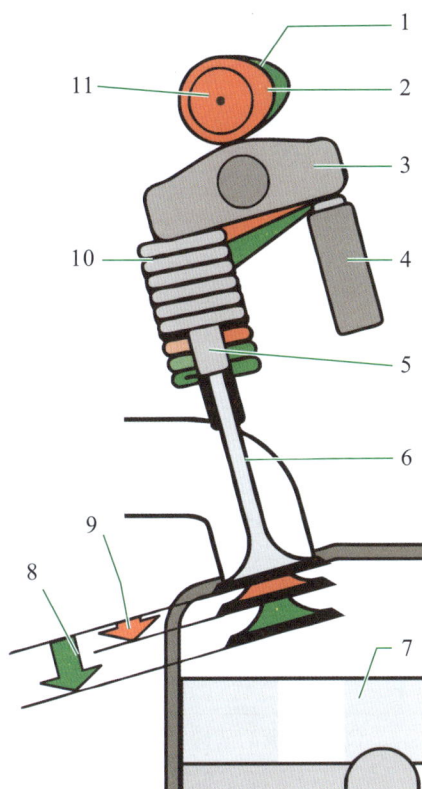

图 2-4-30 大众 / 奥迪可变气门
升程技术组成

（4）大众 / 奥迪可变气门升程技术 大众 / 奥迪可变气门升程主要通过排气（或进气）凸轮轴上的电子气门升程切换以及进排气门凸轮轴上的可变正时，实现对每个气缸气体交换的优化控制。发动机电子控制单元根据当前发动机负荷情况决定使用哪个凸轮，较小的凸轮仅用于低转速。

可变气门升程技术具备以下显著优势：它能够有效优化气体交换过程，避免废气逆流至先前的 180°排气缸，进而提升发动机性能。此外，该技术还能使进气门提前开启，从而增强气体的填充程度，提升燃烧室内的压力，并减少残余气体的含量。这些改进措施共同提升了发动机的响应性，使其在低转速和高增压压力下也能实现更高的扭矩输出。图 2-4-30 展示了安装在排气凸轮轴上的可变气门升程技术的示意图，为理解和应用该技术提供了直观的参考。

1—大凸轮轮廓；	7—活塞；
2—小凸轮轮廓；	8—大开启行程；
3—滚轮摇臂棘爪；	9—小开启行程；
4—液压挺柱；	10—气门弹簧；
5—气门导管；	11—排气凸轮轴
6—排气门；	

① 凸轮轴构造。为了实现排气凸轮轴上两个不同气门升程之间的切换，凸轮轴配备了四个可移动的凸轮部件（内花键）。每个凸轮部件上都安装有两对升程不同的凸轮。通过执行器实现两种升程的切换，执行器连接到每个凸轮部件的滑动槽，并调整凸轮轴上的凸轮部件位置。每个凸轮部件配备两个执行器，以实现在两种升程之间切换。

凸轮轴中的弹簧夹载式球体部件具备锁定凸轮部件于各自端部位置的功能。凸轮部件的滑动槽与轴向推力轴承共同作用，有效限制凸轮部件的移动，如图 2-4-31 所示。

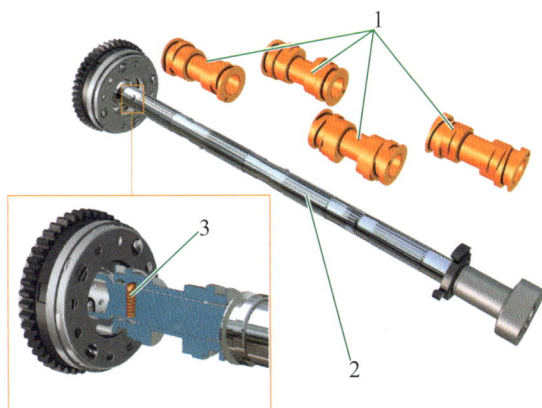

1—可移动凸轮部件；
2—带外花键的排气凸轮轴；
3—用球体和弹簧锁定凸轮部件

图 2-4-31 大众 / 奥迪可变气门升程凸轮轴构造

② 执行器。执行器采用电磁阀设计。在两个执行器的协同作用下，凸轮轴上的各个凸轮部件可在两个切换位置之间进行往复运动。针对每个气缸，一个执行器负责切换至较大的气门升程，另一个执行器则负责切换至较小的气门升程。

各执行器均由发动机控制单元的接地信号触发启动，电压则由主继电器提供。执行器的位置、结构与原理如图 2-4-32 所示。

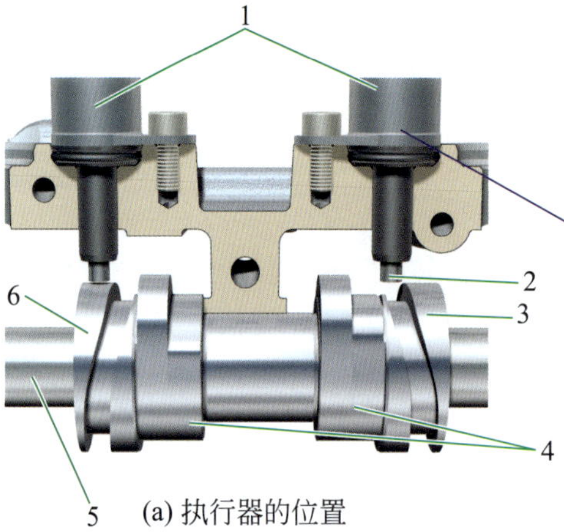

(a) 执行器的位置

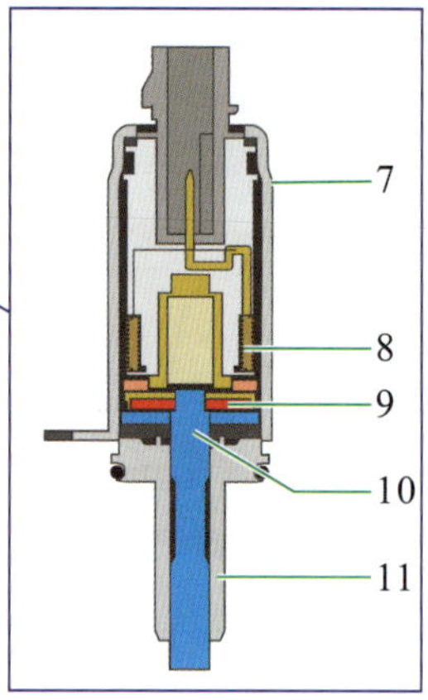

(b) 执行器的结构

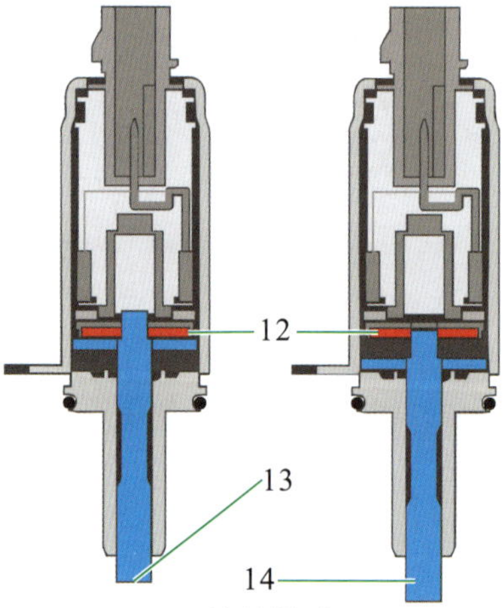

(c) 执行器原理

1—执行器（电磁阀）；
2,10—金属销；
3,6—复位斜面；
4—可移动凸轮部件；
5—排气凸轮轴；
7—壳体；

8—电磁线圈；
9,12—永久磁铁；
11—导管；
13—缩入的金属销；
14—伸出的金属销

图 2-4-32 执行器位置、结构与原理

在电流通过执行器电磁线圈的过程中，金属销在 18~22ms 内被移动。延展的金属销与排气凸轮轴上凸轮部件的相应滑动槽实现接合，并通过凸轮轴的旋转将滑动槽带动至相应的切换位置。随后，金属销在滑动槽（相当于一个复位斜面）的机械作用下予以缩进。当启动凸轮部件的两个执行器时，总是仅有一个执行器上的金属销发生移动。

③ 发动机转速低时的凸轮轴位置及切换。发动机在较低转速负荷下的凸轮轴位置及切换如图 2-4-33 所示。

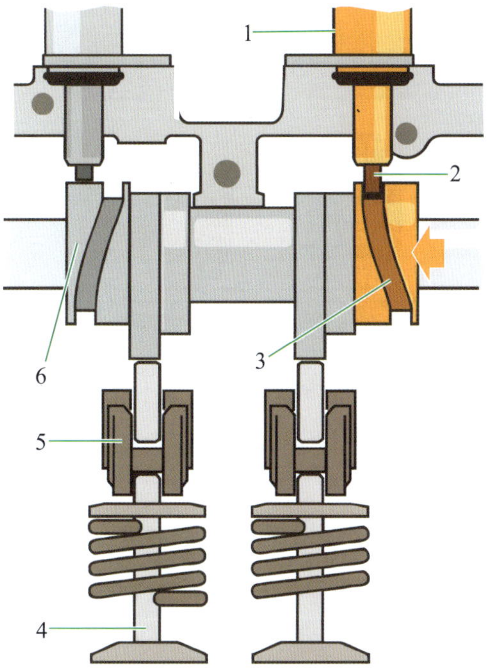

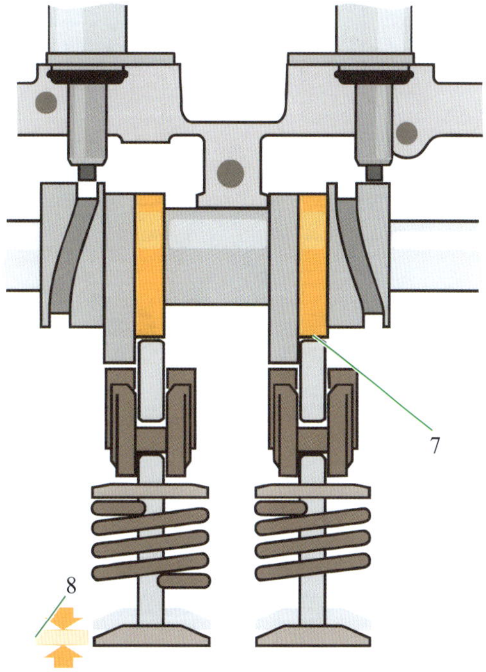

为了使这个负载范围内的气体交换性能更佳，发动机管理系统通过凸轮轴调节器将进气凸轮轴提前，将排气凸轮轴延迟。气门升程切换至更小的排气凸轮轮廓，而且右侧执行器移动金属销。它接合滑动槽，并将凸轮部件移至小凸轮轮廓。

气门现在沿着较小的凸轮轮廓上下移动。两个小凸轮的位置在某种程度上是交错的，确保气缸两个排气门的开启时间是错开的。这两项措施会导致废气被从活塞中排到涡轮增压器中时，废气气流的脉动减小，从而可在低转速范围内达到较高的增压压力。

1—执行器；	5—滚轮摇臂棘爪；
2—金属销；	6—凸轮部件；
3—滑动槽；	7—滚轮摇臂棘爪在小凸轮上运行；
4—气门；	8—小行程开启

图 2-4-33 发动机转速低时的凸轮轴位置及切换原理

④ 发动机在部分负载和全负载下的凸轮轴位置及切换。发动机在部分负载和全负载下的凸轮轴位置及切换如图 2-4-34 所示。

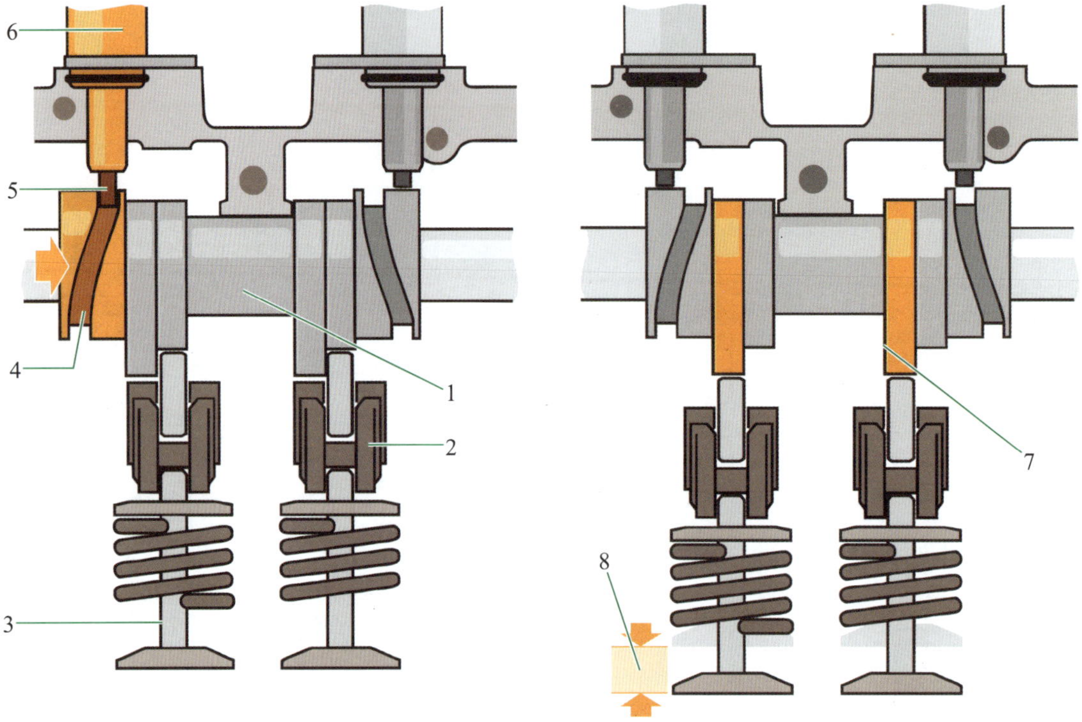

（a）驾驶员踩下加速踏板，并从部分负载改变为全负载。气缸内的气体交换必须适应更高的性能需求。发动机管理系统通过凸轮轴调节器将进气凸轮轴提前，将排气凸轮轴延迟。为达到最佳的气缸填充性能，排气门需要最大的气门升程。为了达到此目的，左执行器被启动，由左执行器移动其金属销。

（b）金属销通过滑动槽将凸轮部件移向大凸轮。排气门现在以最小的升程打开和关闭。凸轮部件也通过凸轮轴中的弹簧夹载式球体被固定在此位置。

1—凸轮部件；	5—金属销；
2—滚轮摇臂棘爪；	6—执行器；
3—气门；	7—滚轮摇臂棘爪在大凸轮上运行；
4—滑动槽；	8—大气门开度

图 2-4-34　发动机在部分负载和全负载下的凸轮轴位置及切换原理

（5）宝马 Valvetronic 电子气门调节系统　宝马 Valvetronic 电子气门调节系统是一款具备进气门升程控制功能的气门驱动技术，可实现发动机进气量的无级调节。在发动机转速最低时，进气门会适时开启，以提升怠速品质及平稳性。在中等转速下，进气门提前开启，旨在增加扭矩，并允许废气在燃烧室内进行再循环，从而降低废气排放。当发动机转速达到高转速时，进气门的开启时间将相应延后，进而发挥出最大功率。宝马 Valvetronic 电子气门调节系统的气门机构如图 2-4-35 所示，气门组结构如图 2-4-36 所示，VANOS 调节单元及电磁阀如图 2-4-37 所示，VANOS 调节单元及电磁阀油路如图 2-4-38 所示。

图 2-4-35　宝马 Valvetronic 电子气门调节系统的气门机构组成

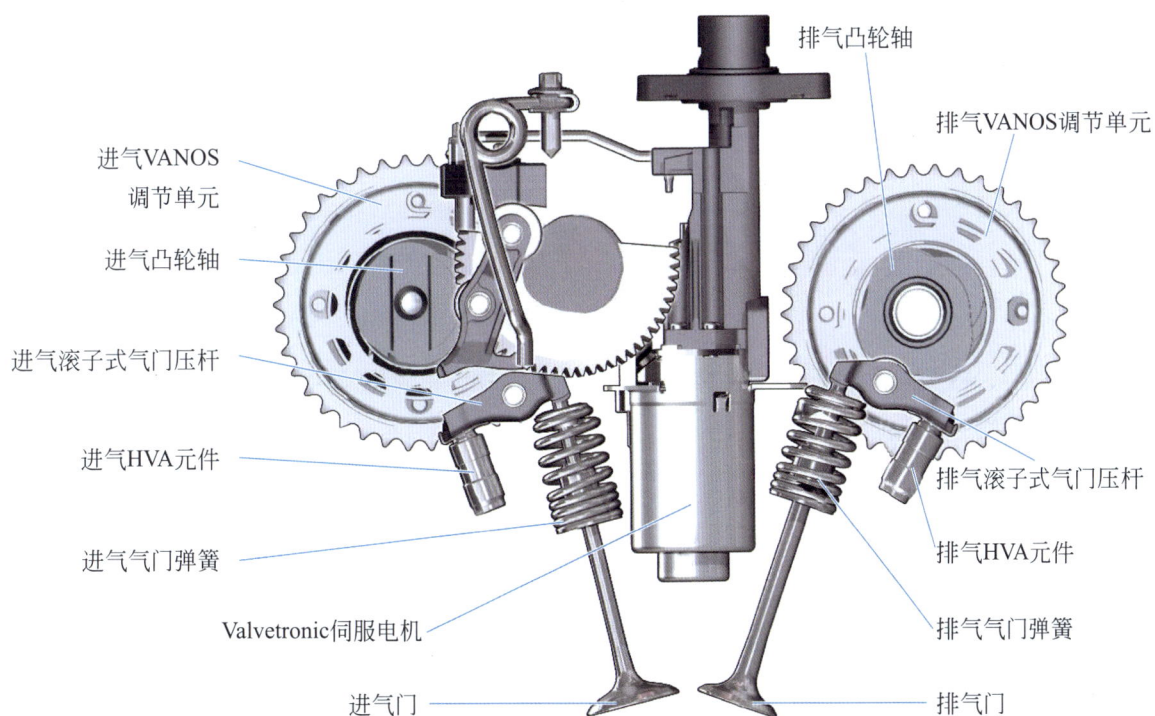

图 2-4-36　气门组结构

进气侧VANOS调节单元

排气侧VANOS调节单元

排气侧VANOS电磁阀

链条张紧器

主机油通道

进气侧VANOS电磁阀

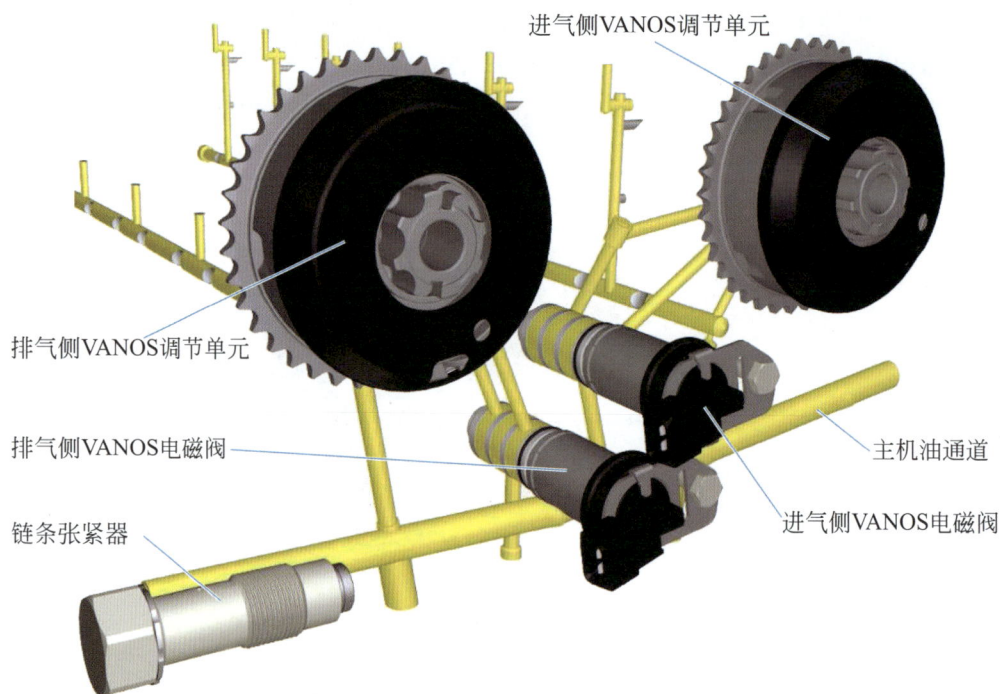

图 2-4-37　VANOS 调节单元及电磁阀

进气侧VANOS调节单元

进气凸轮轴传感器轮

连接进气侧VANOS调节单元的机油通道

进气侧VANOS电磁执行机构

排气凸轮轴传感器轮

主机油通道

用于进气凸轮轴和HVA元件的机油通道

排气侧VANOS电磁执行机构

排气侧VANOS调节单元

连接排气侧VANOS调节单元的机油通道

用于排气凸轮轴和HVA元件的机油通道

链条张紧器

图 2-4-38　VANOS 调节单元及电磁阀油路

2.4.4　冷却系统

发动机冷却系统的作用在于确保发动机在所有运行状态下均能维持在适宜的温度范围内。该系统既要防止发动机过热，同时在冬季也要防止发动机

扫一扫看动画视频

扫一扫看动画视频

过冷。在发动机冷启动之后，冷却系统还需确保发动机迅速升温，以尽快达到正常运行状态。

发动机冷却系统可分为风冷和水冷两种类型。以空气作为冷却介质的称为风冷，而以冷却液作为冷却介质的则称为水冷。通常，摩托车发动机采用风冷，而汽车发动机则绝大多数采用水冷。

汽车发动机的冷却系统采用强制循环水冷方式，利用冷却液泵中高压冷却液的压力，强制冷却液在发动机内部进行循环流动。发动机冷却系统组成示意图如图 2-4-39 所示。

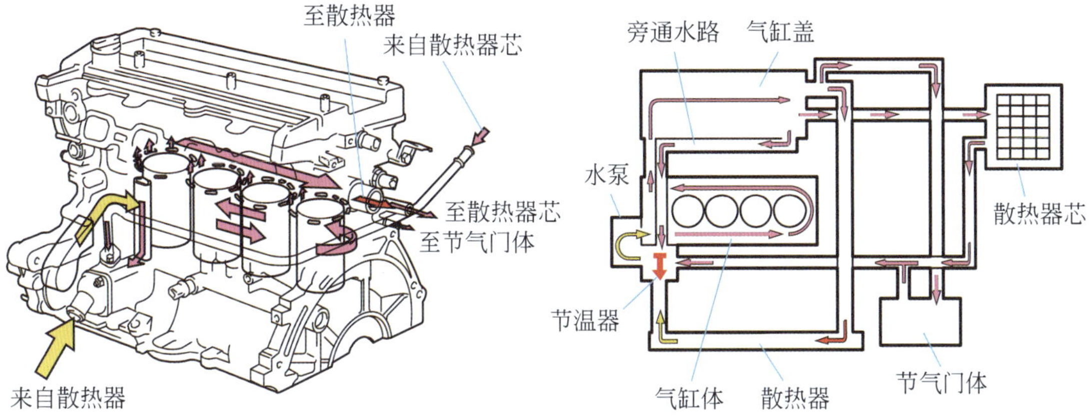

图 2-4-39　发动机冷却系统组成示意图

（1）冷却系统主要零部件

① 节温器。作为一种控制冷却液流动路径的阀门，节温器具有重要的功能。在发动机冷却液温度较低时，节温器会将冷却液流向散热器的通道关闭，此时，冷却液从冷却液泵入口直接流入机体或气缸盖冷却液管路，实现小循环，以加速发动机的升温。一旦冷却液温度达到设定值，节温器便会打开冷却液流向散热器的通道，启动冷却系统的大循环。目前，市面上常见的发动机石蜡式节温器主要分为两类：不带旁通阀和带旁通阀，如图 2-4-40 所示。

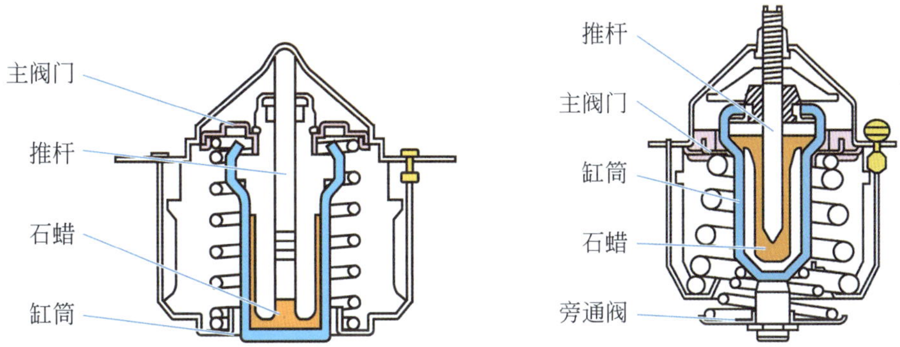

(a)不带旁通阀　　　　　　　　　　(b)带旁通阀

图 2-4-40　石蜡式节温器结构

② 散热器盖。散热器盖结构如图 2-4-41（a）所示，其功用是密封冷却系统并调节冷却系统压力。冷却液温度升高，压力上升到一定程度时压力阀开启［图 2-4-41（b）］，冷却液回流至膨胀箱。发动机停机，冷却液温度下降，压力值也随之下降，当压力低于大气压力时，真空阀开启

[图 2-4-41（c）]，冷却液回流至散热器。

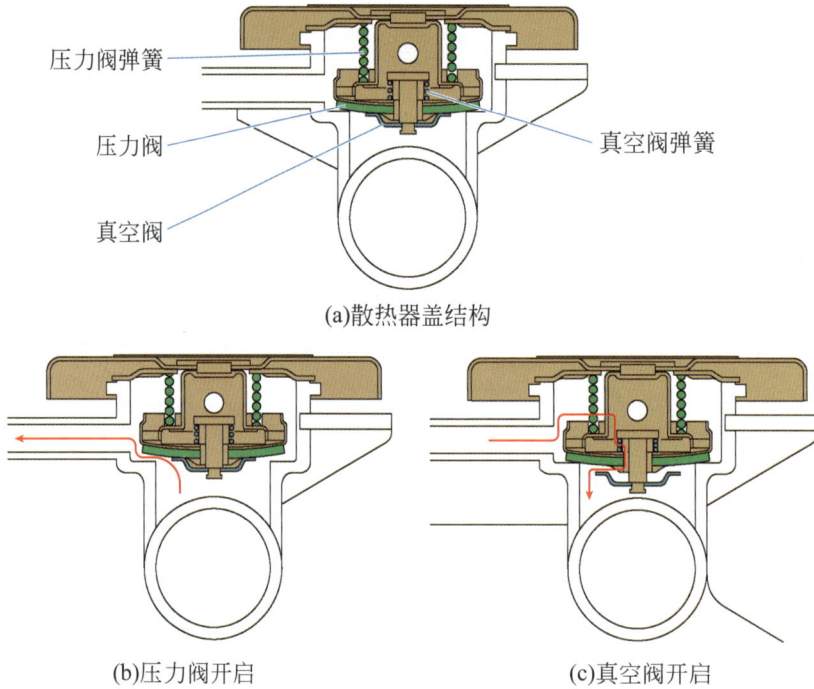

压力阀弹簧
压力阀
真空阀
真空阀弹簧

(a)散热器盖结构

(b)压力阀开启

(c)真空阀开启

图 2-4-41　散热器盖

③ 冷却液泵。冷却液泵的功能在于对冷却液进行加压，从而强制其在冷却系统内进行循环流动。当冷却液泵的叶片 / 转子旋转时，冷却液随之共同旋转，并在离心力的作用下被甩向泵壳体的边缘，同时产生一定的压力，随后从出水管排出。转子式冷却液泵结构如图 2-4-42 所示。

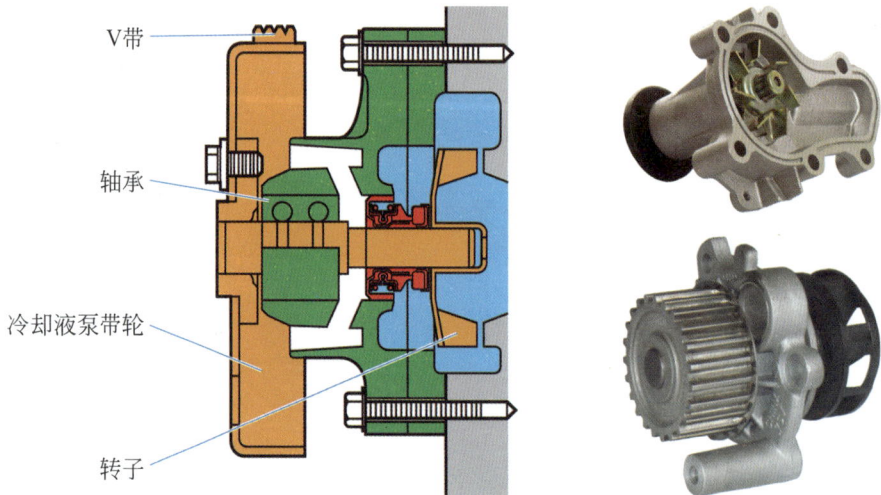

V带
轴承
冷却液泵带轮
转子

图 2-4-42　转子式冷却液泵结构

④ 冷却风扇。冷却风扇有助于促进散热器的通风，并提高其热交换效能。冷却风扇通常安装在散热器后方（如图 2-4-43 所示），其位置一般设定在散热器中央。冷却风扇由蓄电池提供电力，

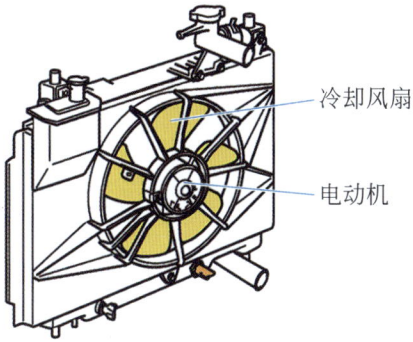

图 2-4-43　冷却风扇

冷却风扇

电动机

其转速与发动机转速无直接关联。根据发动机的工作状态，冷却风扇的转速会相应调整。冷却风扇的控制方式包括热敏电阻开关控制和发动机 ECU 控制两种。

（2）单回路冷却系统结构　单回路冷却系统使用一个节温器控制冷却液流向，当发动机冷却液温度较低时，冷却液不能进入散热器，只能通过冷却液泵进行小循环（图 2-4-44）；当冷却液达到一定温度时，节温器阀门打开，冷却液进入散热器进行大循环（图 2-4-45）。

散热器盖

节温器

冷却风扇

冷却液泵

散热器

气缸盖冷却水道

气缸体冷却水道

图 2-4-44　冷却液小循环

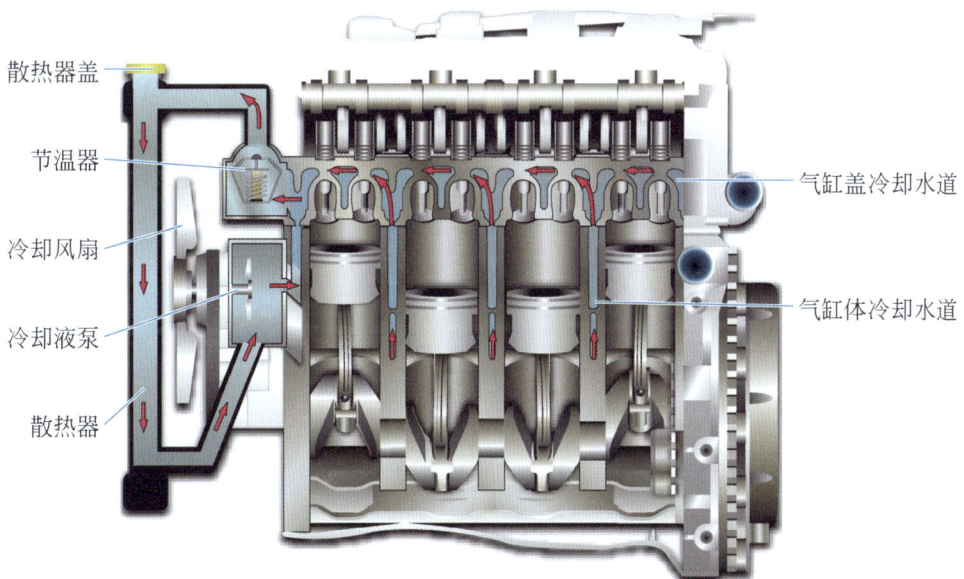

散热器盖

节温器

冷却风扇

冷却液泵

散热器

气缸盖冷却水道

气缸体冷却水道

图 2-4-45　冷却液大循环

（3）**双回路冷却系统结构**　双回路冷却系统是一种先进的发动机冷却技术，它通过两个独立的节温器来实现冷却液的有效分配。这种系统的主要目的是确保发动机的各个部分能够在最佳的温度范围内工作，以提高发动机的性能和效率。

在双回路冷却系统中，冷却液会分别被输送至气缸盖和气缸体。这两个部分在发动机工作中扮演着至关重要的角色，它们的温度控制直接影响着发动机的性能和寿命。通过独立控制气缸体和气缸盖的温度，可以确保发动机在各种工况下都能保持良好的工作状态。

双回路冷却系统通过两个节温器的协同作用，实现了气缸体和气缸盖温度独立控制。这种设计使得发动机能够在不同工况下保持稳定的工作温度，提高了发动机的适应性和可靠性。同时，独立控制气缸体和气缸盖的温度也有助于降低发动机的故障率，节省维修成本。双回路冷却系统如图 2-4-46 所示。

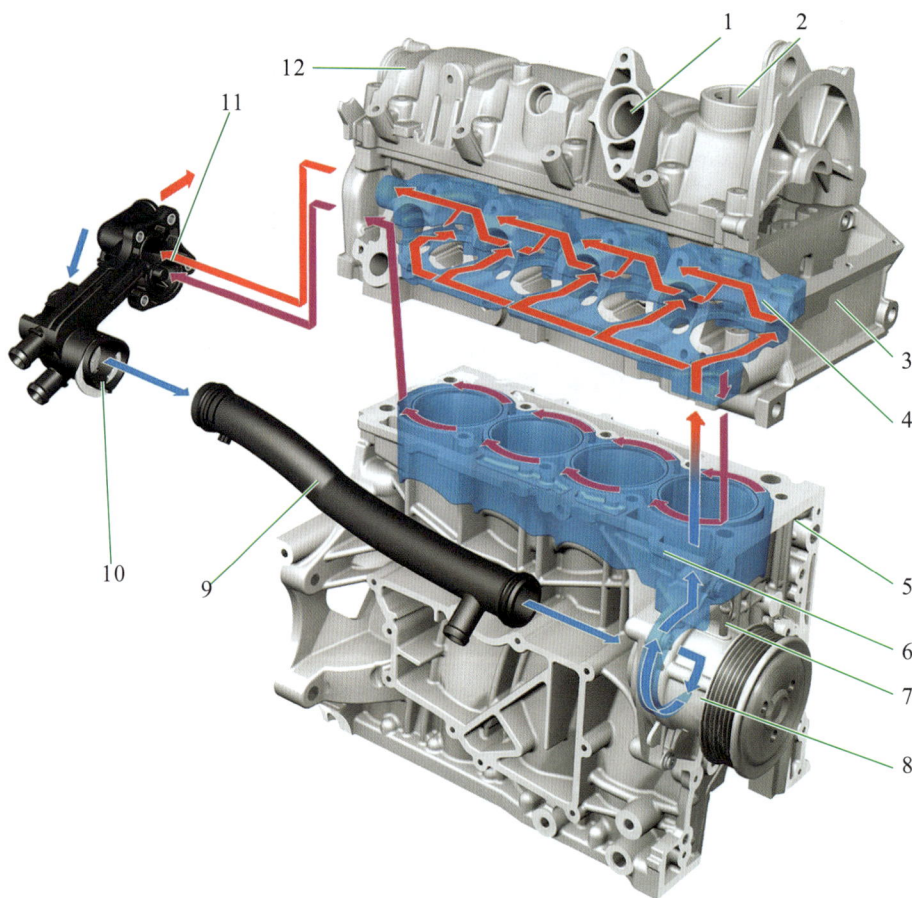

1—燃油高压泵安装位置；	7—真空管；
2—机油加注口；	8—可开关的冷却液泵；
3—气缸盖；	9—冷却液管（通往节温器）；
4—气缸盖内的冷却液管路；	10—气缸盖节温器；
5—气缸体；	11—气缸体节温器；
6—气缸体内的冷却液管路；	12—气缸盖罩

图 2-4-46　双回路冷却系统

① 节温器。双回路冷却系统节温器（图 2-4-47）集成在节温器壳体内。当温度达到 87℃时节温器 1 打开，允许冷却液自散热器流入气缸盖水套。当温度达到 105℃时，节温器 2 打开，允许冷却液从气缸体流至散热器，整个冷却系统循环打开。

冷却液泵集成在节温器壳体内，通过螺栓连接在气缸盖上。冷却液泵由凸轮轴的齿形带驱动，如图 2-4-48 所示。

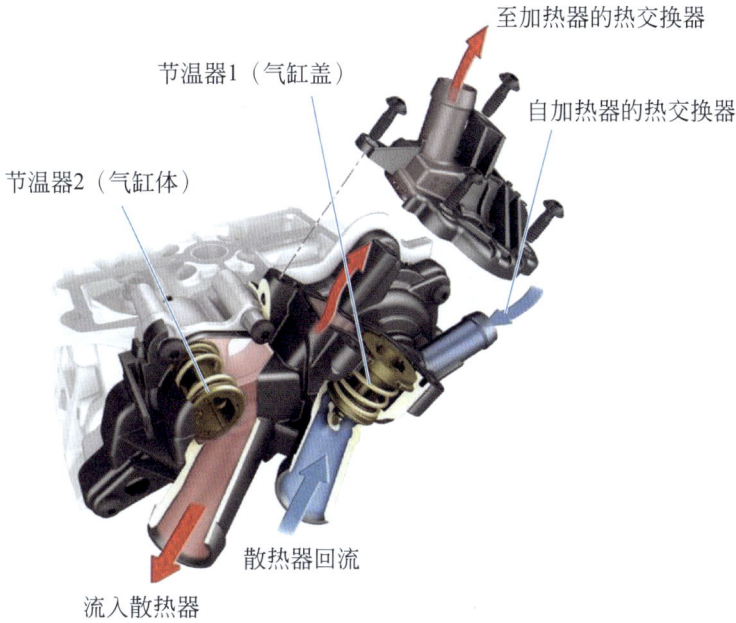

图 2-4-47　双回路冷却系统节温器位置

图 2-4-48　双回路冷却系统冷却液泵

② 气缸盖冷却。在气缸盖上，冷却液从燃烧室周围的进气侧流向排气侧。此时，冷却液分为两个区域，分别位于排气歧管的上方和下方。冷却液通过多重管道吸收热量。随后，冷却液从气缸盖流入节温器壳体，并与剩余的冷却液混合，如图 2-4-49 所示。

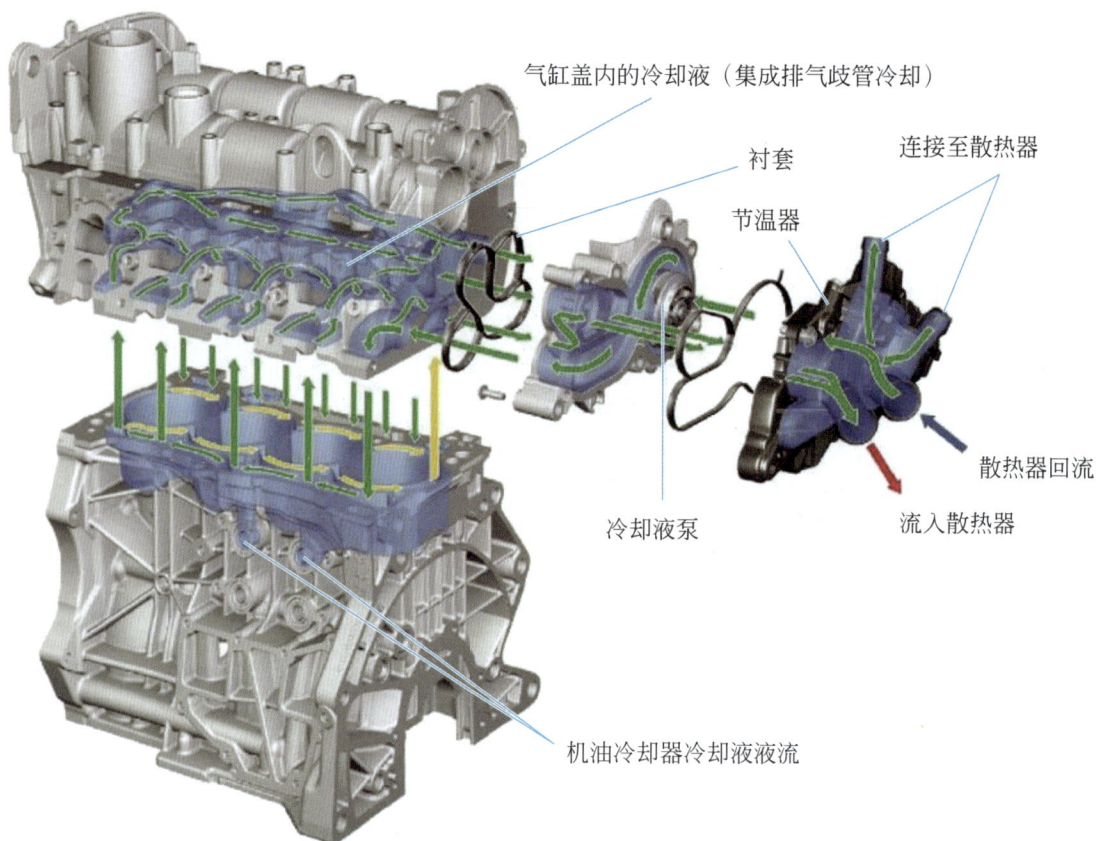

图 2-4-49　双回路冷却系统气缸盖冷却示意图

2.4.5　润滑系统

（1）润滑系统组成　发动机工作时，很多传动件都是在很小的间隙下做高速相对运动的。若不对这些表面进行润滑，它们之间将发生强烈的摩擦致使发动机无法运转。

扫一扫看动画视频　　扫一扫看动画视频

润滑系统的功用就是在发动机工作时连续不断地把数量足够、温度适当的洁净机油输送到全部传动件的摩擦表面，并在摩擦表面之间形成油膜，实现液体摩擦，从而减小摩擦阻力、降低功率消耗、减轻机件磨损，以达到提高发动机工作可靠性和耐久性的目的。由于发动机传动件的工作条件不尽相同，因此，对负荷及相对运动速度不同的传动件采用不同的润滑方式。润滑系统一般由机油泵、机油滤清器、主机油通道、机油压力开关、油底壳等组成。润滑系统结构如图 2-4-50 所示。

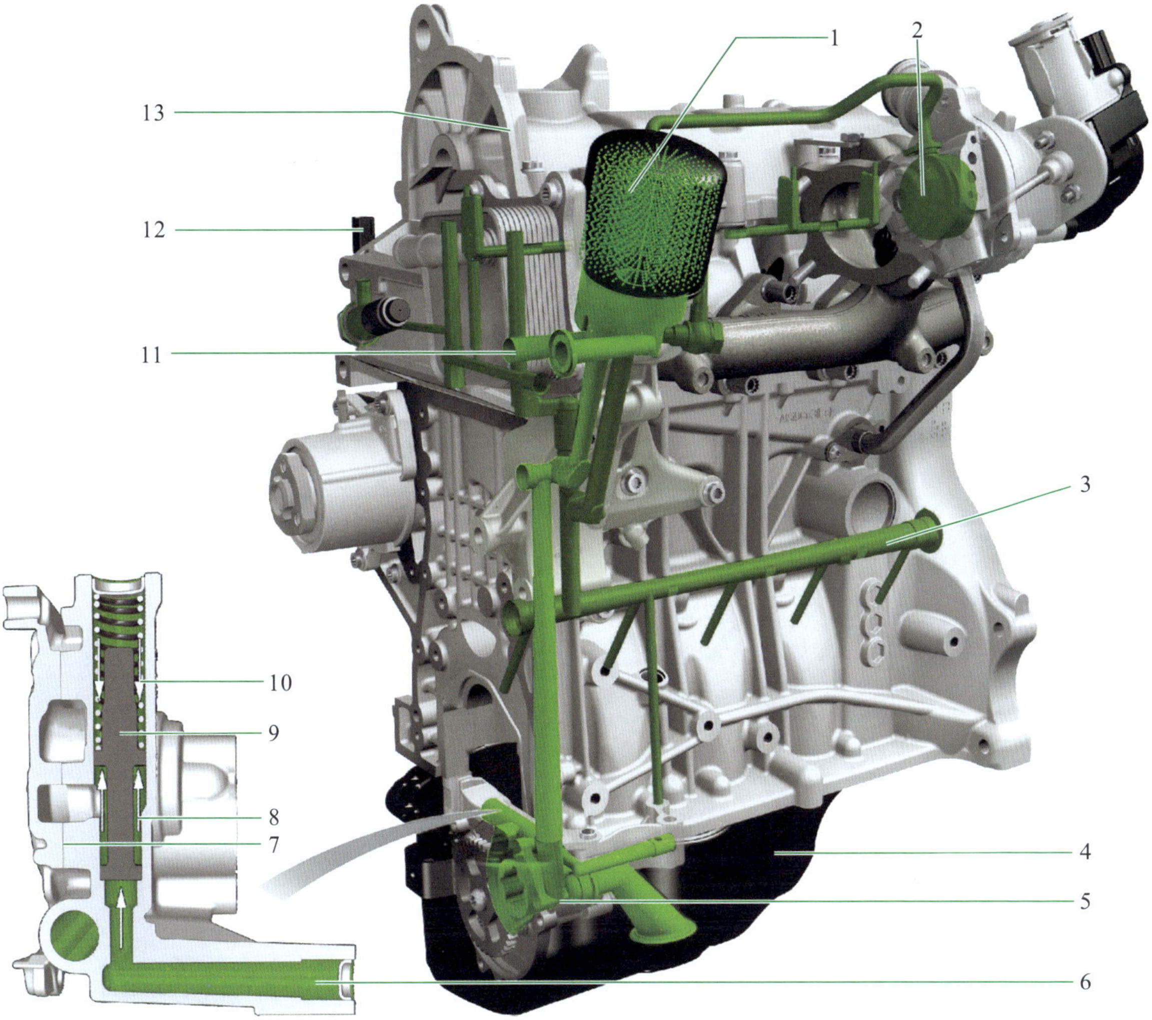

1—机油滤清器；
2—废气涡轮增压器；
3—主机油通道；
4—油底壳；
5—油底壳泵；
6—来自主机油通道的机油压力；
7—机油泵外壳；

8—机油泵出口的油压；
9—调节活塞；
10—弹力；
11—机油冷却器接口；
12—机油压力开关；
13—气缸盖罩

图 2-4-50　润滑系统组成图

（2）润滑系统原理　发动机运转时，机油泵扮演着不可或缺的角色。它将油底壳内的机油有效地输送到发动机的每一个角落。这些机油悄无声息地滋润着发动机的每个运动部件，使其能够在持续的高速运转中保持稳定。当这些润滑后的机油完成使命后，它们会沿着气缸壁等部位，以一种流畅而有序的方式回流至油底壳，准备下一次的润滑任务。

不仅如此，发动机的配气机构也依赖于润滑系统的机油来保持高效运作。液压挺柱和可变配气相位执行机构，这两个关键部分，它们的工作都离不开具有一定压力的机油。液压挺柱通过机油的压力调节气门的开度，从而实现可变气门正时系统；而可变配气相位执行机构则是依靠机油来改变配气的相位，进一步优化发动机的性能。润滑系统工作原理如图 2-4-51 所示。

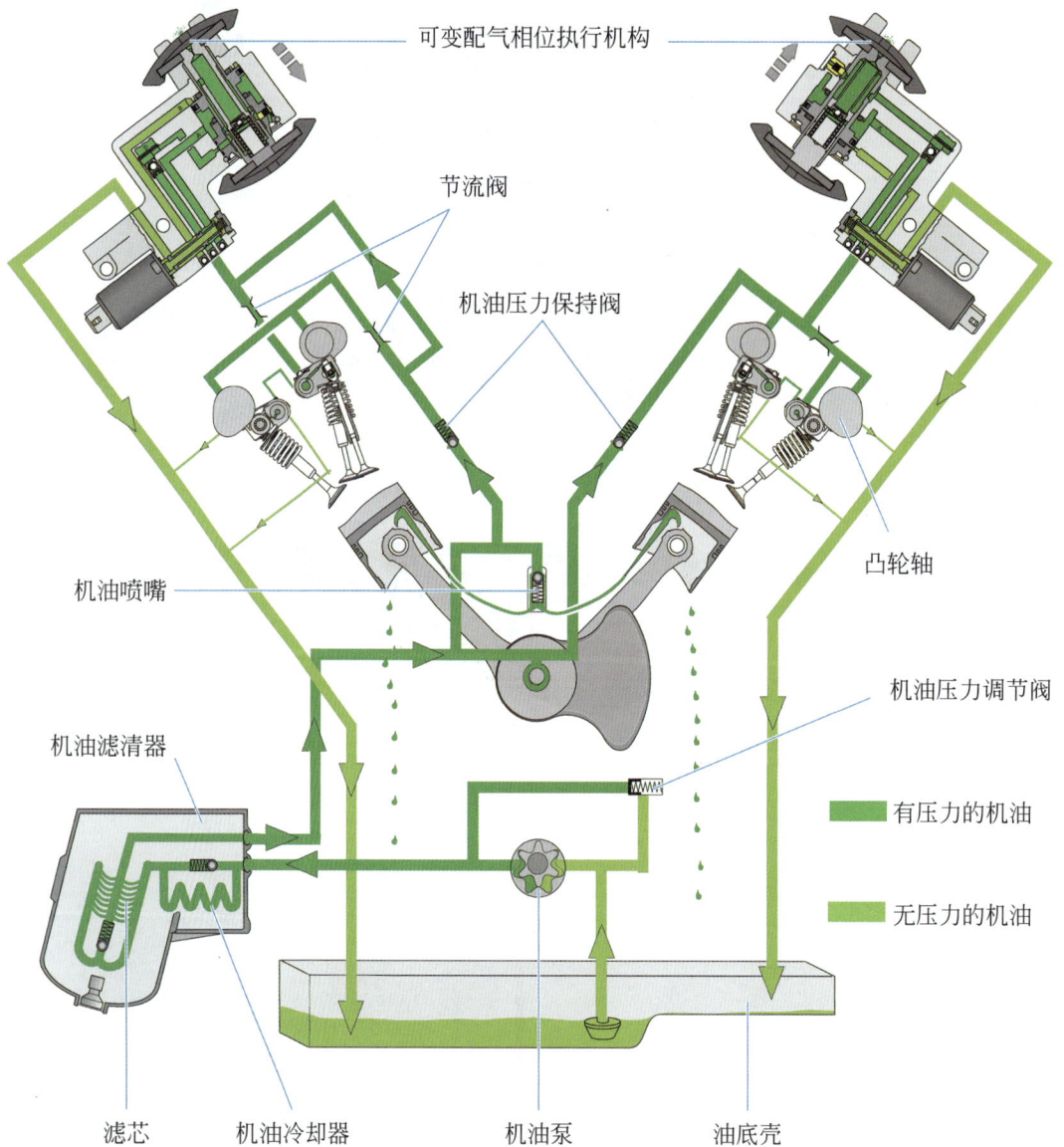

图 2-4-51　发动机润滑系统工作原理图

（3）润滑系统相关部件

① 机油泵。机油泵的功能在于确保机油在润滑系统内持续循环，并在发动机运行的任何转速下，都能以充足的压力向润滑部位输送适量机油。发动机所使用的机油泵主要有两种类型：转子式机油泵（图 2-4-52）和齿轮式机油泵（图 2-4-53）。

图 2-4-52　转子式机油泵

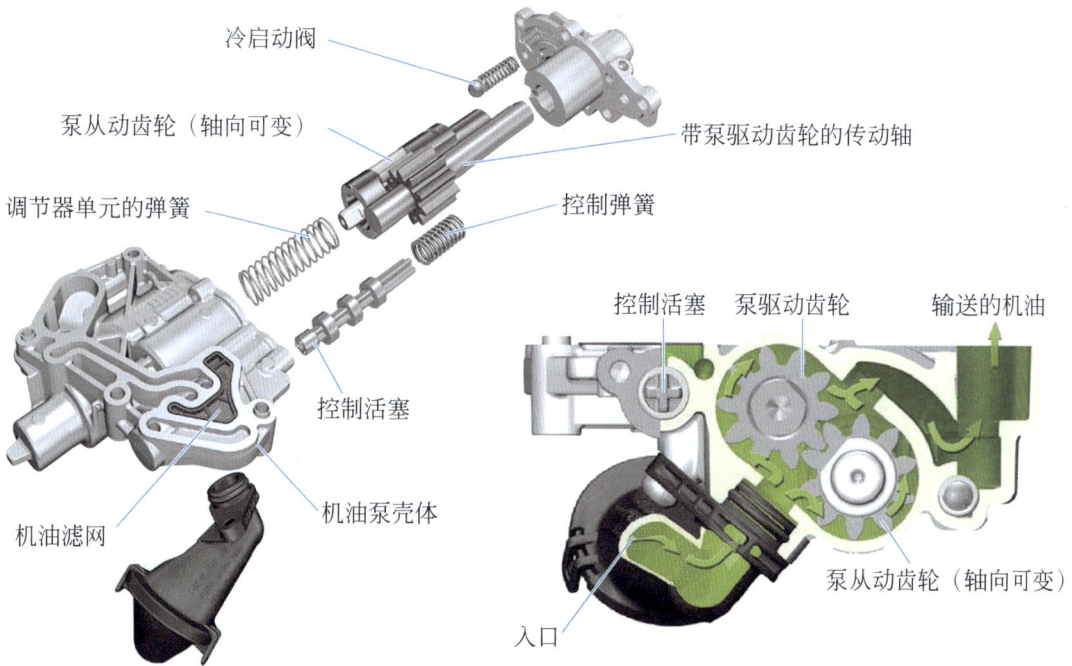

图 2-4-53　齿轮式机油泵

② 机油滤清器和机油冷却器。机油滤清器（图2-4-54）位于机油油路中，具有过滤金属碎屑与积炭渣的功能，确保机油品质。机油冷却器（图2-4-55）通常配备在涡轮增压发动机或高功率发动机上，连接于机油泵与主油道之间；其工作原理是通过发动机冷却液流经散热片缝隙，带走部分机油热量，使冷却后的机油流入主油道，维持系统运行稳定。

扫一扫看动画视频

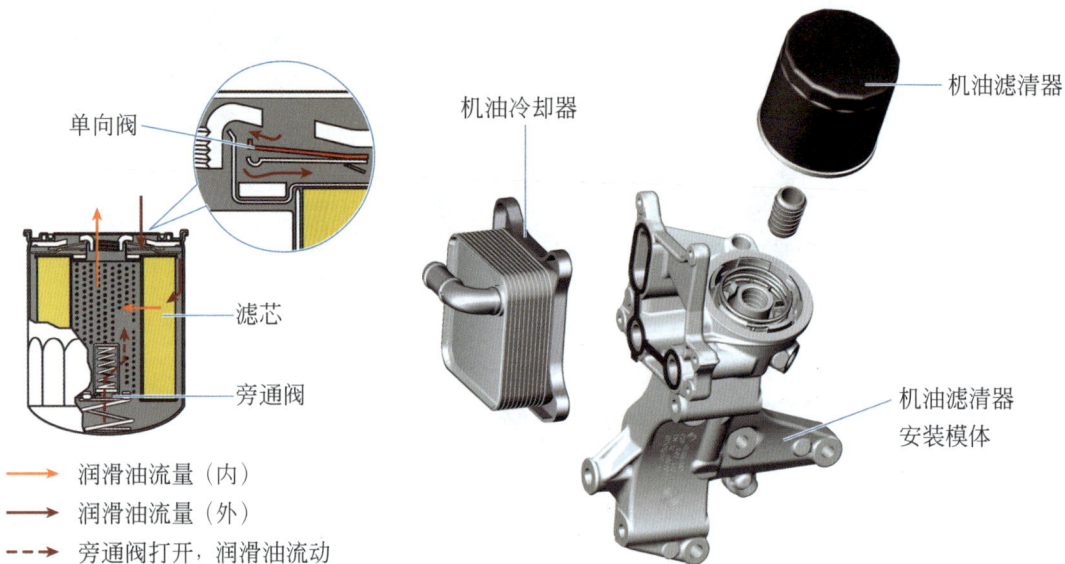

单向阀

滤芯

旁通阀

机油冷却器

机油滤清器

机油滤清器
安装模体

→ 润滑油流量（内）

→ 润滑油流量（外）

--→ 旁通阀打开，润滑油流动

图 2-4-54　机油滤清器

图 2-4-55　机油冷却器

③ 油底壳。汽车发动机底部的密封功能由油底壳（亦称为下曲轴箱）负责实现。在大部分发动机中，采用的是湿式油底壳，其关键作用是储备机油并有效地封闭曲轴箱。油底壳如图2-4-56所示。

机油挡板

油底壳顶部横截面

机油滤清器

油底壳底部横截面

图 2-4-56　油底壳

扫一扫看动画视频

（4）**典型发动机润滑系统结构**　大众 / 奥迪车型广泛采用的 EA888 发动机润滑系统如图 2-4-57 所示。该发动机润滑系统采用了可变排量机油泵，可根据发动机转速、负荷等不同工况调节泵出的机油量。

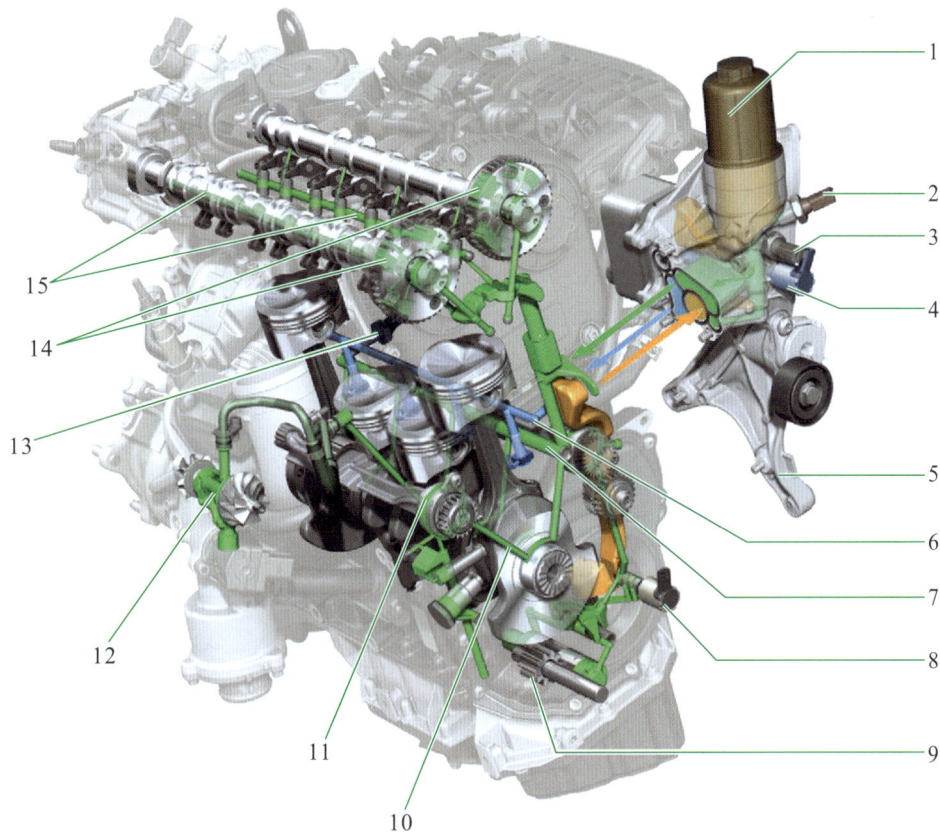

1—机油滤清器；

2—用于降低油压的机油压力开关；

3—机油压力开关；

4—活塞冷却喷嘴控制阀；

5—辅助装置托架；

6—活塞冷却油道；

7—曲轴轴颈润滑油道；

8—机油压力控制阀；

9—两段式（可调式）外部齿轮机油泵；

10—曲轴轴颈润滑；

11—平衡轴轴颈润滑；

12—涡轮增压器润滑 / 冷却；

13—机油压力开关（凸轮轴执行器）；

14—凸轮轴正时齿轮润滑 / 调节；

15—凸轮轴润滑

图 2-4-57　大众 / 奥迪 EA888 发动机润滑系统组成图

① 可变排量机油泵。采用两段式外部齿轮机油泵（图 2-4-58），安装于两段式外部齿轮机油泵中的滑动装置，能够让两个泵齿轮沿纵向移动，实现两段式泵动力控制。如果两个齿轮的高度完全相等，泵以最大的动力运行；如果两个齿轮一起被推动，则泵以更小的动力运行。

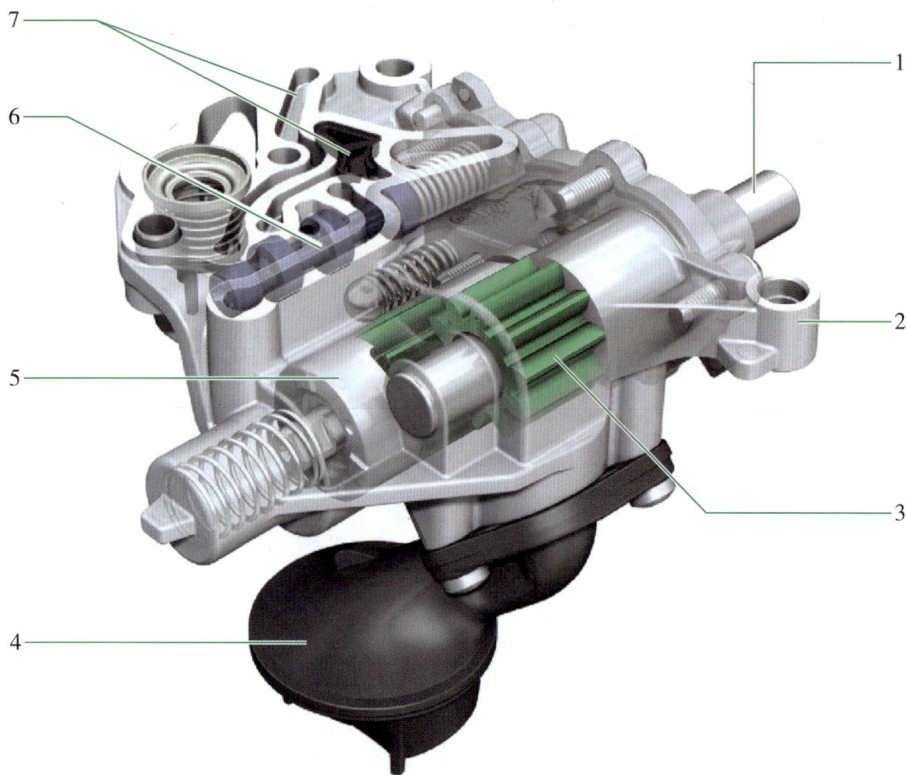

1—驱动装置；
2—泵壳；
3—泵齿轮；
4—吸入管；

5—滑动装置；
6—控制活塞；
7—控制口

图 2-4-58　两段式外部齿轮机油泵

　　滑动装置由机油泵内的控制活塞推动。控制活塞将调节过的油液导向滑动装置的左侧或右侧，滑动装置根据油压纵向移动。

　　② 可变排量润滑系统工作原理。可变排量润滑系统工作原理如图 2-4-59 所示。

高压级：

a. 机油压力控制阀由发动机控制单元通过接地激活，并打开腔室 2 的控制通道。

b. 压缩弹簧将控制活塞压向高压级的止动位置。

c. 腔室 3 和 4 内的机油压力总计低于 1.8bar（1bar=10^5Pa，下同），这对滑动装置的位置没有影响。压缩弹簧将滑动装置压向全流的止动位置。

低压级：

a. 机油压力控制阀由发动机控制单元通过接地激活，并打开腔室 2 的控制通道。

b. 随着发动机转速增加，腔室 1 和 2 内的压力提高至 1.8bar 以上，并且控制活塞顶着弹力被推向左侧，从而打开腔室 4 到油底壳回流的通道。

c. 腔室 3 内的压力超过 1.8bar 后，滑动装置顶着弹力被略微推向右侧。腔室 4 的机油被压回油底壳。两个泵齿轮不再互相啮合，泵送的机油量减少，机油压力也随之降低。

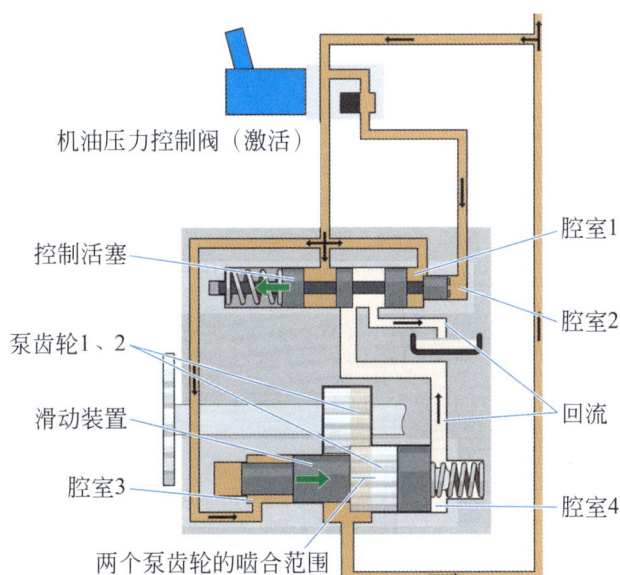

(a)高压级

(b)低压级

图 2-4-59　可变排量润滑系统工作原理

扫一扫看动画视频

2.4.6　燃油供给系统

　　燃油供给系统的作用是根据发动机运行状况的需求，提供适量、清洁且良好雾化的汽油，以便与相应数量的空气混合生成可燃混合气。同时，燃油供给系统还需储存足够数量的汽油，确保汽车具有较长的续驶里程。汽油发动机燃油供给系统主要由燃油箱、电动燃油泵、进油管、燃油分配管、燃油压力调节器和喷油器等部件构成，如图 2-4-60 所示。

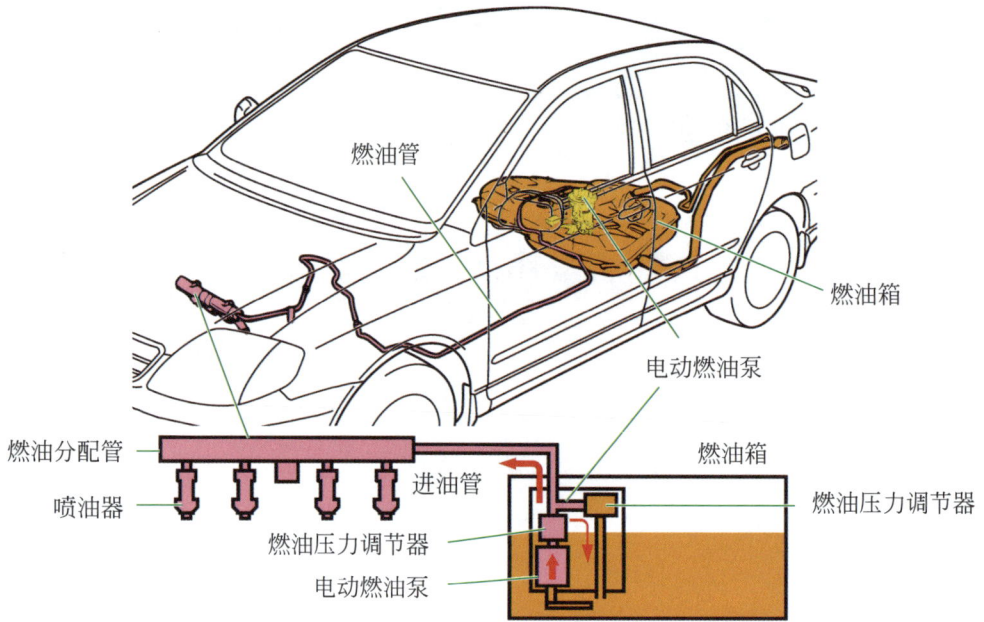

图 2-4-60　燃油供给系统组成

（1）燃油供给系统零部件

① 燃油压力调节器（图 2-4-61）。通常安装在燃油分配管上，该部件的功能是根据进气歧管内绝对压力的变化来调节系统油压，确保喷油器的喷油绝对压力恒定，从而使喷油器的喷油量仅取决于喷油器的开启时间。

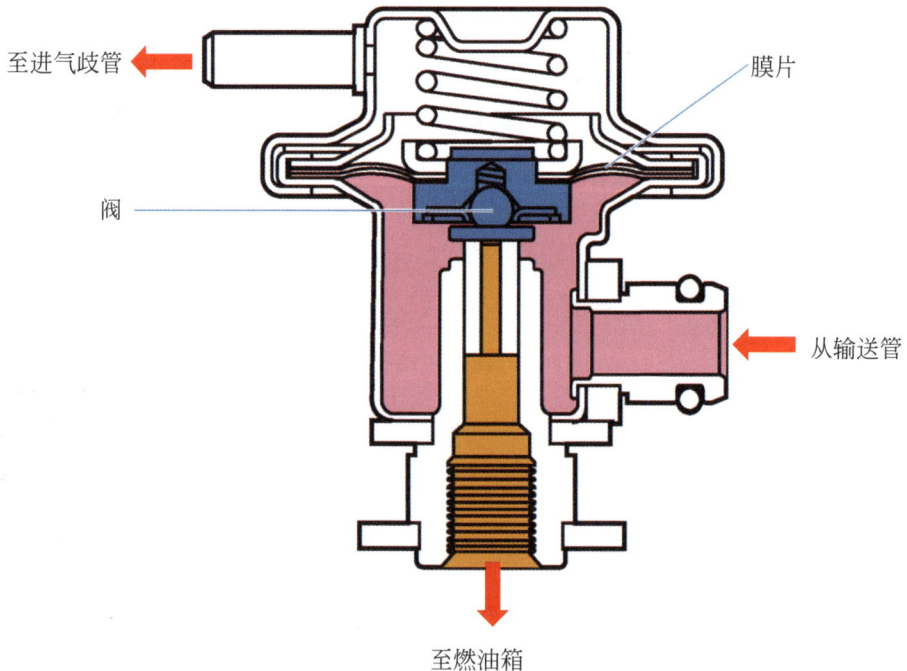

图 2-4-61　燃油压力调节器结构

② 燃油箱与电动燃油泵。燃油箱的功用是存储汽油，其数目、容量、形状及安装位置均随车型而异。燃油箱的容量应使汽车的续驶里程达 300～600km。燃油箱是密封的，以防止燃油从中溅出，其上部有加油口和加油口盖。

电动燃油泵一般安装在燃油箱内，其作用是将燃油从燃油箱中吸出。燃油箱和电动燃油泵安装示意图如图 2-4-62 所示。

为了抑制燃油在汽车行驶时晃动，燃油箱内安装有防晃隔板，防晃隔板焊接在燃油箱的上半部和下半部上，防晃隔板除了用于抑制燃油的晃动外，还用于增强燃油箱的强度。

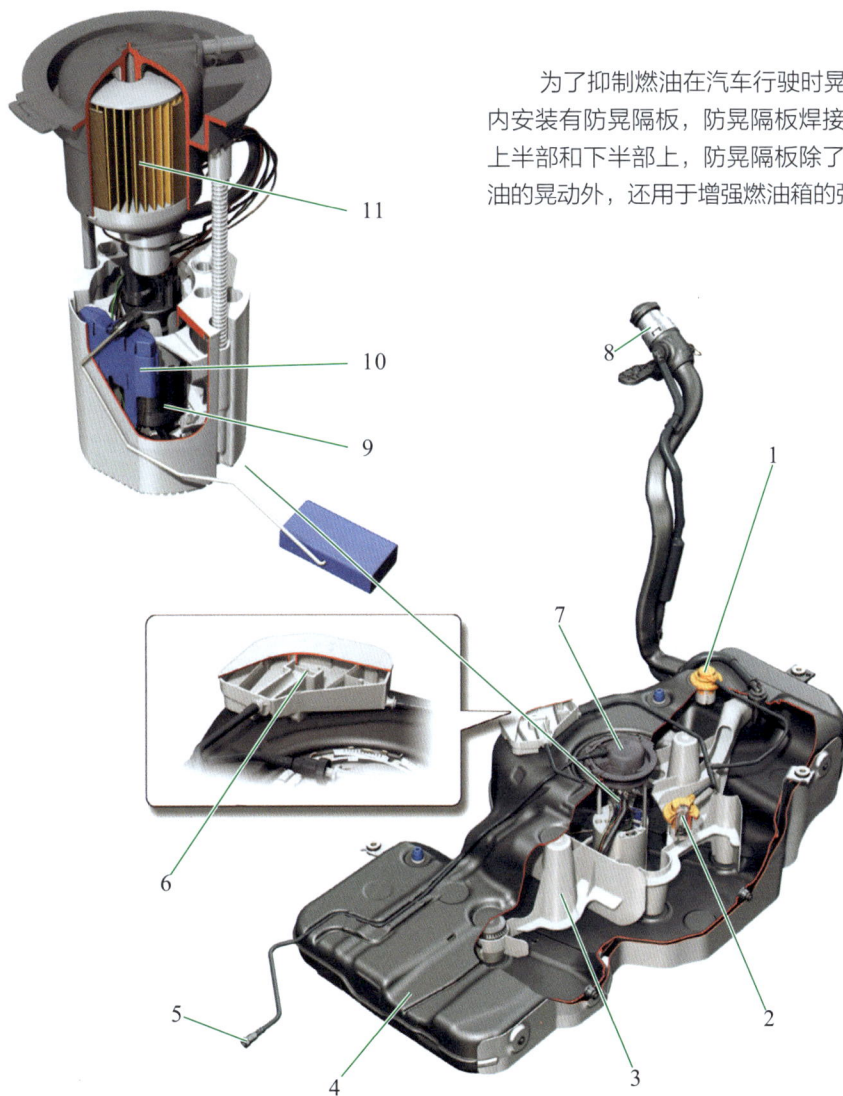

1,2—翻车防漏阀（带有压力保持阀）；
3—防晃隔板；
4—燃油箱；
5—燃油供油管；
6—膨胀腔（迷宫式结构）；

7—供油和传感器单元（带一体式燃油滤清器）；
8—燃油加注口；
9—电动燃油泵；
10—燃油表传感器；
11——体式燃油滤清器

图 2-4-62　燃油箱和电动燃油泵安装图

目前多采用的叶片式电动燃油泵结构如图 2-4-63 所示。部分车型的电动燃油泵还内置了燃油滤清器，内置燃油滤清器和无燃油滤清器的电动燃油泵如图 2-4-64 所示。

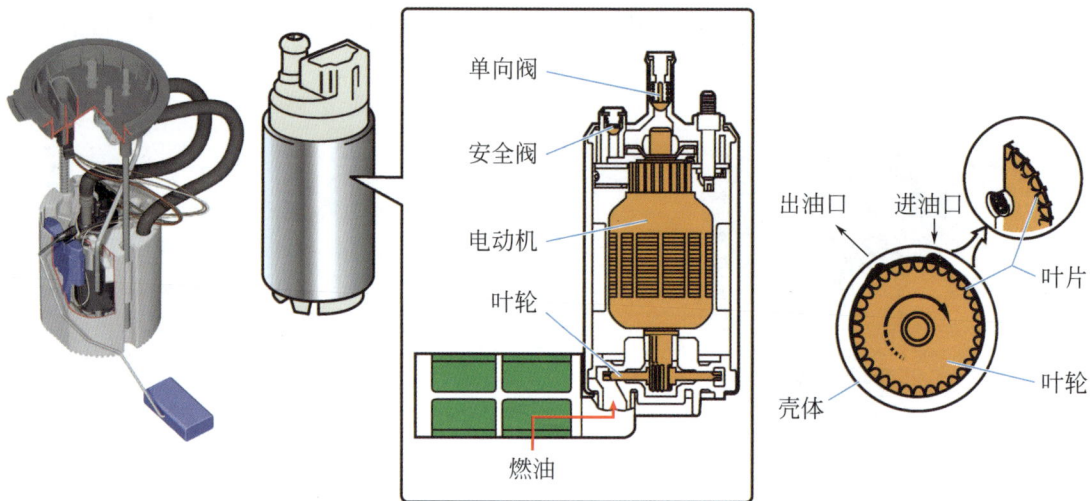

图 2-4-63　叶片式电动燃油泵结构

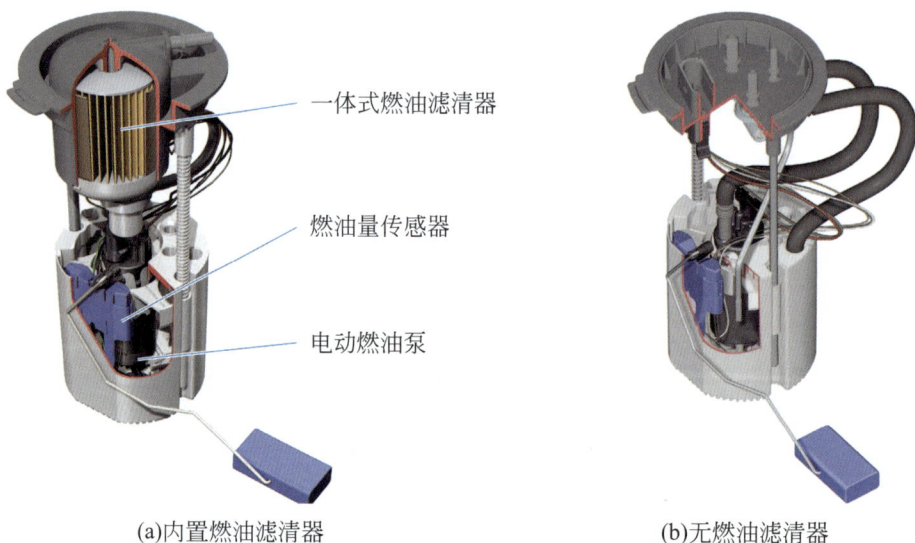

(a)内置燃油滤清器　　　　　　　　　　　　(b)无燃油滤清器

图 2-4-64　电动燃油泵对比

③ 燃油分配管与喷油器（图 2-4-65）。燃油分配管的功能在于均匀且等压地将燃油分配至各喷油器，同时兼具储油与续压的功能。燃油自燃油泵泵出后，经过滤清器流入燃油分配管。燃油分配管通过螺栓固定在进气歧管下部的固定座上，其上安装有喷油器。

喷油器作为燃油供给系统的执行部件，等同于电磁阀。在通电状态下，电磁线圈产生电磁力，从而将衔铁及针阀吸附，开启喷油孔。此时，燃油通过针阀头部的轴针与喷油孔间的环形间隙以高速喷射出。而在断电瞬间，电磁力消失，衔铁及针阀在回位弹簧的作用下闭合喷油孔，进而使喷油器暂停喷油。喷油器结构与工作原理如图 2-4-66 所示。

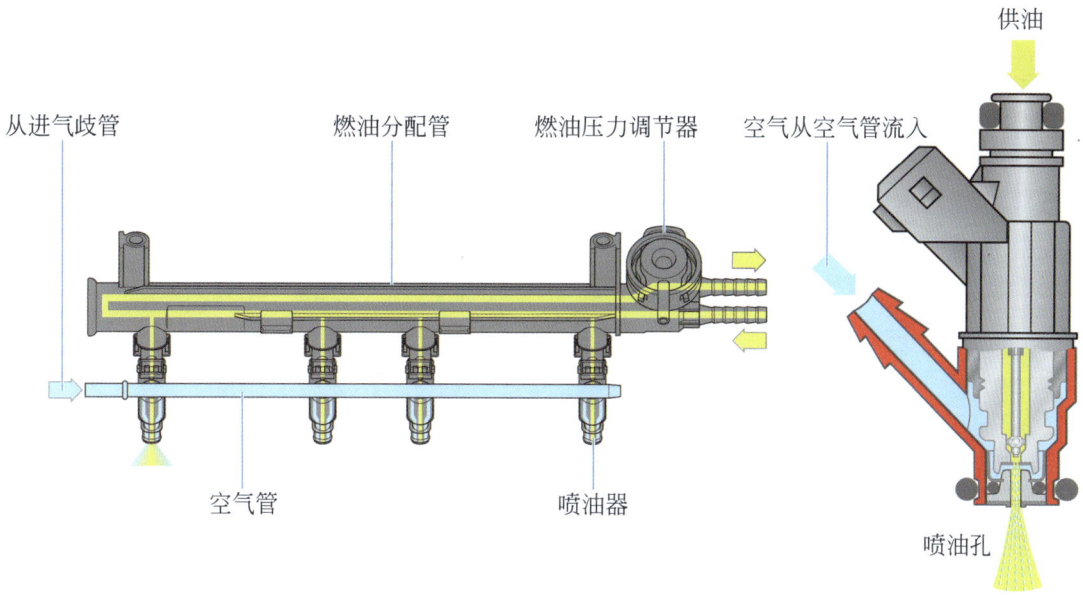

图 2-4-65　燃油分配管与喷油器

从进气歧管　　燃油分配管　　燃油压力调节器　　空气从空气管流入

空气管　　喷油器

供油

喷油孔

型环
线圈
弹簧
弹簧
燃油通道

针阀

高压燃油

(a)喷油前（喷油停止时）　　(b)喷油开始（针阀升高）　　(c)喷油停止（针阀降低）

图 2-4-66　喷油器结构图

（2）**电控燃油喷射系统**　电控燃油喷射系统（EFI 系统）以发动机控制单元（ECU）为控制核心，通过发动机各类传感器检测发动机运行各项参数，根据预存于电脑中的控制程序，精确调控喷油器的喷油量，确保发动机在各种工况下均可获得具有最佳空燃比的可燃混合气。典型的电控燃油喷射系统如图 2-4-67 所示。

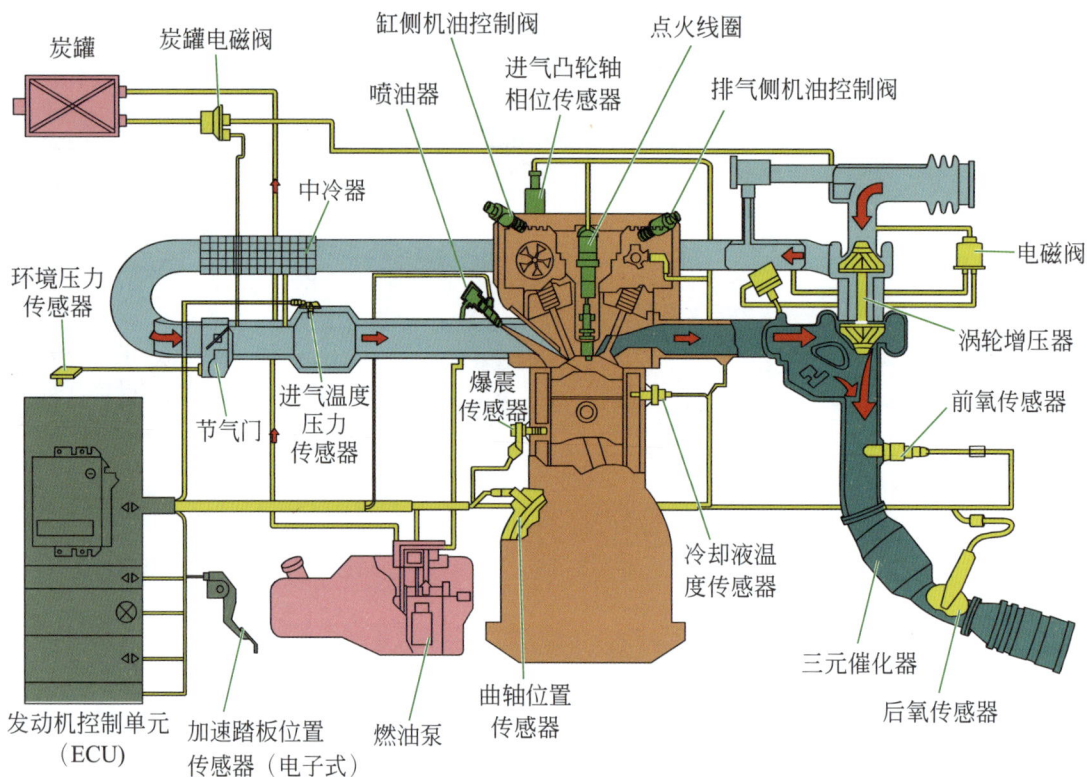

图 2-4-67　典型的电控燃油喷射系统

　　电控燃油喷射系统按照喷油器安装位置不同可分为进气歧管喷射式和缸内直喷式（FSI），如图 2-4-68 所示。

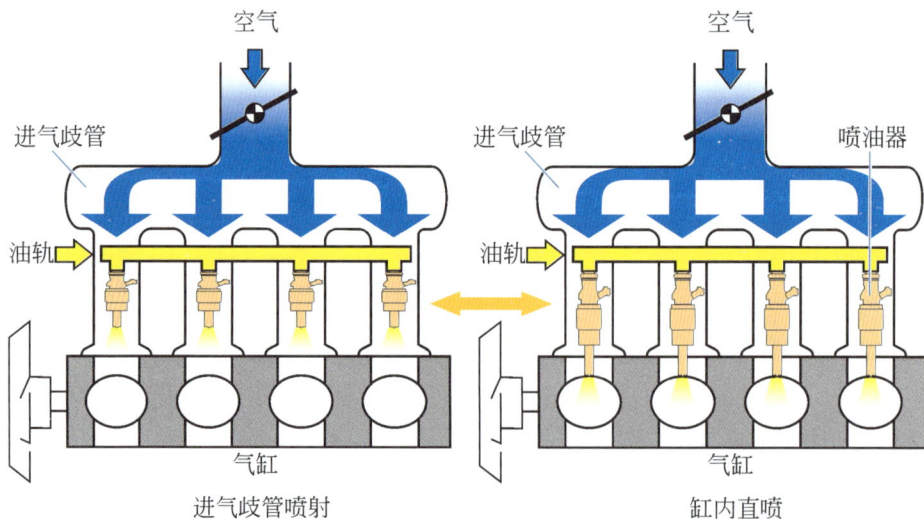

图 2-4-68　进气歧管喷射和缸内直喷

　　① 进气歧管喷射系统（图 2-4-69）。发动机控制单元依据各类传感器信号，计算出喷油量及修正喷油量，进而将燃油喷射至进气歧管内，与空气混合形成可燃混合气，并将其吸入气缸。

　　② 缸内直喷系统（图 2-4-70）。喷油器直接将定量的燃油喷入气缸内，在气缸内形成可燃混合气，可精确调节燃油的喷射时间和流量。

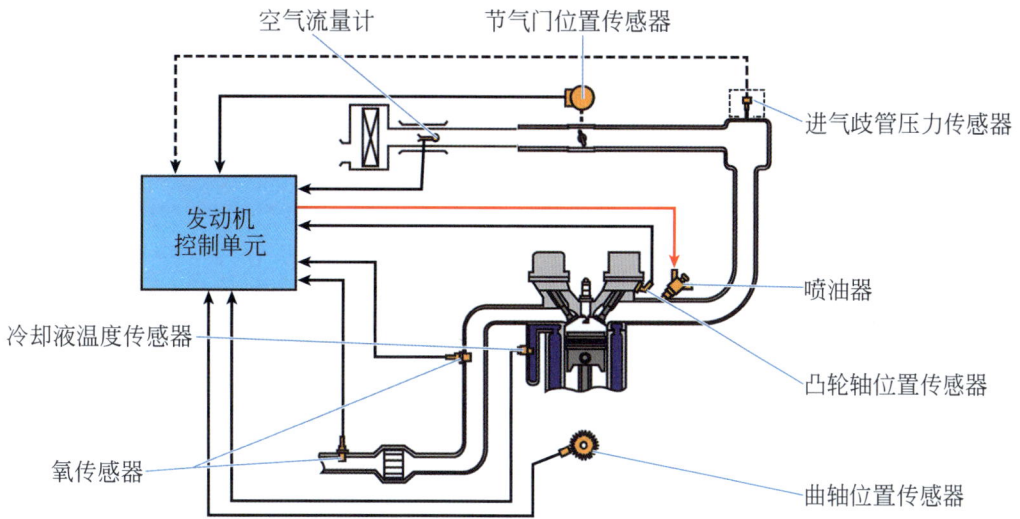

图 2-4-69　进气歧管喷射系统

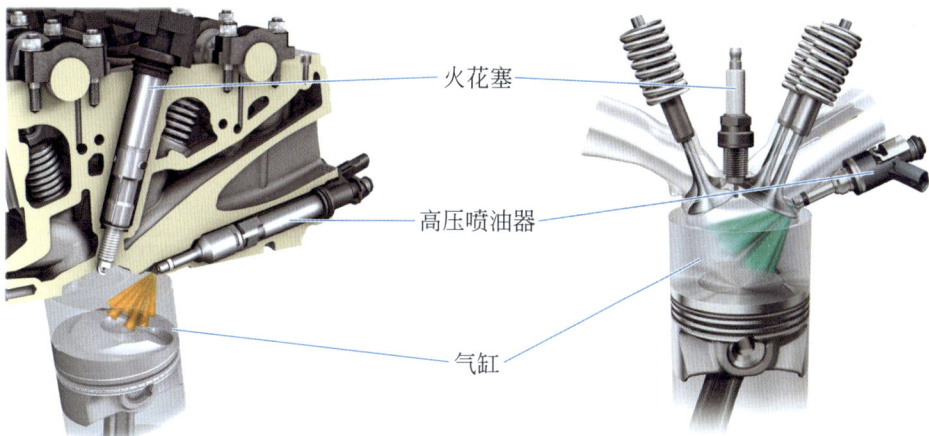

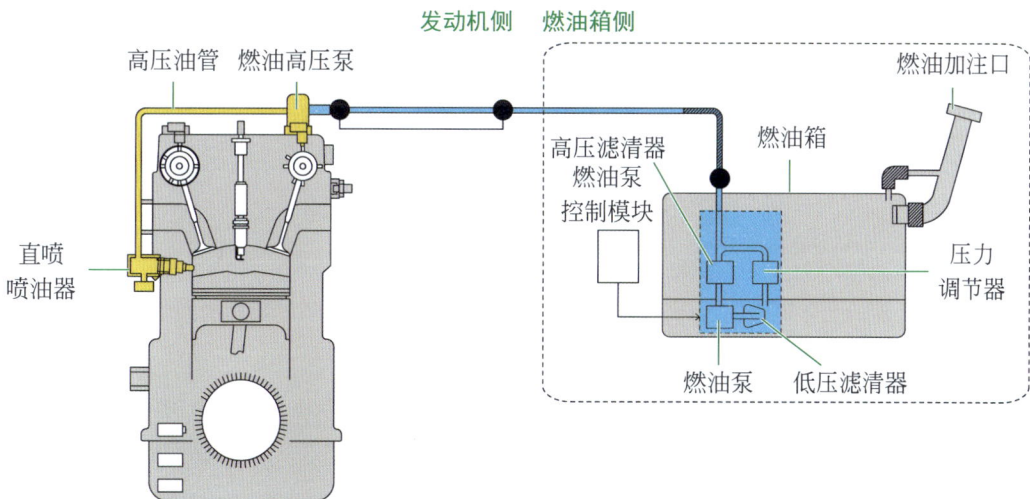

图 2-4-70　缸内直喷系统

　　缸内直喷系统除配备有燃油箱中的电动燃油泵外，还设置有燃油高压泵。燃油高压泵通常置于气缸盖上，由凸轮轴上的三联凸轮驱动，能够产生 3～12MPa 的燃油压力。燃油高压泵结构如图 2-4-71 所示。

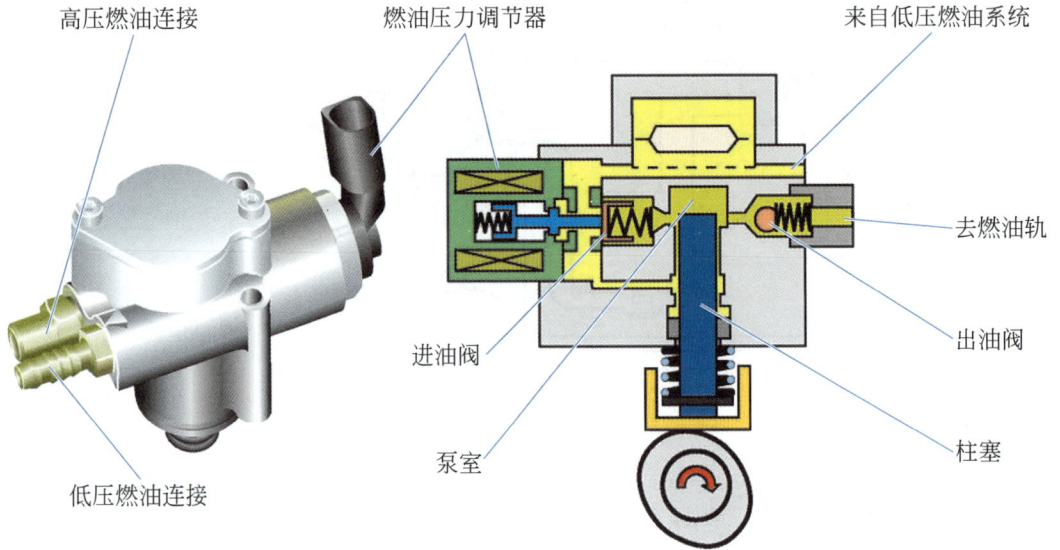

图 2-4-71　燃油高压泵外观与结构图

　　燃油高压泵通过吸油行程、回油行程和供油行程将低压油变为高压油。

　　吸油行程如图 2-4-72 所示，燃油压力调节器未通电，进油阀被保持在打开状态。凸轮的形状和柱塞弹簧力使柱塞向下运动。由于泵内容积增大以及预工作压力的作用，燃油就跟着流入。

图 2-4-72　吸油行程

　　回油行程如图 2-4-73 所示，凸轮上行，将柱塞向上推。此时燃油压力调节器仍未通电，还不能建立起压力，可防止进油阀关闭。燃油被送回到低压段和燃油高压泵的压力缓冲腔内。

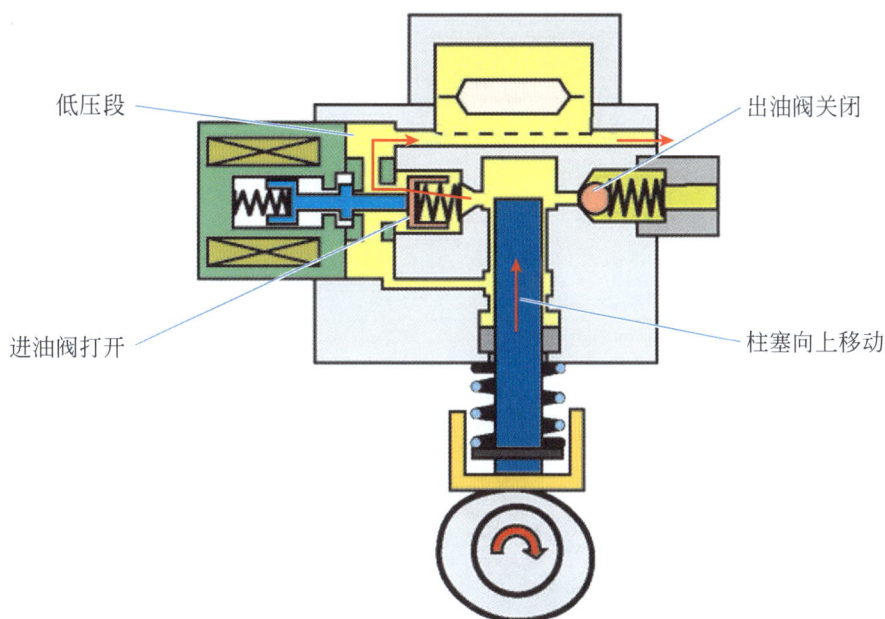

低压段

出油阀关闭

进油阀打开

柱塞向上移动

图 2-4-73　回油行程

　　供油行程如图 2-4-74 所示，当凸轮上行到最高位置时，发动机控制单元（ECU）提供给燃油压力调节器规定的电流，衔铁被吸紧。泵内的压力将进油阀压入阀座内。如果泵内的压力超过燃油轨内的压力，那么出油阀就会被推开，燃油就会进入燃油轨。

燃油压力调节器

出油阀打开

针阀弹簧

去燃油轨

针阀

进油阀弹簧

进油阀关闭

柱塞向上移动

图 2-4-74　供油行程

2.4.7 点火系统

汽油发动机的点火系统，负责在气缸内定时产生高压电火花，以点燃燃料与空气混合的可燃混合气，从而推动发动机运行。在压缩行程的终点，点火系统借助高压电火花实现精准点火。为了在各种工况和使用条件下，确保气缸内可燃混合气的准确、可靠点燃，发动机配备了专门的点火装置。

点火系统的构成主要包括点火线圈、点火高压线、发动机转速传感器、爆震传感器、火花塞以及凸轮轴位置传感器（霍尔传感器）等，如图 2-4-75 所示。这些部件协同工作，确保在发动机的运行过程中，能够在适当的时机准确无误地产生高压电火花，以高效点燃可燃混合气，进而实现发动机的有效做功。

1—火花塞；
2—霍尔传感器（在气缸盖罩内）；
3—点火变压器（点火线圈，在进气管上）；

4—发动机转速传感器（在变速箱上）；
5—爆震传感器（在进气管下的气缸体上）

图 2-4-75 点火系统组成图

① 点火线圈。点火线圈在点火器的控制下，通过自感和互感产生高压电，使火花塞产生火花。点火线圈基本结构如图 2-4-76（a）所示，目前发动机常用的带点火器的点火线圈结构如图 2-4-76（b）所示，点火线圈基本原理如图 2-4-76（c）所示。

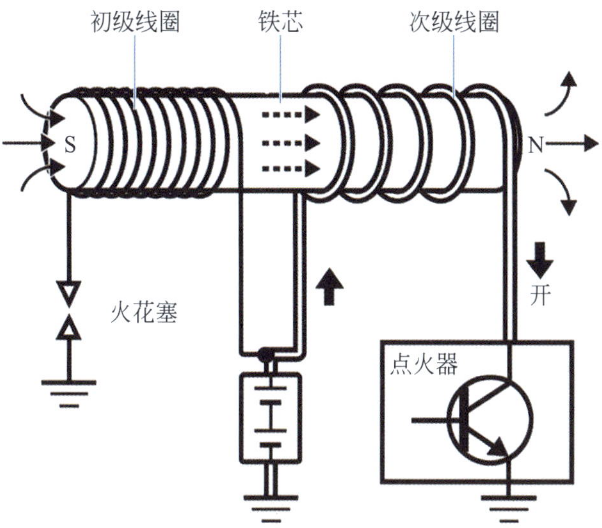

(a)点火线圈基本结构

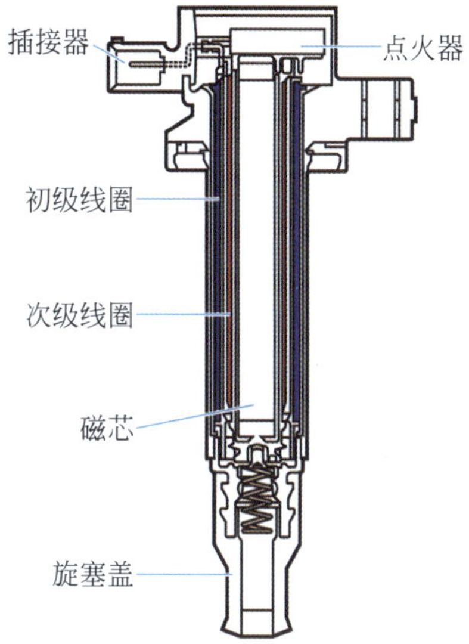

(b)带点火器的点火线圈结构

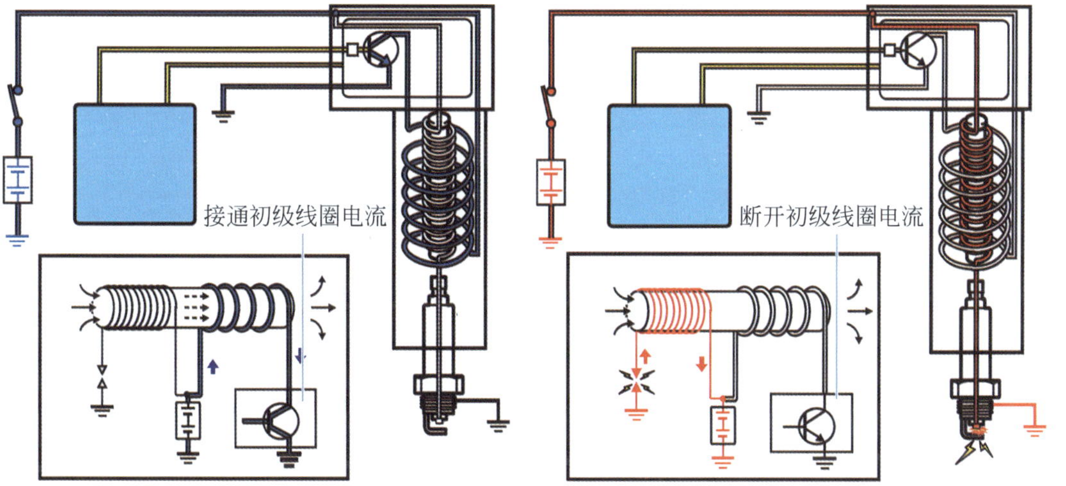

根据ECU输出的点火正时信号，蓄电池的电流通过点火器流到初级线圈。在线圈周围产生磁力线

点火器按照ECU输出的点火信号快速切断流往初级线圈的电流。初级线圈自感效应产生约500V的电动势，而次级线圈在互感效应下产生约30kV的高压电动势，这样火花塞就产生了火花

(c)点火线圈基本原理

图 2-4-76　点火线圈结构与原理

② 火花塞。火花塞的结构如图 2-4-77 所示，其主要功能是将点火线圈产生的高压电导入燃烧室，并在两极之间生成电火花，以引燃可燃混合气。

图 2-4-77　火花塞结构

图 2-4-78 展示了火花塞的点火原理。火花自中心电极至接地电极穿过可燃混合气后，触发该混合气沿火花路径形成火焰中心。火焰中心所释放的热量向外部扩散（亦称火焰传播），从而点燃周围的可燃混合气。

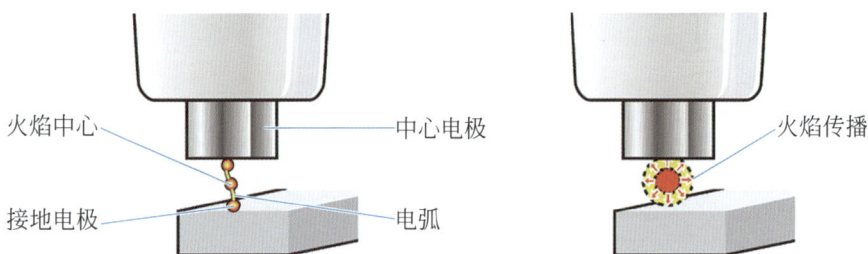

图 2-4-78　火花塞的点火原理

圆形电极的放电特性较弱，相较之下，方形或尖形电极的放电更为顺畅。长时间使用后，火花塞的电极可能因磨损而变为圆形，从而导致放电困难。因此，为确保火花塞的正常工作，定期更换火花塞至关重要。火花塞放电性能如图 2-4-79 所示。

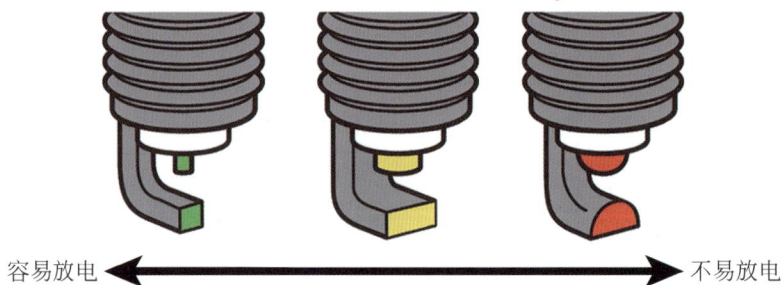

图 2-4-79　火花塞放电性能

2.4.8　进排气系统

（1）进气系统　进气系统在发动机中发挥着至关重要的作用。其主要功能是将新鲜空气或纯净的空气充分供给气缸，并确保各气缸的进气量均衡，从而为各缸的热功转换提供必要的物质基础。

进气系统通常由多个组件构成，包括空气滤清器、进气管、进气歧管压力 / 温度传感器、涡轮增压器（如装配）以及节气门等。这些组件协同工作，确保发动机在各种工况下都能获得充足、清洁且温度和压力适宜的空气，从而保障发动机的正常运转和性能发挥。图 2-4-80 为不带涡轮增压的发动机进气系统组成图，图 2-4-81 是带涡轮增压的发动机进气系统组成图。

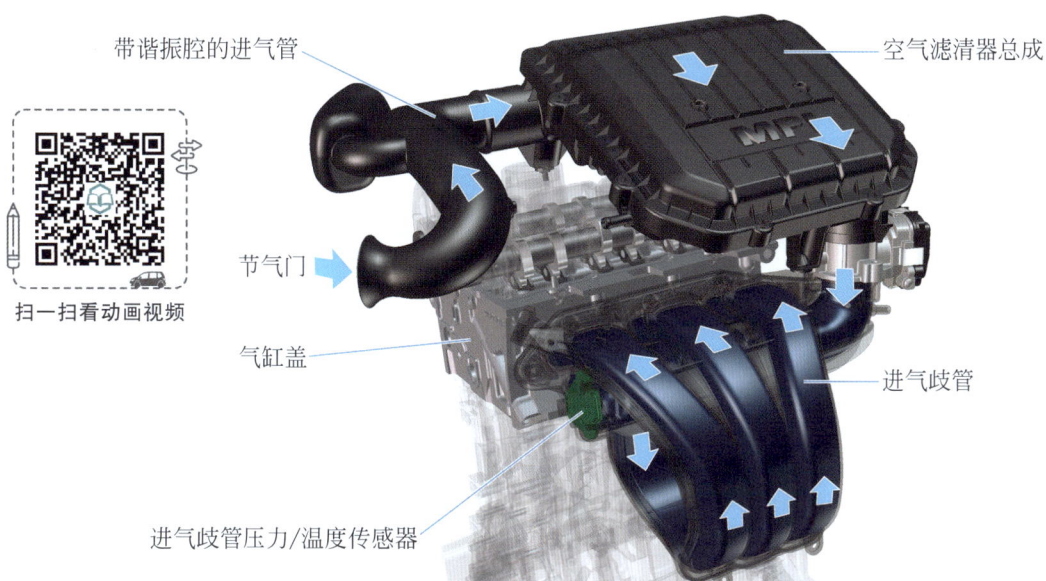

扫一扫看动画视频

图 2-4-80　不带涡轮增压的发动机进气系统组成图

图 2-4-81　带涡轮增压的发动机进气系统组成图

（2）排气系统　发动机排气系统主要功用是排除气缸内燃烧后的废气。

气缸内燃烧后的废气经排气系统排出时具有一定的压力脉动，不仅会造成排气系统的振动，同时还会产生排气噪声。因此为了降低排气噪声，一般车用发动机都采用排气消声器。

为了减轻汽车尾气对大气环境的污染，在现代汽车排气系统中均安装有后处理装置。一般汽油发动机采用三元催化装置，而柴油发动机根据排放控制策略的不同采用不同的后处理技术。

排气系统一般包括排气歧管、三元催化转换器、前后氧传感器、消声器和排气管道等，如图2-4-82所示。

1,24—氧传感器1；
2—氧传感器2；
3,7—氧传感器4（催化转换器后）；
4—氧传感器1（催化转换器后）；
5—氧传感器3；
6—氧传感器4；
8—氧传感器3（催化转换器后）；
9—去耦元件；
10—前消声器；
11—中间消声器；
12—X管连接；
13—排气真空执行器（右）；
14—后消声器；
15—排气真空执行器（左）；
16—柴油颗粒过滤器；
17—解耦元件；
18—消声器（左）；
19—排气温度传感器3；
20—压差传感器；
21—排气温度传感器4；
22—柴油微颗粒过滤器；
23—催化转换器

(b) 奥迪3.0升V型6缸TDI发动机排气系统

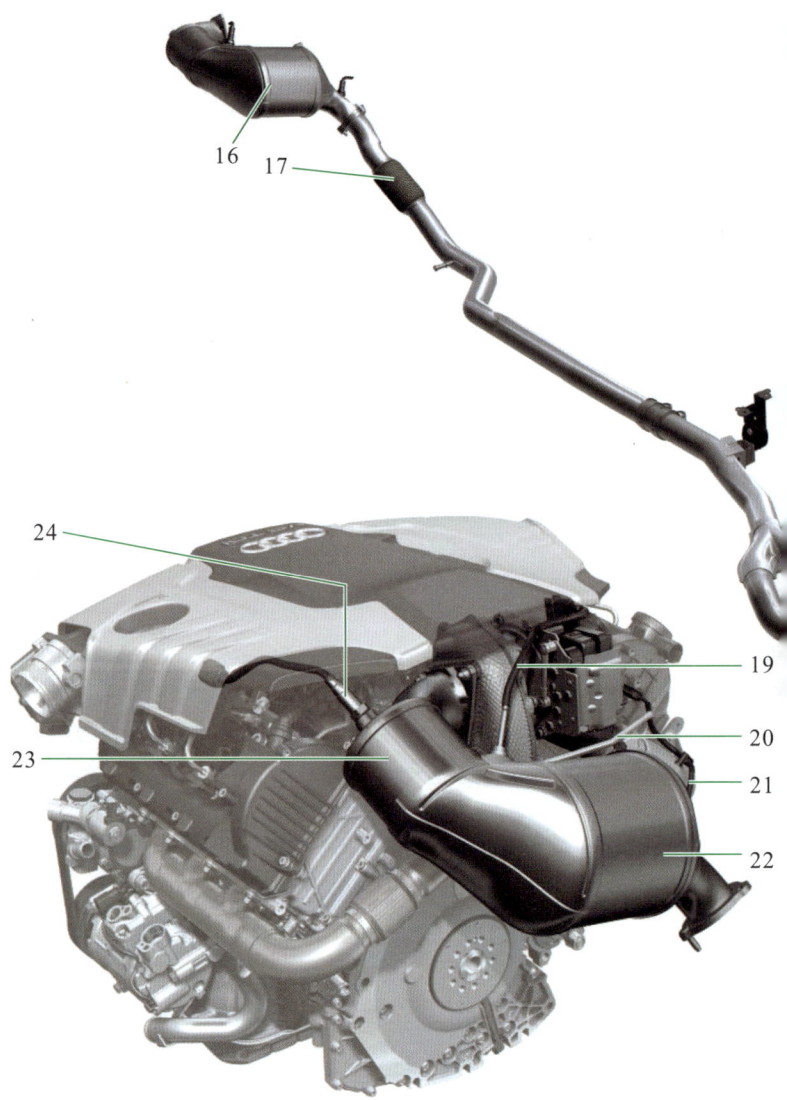

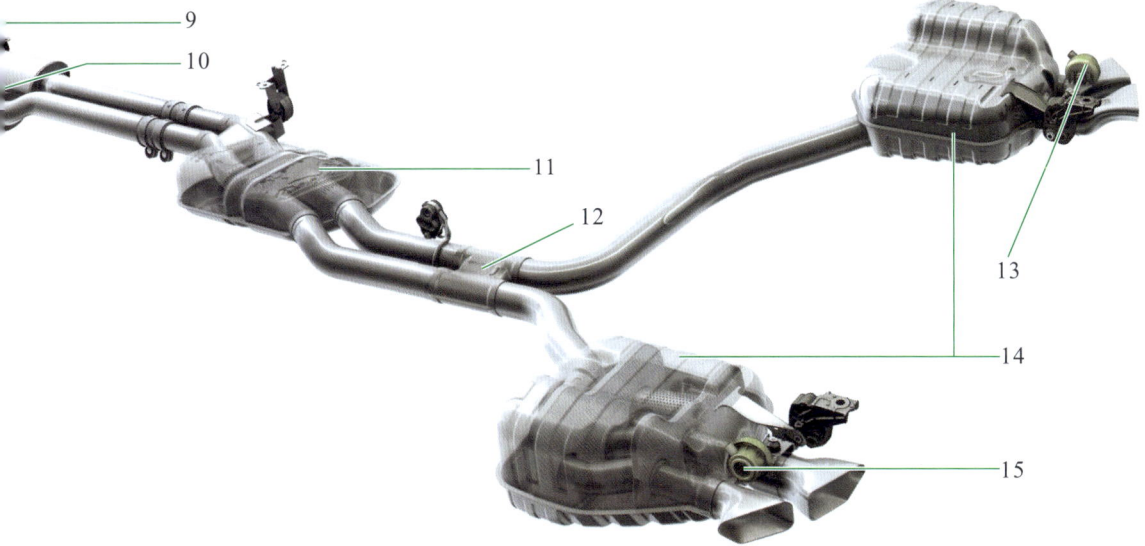

(a) 奥迪6.3升W型12缸FSI发动机排气系统

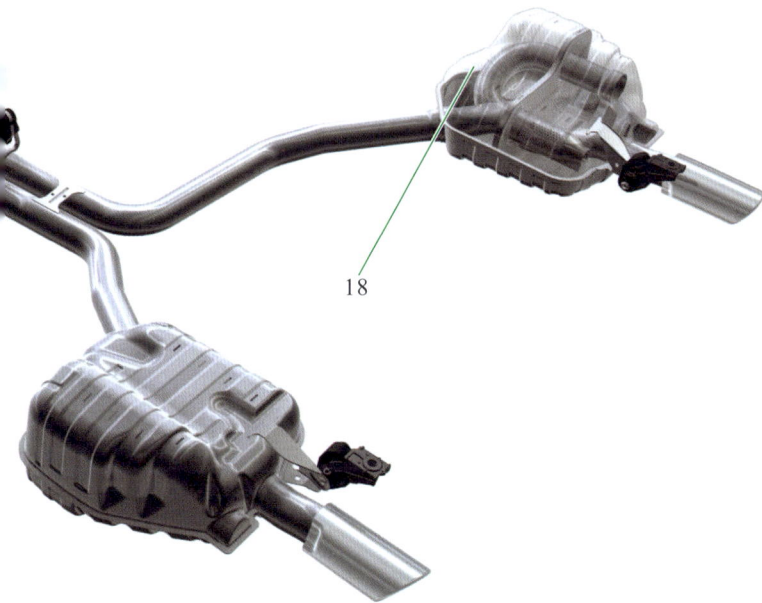

图 2-4-82　排气系统组成图

（3）进气增压系统

① 废气涡轮增压系统。废气涡轮增压系统的原理是利用发动机排气的动力对进气进行增压，从而提高发动机的充气效率。在这一系统中，吸入的空气会经过压缩，从而增大气体密度，进而增加每次进气行程中进入燃烧室的空气量，最终实现供油量的增加，达到提高燃烧效率和燃油经济性的目的。

大众 EA888 系列发动机采用带有电子增压压力定位器的涡轮增压器。该涡轮增压器直接通过螺栓固定在集成于气缸盖内的排气歧管上。大众 EA888 发动机进气增压系统如图 2-4-83 所示。

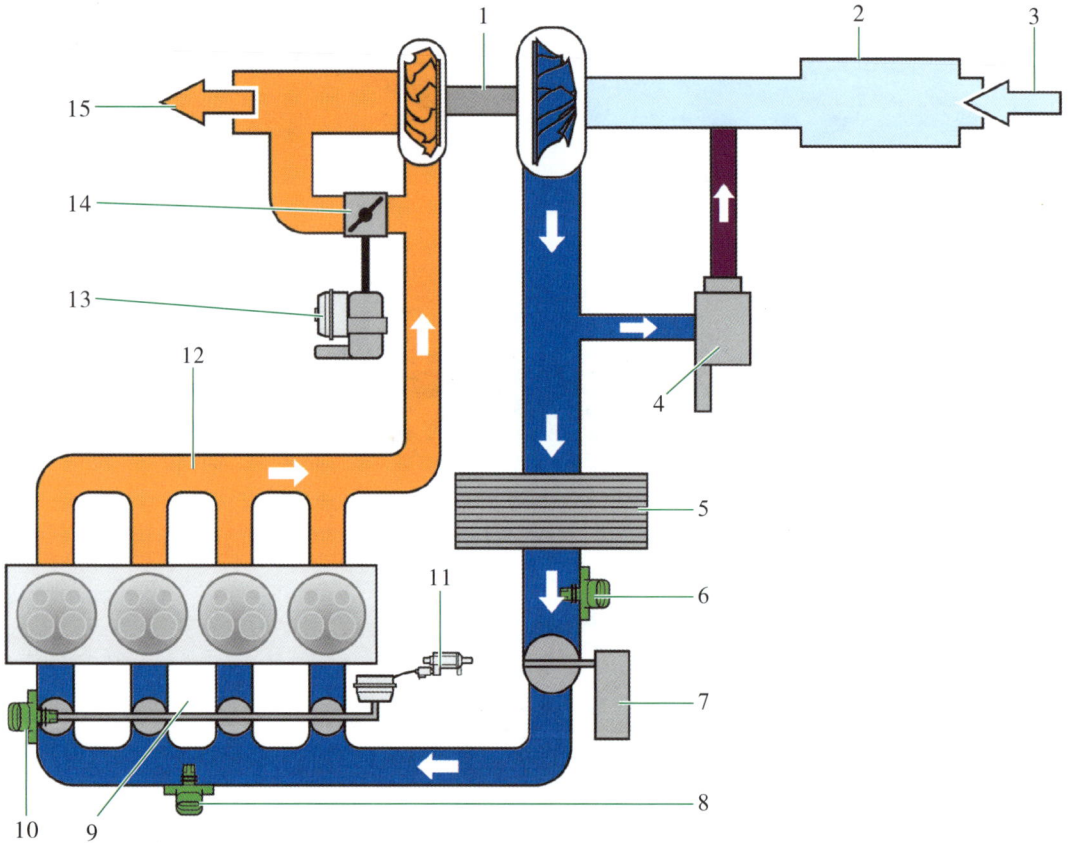

1—涡轮增压器；
2—空气滤清器；
3—新鲜空气气流；
4—涡轮增压空气再循环阀；
5—增压空气冷却器；
6—增压压力传感器；
7—节气门模块（包括电子节气门驱动装置、电子节气门驱动装置角度传感器 1/2、进气歧管翻板电位计、节气门组件）；
8—进气歧管传感器（包括增压压力传感器、进气温度传感器、进气歧管压力传感器）；
9—进气歧管翻板；
10—进气歧管翻板电位计；
11—进气歧管翻板阀；
12—排气歧管；
13—增压压力定位器；
14—废气旁通阀；
15—废气气流

图 2-4-83　大众 EA888 发动机进气增压系统组成图

　　涡轮增压器主要由径流式涡轮机和离心式压气机两部分组成。涡轮机将发动机排出的废气能量转变为机械能，压气机则利用此机械能把空气的压力提高，然后送至气缸内，以达到增压的目的。

　　涡轮增压器的组成如图 2-4-84 所示。排气管接到增压器的涡轮壳上，发动机排出的具有一定压力的高温废气经排气管进入涡轮壳，按一定的方向冲击涡轮，使涡轮高速旋转。涡轮和离心式压气机叶轮安装在同一转子轴上，两者同速旋转。经过空气滤清器并吸入压气机壳内的空气，被高速旋转的压气机叶轮甩向叶轮的外缘，使其速度和压力增加，这些被压缩的空气经进气管进入气缸。

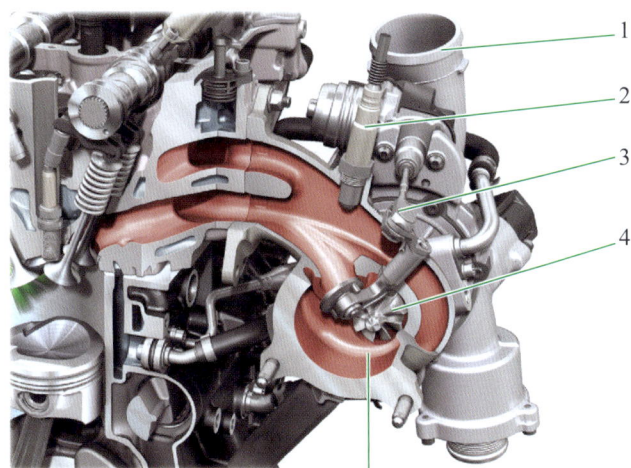

(a) 涡轮增压器安装位置

(b) 涡轮增压器剖视图

1,5—压气机壳；
2,15—氧传感器；
3,12—连接拉杆；
4,10—涡轮；
6—增压压力定位器；
7—涡轮增压空气再循环阀；
8—压气机叶轮（压缩新鲜空气至气缸）；
9—谐振消声器；
11—废气旁通阀；
13—废气通道；
14—涡轮壳

图 2-4-84　涡轮增压器的组成

② 机械增压系统。图 2-4-85 展示了机械增压系统及其组成部件，其中所述的机械增压器为罗茨式设计。发动机曲轴通过传动带、电磁离合器及传动齿轮分别传递至压气机转子。这种增压器结构紧凑、噪声低、响应迅速以及经济性优越，已成功应用于奥迪 A6、A8、Q7S 系列，大众途锐混合动力以及保时捷卡宴混合动力等多种车型。

增压空气冷却器

空气滤清器

节气门

增压空气冷却器

压气机转子

增压器电磁离合器

增压器转速传感器

(a)机械增压系统

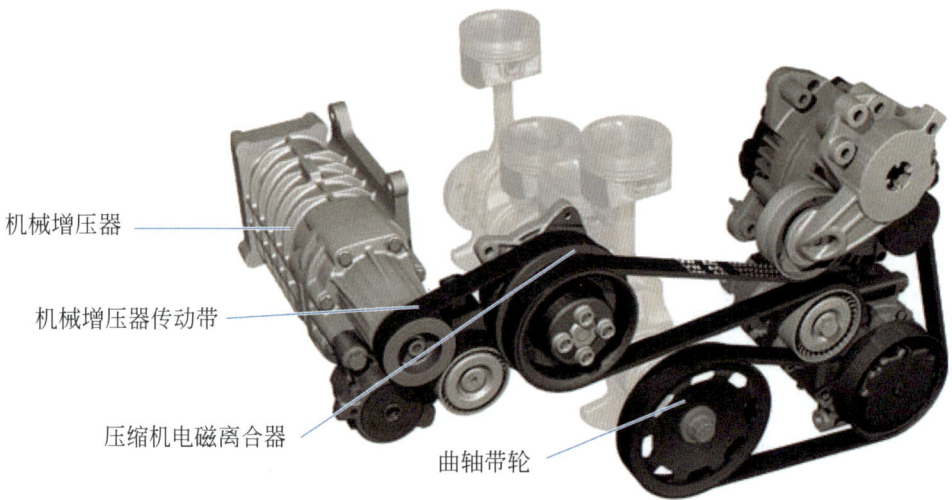

机械增压器

机械增压器传动带

压缩机电磁离合器

曲轴带轮

(b)机械增压器驱动图

图 2-4-85　机械增压系统和机械增压器驱动

机械增压器是一种旋转转子式结构装置，如图 2-4-86（a）所示。增压器壳体内设有两个同步转动的转子，但其转向相反，从而使这两个转子在工作时呈现相互啮合的状态。如图 2-4-86（b）所示，在转子转动的过程中（即工作时），空气位于叶片与外壁之间，从空气入口（吸入侧）被输送至空气出口（压力侧）。

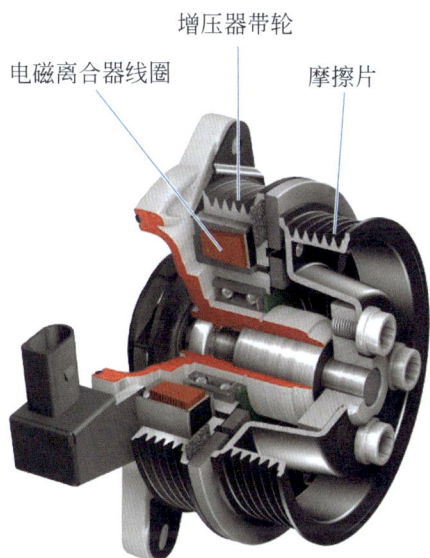

(a)机械增压器结构   (b)机械增压器工作原理

图 2-4-86　机械增压器结构及工作原理

增压器借助电磁离合器（图 2-4-87）与发动机曲轴实现连接或断开。部分发动机配备增压空气冷却器，增压后的空气经过冷却器后，被引入气缸，如图 2-4-88 所示。

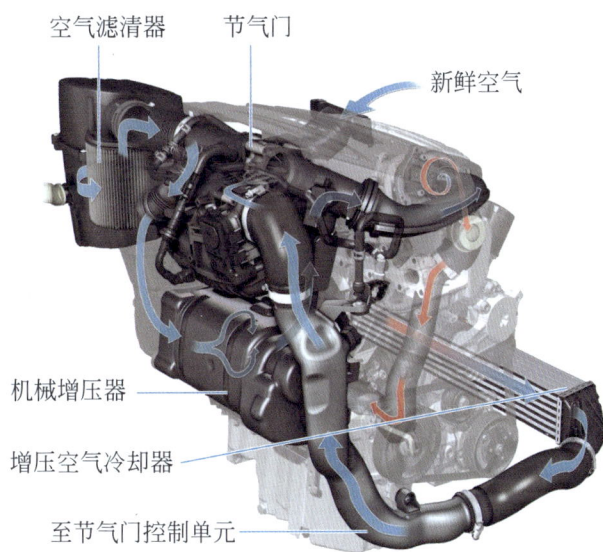

图 2-4-87　电磁离合器   图 2-4-88　增压空气冷却

③ 双增压系统。双增压系统（图 2-4-89）是一种将机械增压与涡轮增压技术相结合的增压系统，旨在克服两种技术单独存在的局限性，并有效解决低速扭矩与高速功率输出方面的难题。双增压系统的空气冷却如图 2-4-90 所示。

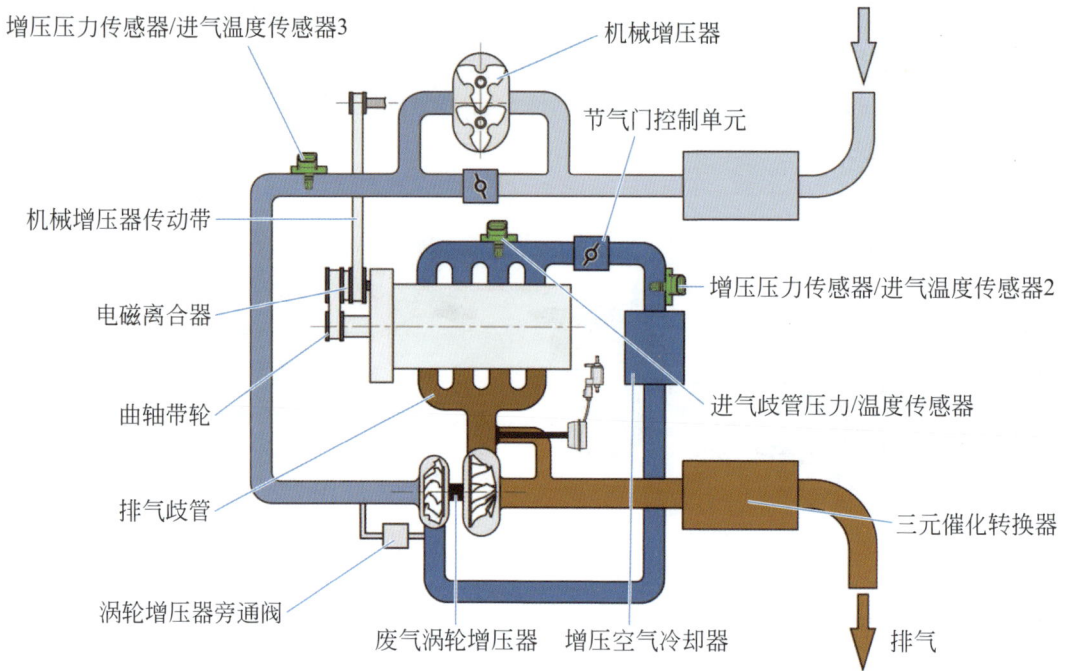

增压压力传感器/进气温度传感器3

机械增压器

节气门控制单元

机械增压器传动带

增压压力传感器/进气温度传感器2

电磁离合器

曲轴带轮

进气歧管压力/温度传感器

排气歧管

三元催化转换器

涡轮增压器旁通阀

废气涡轮增压器   增压空气冷却器

排气

图 2-4-89   双增压系统组成

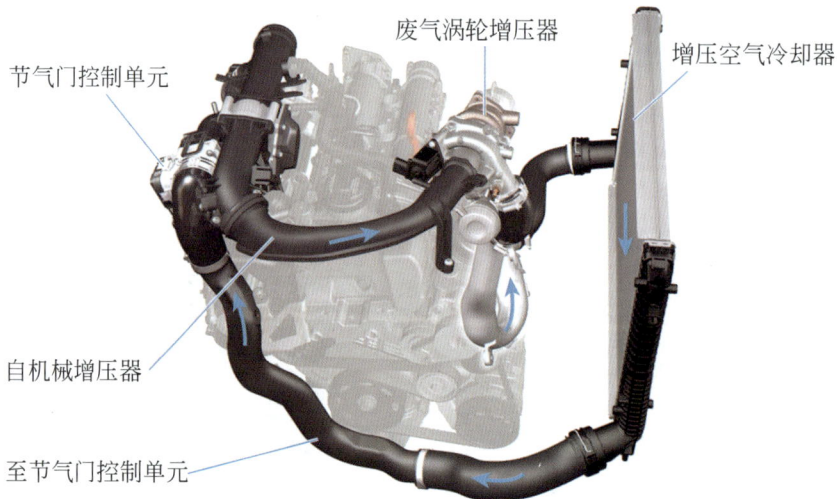

节气门控制单元

废气涡轮增压器

增压空气冷却器

自机械增压器

至节气门控制单元

图 2-4-90   双增压系统空气冷却

2.4.9   管理系统

管理系统通过各类传感器，将发动机吸入空气量、冷却液温度、发动机转速及负荷状况转换为电信号，并传输至发动机控制单元。发动机控制单元将这些信息与存储数据进行比较，经过精确计算后，输出控制信号。管理系统不仅能够精确控制燃油供给量，还能控制点火提前角和怠速空气流量等参数，显著提升发动机性能。典型的发动机管理系统如图 2-4-91 所示。

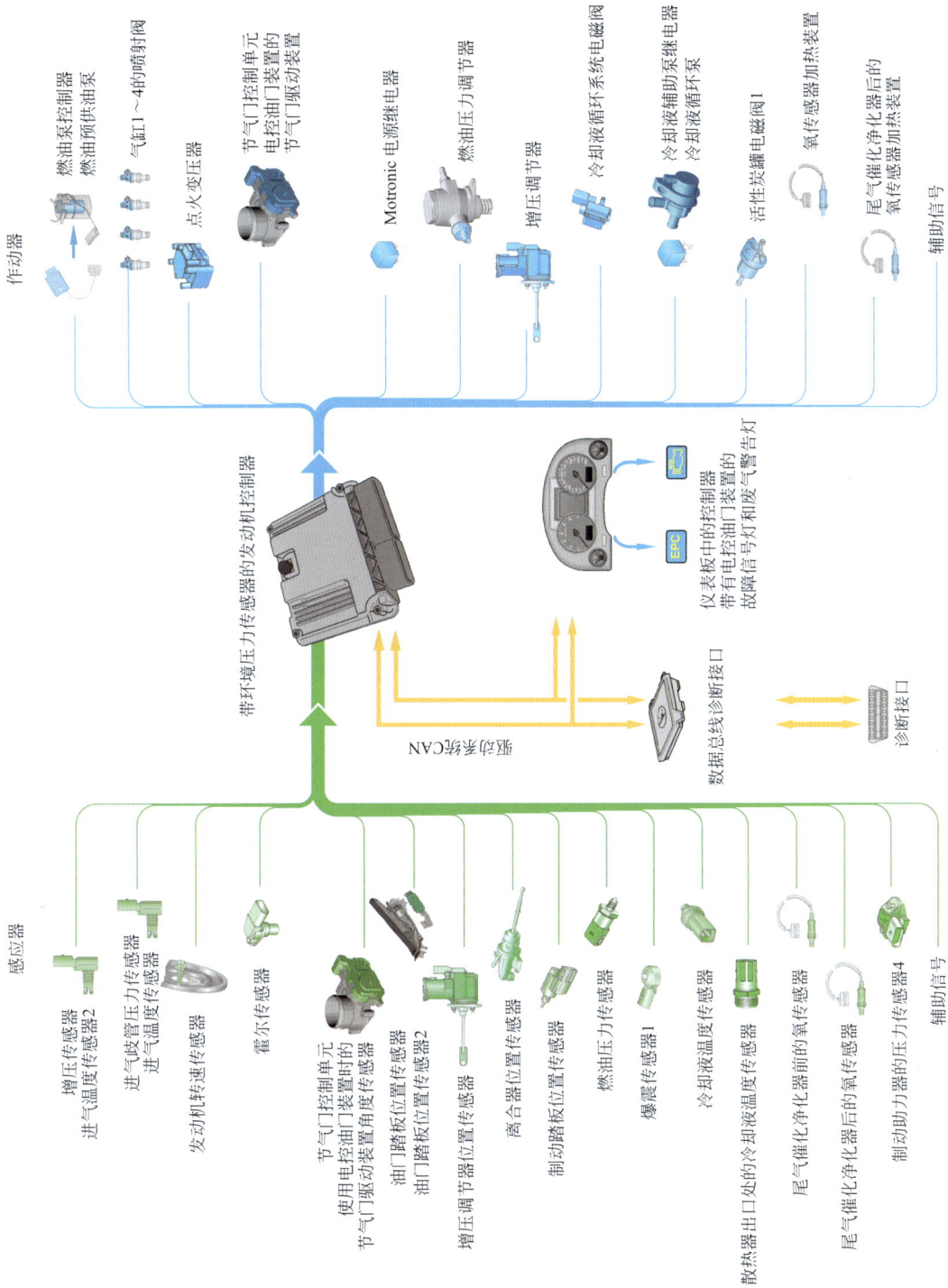

图 2-4-91 发动机管理系统组成

作动器

燃油泵控制器
燃油预供油泵

气缸1～4的喷射阀

点火变压器

节气门控制单元
电控喷油门装置的
节气门驱动装置

Motronic 电源继电器

燃油压力调节器

增压调节器

冷却液循环系统电磁阀

冷却液辅助泵继电器
冷却液循环泵

活性炭罐电磁阀

氧传感器加热装置

尾气催化器后的
氧传感器加热装置

辅助信号

带环境压力传感器的发动机控制器

仪表板中的控制器
带有电控喷油门装置的
故障信号灯和废气警告灯

EPC

数据总线诊断接口

诊断接口

驱动系统 CAN

感应器

增压传感器
进气温度传感器2

进气软管压力传感器
进气温度传感器2

发动机转速传感器

霍尔传感器

节气门控制单元
使用电控喷油门装置时的
节气门驱动装置
油门踏板位置传感器
油门踏板位置传感器2

增压调节器位置传感器

离合器位置传感器

制动踏板位置传感器

燃油压力传感器1

爆震传感器

冷却液温度传感器

散热器出口处的冷却液温度传感器

尾气催化器前的氧传感器

尾气催化器后的氧传感器

制动助力器的压力传感器4

辅助信号

2.5
动力电池系统

2.5.1 动力电池系统作用与组成

　　动力电池，作为一种大容量电能储存设备，专为电动汽车、混合动力汽车等电动设备提供能源。其功能在于电能的储存与释放。在外部电源供电时，电池能够储存电能，并在需求时释放，为电动汽车等电动设备提供驱动能量。动力电池具备诸多优势，如高能量密度、长寿命、快速充电以及高功率输出等，使其成为现代电动交通工具的至关重要的组成部分。动力电池一般安装在车辆底部，图 2-5-1 所示为动力电池拆除外壳后的内部图，图 2-5-2 所示为动力电池剖视图，图 2-5-3 为动力电池内部结构图。

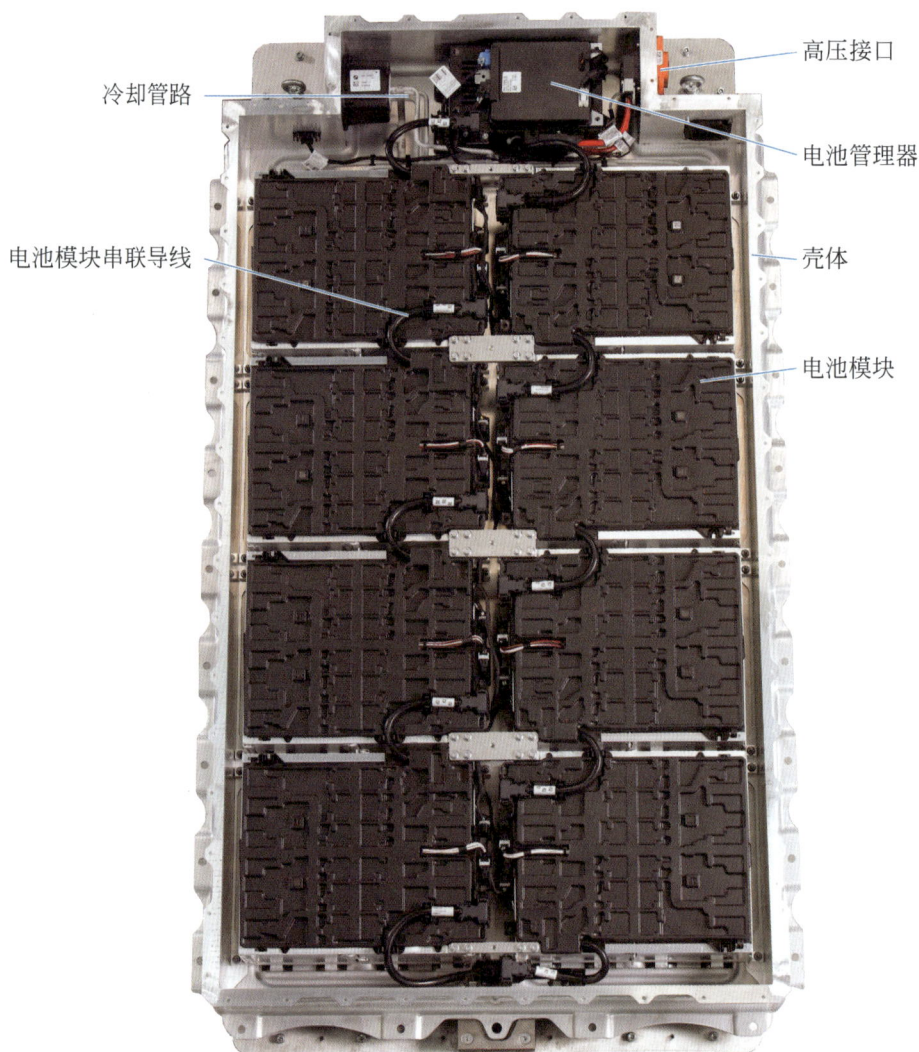

冷却管路　　高压接口　　电池管理器　　电池模块串联导线　　壳体　　电池模块

图 2-5-1　动力电池拆除外壳后的内部图

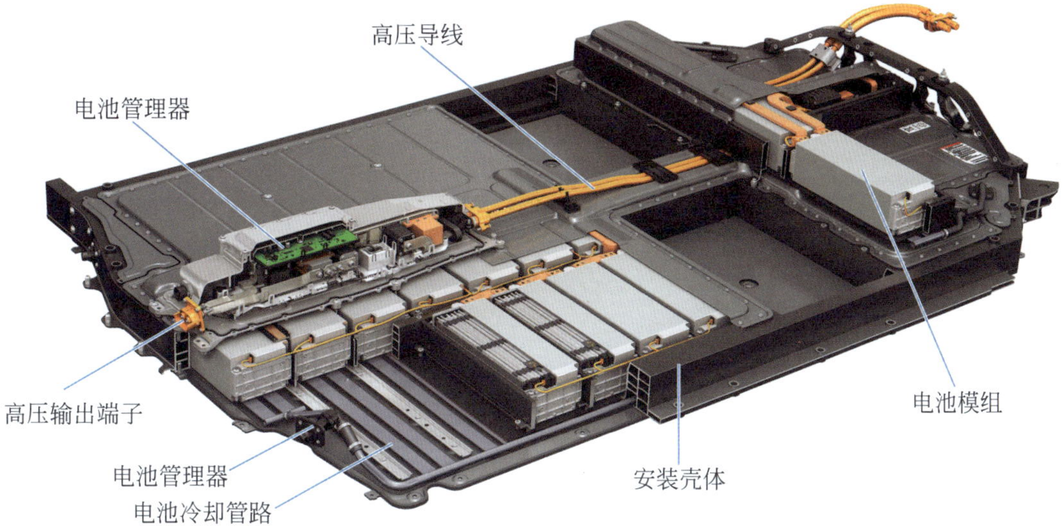

高压导线

电池管理器

高压输出端子

电池管理器

电池冷却管路

电池模组

安装壳体

图 2-5-2 动力电池剖视图

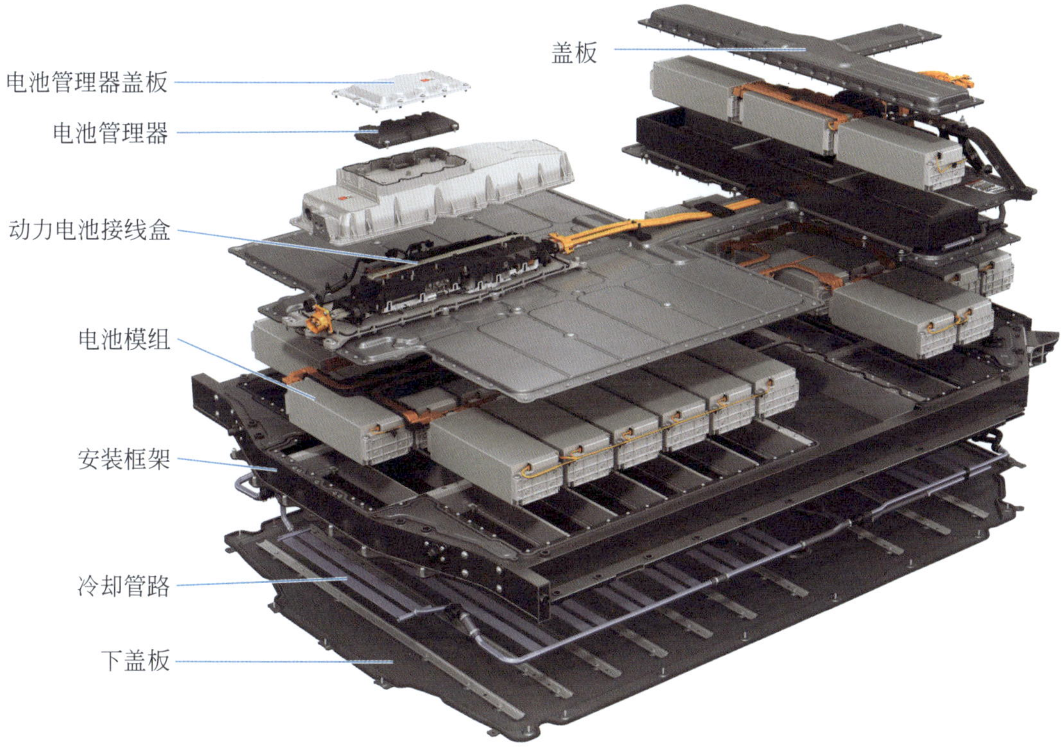

盖板

电池管理器盖板

电池管理器

动力电池接线盒

电池模组

安装框架

冷却管路

下盖板

图 2-5-3 动力电池内部结构图

通常，未经过组装的电池被称为电芯，而具备连接印制电路板、充放电控制等功能的产品则被称为电池。电芯可分为圆柱形和方形两种结构。根据 IEC 61960—2017《含碱性或其他非酸性电解液的二次电池单体和电池：便携式锂二次电池单体或电池》的规定，单体电池的命名规则如图 2-5-4 所示。

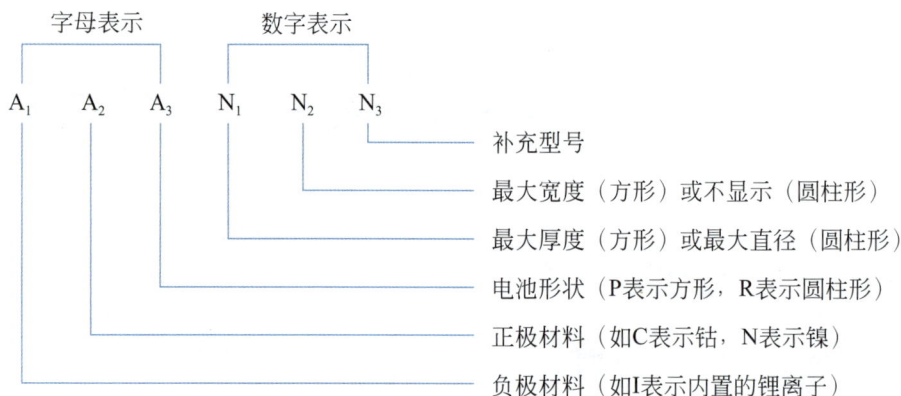

图 2-5-4 单体电池命名规则

被称为 ICR18650 的电池，是指直径为 18mm、高度为 65mm 的圆柱形锂离子电池，亦称为 18650 电池，18650 最后一位数字"0"表示圆柱形电池，如图 2-5-5（a）所示。而被称为 ICP503450 的电池，是指厚度为 5.0mm、宽度为 34mm、高度（或称长度）为 50mm 的方形电池，如图 2-5-5（b）所示。

(a) ICR18650   (b) ICP503450

图 2-5-5 电池

通常，我们将单体电池通过串联或并联的方式组合成一个电池模块，进而将多个电池模块通过并联或串联连接构成动力电池，以满足电动汽车对电压和电流的需求，如图 2-5-6 所示。动力电池常常采用串联和并联的混合方式，电芯的并联可以提升电池容量，而串联则可以提高电压。这种串并联结合的形式能够满足动力电池高电压和高电流的工作条件。至于选择"先串后并"还是"先并后串"，则取决于动力电池的实际需求，一般来说，电池并联工作的可靠性高于串联。

动力电池

电芯　　　　电池单体　　　　　电池模块　　　　　　　电池模组

图 2-5-6　动力电池的组成

　　动力电池组装时首先要做的是模块化处理，电池模块由多个电芯组成一个逻辑单元，每个模块都包含电芯、内部导线、连接片、连接导线传感器和热管理系统。每个模块的最大电压不宜超过 60V（如果是锂离子电芯进行串联，不应超过 16 个）。电池监控电路需实时监控模块中每个电芯的电压、温度甚至模块内的压力，模块还需要设置隔热和机械保护装置。电池模块如图 2-5-7 所示。

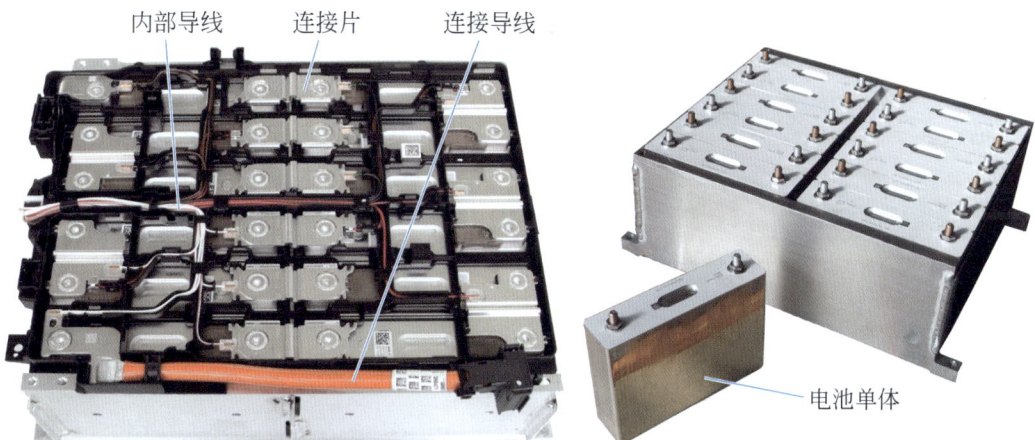

内部导线　　连接片　　　连接导线

电池单体

图 2-5-7　电池模块组成

2.5.2　动力电池热管理系统

（1）概述　动力电池是电动汽车的能量来源，在充放电过程中电池本身会产生一定的热量，从而导致温度上升，而温度升高会影响电池的很多工作特性参数，如内阻、电压、SOC、可用容量、充放电效率和电池寿命。电池热效应问题也会影响到整车的性能和循环寿命。

由于过高或过低的温度都将直接影响动力电池的使用寿命和性能，并有可能导致电池系统的安全问题，并且电池箱内温度场的长久不均匀分布将造成各电池模块、单体电池间性能的不均衡，因此，电池热管理系统对于电动车辆动力电池系统而言是必需的。可靠、高效的热管理系统对于电动车辆的可靠安全应用意义重大。图 2-5-8 所示为电动汽车动力电池冷却系统组成图。

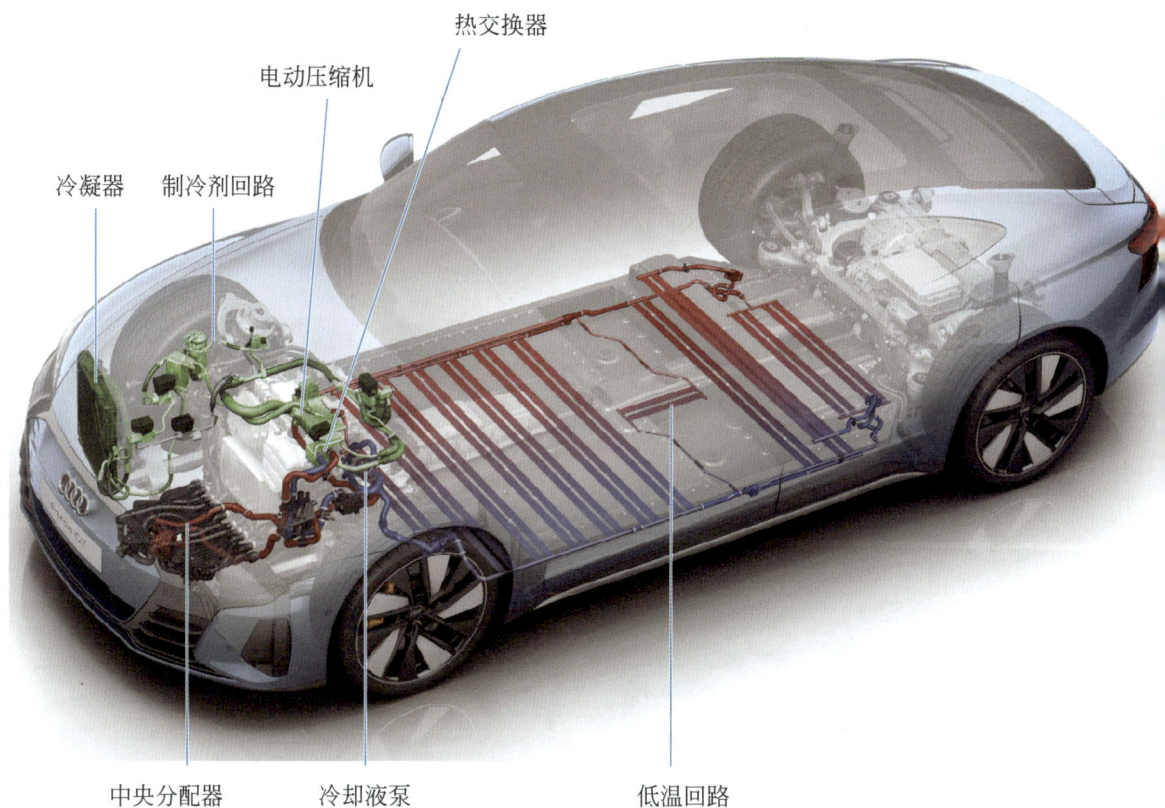

扫一扫看动画视频

图 2-5-8　某电动汽车动力电池冷却系统组成图

（2）热管理系统工作原理　小鹏 P7 电动汽车的动力电池热管理系统如图 2-5-9 所示。其中，绿色回路代表动力电池水冷循环，蓝色回路涉及空调压缩机在动力电池冷却回路中的作用，红色回路则表示动力电池加热循环。

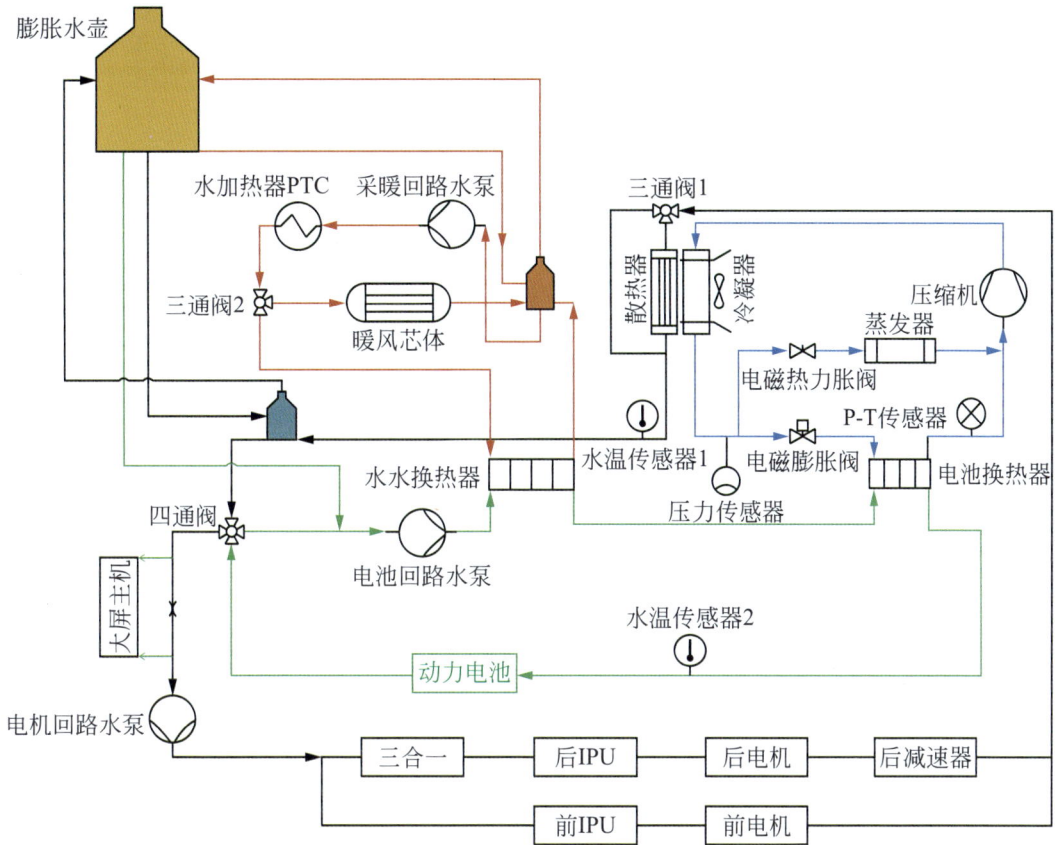

图 2-5-9 小鹏 P7 电动汽车的动力电池热管理系统

小鹏 P7 电动汽车动力电池热管理系统应用 1 个四通阀和 2 个三通阀实现动力电池和驱动电机回路的串并联，从而实现余热回收和动力电池的散热功能，分为以下四种情况。

① 高温时，依靠电池换热器，靠制冷剂对电池进行强制冷却。

② 中温时，依靠四通阀将电池回路与电机回路串联，通过前端低温散热器散热，可以降低压缩机功耗。

③ 低温时，依靠三通阀将低温散热器短路，电池和电机回路串联，回收电机余热给电池保温。

④ 超低温时，依靠三通阀，通过水水换热器将电池回路加热，实现给电池快速升温。

小鹏 P7 动力电池冷却控制回路如图 2-5-10 所示，动力电池冷却控制分为两种情况，分别为充电模式下的冷却控制和行车模式下的冷却控制。

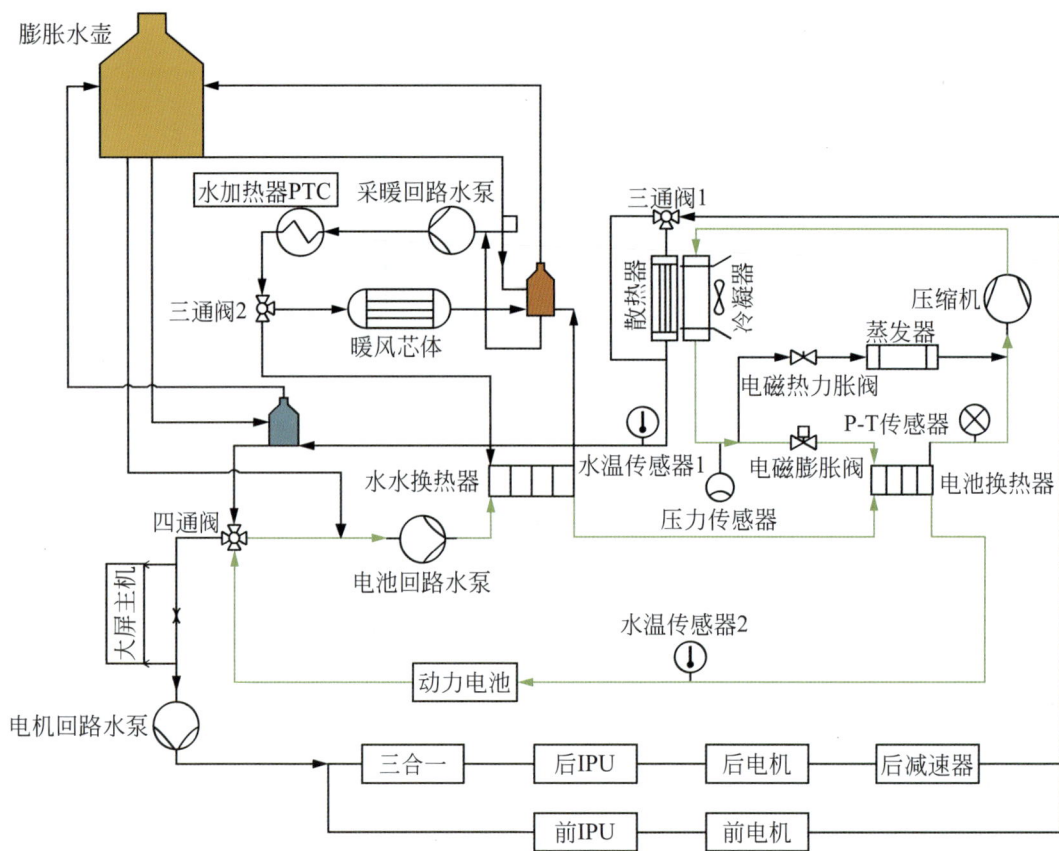

图 2-5-10　小鹏 P7 动力电池冷却控制回路

① 充电模式下的冷却控制。BMS 判断电池冷却需求，VCU 判断是否满足电池冷却的条件，HVAC 综合环境温度、电池回路冷却液温度、电机回路冷却液温度，判断是否使用压缩机冷却，从而驱动水阀、压缩机，发出水泵、风扇请求。

充电模式下的冷却控制回路为：压缩机→冷凝器→电磁热力胀阀→电池换热器→压缩机。

② 行车模式下的冷却控制。VCU 判断是否满足电池冷却的条件，HVAC 综合环境温度、电池回路冷却液温度，判断是否使用压缩机冷却，从而驱动水阀、压缩机，发出动力电池冷却液泵、风扇请求。

行车模式下的冷却控制回路为：动力电池冷却液泵→动力电池→水水换热器→电池换热器。

在环境温度较低的情况下，动力电池的正常工作会受到影响。为确保其性能，系统会根据实际需求，选择适宜的动力电池加热或保温模式。小鹏 P7 热管理系统配备了三种针对动力电池的加热模式，包括充电模式下的动力电池加热控制、动力电池热平衡控制以及动力电池余热回收控制。

充电模式下的动力电池加热控制如图 2-5-11 所示，环境温度较低时动力电池的充电性能会明显下降。此时插入充电枪，有充电需求时，BMS 根据电池状态判断是否有加热需求，VCU 根据整车状态发送高压系统状态，HVAC 计算动力电池需求水温，开启水加热器 PTC、水泵对动力电池进行加热。

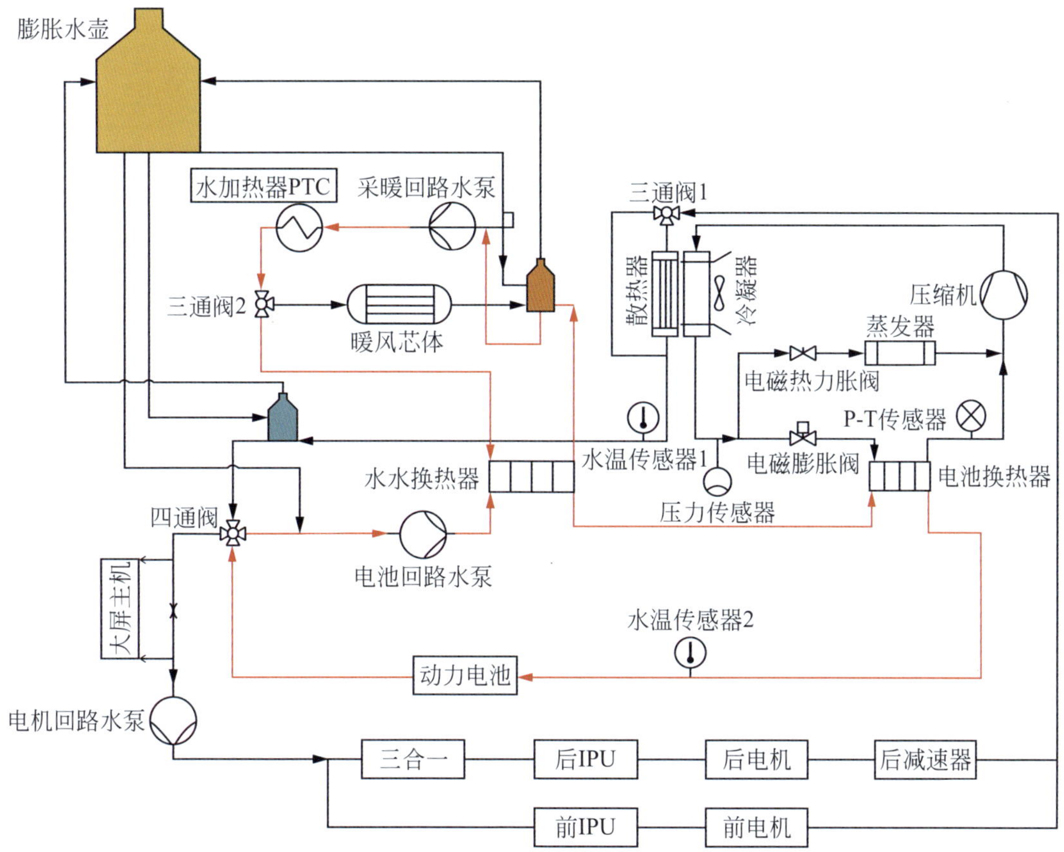

图 2-5-11　充电模式下的动力电池加热控制

冷却回路为：

回路 1：电池回路水泵→水水换热器→电池换热器→动力电池→四通阀→电池回路水泵。

回路 2：采暖回路水泵→水加热器 PTC →三通阀 2 →水水换热器→采暖回路水泵。

动力电池热平衡控制如图 2-5-12 所示，电池最高温度和最低温度之间差值过大或电池回路水温与电池最高、最低温度差值过大，从而出现冷热冲击时，开启电池回路水泵进行电池热平衡控制。

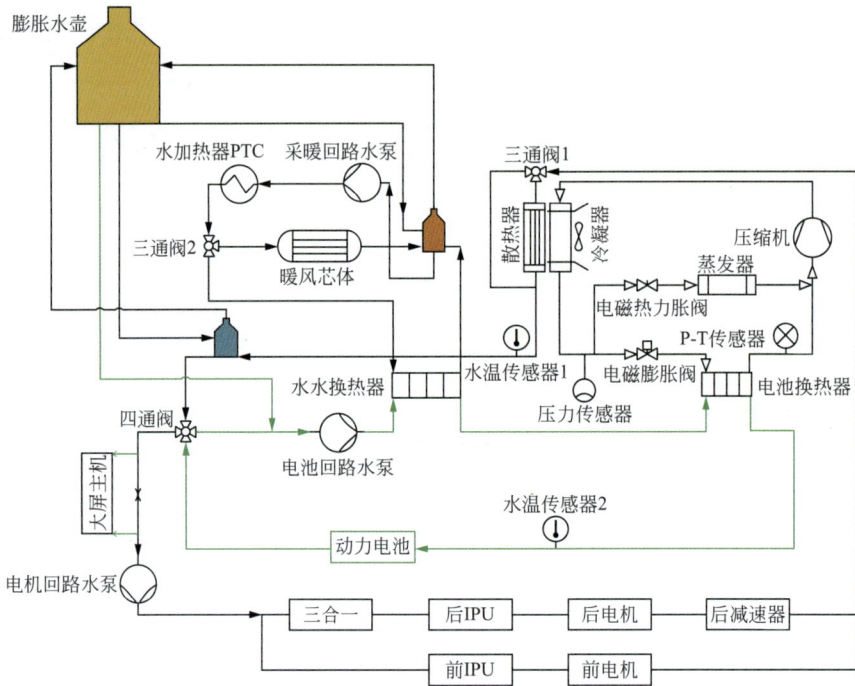

图 2-5-12　动力电池热平衡控制

冷却回路为：电池回路水泵→动力电池→水水换热器→电池换热器→电池回路水泵。

动力电池余热回收控制如图 2-5-13 所示，电池温度较低、电机回路水温高于电池回路水温一定值时，将电池和电机回路串联，利用电机回路给电池加热，使电池处于适宜的工作温度，达到节能的目的。

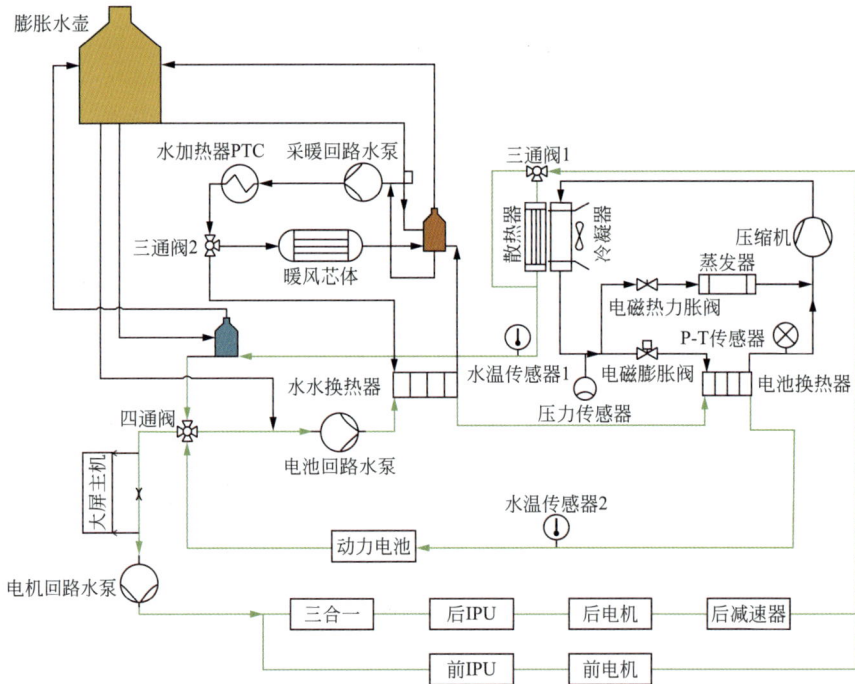

图 2-5-13　动力电池余热回收控制

冷却回路为：四通阀→电机回路水泵→电机系统→三通阀 1 →散热器 / 旁通→四通阀→电池回路水泵→水水换热器→电池换热器→动力电池→四通阀。

2.5.3　动力电池充电系统

动力电池充电系统是电动汽车中至关重要的部分，它的核心任务是快速且安全地为电池补充能量，确保电动汽车在长途行驶或日常使用中都能满足续驶需求。这一系统不仅仅是技术的结晶，更是对速度与安全完美结合的追求。

在结构上，动力电池充电系统包含多个精密组件。无论是交流还是直流充电口，它们都经过严格的防水、防尘和抗电磁干扰设计，确保在各种环境条件下都能稳定工作。车载充电机更是集成了最新的充电控制技术和智能诊断功能，既能为电池提供高效充电，又能实时监测电池状态，预防过充或欠充的问题。高压配电盒则负责集中管理所有的高压线路，确保电流的稳定传输和安全分配。

值得一提的是，随着技术的不断突破，部分高端电动汽车的平台已经升级到 800V。为了适配这一高压系统，厂商还专门为这些车型安装了高压升压器。这一设备的存在，使得充电电压能够从常规的 500V 左右迅速提升至 800V，大幅缩短了充电时间，为车主带来了更为便捷的充电体验。而这样的设计也从侧面证明了电动汽车行业的快速发展和对更高性能的持续追求。动力电池充电系统如图 2-5-14 所示。

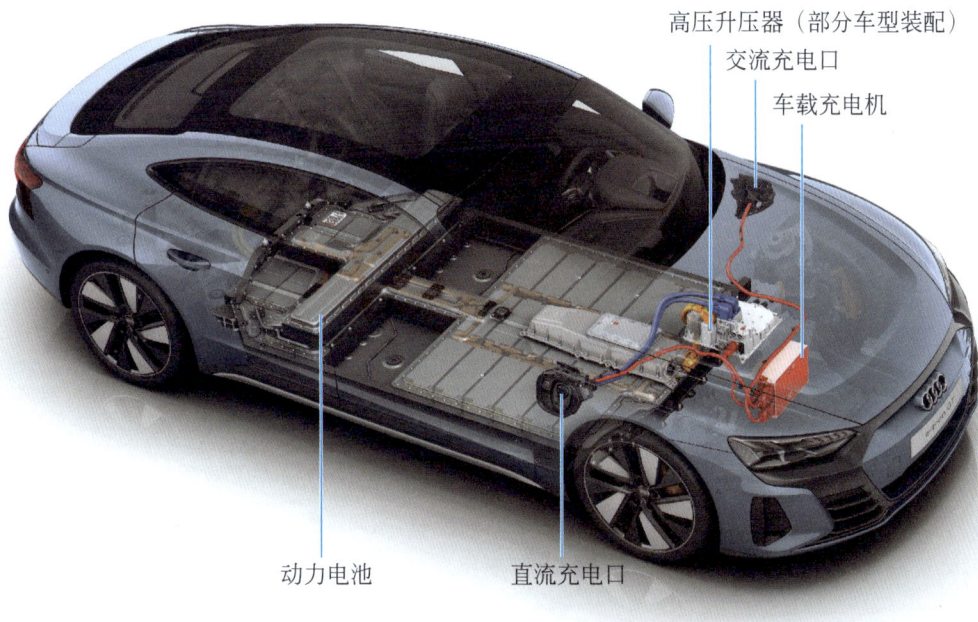

图 2-5-14　动力电池充电系统

小鹏 P7 两驱车型动力电池充电系统原理如图 2-5-15 所示。

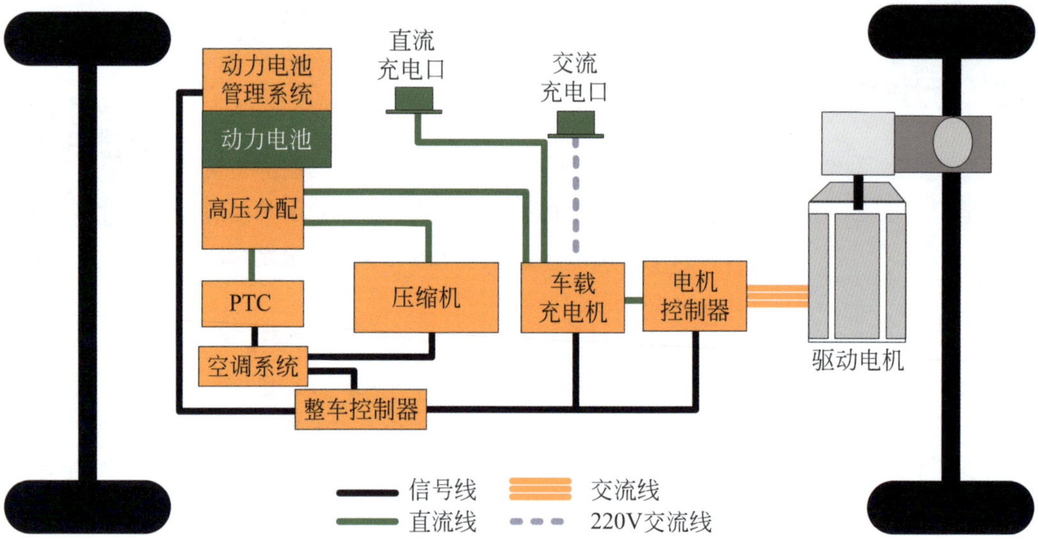

图 2-5-15　小鹏 P7 两驱车型动力电池充电系统原理

直流充电策略如图 2-5-16 所示。

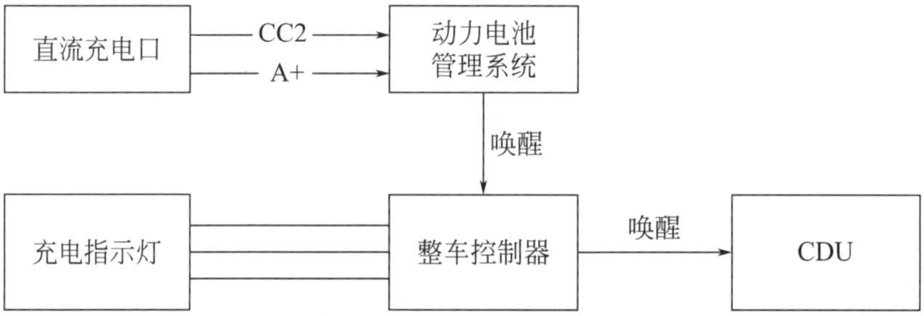

图 2-5-16　直流充电策略

充电过程如下。

① 在直流充电枪与预充电口连接正常的情况下，直流充电桩会输出 12V 辅助电源信号，唤醒动力电池管理系统（BMS）。在 BMS 判断电池状态适宜充电后，通过硬线输出 12V 信号唤醒整车控制器（VCU）。VCU 唤醒后，主继电器 MainPower_Rly 吸合，各 ECAN 控制器随之启动，同时唤醒大屏，控制高压电源上电。在判断电池状态适宜充电后，发送充电使能信号给 BMS。

② 随后，BMS 与直流充电桩进行交互。根据电池状态，BMS 向直流充电桩发送充电需求电压与电流。直流充电桩根据 BMS 发送的充电需求电压与电流信号，输出直流电给动力电池进行充电。

交流充电是指通过交流充电桩或家用交流插座，为动力电池充电。在交流充电的模式下，可以通过交流充电线束与 220V 交流电网连接对电动汽车进行充电。交流充电策略如图 2-5-17 所示。

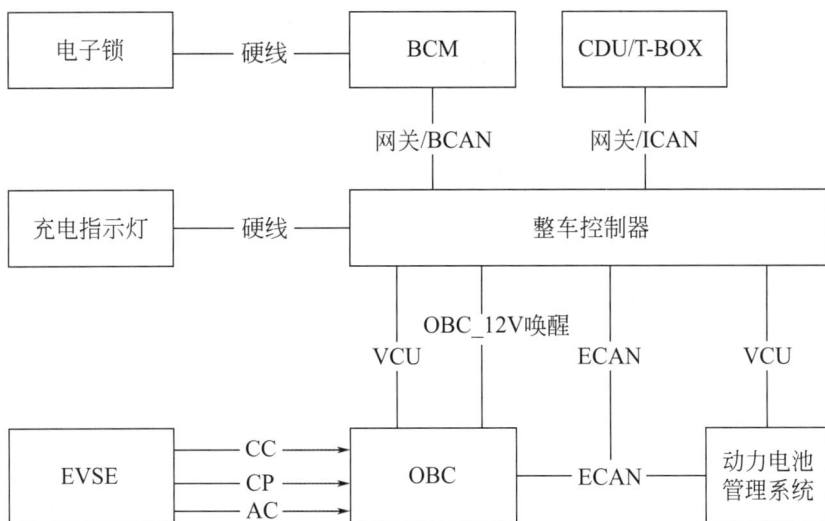

图 2-5-17 交流充电策略

交流充电过程如下。

① 交流充电枪与充电口连接正常后，车载充电机（OBC）被交流充电桩发送的 CP/CC 唤醒，OBC 判断 CC、CP 正常后，通过硬线输出 12V 信号唤醒 VCU。

② VCU 被唤醒后，吸合主继电器 MainPower_Rly，唤醒各 ECAN 控制器，同时唤醒大屏；控制高压上电，判断可充电后发送充电使能信号给 BMS。

③ BMS接收到 VCU 发送的充电使能信号后，给 OBC 发送充电使能信号，并根据电池状态与充电桩输出能力给 OBC 发送请求充电电流与电压信号。

④ OBC 接收到 BMS 的充电使能信号后启动充电，并根据 BMS 发送的请求充电电流与电压信号，将电网输出的 220V 交流电转换成直流电给动力电池充电。

第 3 章

汽车传动、驱动系统

3.1
概述

扫一扫看动画视频

3.1.1 传动系统

汽车传动系统的基本功用是将发动机发出的动力传给驱动轮。

发动机发出的动力依次经过离合器、变速器（或自动变速器）、传动轴、万向传动装置、主减速差速器、半轴，最后传递到驱动轮。

传动系统的首要任务是与发动机协同工作，保证汽车能在不同的使用条件下行驶，并具有良好的动力性和燃油经济性。汽车传动系统必须具有以下功能。

① 实现汽车的减速增扭。驱动系统必须具有减速增扭作用，将驱动轮的转速降低至发动机转速的若干分之一，相应的驱动轮所得到的扭矩则增大到发动机扭矩的若干倍。

② 实现汽车变速。实现汽车以不同速度适应不同工况、路况。

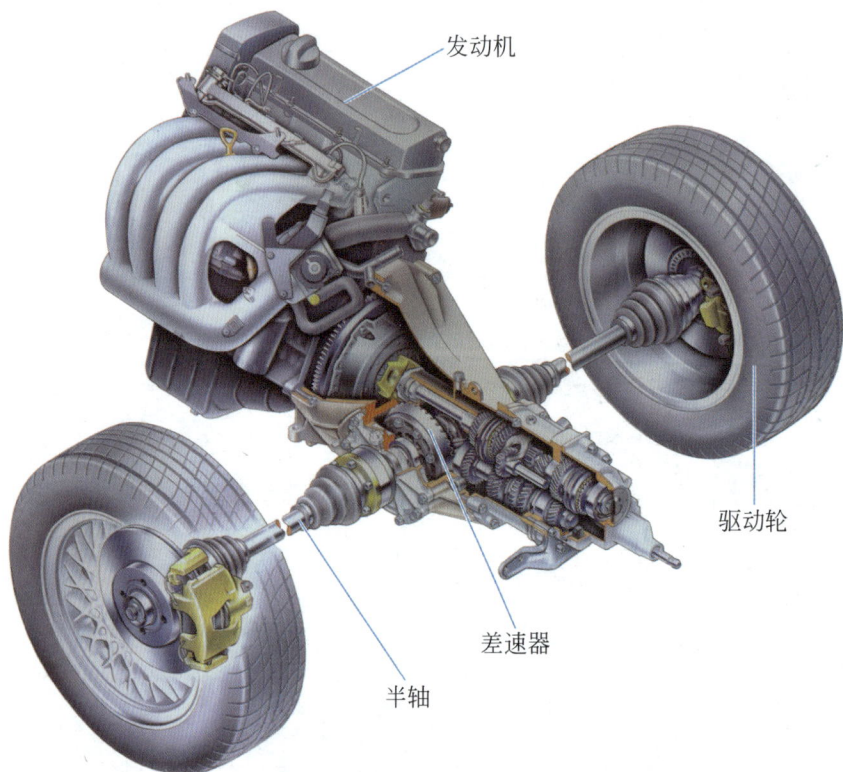

图 3-1-1　前驱车型传动系统

③ 实现汽车倒车。汽车在某些情况下需要倒向行驶。发动机不能反方向运转，故而传动系统必须在保证发动机旋转方向不变的情况下，使驱动轮反方向旋转。

④ 必要时中断传动系统动力传递。在发动机启动、怠速及长时间停车时传动系统必须能长时间切断动力传递。

⑤ 使车轮具有差速功能。汽车转弯行驶时，左右车轮在同一时间段滚过的距离不同，如果两侧驱动轮使用一根刚性轴驱动，两者的转速必然相同，因而车轮会出现相对于地面滑动的现象。传动系统必须具有使两侧驱动轮相对运动的功能。

前驱车型传动系统如图 3-1-1 所示。四驱车型传动系统如图 3-1-2 所示。

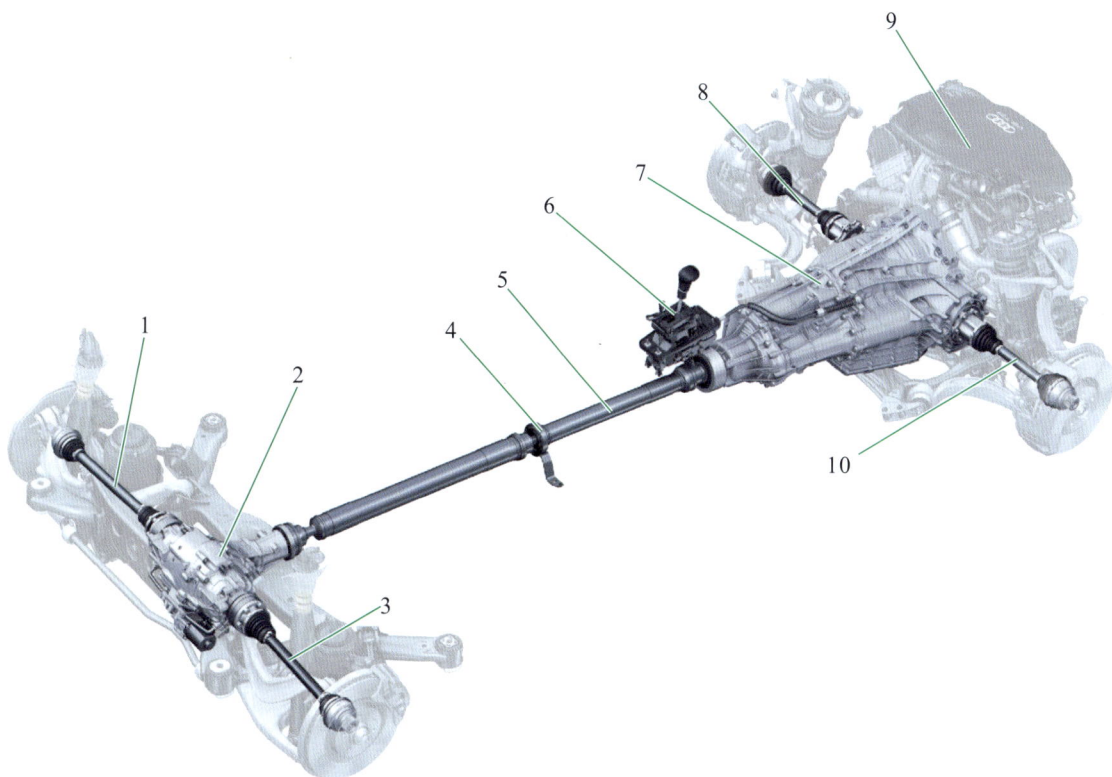

1,3—后驱动半轴；

2—带有运动型差速器的后桥主传动；

4—传动轴中间支撑（带有滚动轴承）；

5—传动轴；

6—选挡换挡杆；

7—变速器；

8,10—前桥驱动轴；

9—发动机

图 3-1-2　四驱车型传动系统

3.1.2 电动汽车驱动系统

电动汽车驱动系统是一个复杂而精密的系统，主要包括驱动电机、减速机构、差速器、半轴以及电机控制器等核心组件，如图 3-1-3 所示。整车控制器通过精确检测驾驶员踩踏加速踏板的动作，以及电子换挡器的位置信息，将相应的驱动信号发送至电机控制器。电机控制器在接收到信号后，会精确控制驱动电机的启动，随后动力将通过减速机构传递至差速器，并最终传递至半轴，从而驱动车轮旋转，实现车辆的行驶功能。这一过程中，各个环节协同工作，确保电动汽车能够稳定、高效地运行。

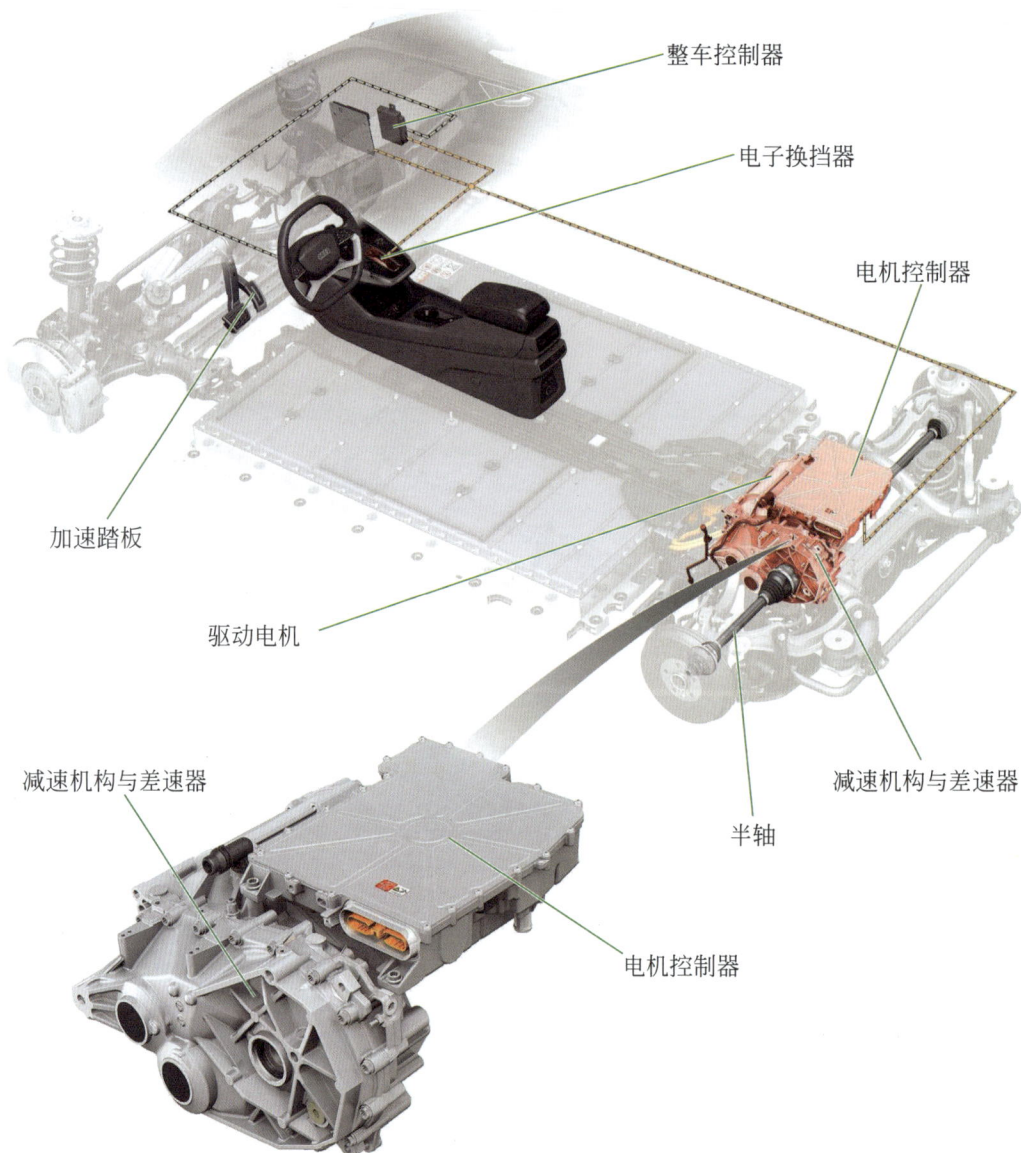

扫一扫看动画视频

整车控制器

电子换挡器

电机控制器

加速踏板

驱动电机

减速机构与差速器

减速机构与差速器

半轴

电机控制器

图 3-1-3 电动汽车驱动系统

3.2
离合器

3.2.1　离合器作用与结构

离合器，作为汽车传动系统的核心组件，直接与发动机相连。它是一种特殊的传动机构，其设计允许其主动部分与从动部分在需要时暂时分离，同时也能逐渐结合，以实现平稳传动。在传动过程中，离合器的主、从动部分还有可能发生相对转动，这是其独特的工作特性。

离合器主要由主动部分（飞轮、离合器盖和压盘）、从动部分（从动盘即离合器片）、压紧机构（膜片弹簧或螺旋弹簧）和操纵机构（离合器踏板、分离轴承、分离杆、分离叉等）四部分组成。离合器结构如图 3-2-1（a）所示，离合器压盘如图 3-2-1（b）所示，离合器从动盘如图 3-2-1（c）所示。

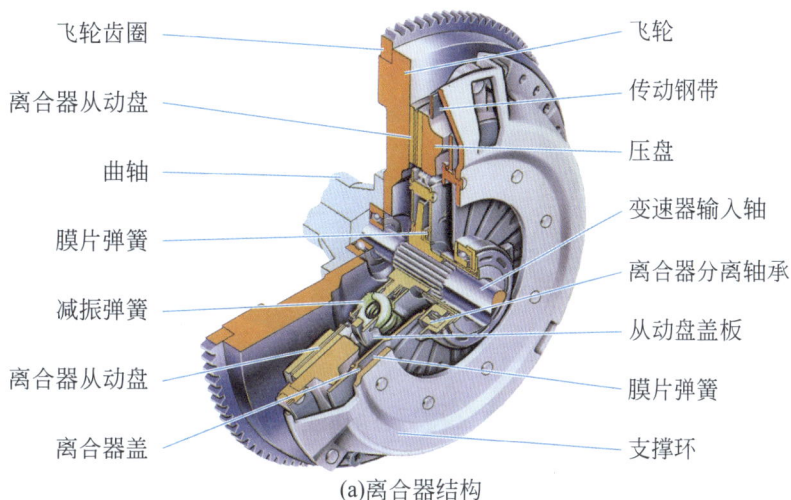

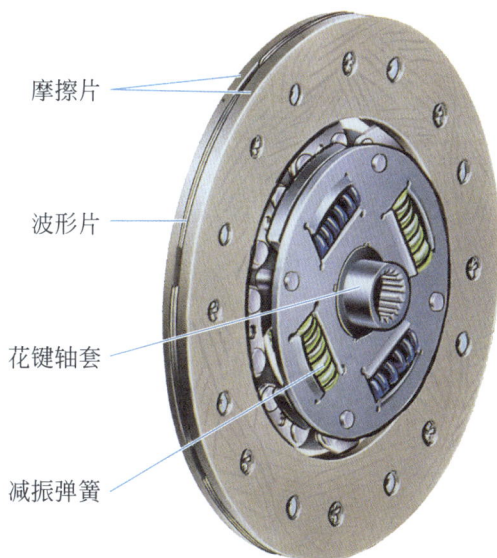

飞轮齿圈　离合器从动盘　曲轴　膜片弹簧　减振弹簧　离合器从动盘　离合器盖

飞轮　传动钢带　压盘　变速器输入轴　离合器分离轴承　从动盘盖板　膜片弹簧　支撑环

(a)离合器结构

离合器盖　压盘　膜片弹簧　支撑环　传动片

(b)离合器压盘(主动部分)

摩擦片　波形片　花键轴套　减振弹簧

(c)离合器从动盘

图 3-2-1　离合器

3.2.2 离合器原理

如图 3-2-2 所示，未踩下离合器踏板时，膜片弹簧的外圆周对压盘产生压紧力使离合器处于结合状态。当踩下离合器踏板时，分离轴承推动膜片弹簧，使膜片弹簧外圆周向后翘起，压盘离开飞轮表面，使离合器分离。

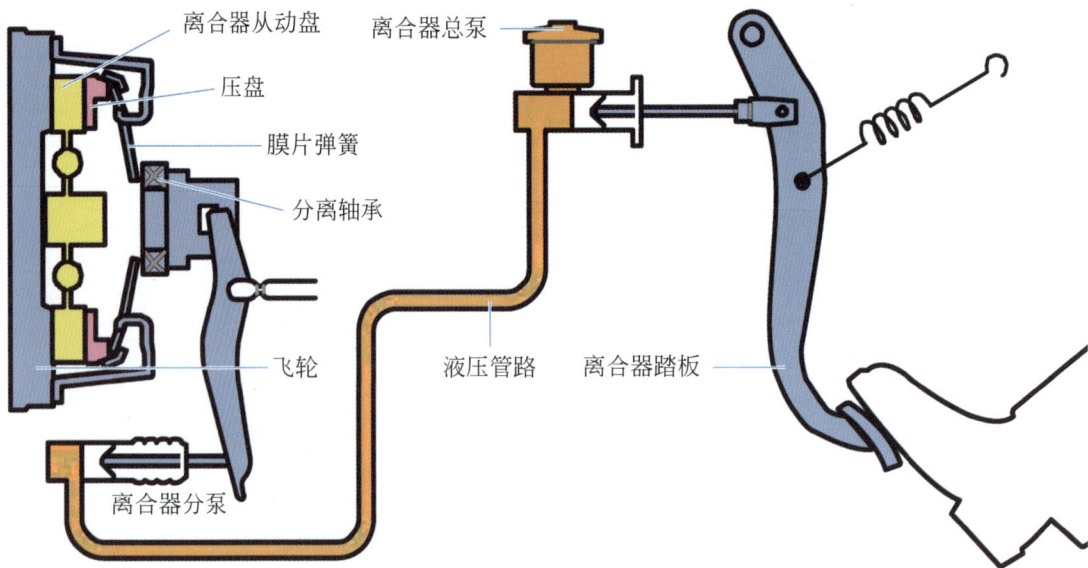

图 3-2-2 离合器工作原理

离合器的工作状态有结合、分离和半联动三种，分别如图 3-2-3、图 3-2-4、图 3-2-5 所示。

离合器处于结合状态时，膜片弹簧将压盘（红色）、离合器从动盘（黄色）、飞轮压紧，发动机扭矩经飞轮及压盘以摩擦力矩的形式传递到离合器片，进而传递给变速器输入轴，再经变速器输入轴向传动系统输出。

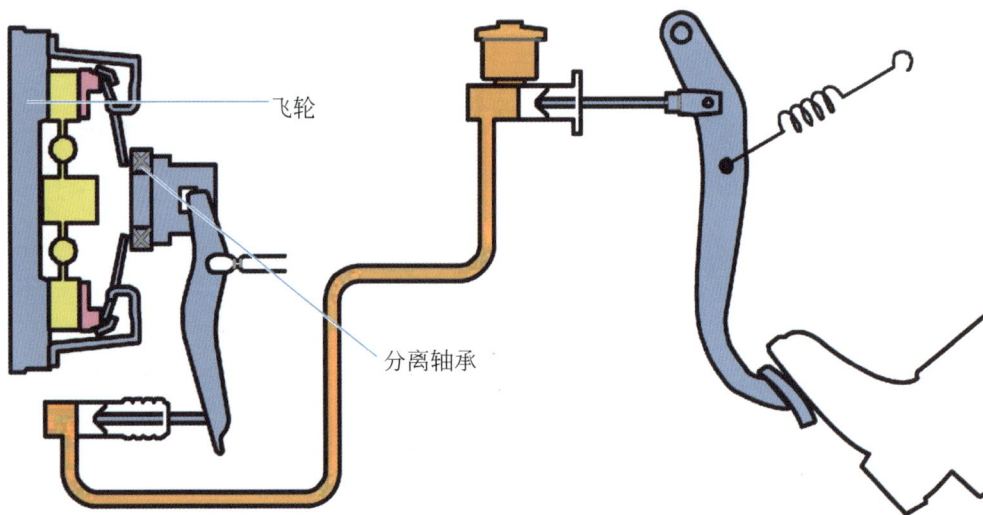

图 3-2-3 离合器结合状态

踩下离合器踏板时，通过操纵机构带动分离叉移动，推动分离轴承，使膜片弹簧内端向左移动，膜片弹簧外端绕着离合器盖上的支撑装置拉动压盘向右移动，解除压盘对离合器从动盘的压力，离合器的主、从动部分处于分离状态，动力传递中断。

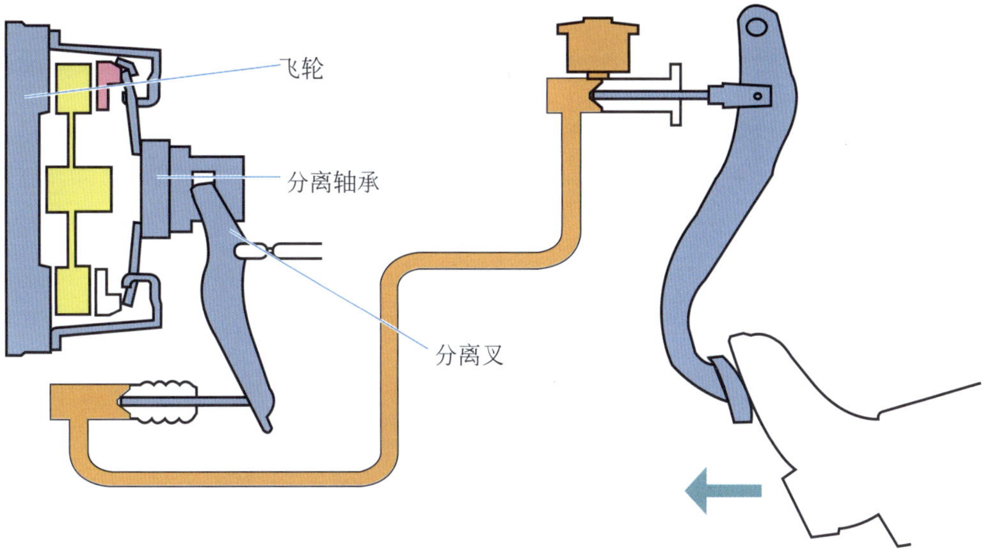

图 3-2-4 离合器分离状态

当车辆需要恢复动力传递时，驾驶员缓慢地抬起离合器踏板，离合器分离轴承对膜片弹簧内端的压力减小，压盘便在膜片弹簧弹力作用下逐渐压紧离合器从动盘，所传递的扭矩逐渐增大。当所传递的扭矩小于汽车起步阻力时，汽车不动，离合器从动盘不转动，主、从动部分的摩擦面间完全打滑；随着压盘压力和车速的不断增大，主、从动部分摩擦面的转速差将逐渐减小，直到转速相等，滑动摩擦现象消失，离合器完全结合。

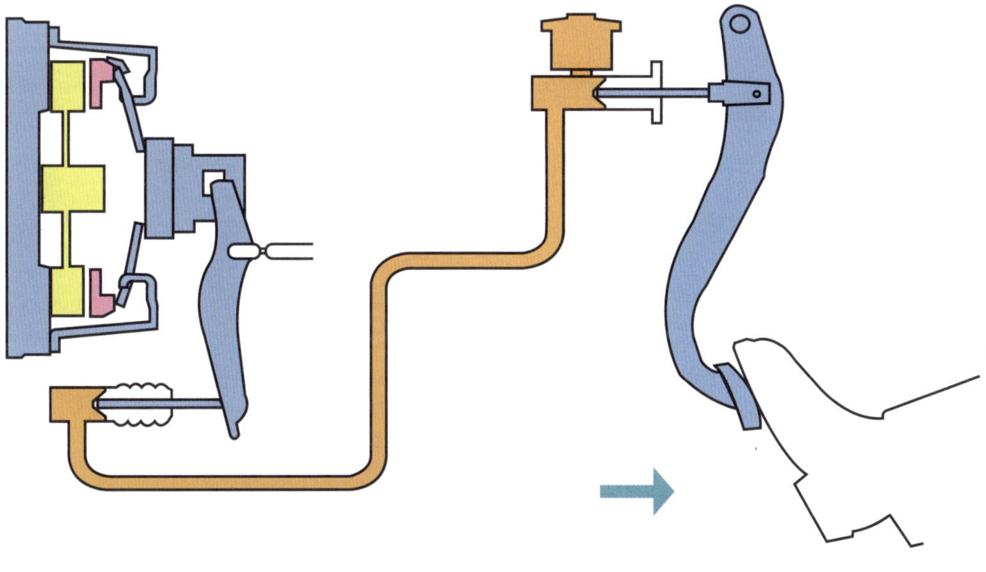

图 3-2-5 离合器半联动状态

3.3
手动变速器

3.3.1 手动变速器组成

　　手动变速器是一种需要驾驶员通过手动操作变速杆来选定挡位的变速器。驾驶员需直接操纵变速器的换挡机构以完成换挡过程。手动变速器具备结构简单、故障率低及传动效率高等优势，但同时也存在驾驶员需手动换挡的缺点，对换挡时机和技巧要求较高，可能对驾驶的舒适性和安全性产生一定影响。

　　典型的五挡式手动变速器剖视图如图 3-3-1 所示。

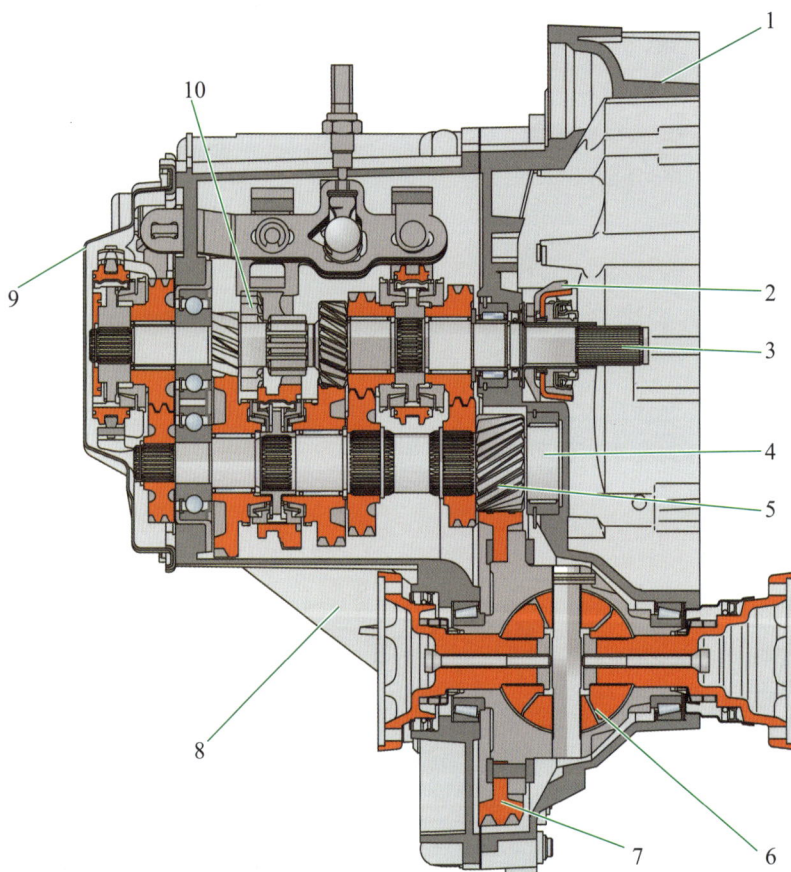

1—离合器壳体；	6—差速器；
2—离合器分离杆；	7—主传动；
3—输入轴；	8—变速器壳体；
4—输出轴；	9—变速器壳体罩盖；
5—输出轴齿轮；	10—倒挡换向齿轮

图 3-3-1　典型的五挡式手动变速器剖视图

3.3.2　手动变速器构造

手动变速器由变速器壳体、输入轴和输出轴、同步器、换挡机构等组成。

（1）**变速器壳体**　变速器壳体的作用是安装变速器零部件，起到支撑和保护的作用，如图 3-3-2 所示。

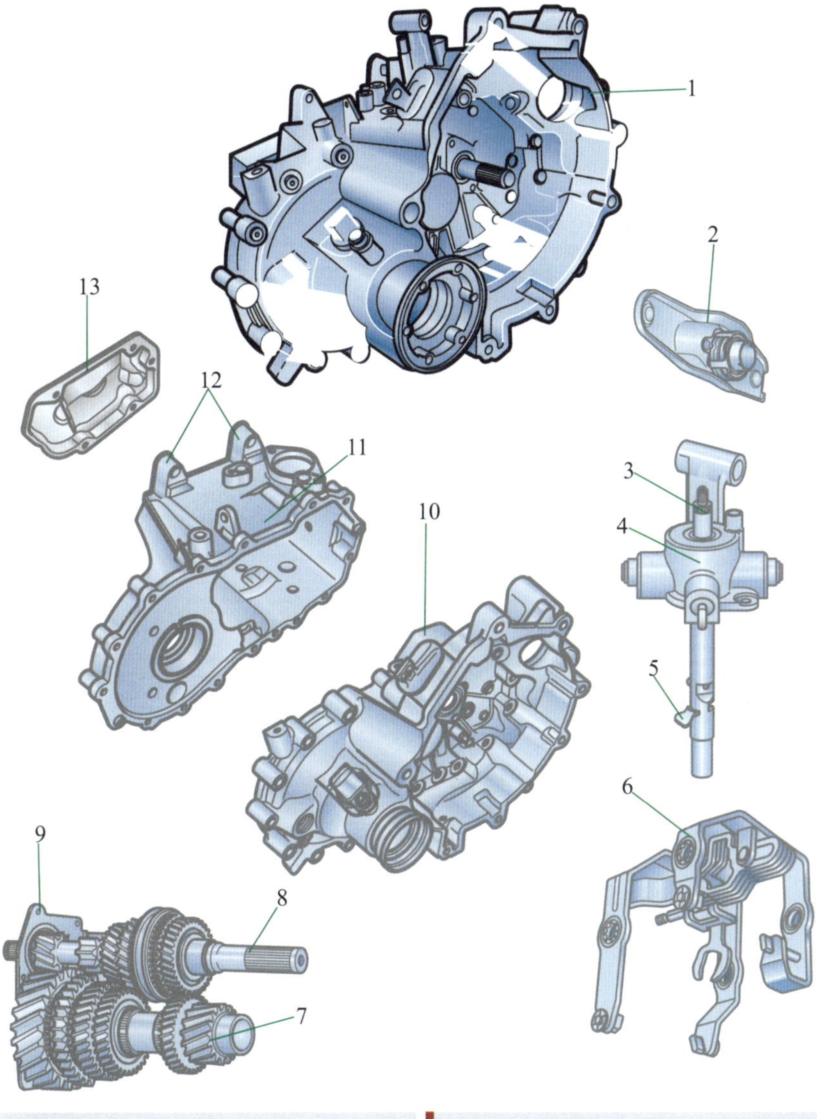

1—手动变速器；	8—输入轴；
2—离合器分离杆；	9—轴承支架；
3—换挡轴；	10—离合器壳体；
4—换挡机构盖；	11—变速器壳体；
5—换挡拨爪；	12—总成支架安装点；
6—内部换挡机构；	13—变速器壳体罩盖
7—输出轴；	

图 3-3-2　变速器壳体

（2）输入轴与输出轴 五挡手动变速器输入轴与输出轴如图 3-3-3 所示。

输出轴连同位于离合器壳体内的一个滚柱轴承（活动轴承）和一个开槽滚珠轴承（固定轴承）安装在变速器壳体内的一个轴承总成上。

1 挡、2 挡和倒挡齿轮主动连接在输出轴上；3 挡、4 挡、5 挡齿轮是活动的，并套在滚针轴承上运转。

3 挡或 4 挡齿轮和 5 挡齿轮的同步器是通过纵向的键槽与输入轴主动连接的。其中一对齿轮啮合后，对应的换向齿轮也连接到输入轴。同步器锁环保持齿轮的啮合状态。

3 挡、4 挡和 5 挡齿轮以及 1 挡或 2 挡齿轮的同步器是在旋转的方向上以较小间隙的齿轮主动连接在输出轴上。

1 挡和 2 挡齿轮是空转齿轮，套在输出轴的滚针轴承上转动。

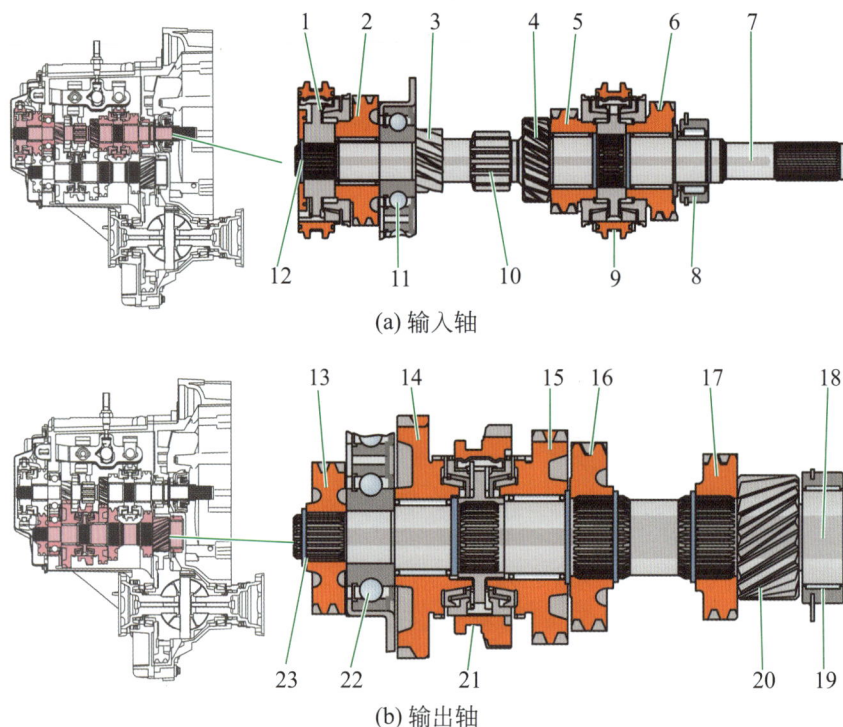

(a) 输入轴

(b) 输出轴

1—5 挡齿轮同步器；	13—5 挡齿轮；
2—5 挡换挡齿轮；	14—1 挡换挡齿轮；
3—1 挡换挡齿轮；	15—2 挡换挡齿轮；
4—2 挡换挡齿轮；	16—3 挡换挡齿轮；
5—3 挡换挡齿轮；	17—4 挡换挡齿轮；
6—4 挡换挡齿轮；	18—用于减少重量的钻孔；
7—用于减少重量的深钻孔；	19—滚柱齿轮；
8—滚柱轴承；	20—主传动齿轮；
9—3 挡 /4 挡齿轮同步器；	21—1 挡 /2 挡齿轮同步器；
10—倒挡齿轮；	22—带开槽滚珠轴承的轴承支架；
11—带开槽滚珠轴承的轴承支架；	23—锁环
12—锁环；	

图 3-3-3　输入轴与输出轴结构

（3）**同步器**　同步器的作用是使滑套与待啮合的齿轮迅速同步，缩短换挡过程，且防止在同步前结合而产生的结合齿的冲击。以 1 挡和 2 挡齿轮同步器为例，如图 3-3-4 所示。

在输入轴上的齿轮通过同步器和滑套啮合到输出轴上的齿轮之前，必须先与该齿轮同步。在换挡过程中，齿轮通过齿轮上的锥形体和同步器上的滑套进行同步。

同步器中的锥形体形成摩擦面增加了同步性能，降低了换挡力，其结果是极大地提高了换挡操纵的舒适性。

1—1 挡换挡齿轮；

2—滑套；

3—1 挡和 2 挡齿轮同步器；

4—2 挡换挡齿轮；

5,6—外同步器环；

7—内同步器环；

8—同步器环中锥形体；

9—换挡齿轮

图 3-3-4　同步器结构

（4）**差速器**　差速器的主要职责在于传递主减速器输出的动力至左右两侧半轴，并在需要时，允许左右半轴以差异化的转速旋转，以满足两侧驱动轮在行驶过程中可能产生的差速需求。差速器如图 3-3-5 所示。

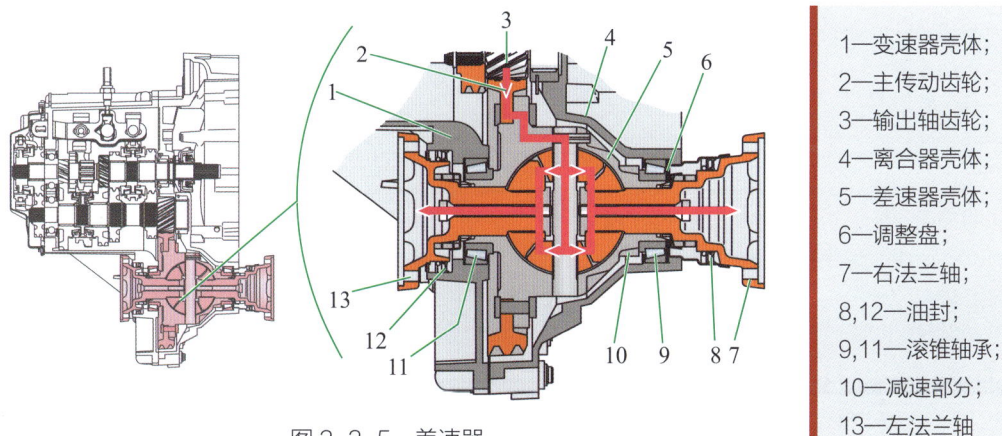

1—变速器壳体；

2—主传动齿轮；

3—输出轴齿轮；

4—离合器壳体；

5—差速器壳体；

6—调整盘；

7—右法兰轴；

8,12—油封；

9,11—滚锥轴承；

10—减速部分；

13—左法兰轴

图 3-3-5　差速器

（5）**换挡机构** 换挡机构的作用是确保驾驶员根据使用条件，将变速器换入所需要的挡位。换挡机构如图 3-3-6 所示，选挡、换挡动作传递如图 3-3-7 所示。

选挡拉索和换挡拉索将变速器操纵杆的选挡和换挡动作传递到换挡轴上。

中继杆和换挡运动杆将两根拉索的运动分解成换挡轴的向前、向后和旋转运动。

在换挡机构罩盖上有一个角块，使换挡杆按照预先设计好的位置安装。

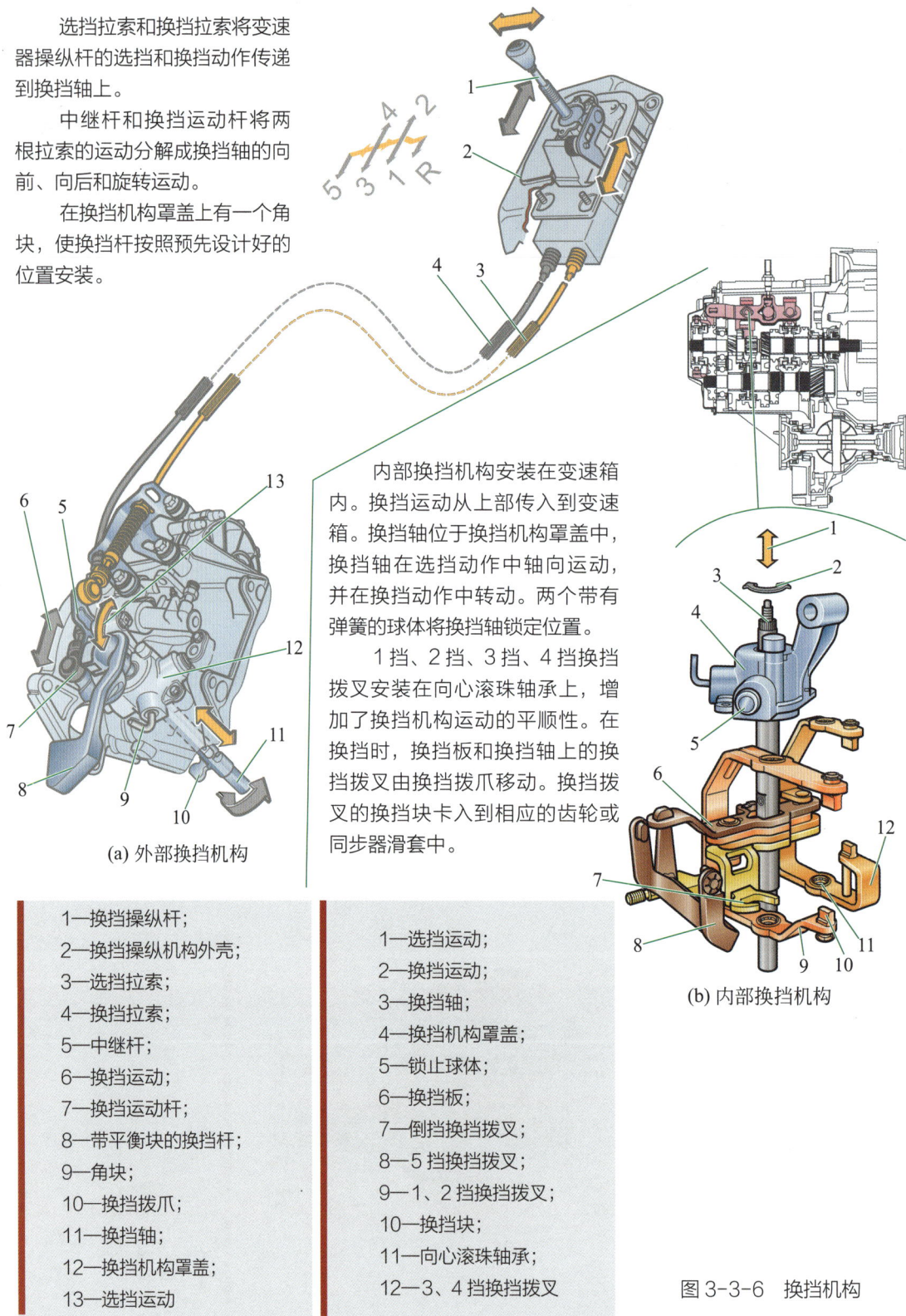

内部换挡机构安装在变速箱内。换挡运动从上部传入到变速箱。换挡轴位于换挡机构罩盖中，换挡轴在选挡动作中轴向运动，并在换挡动作中转动。两个带有弹簧的球体将换挡轴锁定位置。

1 挡、2 挡、3 挡、4 挡换挡拨叉安装在向心滚珠轴承上，增加了换挡机构运动的平顺性。在换挡时，换挡板和换挡轴上的换挡拨叉由换挡拨爪移动。换挡拨叉的换挡块卡入到相应的齿轮或同步器滑套中。

(a) 外部换挡机构

1—换挡操纵杆；
2—换挡操纵机构外壳；
3—选挡拉索；
4—换挡拉索；
5—中继杆；
6—换挡运动；
7—换挡运动杆；
8—带平衡块的换挡杆；
9—角块；
10—换挡拨爪；
11—换挡轴；
12—换挡机构罩盖；
13—选挡运动

1—选挡运动；
2—换挡运动；
3—换挡轴；
4—换挡机构罩盖；
5—锁止球体；
6—换挡板；
7—倒挡换挡拨叉；
8—5 挡换挡拨叉；
9—1、2 挡换挡拨叉；
10—换挡块；
11—向心滚珠轴承；
12—3、4 挡换挡拨叉

(b) 内部换挡机构

图 3-3-6 换挡机构

操纵杆左右选挡动作通过选挡杆转换为选挡拉索的前后运动。通过变速器外部机构，选挡拉索的前后运动被转换为换挡轴的上下运动。

选挡杆安装在中继杆上，中继杆安装在中心轴承上，并通过一个滑块与换挡轴非刚性连接。

在变速器内部，该上下运动将换挡轴上的换挡拨叉定位在相应的换挡板上，而选择的相应齿轮（1挡或2挡齿轮；3挡或4挡齿轮；5挡或倒挡齿轮）啮合进换挡板中。

换挡动作通过球形导块传递到换挡拉索。换挡拉索在换挡中的向前或向后的运动使得换挡轴转动。可移动的滑块使选挡拉索中继杆在所选择的位置保持不变。

在变速器内，换挡轴上的换挡拨爪在转动中移动换挡板。在转动中，换挡轴驱动换挡拨叉并选择换挡衬套，挡位被啮合。

(a) 选挡动作　　(b) 换挡动作

1—选挡动作；	9—滑块；	18—中继杆；
2—换挡操纵杆；	10—换挡拨爪；	19—滑块；
3—换挡操纵杆轴承；	11—换挡轴；	20—换挡杆上的凸轮；
4—球形导块；	12—换挡板；	21—平衡块；
5—选挡杆；	13—换挡动作；	22—换挡轴；
6—轴承销；	14—换挡操纵杆；	23—倒挡啮合；
7—选挡拉索；	15—换挡操纵杆轴承；	24—换挡拨爪；
8—中继杆；	16—球形导块；	25—换挡板
	17—换挡拉索；	

图 3-3-7　选挡、换挡动作传递

（6）动力传递路径　五挡手动变速器动力传递路径如图 3-3-8 所示。

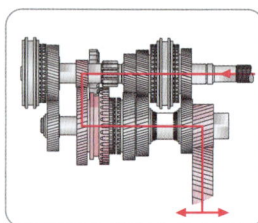

输入轴→输入轴1挡换挡齿轮→输出轴1挡齿轮→1挡或2挡同步器→主传动齿轮→主减速器

(a) 1挡传递路径

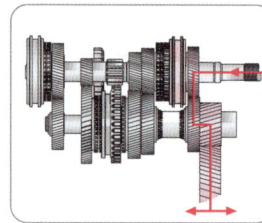

输入轴→输入轴2挡换挡齿轮→输出轴2挡齿轮→1挡或2挡同步器→主传动齿轮→主减速器

(b) 2挡传递路径

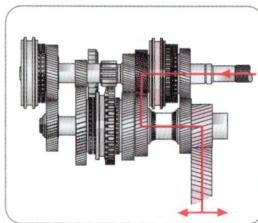

输入轴→输入轴3挡换挡齿轮→3挡或4挡同步器→输出轴3挡齿轮→主传动齿轮→主减速器

(c) 3挡传递路径

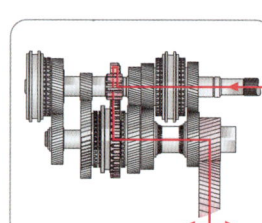

输入轴→输入轴4挡换挡齿轮→3挡或4挡同步器→输出轴4挡齿轮→主传动齿轮→主减速器

(d) 4挡传递路径

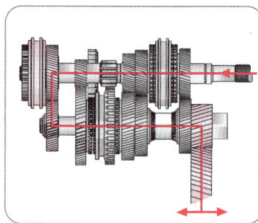

输入轴→输入轴5挡换挡齿轮→5挡同步器→输出轴5挡齿轮→主传动齿轮→主减速器

(e) 5挡传递路径

输入轴→输入轴倒挡换挡齿轮→中间轴倒挡齿轮→1挡或2挡同步器→主传动齿轮→主减速器

(f) 倒挡传递路径

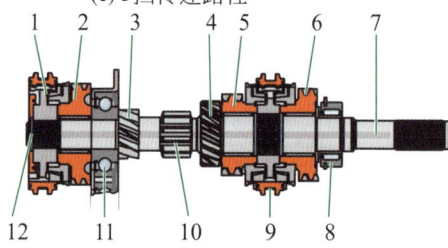

(g) 输入轴

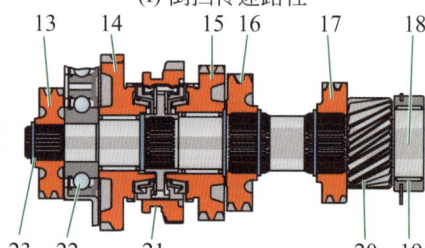

(h) 输出轴

1—5 挡齿轮同步器；	10—倒挡齿轮；	18—用于减少重量的钻孔
2—5 挡换挡齿轮；	11—带开槽滚珠轴承的轴承	19—滚柱齿轮；
3—1 挡换挡齿轮；	支架；	20—主传动齿轮；
4—2 挡换挡齿轮；	12—锁环；	21—1/2 同步器；
5—3 挡换挡齿轮；	13—5 挡换挡齿轮；	22—带开槽滚珠轴承的轴承
6—4 挡换挡齿轮；	14—1 挡换挡齿轮；	支架；
7—用于减少重量的深钻孔；	15—2 挡换挡齿轮；	23—锁环
8—滚柱轴承；	16—3 挡换挡齿轮；	
9—3 挡 /4 挡齿轮同步器；	17—4 挡换挡齿轮；	

图 3-3-8　五挡手动变速器动力传递路径

3.4
行星齿轮式自动变速器

扫一扫看动画视频

　　行星齿轮式自动变速器由液力变矩器、行星齿轮变速机构、换挡执行机构、离合器、制动器等组成，如图 3-4-1 所示。

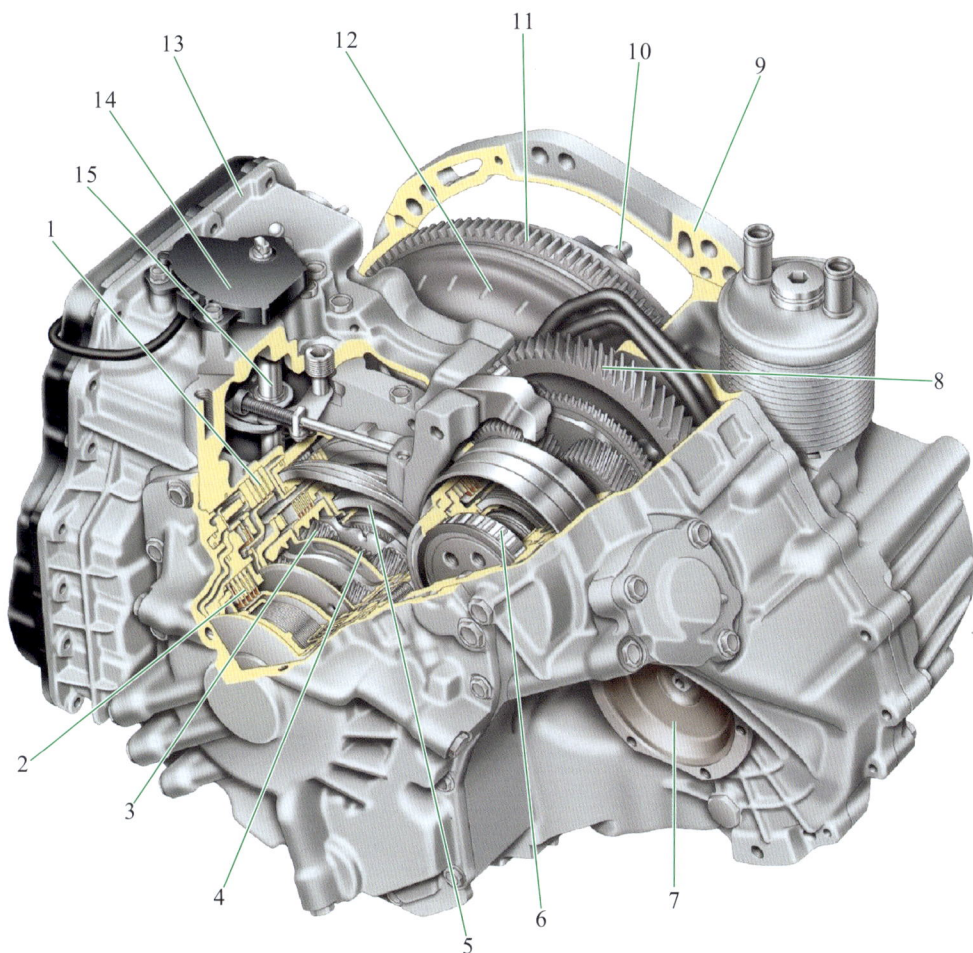

1—多片离合器；

2—多片制动器；

3—行星齿轮；

4—太阳轮；

5—齿圈；

6—滚柱轴承；

7—输出法兰（到前驱驱动桥）；

8—减速器斜齿轮；

9—液力变矩器壳；

10—变速器输入轴；

11—驱动齿圈；

12—液力变矩器；

13—自动变速器换挡执行机构安装位置（阀板、电磁阀等）；

14—挡位开关（连接换挡手柄和变速器内部选挡机构）；

15—选挡换挡轴

图 3-4-1　行星齿轮式自动变速器

3.4.1 液力变矩器

（1）液力变矩器结构 液力变矩器位于发动机和自动变速器之间，以自动变速器油（ATF）为工作介质，起传递扭矩、变矩、变速及离合的作用。液力变矩器由泵轮、涡轮和导轮组成，如图 3-4-2 所示。

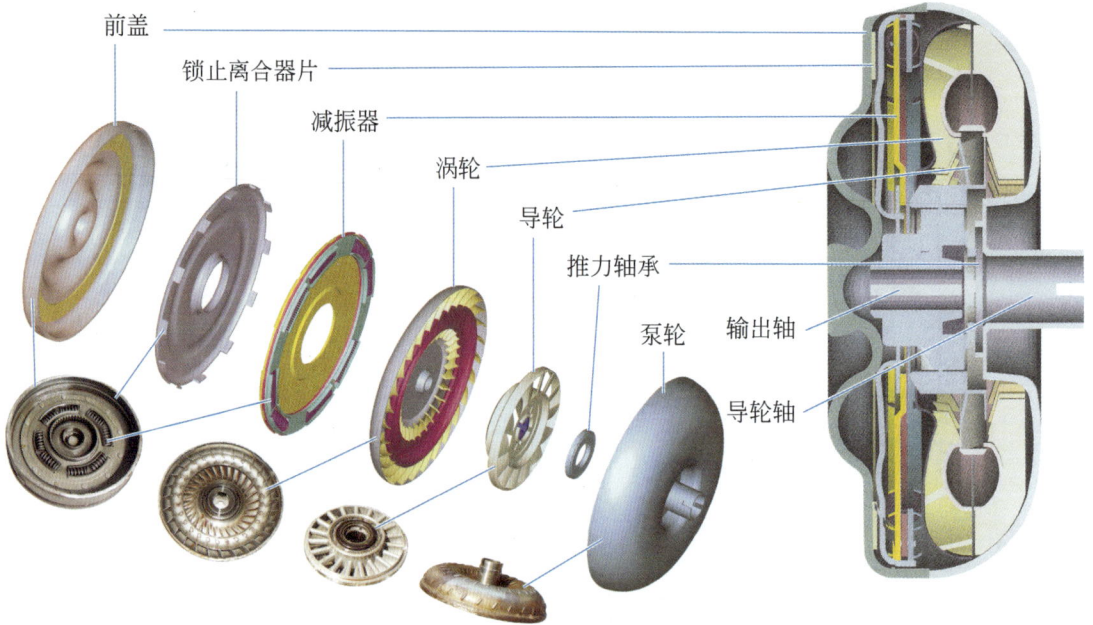

图 3-4-2　液力变矩器结构

变矩器的基本设计是通过泵轮和涡轮之间的油液流连接发动机与变速器。但是，这会产生涡轮打滑滞后。泵轮和涡轮之间的转速差越大，则效率损失越大。为了避免该效率损失，通过锁止离合器机制将泵轮和涡轮连接在一起，如图 3-4-3 所示。

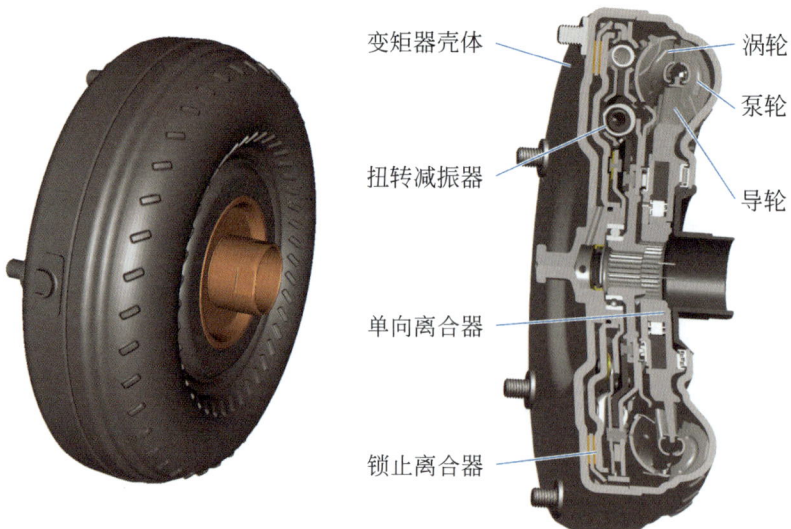

图 3-4-3　液力变矩器剖视图

（2）**液力变矩器原理**　泵轮和涡轮将发动机连接至变速器。泵轮向涡轮提供充分的变速器油液流。油液流会重新导入定子的方向，然后从定子流回泵轮。变矩器工作时，发动机带动泵轮转动，泵轮叶片带动油液流冲向涡轮，从而驱动涡轮转动，如图 3-4-4 所示。

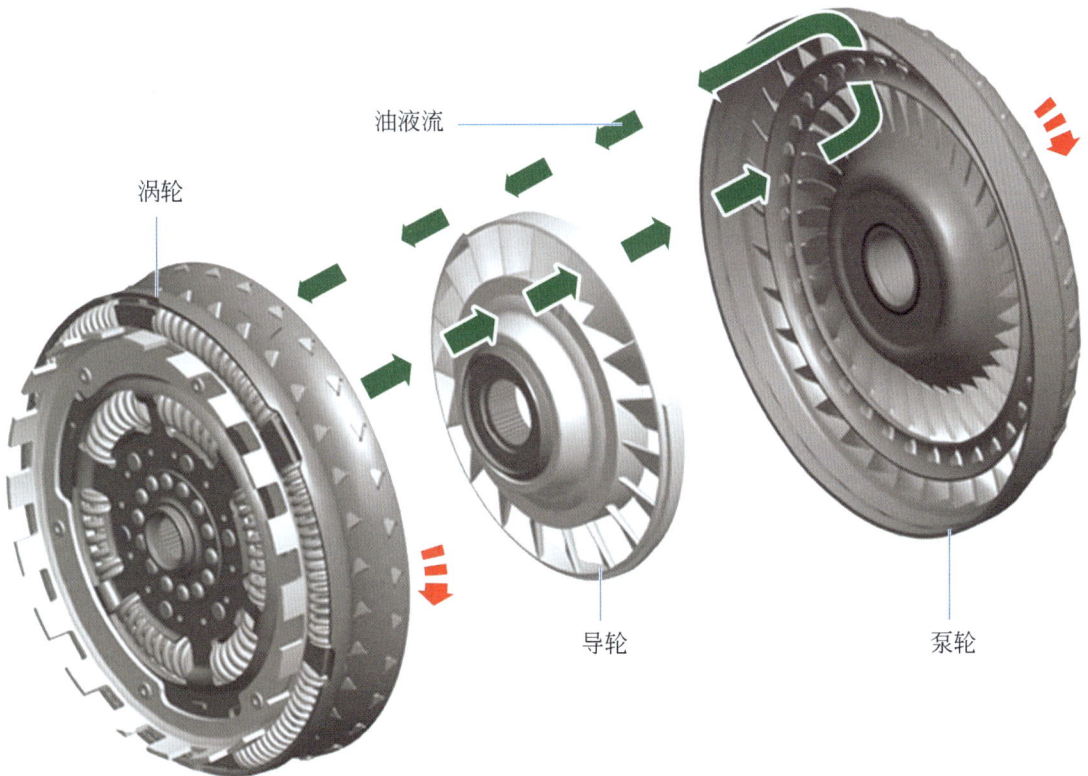

图 3-4-4　液力变矩器工作原理

液力变矩器的基本工作原理就像两台对置的电风扇：一台电风扇不接电源；另一台电风扇接通电源。后者转动时，产生的气流可以吹动前者的扇叶使其转动。液力变矩器的泵轮相当于接通电源的电风扇，变矩器的涡轮相当于未接通电源的电风扇，变矩器内的 ATF 相当于空气。发动机带动泵轮，泵轮转动把发动机的机械能转换成 ATF 的液体动能。当 ATF 高速进入涡轮，推动涡轮转动时，又把 ATF 的液体动能转换成机械能，由输出轴输出。

3.4.2 行星齿轮系统原理

（1）**结构** 单排行星齿轮机构，如图 3-4-5（a）所示，其核心构成部分包括太阳轮、行星架、齿圈以及行星齿轮。一般而言，行星齿轮的数量介于 3～6 个之间，它们通过滚针轴承安装在行星齿轮轴上，而这些轴则均匀地分布于行星架之上。当行星齿轮机构处于工作状态时，行星齿轮不仅围绕其自身的轴线进行自转，同时还绕太阳轮进行公转。另外，图 3-4-5（b）展示了复合行星齿轮的结构。

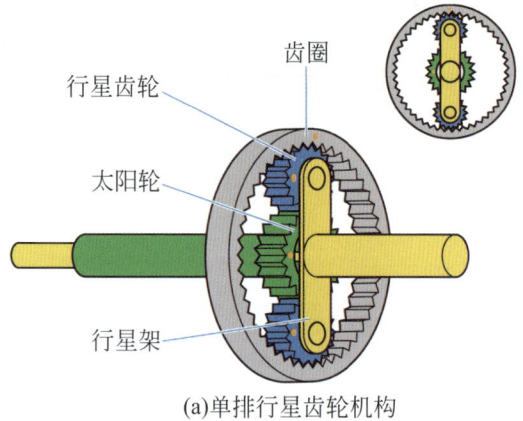

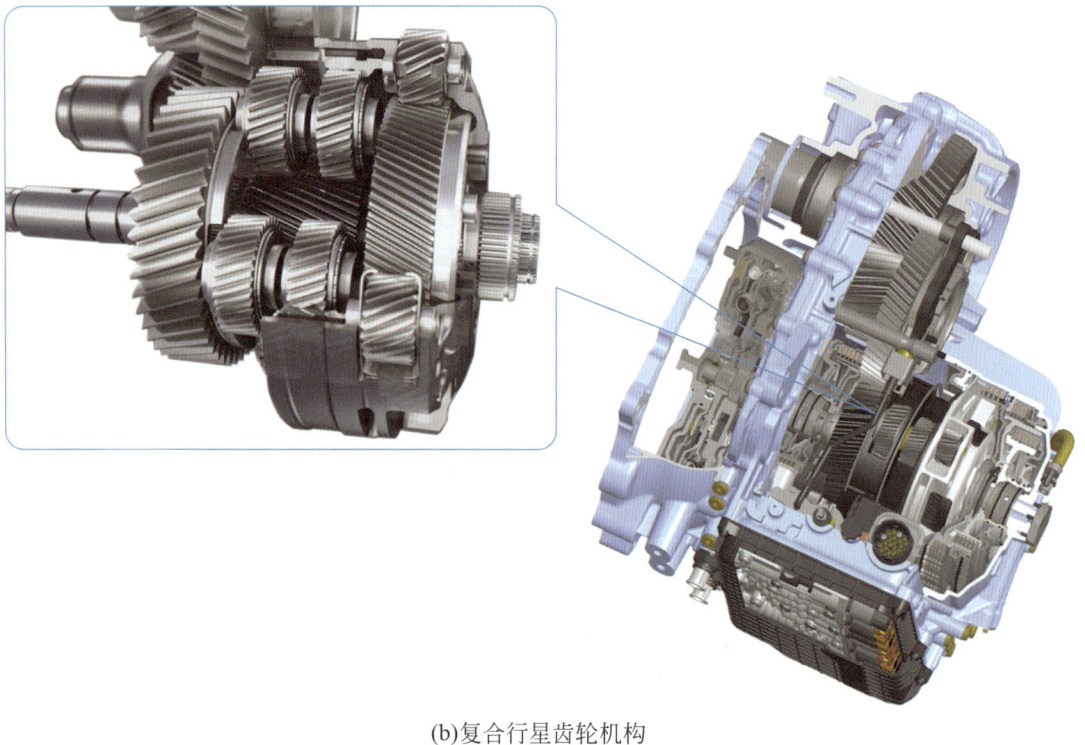

齿圈

行星齿轮

太阳轮

行星架

(a)单排行星齿轮机构

(b)复合行星齿轮机构

图 3-4-5　行星齿轮组机构

（2）**传动原理** 单排行星齿轮机构传动规律归纳如下。

在行星传动系统中，若行星架作为输入端，不论固定哪个元件，传动均呈现同向且增速的特性，如图3-4-6（a）所示。相反，若行星架作为输出端，无论固定哪个元件，传动均呈现同向且减速的特性，如图3-4-6（b）所示。

当行星架以顺时针方向进行转动时，行星齿轮将围绕太阳轮进行旋转运动，并同时保持顺时针方向的转动。因此，齿圈会根据其与太阳轮的齿数比例进行相应的增速运动。

注意：箭头长度表示转速，其宽度表示扭矩。箭头越长转速越快，箭头越宽扭矩越大。

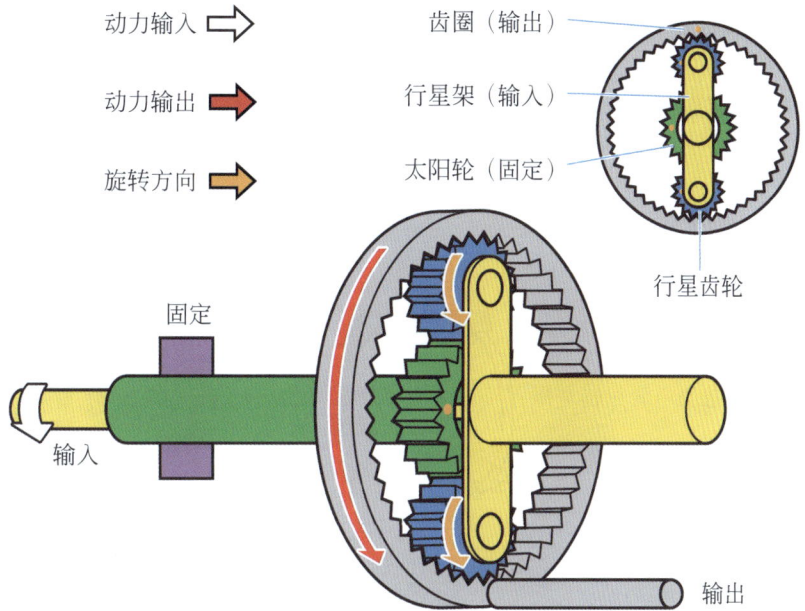

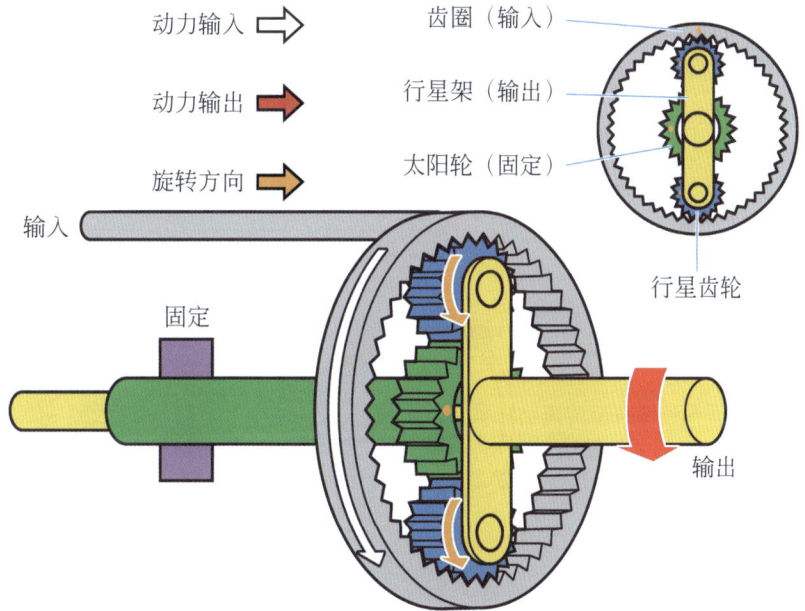

动力输入
动力输出
旋转方向

齿圈（输出）
行星架（输入）
太阳轮（固定）
行星齿轮

固定
输入
输出

(a) 增速传动

当太阳轮固定时，仅行星齿轮转动和回转。因此，输出轴只通过行星齿轮的转动与输入轴成比例地减速运动。

注意：箭头长度表示转速，其宽度表示扭矩。箭头越长转速越快，箭头越宽扭矩越大。

动力输入
动力输出
旋转方向

齿圈（输入）
行星架（输出）
太阳轮（固定）
行星齿轮

固定
输入
输出

(b) 减速传动

图3-4-6　行星架作为输入（出）端时的动力传递

当行星架固定不动时，无论哪个元件作为输入，传动将呈现反向的特性，从而实现倒挡功能，如图 3-4-7（a）所示。此外，若任意两个元件连接为一体，传动将呈现同向等速的特性，传动比为 1，即直接挡，如图 3-4-7（b）所示。当系统中无固定和连接元件时，传动系统将处于空挡状态。

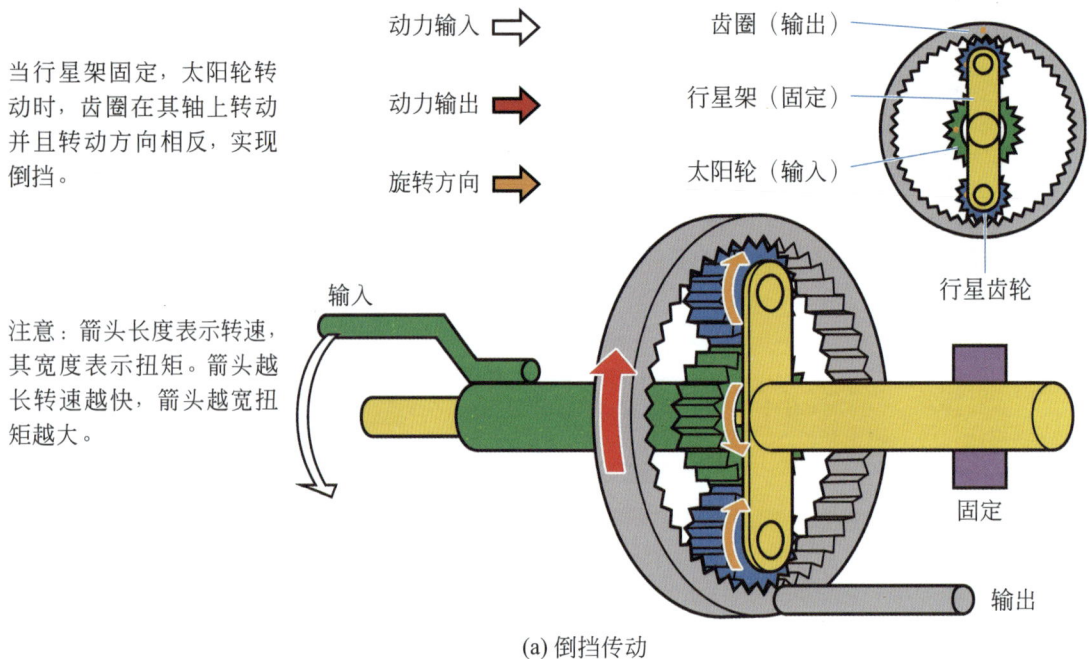

当行星架固定，太阳轮转动时，齿圈在其轴上转动并且转动方向相反，实现倒挡。

注意：箭头长度表示转速，其宽度表示扭矩。箭头越长转速越快，箭头越宽扭矩越大。

动力输入　动力输出　旋转方向

齿圈（输出）　行星架（固定）　太阳轮（输入）　行星齿轮

输入　固定　输出

(a) 倒挡传动

齿圈和太阳轮一起以同一速度传动，行星架也以相同的速度旋转，实现直接动力传递。

注意：箭头长度表示转速，其宽度表示扭矩。箭头越长转速越快，箭头越宽扭矩越大。

动力输入　动力输出　旋转方向

齿圈（输入）　行星架（输出）　太阳轮（输入）　行星齿轮

输入　输入　输出

(b) 直接挡传动

图 3-4-7　倒挡与直接挡传动

3.4.3　行星齿轮式自动变速器构造

（1）分类　根据行星齿轮组的结构不同可以将行星齿轮式自动变速器分为辛普森式自动变速器和拉威挪式自动变速器。

① 辛普森式自动变速器。单排行星齿轮机构所提供的挡位有限，为了获取较多的挡数，可采用两排或多排行星齿轮机构。辛普森式行星齿轮机构是由两个单排行星齿轮机构共用一个大阳轮组成的复合式行星齿轮机构，如图 3-4-8 所示。

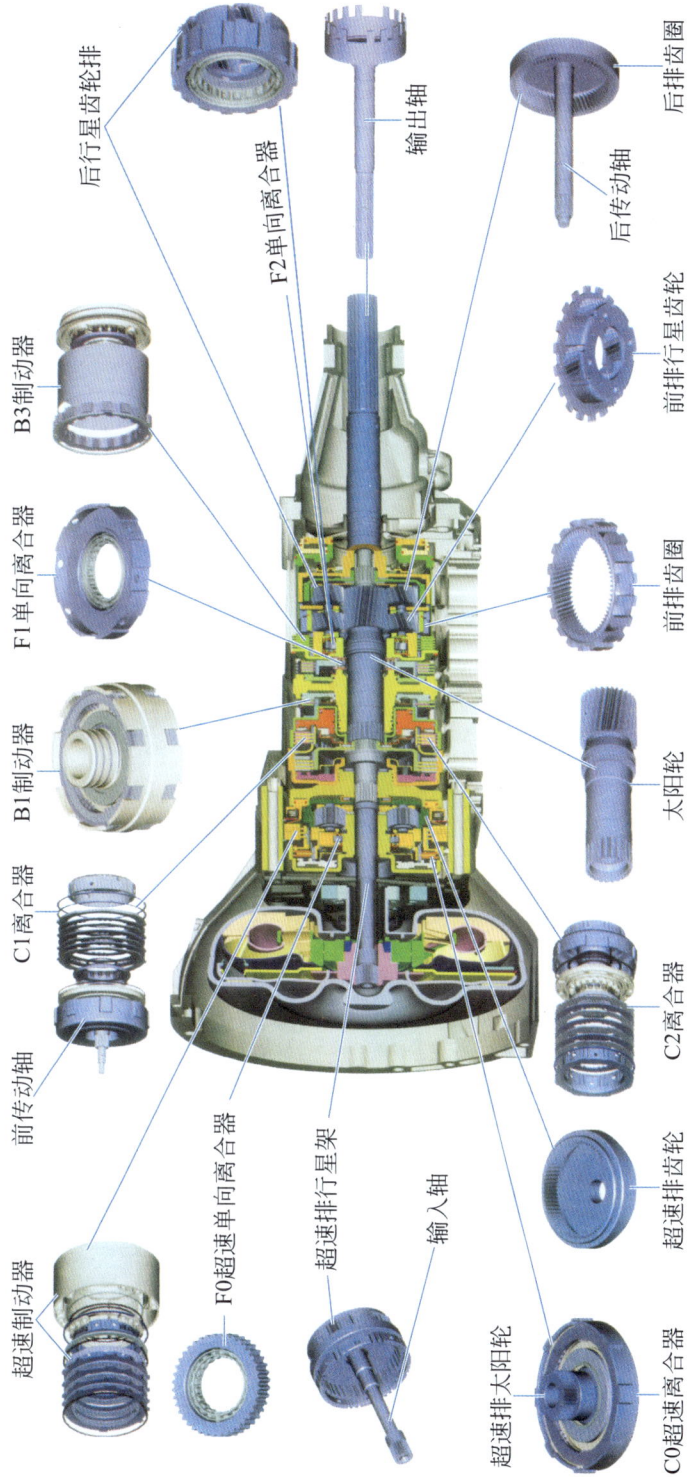

图 3-4-8　辛普森式自动变速器

后行星齿轮排　　F2 单向离合器　　输出轴　　后传动轴　　后排齿圈　　前排行星齿轮　　前排齿圈　　大阳轮　　C2离合器　　超速排齿轮　　C0超速离合器　　超速排大阳轮　　输入轴　　超速排行星架　　F0超速单向离合器　　前传动轴　　超速制动器　　C1离合器　　B1制动器　　F1单向离合器　　B3制动器

② 拉威挪式自动变速器。拉威挪式行星齿轮机构如图 3-4-9 所示，它由一个单行星齿轮式行星排和一个双行星齿轮式行星排组合而成。大大阳轮、长行星齿轮、行星架和齿圈共同组成一个单行星齿轮式行星排；小大阳轮、短行星齿轮、长行星齿轮、行星架和齿圈共同组成一个双行星齿轮式行星排。简单而言，该类型的变速器有两个大阳轮，两排行星齿轮共用一个齿圈、一个星架。

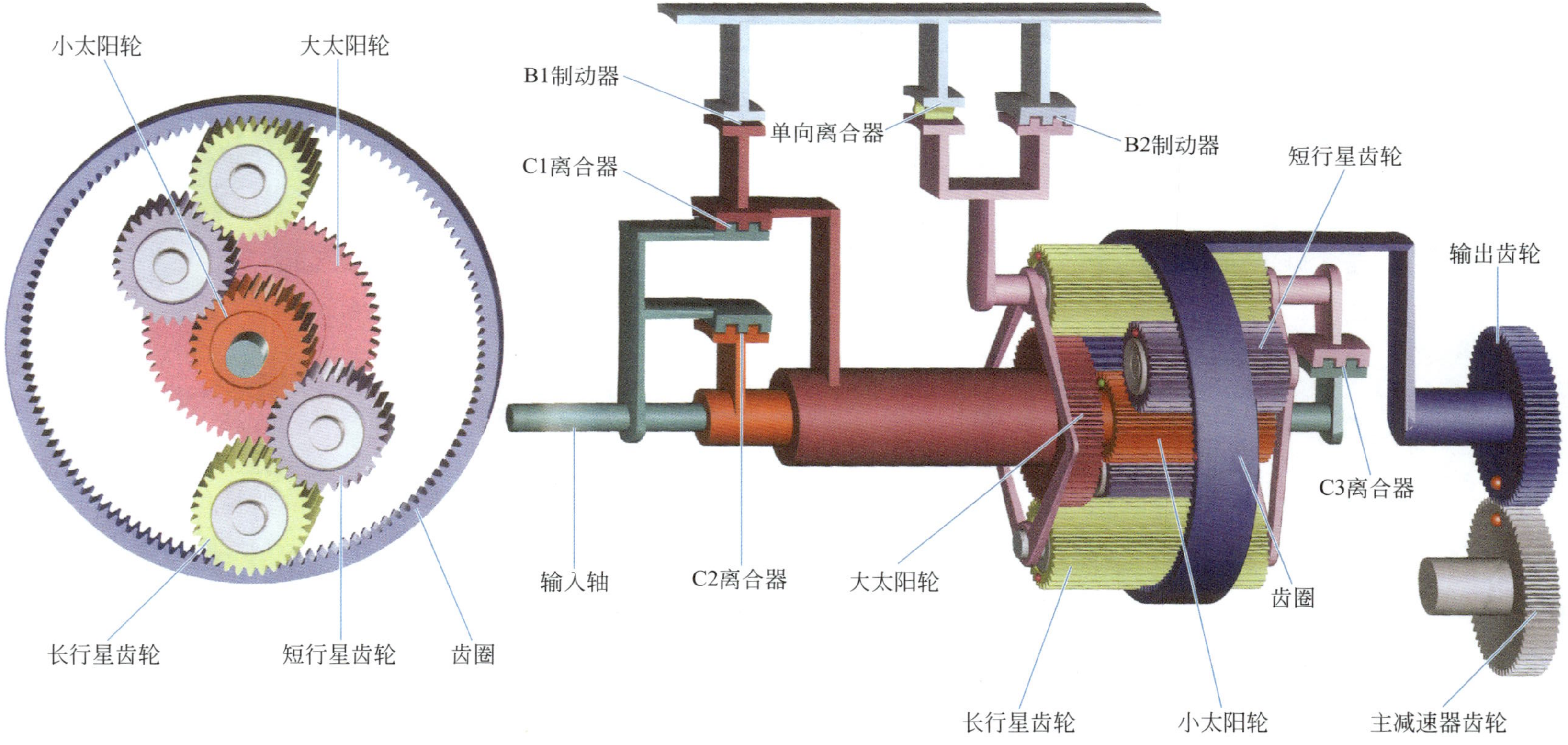

图 3-4-9 拉威挪式自动变速器

（图中标注）输出齿轮　主减速器齿轮　C3离合器　短行星齿轮　齿圈　小大阳轮　长行星齿轮　大大阳轮　B2制动器　单向离合器　C2离合器　输入轴　B1制动器　C1离合器　大大阳轮　小大阳轮　齿圈　短行星齿轮　长行星齿轮

（2）**换挡执行机构** 换挡执行机构的核心组件为离合器、制动器及单向离合器。离合器与制动器借助液压机制实现对行星齿轮机构元件的旋转控制，而单向离合器则通过机械方式对行星齿轮机构的元件进行锁定。多片离合器与多片制动器在结构上极为相似，如图 3-4-10 所示。

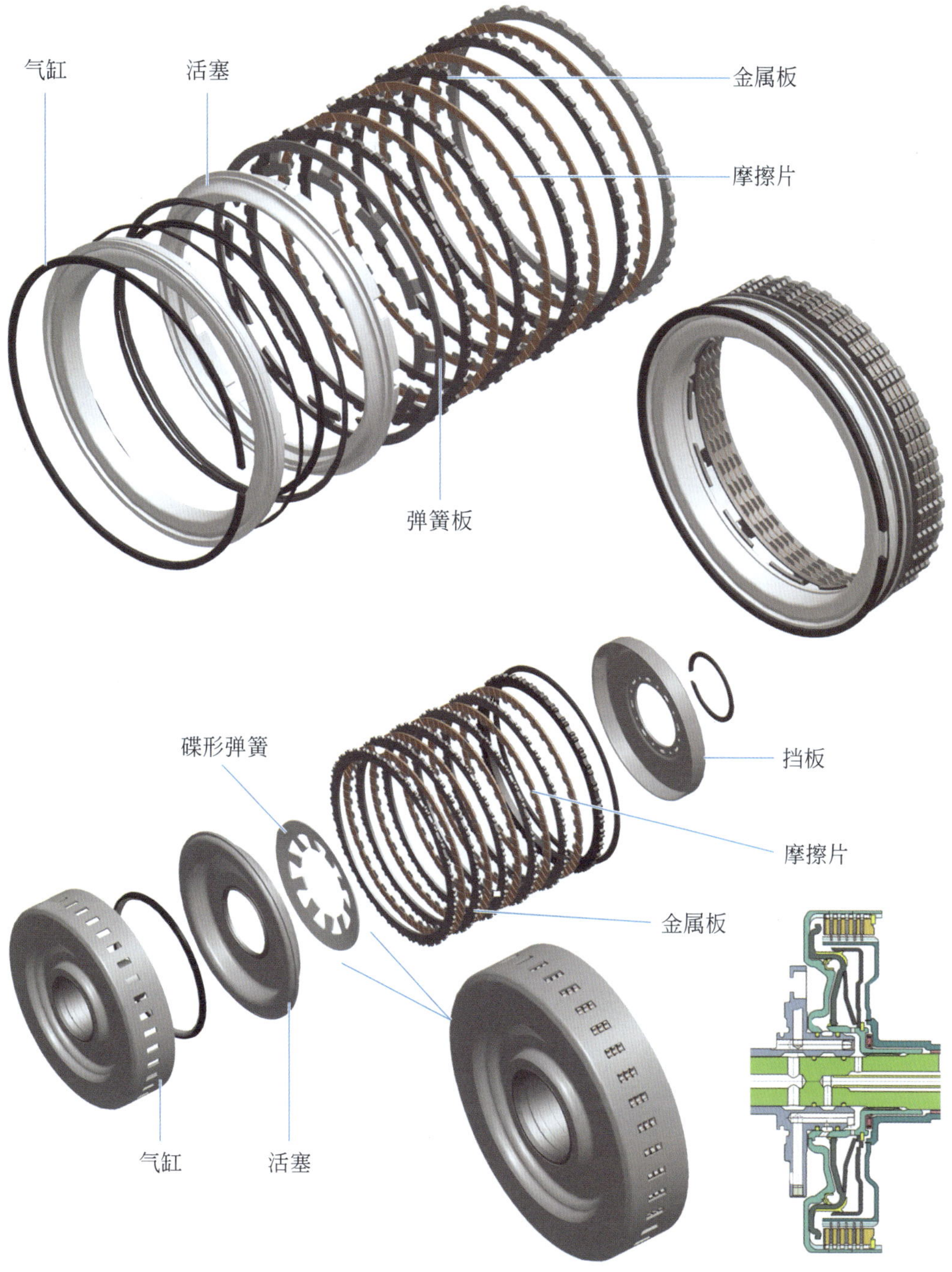

气缸　　活塞　　　　　　　　　　　　金属板

摩擦片

弹簧板

碟形弹簧　　　　　　　　　　挡板

摩擦片

金属板

气缸　　活塞

图 3-4-10　多片离合器和多片制动器

（3）**液压控制装置** 自动变速器的自动控制功能是通过精密的液压控制系统来实现的。该系统由两个核心组件构成：一是动力源，即液压油泵，它为整个系统提供必要的动力；二是液压控制机构，即电磁阀，它负责精确调控液压油的流向与压力，以实现变速器的自动化控制。

① 液压油泵。液压油泵在机械系统中发挥着至关重要的作用。除了为控制机构和执行机构提供必要的压力油以实现精准的换挡操作外，它还负责为液力变矩器提供冷却补偿油，确保其在高温或高强度工作环境下仍能保持稳定性能。此外，液压油泵还向行星齿轮变速器提供润滑油，以保障变速器的顺畅运行和延长其使用寿命。

通常，液压油泵被精心安置在液力变矩器和行星齿轮系统之间，以确保油液的顺畅流动和高效分配。根据其结构和工作原理，液压油泵主要分为两种类型：转子泵（图3-4-11）和叶片泵（图3-4-12）。这两种泵各有其独特的优点和应用场景，可根据实际需求进行选择和应用。

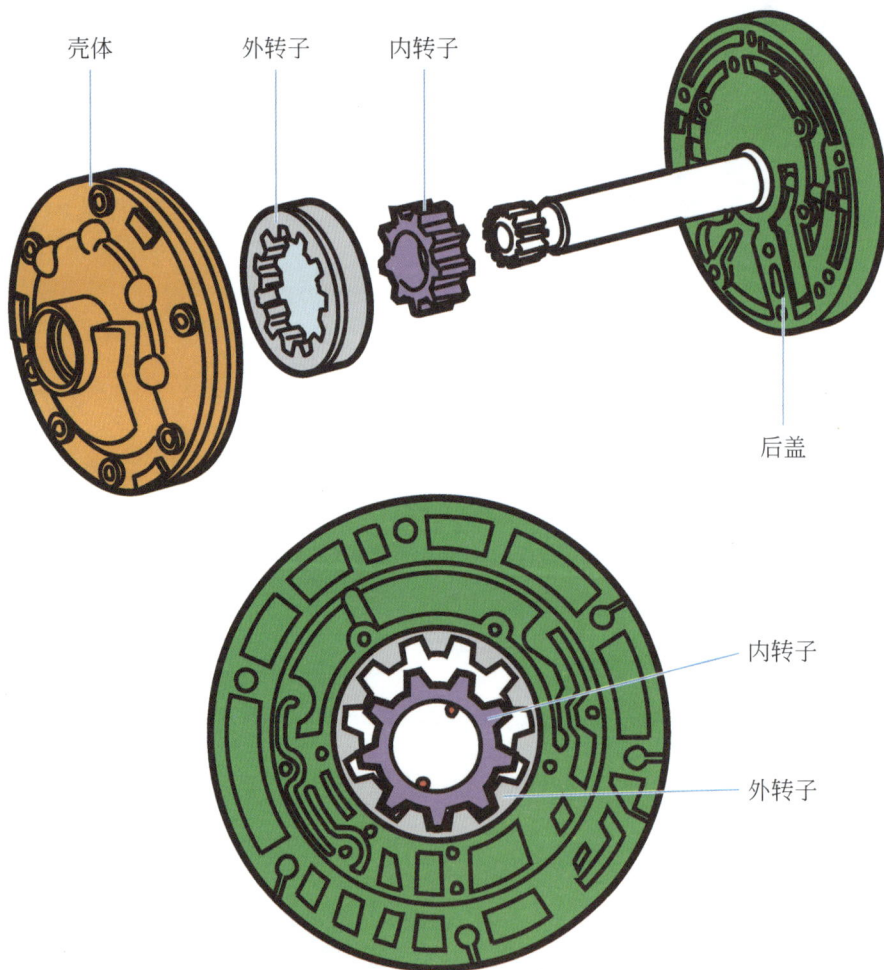

图 3-4-11 转子泵

叶片式油泵

油泵驱动链条

叶片　　叶轮

自动变速器油滤清器

定子轴

中间板

驱动链轮

驱动链条

ATF泵

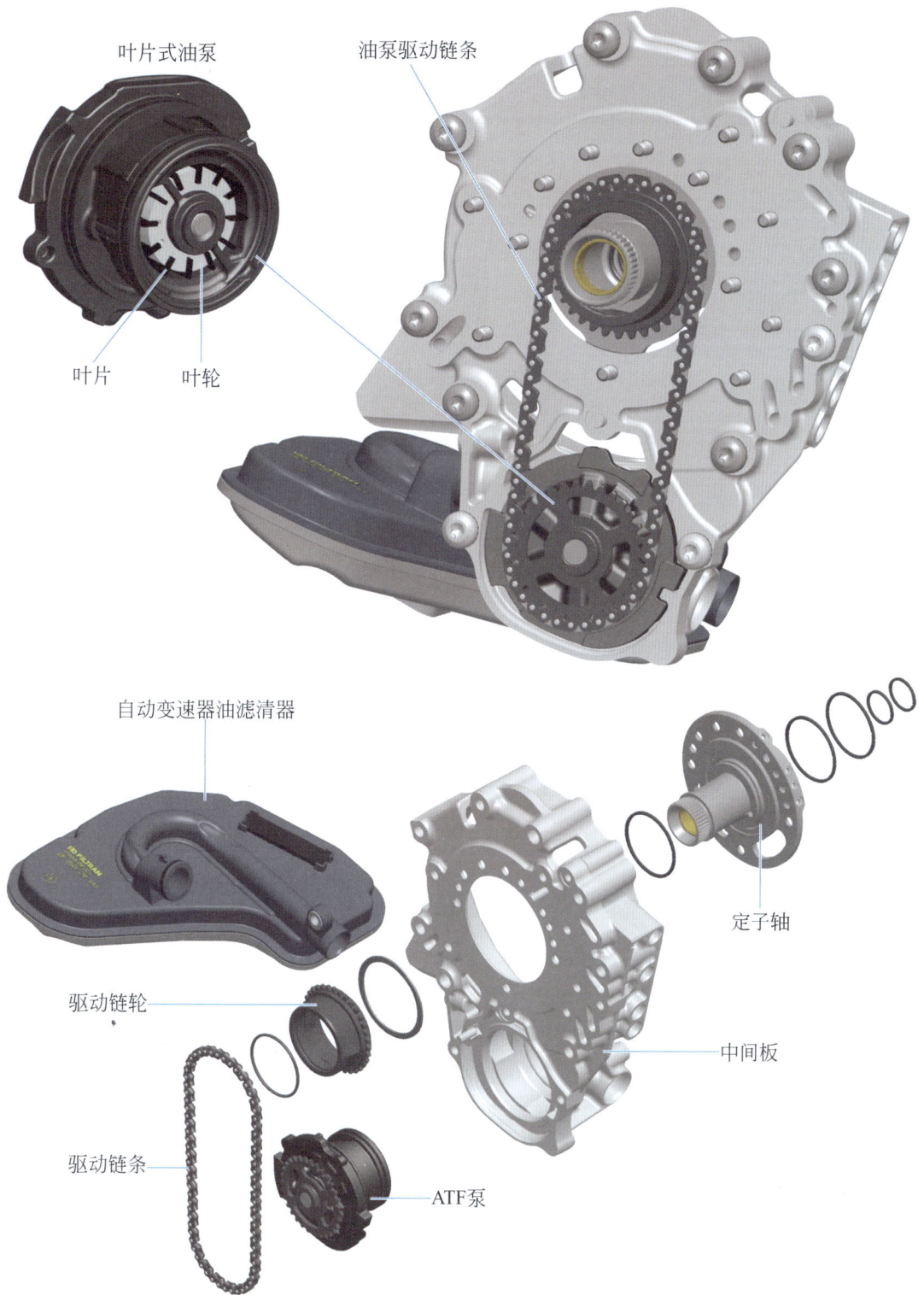

图 3-4-12　叶片泵

② 液压控制机构。液压控制机构由压力控制阀、插接器、驻车锁止电磁阀以及锁止离合器控制阀等关键部件构成，这些部件均被整合安装在自动变速器的阀体总成之上，如图 3-4-13（a）所示。此外，阀体总成还集成了多种传感器 [图 3-4-13（b）]，以实现更为精准和高效的控制功能。

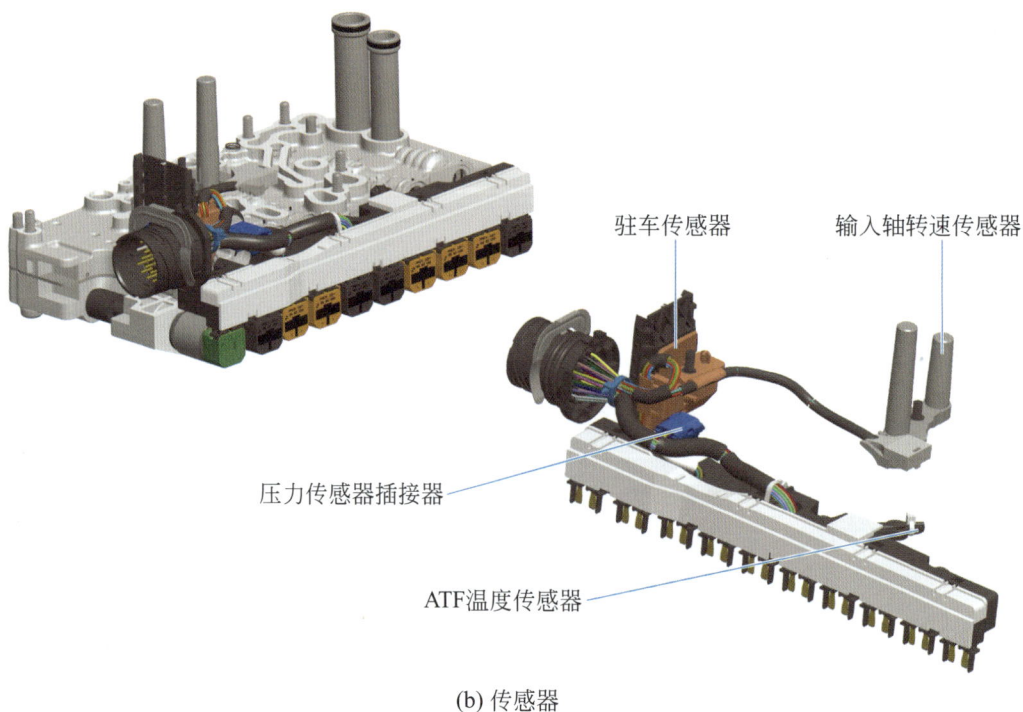

(a) 阀体总成

(b) 传感器

图 3-4-13　液压控制机构

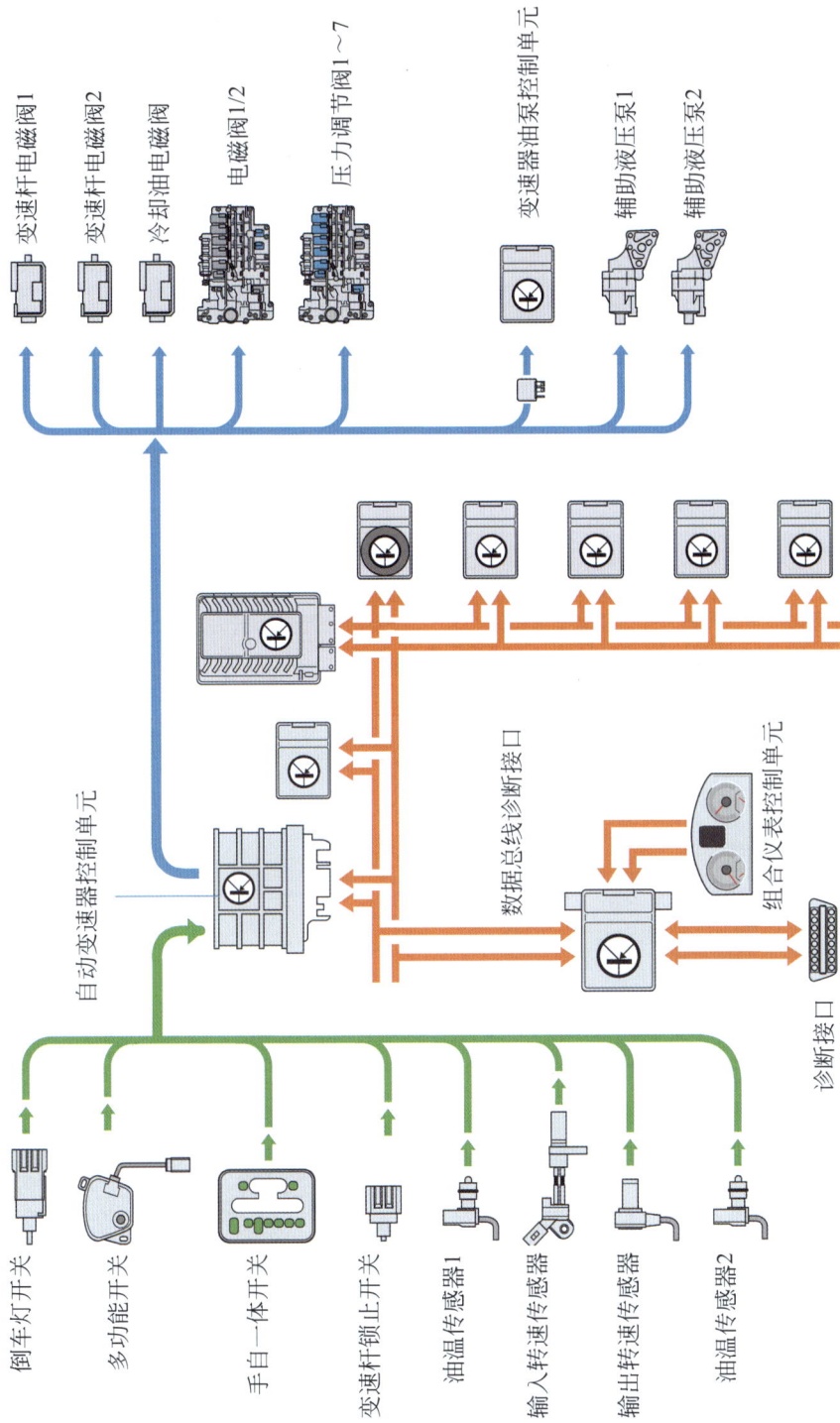

图3-4-14　电子控制系统

变速杆电磁阀1
变速杆电磁阀2
冷却油电磁阀
电磁阀1/2
压力调节阀1～7
变速器油泵控制单元
辅助液压泵1
辅助液压泵2

自动变速器控制单元

数据总线诊断接口

组合仪表控制单元

诊断接口

倒车灯开关
多功能开关
手自一体开关
变速杆锁止开关
油温传感器1
输入转速传感器
输出转速传感器
油温传感器2

（4）电子控制系统　电子控制系统由信号输入装置（传感器和信号开关装置），执行器（各类型电磁阀）和电子控制单元（ECU）组成，如图3-4-14所示。车型不同，传感器数量、电控开关数量以及电磁阀的数量也不同。单个传感器指标，如精度、响应速度、可靠性、耐久性、适应性等必须满足要求。

传感器提供车速、节气门开度等信号。电子控制单元以此为依据确定换挡或锁止时刻，然后将相应控制信号输出给相应的电磁阀。电磁阀通过控制液压控制阀的工作完成电子控制单元下达的换挡、锁止命令。电子控制系统还带有自诊断装置，并且具有在发生故障时使车辆继续行驶的失效防护功能。

139

3.4.4 后驱式行星齿轮式自动变速器构造

　　该型变速器结构较长，常见于前置后驱或四轮驱动车辆，其中发动机与变速器采取纵向排列方式。此变速器通常整合有中间差速器与前桥主传动装置，或与分动器协同工作以实现四轮驱动功能。图 3-4-15 展示了奥迪 09L 自动变速器的剖视图。

1—输出法兰（通往后驱动桥）；
2—自锁式中间差速器；
3—初级传动斜齿轮；
4—次级行星齿轮组齿圈；
5—次级行星齿轮组太阳轮；
6—次级行星齿轮组行星齿轮；
7—初级行星齿轮组太阳轮；
8—初级行星齿轮组行星齿轮；
9—初级行星齿轮组齿圈；
10—变速器输入轴；
11—ATF 泵；
12—液力变矩器；
13—前桥差速器行星齿轮；
14—输出法兰（至前驱动桥）；
15—前桥驱动器半轴齿轮；
16—主减速器齿轮；
17—传动轴斜齿轮；
18—自动变速器电液控制组件；
19—传动轴；
20—传动轴前桥直齿小齿轮安装花键；
21—前桥直齿小齿轮（带有斜面体齿轮）

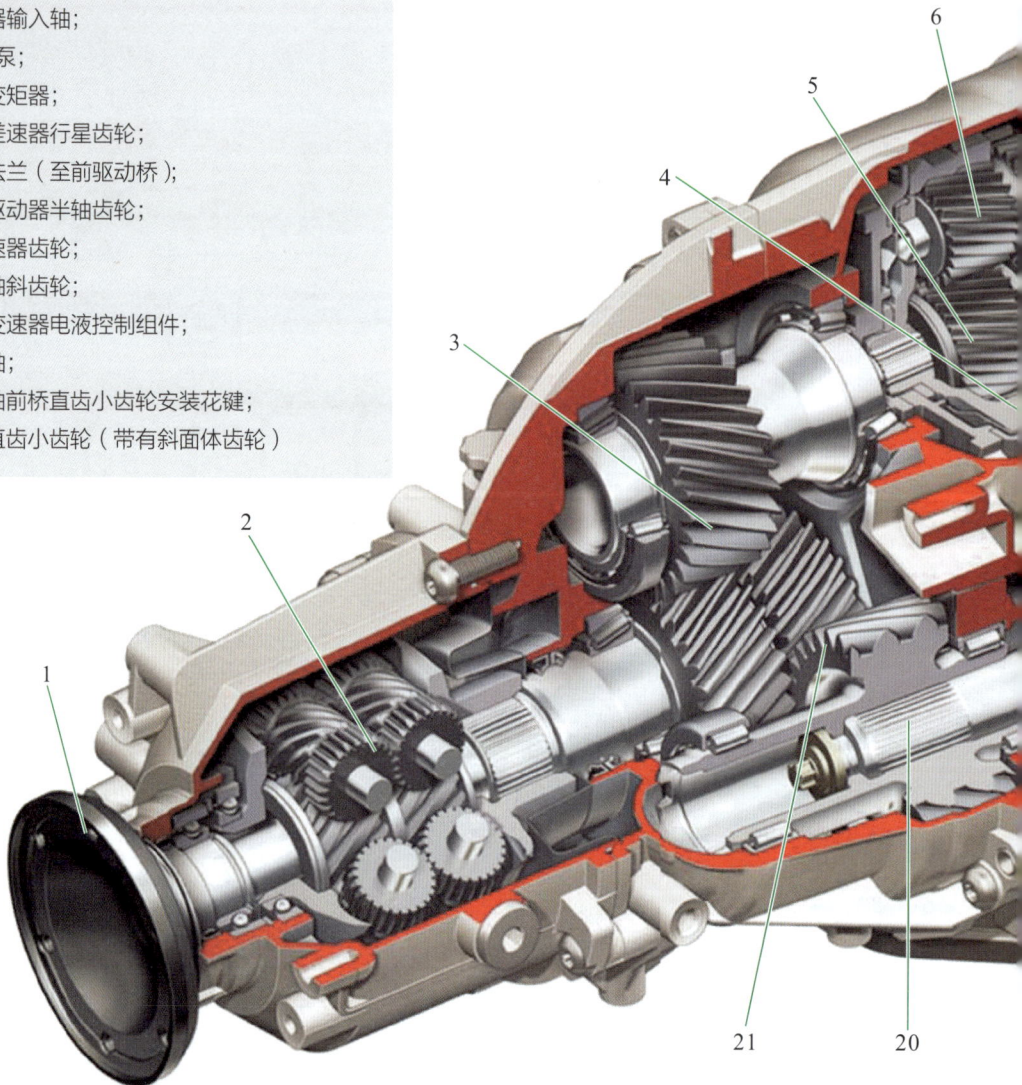

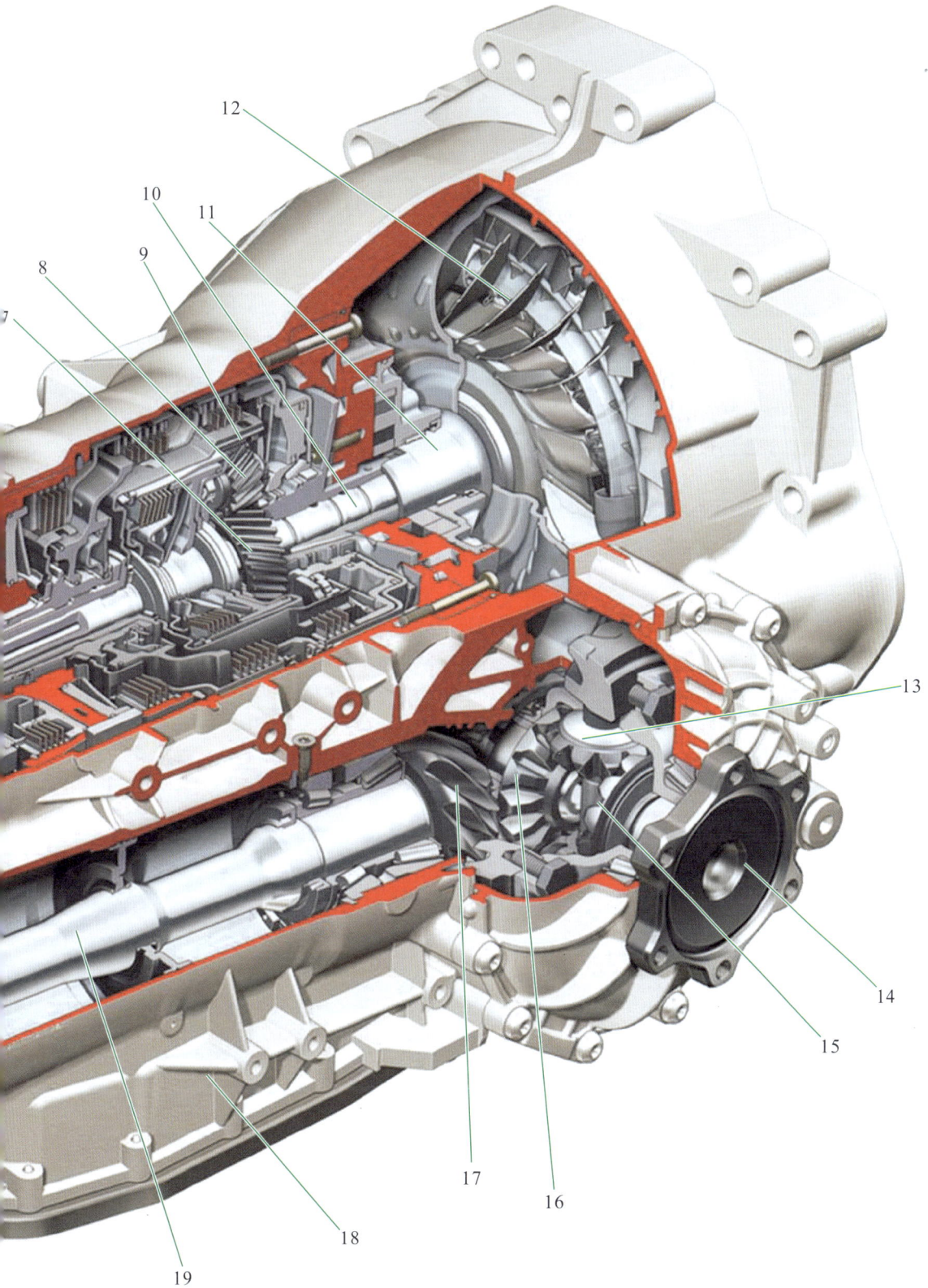

图 3-4-15 奥迪 09L 自动变速器剖视图

3.5
双离合器变速器

3.5.1 概述

双离合器变速器（DCT）是一种先进的动力传输装置，它通过两个离合器分别连接两根输入轴，利用离合器的交替工作，实现传动比在不中断动力传递的情况下进行转换。这种设计显著缩短了换挡时间，并提升了换挡品质。DCT 的诞生及其在车辆中的应用，巧妙地融合了 AMT 和 AT 的优点，不仅提供了流畅的动力换挡体验，还保证了优秀的起步和换挡质量，既满足了车辆行驶的平稳性要求，又优化了燃油经济性。

DCT 主要由两个离合器、两根与离合器相连的输入轴、分别按奇偶数挡位布置的换挡同步器及齿轮组、自动换挡控制系统和电控系统（TCU）等组件构成。其核心特性在于，变速器的各挡位主动齿轮根据奇偶数挡位与输入轴上的两个离合器 C1 和 C2 相连接，这两个离合器交替工作，以实现挡位的顺畅切换。

在 DCT 的工作过程中，车辆首先以与其中一个离合器相连的挡位运行。车辆的自动变速器电控单元会根据相关传感器的信号预测即将进入工作的与另一个离合器相连的下一挡位。由于该挡位尚未传递动力，因此控制指令能够轻松地操控换挡执行机构，预先啮合这一挡位。当车辆运行至换挡点时，仅需将当前工作的离合器分离，同时将另一个离合器接合，即可使汽车以下一个挡位继续行驶。在整个换挡过程中，发动机的动力始终持续传递至车轮，因此这种换挡方式被称为动力换挡。典型的前驱式双离合器变速器如图 3-5-1 所示。后驱车型 6 速和 7 速双离合器变速器分别如图 3-5-2 和图 3-5-3 所示。

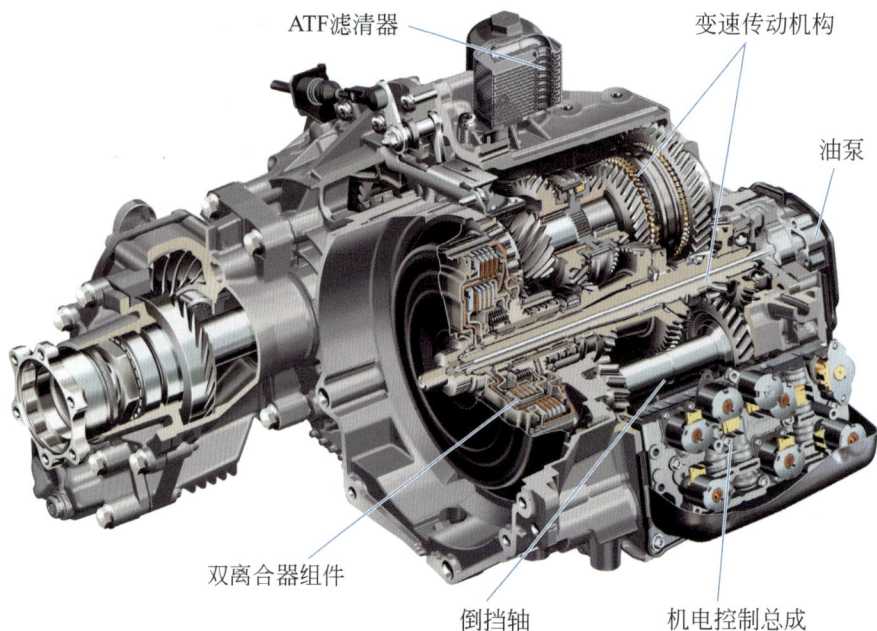

图 3-5-1　典型的前驱式双离合器变速器结构

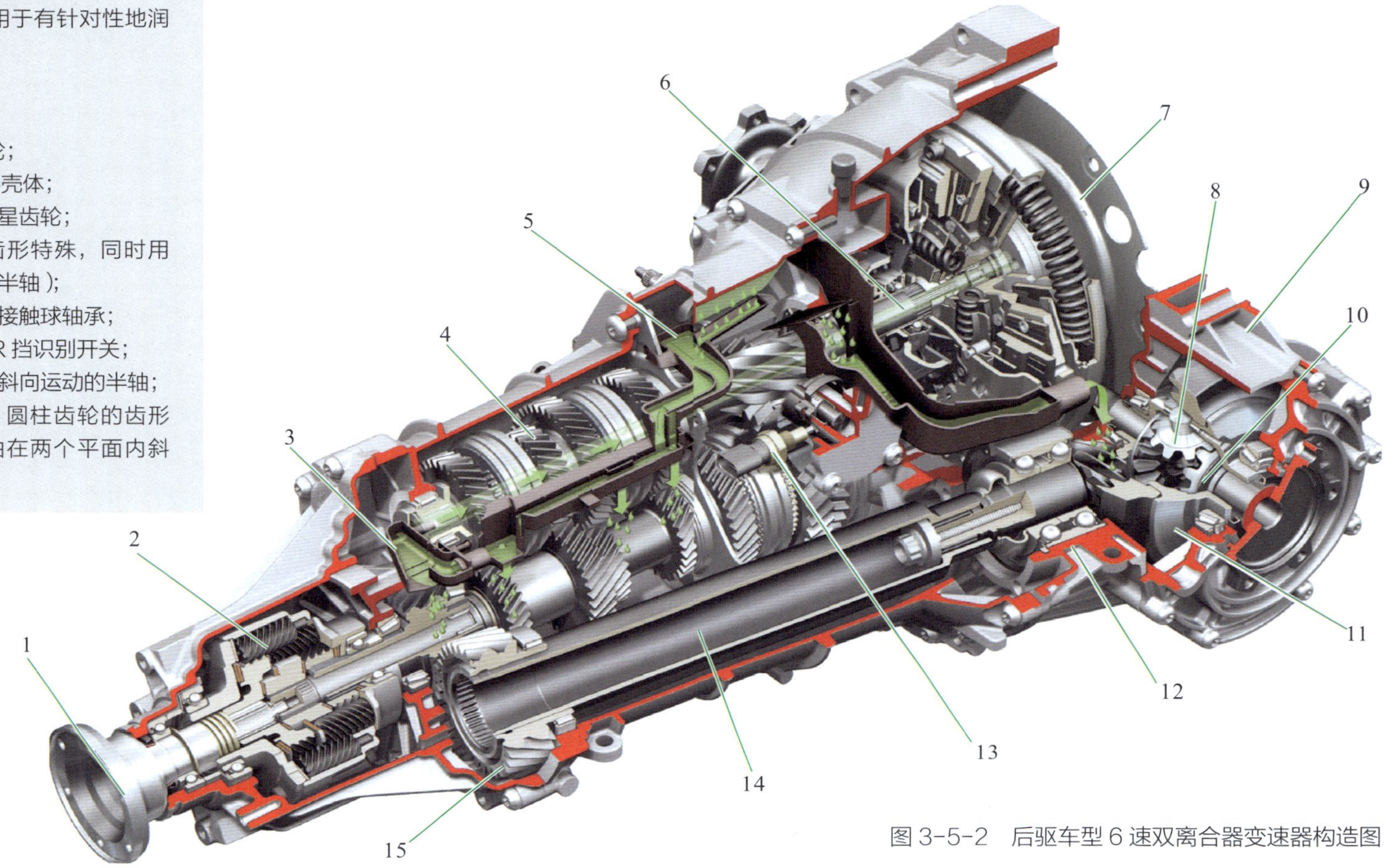

图 3-5-2　后驱车型 6 速双离合器变速器构造图

1—输出法兰，到后桥驱动装置；
2—自锁式中间差速器，具有非对称
　式动态力矩分配功能；
3—变速器油道；
4—传动油架在三个轴上；
5—专用接油盘，用于有针对性地润
　滑轴颈和齿轮；
6—两根输入轴；
7—双离合器壳体；
8—差速器行星齿轮；
9—主传动 / 差速器壳体；
10—差速器半轴行星齿轮；
11—锥形齿轮（齿形特殊，同时用
　于斜向运动的半轴）；
12—密封式双列角接触球轴承；
13—1 挡 /2 挡和 R 挡识别开关；
14—在两个平面内斜向运动的半轴；
15—斜面体齿轮（圆柱齿轮的齿形
　特殊，可让轴在两个平面内斜
　向运动）

143

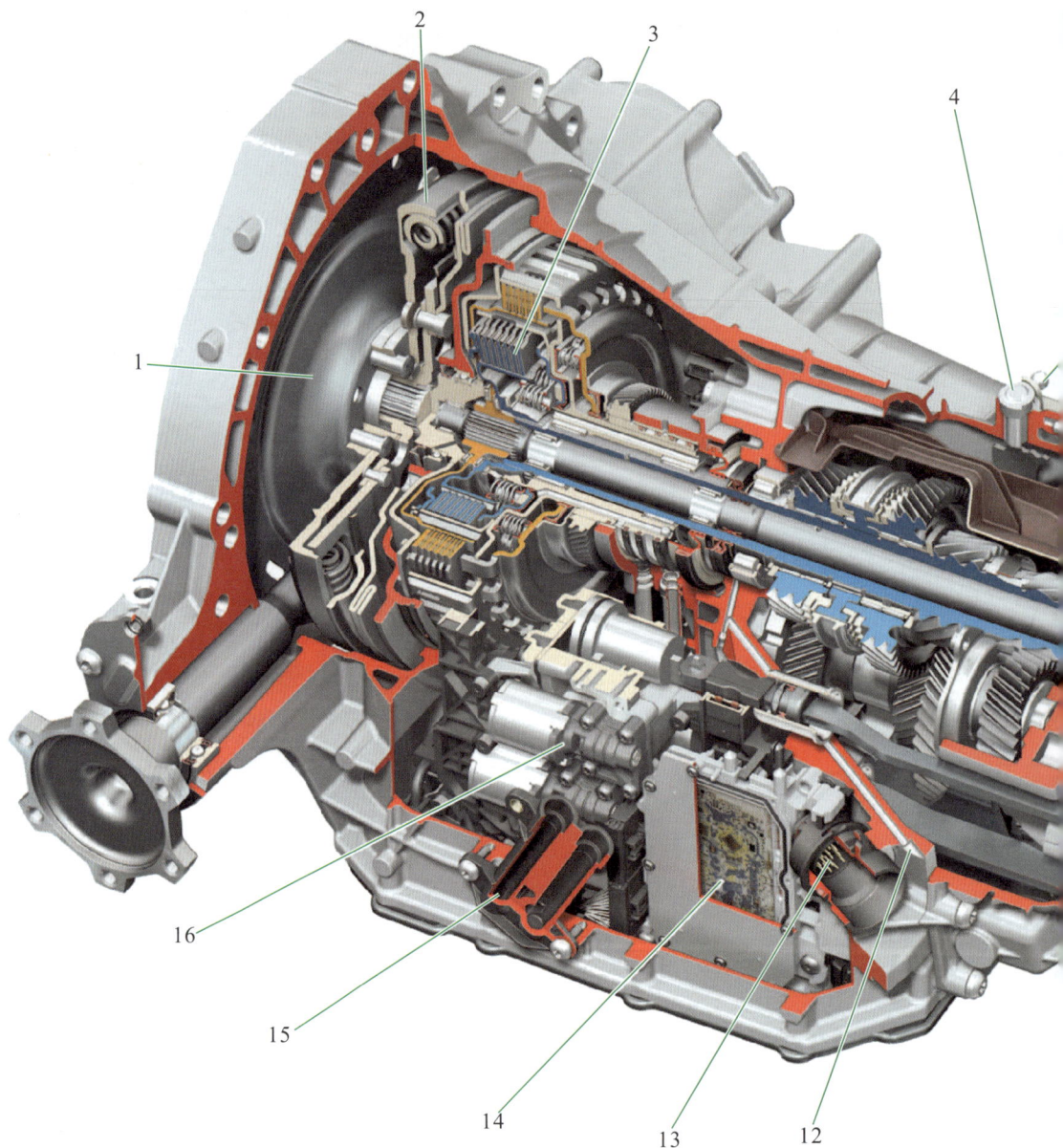

图 3-5-3　后驱车型 7 速双离合器变速器构造图

1—传动盘；

2—双质量飞轮；

3—双离合器总成；

4—制动阀；

5—换挡杆；

6—接油盘；

7—滚珠轴承；

8—所有轴油封的保养压入深度；

9—自锁式中间差速器（具有非对称式动态力矩
　分配功能）；

10—变速器机油加注和检查螺栓；

11—换挡拨叉轴；

12—泄油孔；

13—供电插头；

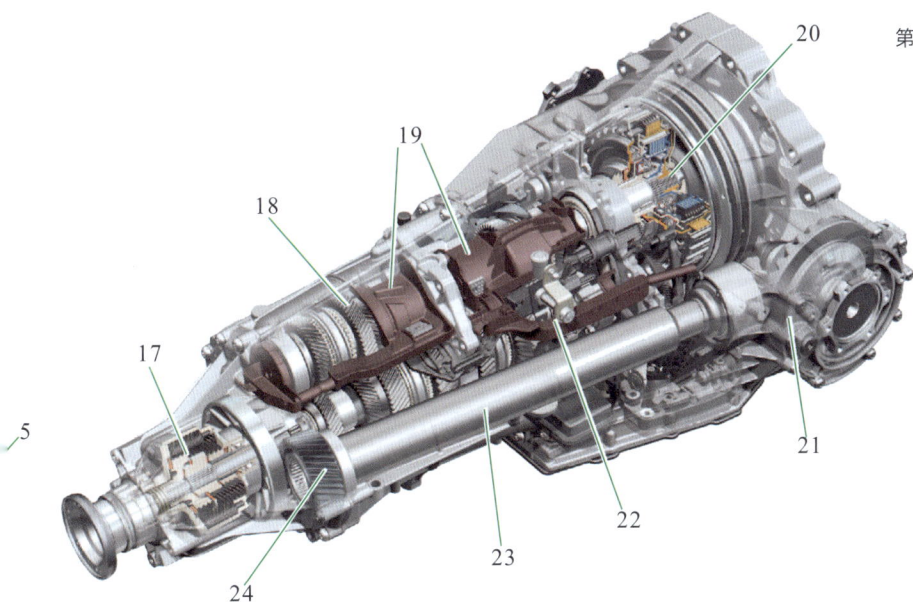

14—变速器控制单元；

15—ATF 冷却器连接模块；

16—液压控制系统（电磁阀板）；

17—中间差速器；

18—全同步 7 挡齿套换挡式变速器；

19—接油盘；

20—双离合器总成；

21—主传动，带有锥形齿轮；

22—换挡杆；

23—在两个平面内斜向运动的半轴；

24—齿形特殊的圆柱齿轮，能让轴在两个平面
　　内斜向运动（斜面体齿轮）

3.5.2 双离合器构造原理

（1）**基本结构** 前驱式 7 速双离合器变速器构造如图 3-5-4 所示。离合器 K1 与输入轴 1 相连接，负责调控 1 挡、3 挡、5 挡、7 挡的动力传输（分变速器 1）。离合器 K2 则与输入轴 2 相连，掌控着 2 挡、4 挡、6 挡、R 挡的动力传输（分变速器 2）。值得一提的是，输入轴采用中空设计，使得输入轴 1 能够穿越输入轴 2 进行运转。7 速双离合器变速器结构示意如图 3-5-4（a）所示，而 7 速双离合器变速器剖视图则如图 3-5-4（b）所示。

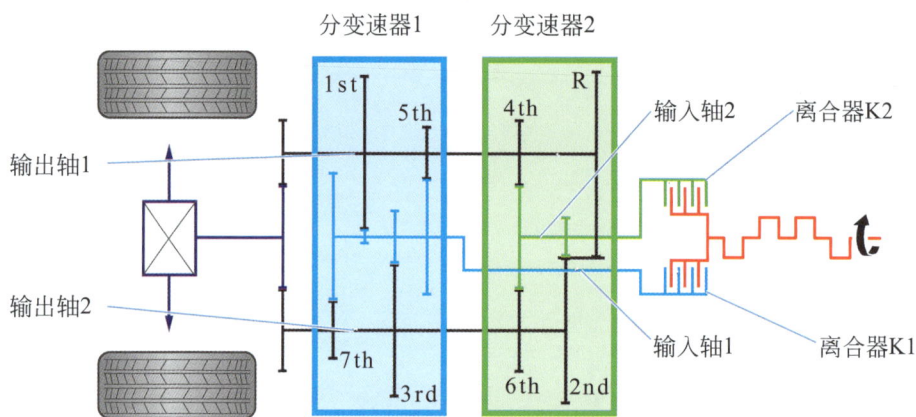

(a)7 速双离合器变速器结构示意图

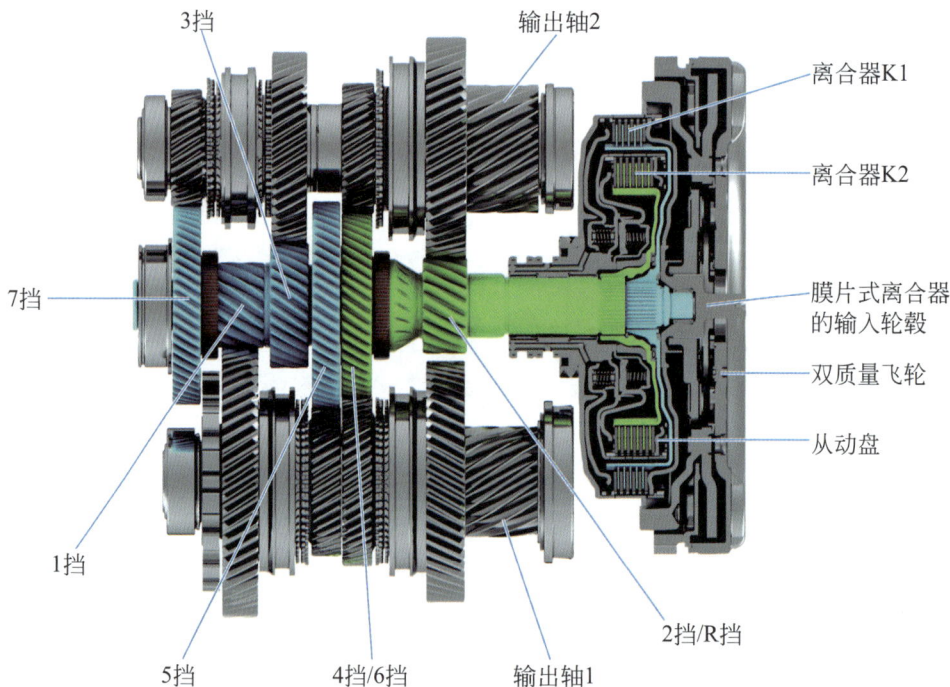

(b)7 速双离合器变速器剖视图

图 3-5-4 前驱式 7 速双离合器变速器构造

四驱式双离合器变速器的构造如图 3-5-5 所示。在分变速器 1 中，奇数挡位（包括 1 挡、3 挡、5 挡、7 挡）经由中间输入轴 1 和离合器 K1 驱动。而在分变速器 2 中，偶数挡位（包括 2 挡、4 挡、6 挡）和倒挡则通过输入轴 2（一根空心轴）与离合器 K2 的配合进行驱动。在输出阶段，一根公用的输出轴负责将扭矩直接传递至中间差速器。中间差速器根据需求，将约 60% 的扭矩分配给后桥驱动装置，同时将剩余的约 40% 扭矩分配给具有特殊齿形的圆柱齿轮，并通过半轴进一步传递到前桥驱动装置。

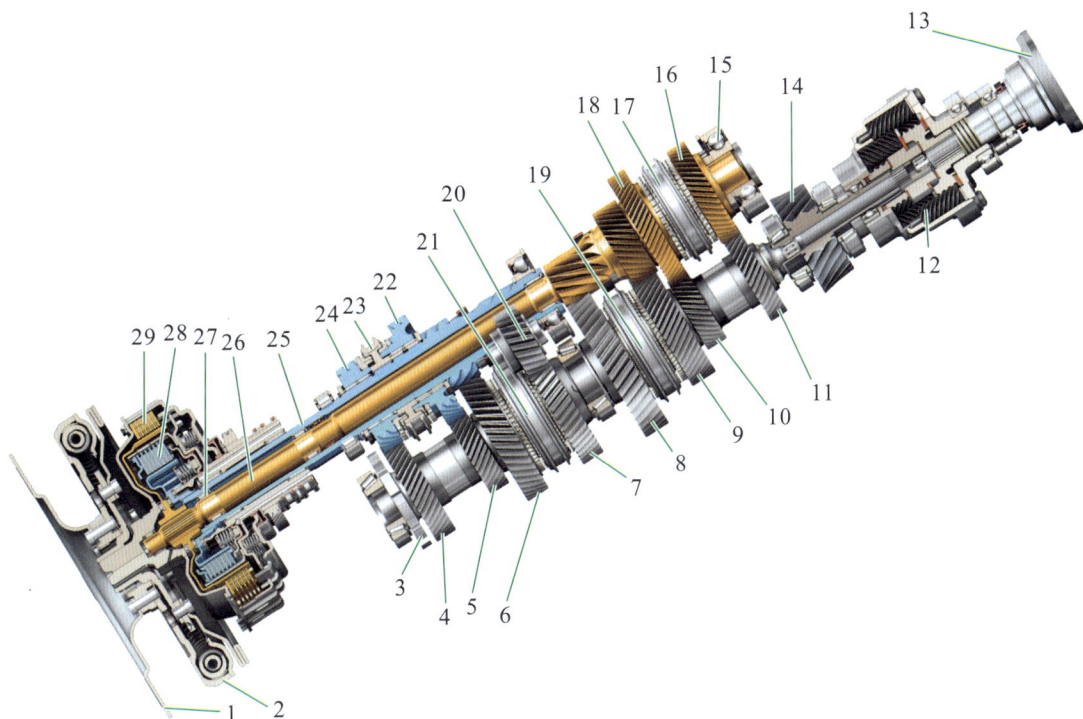

1—传动盘；
2—双质量飞轮；
3—驻车锁齿轮；
4—4 挡齿轮（输出轴）；
5—6 挡齿轮（输出轴）；
6—2 挡齿轮（输出轴）；
7—R 挡齿轮；
8—1 挡齿轮（输出轴）；
9—3 挡齿轮（输出轴）；
10—7 挡齿轮（输出轴）；
11—5 挡齿轮（输出轴）；
12—中间差速器；
13—输出到后桥驱动装置；
14—圆柱齿轮 / 输出到前桥驱动装置；
15—球轴承；

16—5 挡同步齿轮（输入轴）；
17—5 挡、7 挡同步器；
18—7 挡同步齿轮（输入轴）；
19—1 挡、3 挡同步器；
20—R 挡中间轴齿轮；
21—2 挡、R 挡同步器；
22—6 挡同步齿轮（输入轴）；
23—4 挡、6 挡同步器；
24—4 挡同步齿轮（输入轴）；
25—输入轴 2；
26—输入轴 1；
27—滚柱轴承；
28—离合器 K2；
29—离合器 K1

图 3-5-5　四驱式双离合器变速器的构造

（2）双离合器构造 目前，双离合器主要分为干式和湿式两种类型。干式双离合器的构造相对简洁，但长时间运转可能会因过热而降低其运行的稳定性。相较之下，湿式双离合器的离合器片浸没在变速器油液中，这有助于其更有效地散热，从而提高工作可靠性，尽管其结构相对复杂。

① 干式双离合器。干式双离合器由两套类似于手动变速器的离合器装置组成，这两套装置包含两个离合器摩擦片和两套离合器分离装置。干式双离合器的构造及工作原理如图3-5-6所示。

为接合离合器，离合器拨叉要将压力轴承压到碟形弹簧上。按压运动转换为拉伸运动，压盘被推到离合器盘和主动轮上。扭矩传递至变速器输入轴1上。K1的液压离合器执行器压力调节阀控制离合器拨叉。

推动离合器拨叉后，压力轴承沿与碟形弹簧作用力相反的方向按压压盘。因为碟形弹簧支撑在离合器壳体上，所以压盘会压向主动轮，扭矩便传递至输入轴2上。K2的液压离合器执行器的压力调节阀控制离合器拨叉。

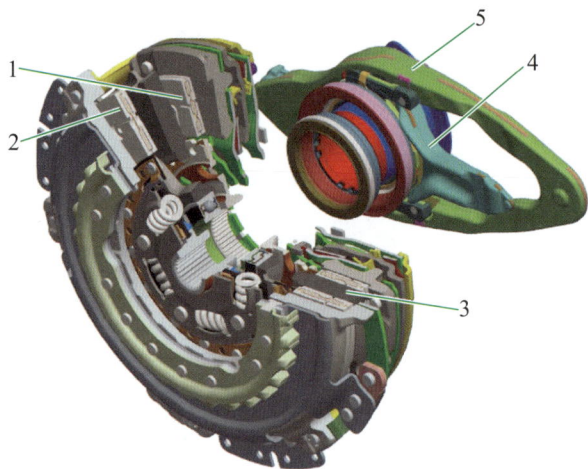

(a) 双离合器构造

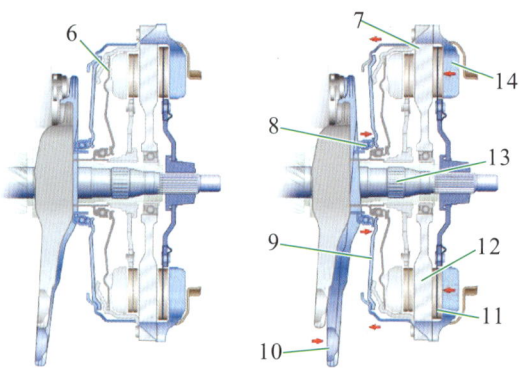

(b) 离合器K1结合状态

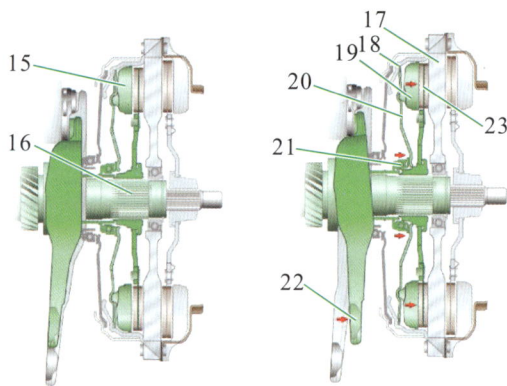

(c) 离合器K2结合状态

1—K2离合器；	10,22—离合器拨叉；
2—K1离合器；	11,23—离合器盘；
3—驱动盘；	12—主动轮；
4—K2操纵杆；	13—输入轴1；
5—K1操纵杆；	14,19—压盘；
6—离合器K1未结合；	15—离合器K2未结合；
7—离合器K1结合；	16—输入轴2；
8,21—压力轴承；	17—主动盘；
9,20—碟形弹簧；	18—支撑点

图3-5-6 干式双离合器构造与工作原理

② 湿式双离合器。湿式双离合器的构造与行星齿轮式自动变速器的多片离合器相似，都由钢片和摩擦片组成（图3-5-7）。在湿式双离合器中，钢片和摩擦片始终在变速器油中运转，并由变速器油进行冷却。

从动盘卡环

从动盘

离合器K1组件

离合器K1内膜片

卡环

离合器K2组件

离合器K1外膜片

离合器K2内膜片

离合器K2内膜片

离合器K1内膜片

从动盘

离合器K2外膜片

钢片

摩擦片

离合器K1外膜片

图3-5-7　湿式双离合器结构

湿式双离合器液压油由油泵提供，通过两个油槽为离合器 K1 和 K2 供应液压油。油压供应如图 3-5-8（a）所示，离合器 K1 和 K2 油压供应分别如图 3-5-8（b）和图 3-5-8（c）所示。

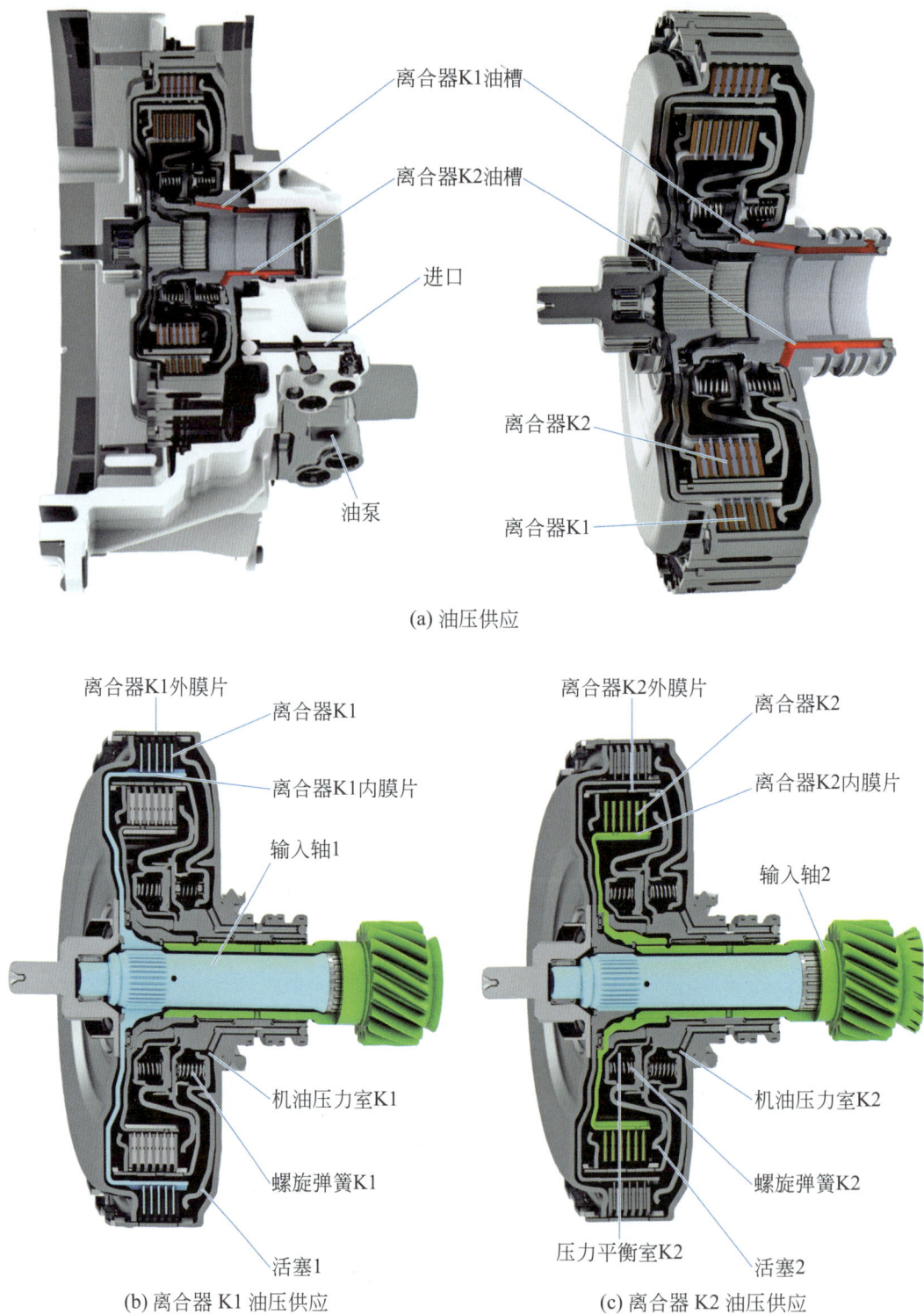

离合器K1油槽

离合器K2油槽

进口

离合器K2

离合器K1

油泵

(a) 油压供应

离合器K1外膜片

离合器K1

离合器K1内膜片

输入轴1

机油压力室K1

螺旋弹簧K1

活塞1

(b) 离合器 K1 油压供应

离合器K2外膜片

离合器K2

离合器K2内膜片

输入轴2

机油压力室K2

螺旋弹簧K2

压力平衡室K2

活塞2

(c) 离合器 K2 油压供应

图 3-5-8　湿式双离合器油压供应

（3）**输入轴和输出轴**   以 7 速双离合器变速器为例，其中输入轴 2 设计为中空结构，以便输入轴 1 能够穿越其中并顺畅运转。输入轴 1 与离合器 K1 相连接，通过离合器 K1 的操作，可实现 1 挡、3 挡、5 挡、7 挡的挡位切换。而输入轴 2 则与离合器 K2 相连，通过离合器 K2 的控制，可完成 2 挡、4 挡、6 挡以及 R 挡的挡位变换。输入轴如图 3-5-9 所示。

(a) 输入轴剖视图

(b) 输入轴 1

(c) 输入轴 2

图 3-5-9　输入轴结构

双离合器变速器通常配备两根输出轴。其中，输出轴 1 [图 3-5-10（a）] 装备有 1 挡、4 挡、5 挡及倒挡的从动齿轮，并配备了 1/5 挡和 4/R 挡同步器；输出轴 2 [图 3-5-10（b）] 则装备有 2 挡、3 挡、6 挡、7 挡的从动齿轮，并配备了 3/7 挡和 2/6 挡同步器。

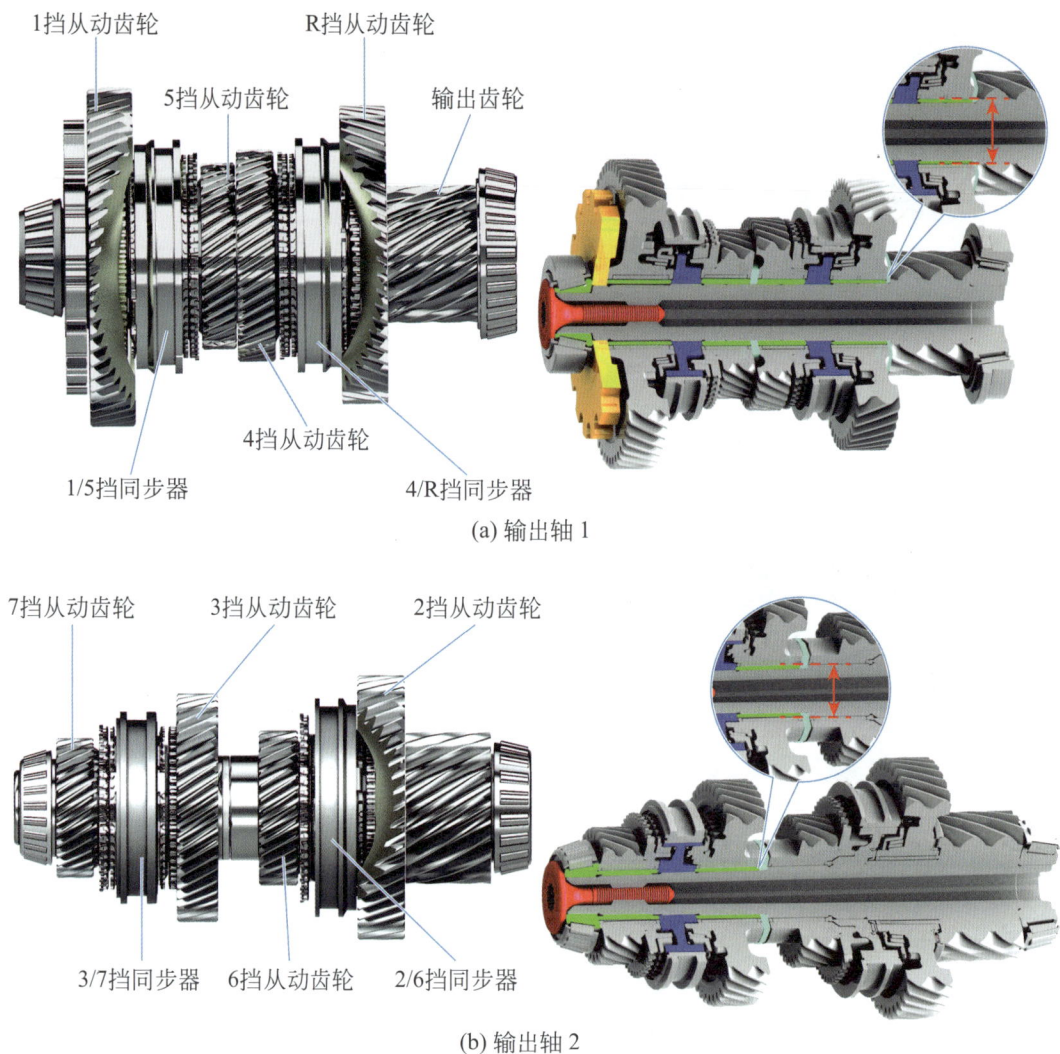

1挡从动齿轮　　R挡从动齿轮
5挡从动齿轮　　输出齿轮
4挡从动齿轮
1/5挡同步器　　4/R挡同步器

(a) 输出轴 1

7挡从动齿轮　　3挡从动齿轮　　2挡从动齿轮
3/7挡同步器　　6挡从动齿轮　　2/6挡同步器

(b) 输出轴 2

图 3-5-10　输出轴

（4）同步器　双离合器变速器所采用的同步器结构及其工作原理，与手动变速器的同步器保持一致，具体如图 3-5-11（a）所示。通常情况下，在低挡位（1 至 3 挡、R 挡）时，需要同步的滑动齿轮之间转速差较大，因此这些挡位采用的是三倍同步器结构，如图 3-5-11（b）所示。而在高挡位（4 至 7 挡）时，由于转速差相对较小，因此采用的是单倍锥体同步器结构，如图 3-5-11（c）所示。

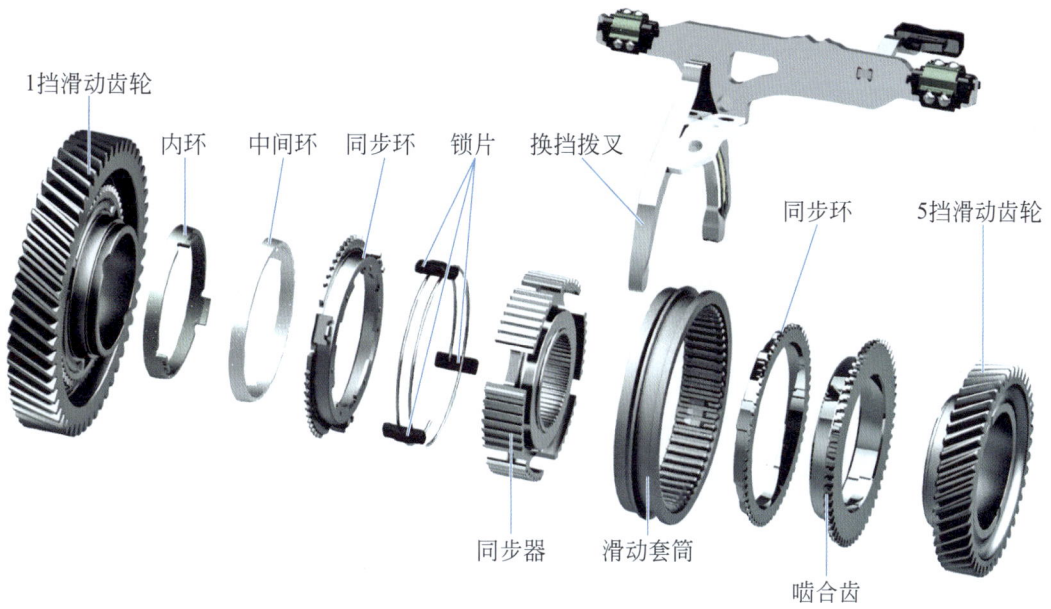

1挡滑动齿轮　内环　中间环　同步环　锁片　换挡拨叉　同步环　5挡滑动齿轮

同步器　滑动套筒　啮合齿

(a) 同步器结构

1挡滑动齿轮

内环　中间环　同步环

摩擦圆锥体

(b) 三倍同步器

同步环

摩擦圆锥体

5挡滑动齿轮

(c) 单倍锥体同步器

图 3-5-11　同步器

（5）双离合器变速器液压建立与润滑 双离合器变速器运用液压泵（ATF泵）作为离合器液力控制的供应源，并负责为变速器提供润滑油和冷却功能，如图3-5-12所示。此外，它还负责为换挡拨叉提供必要的油压，如图3-5-13所示。

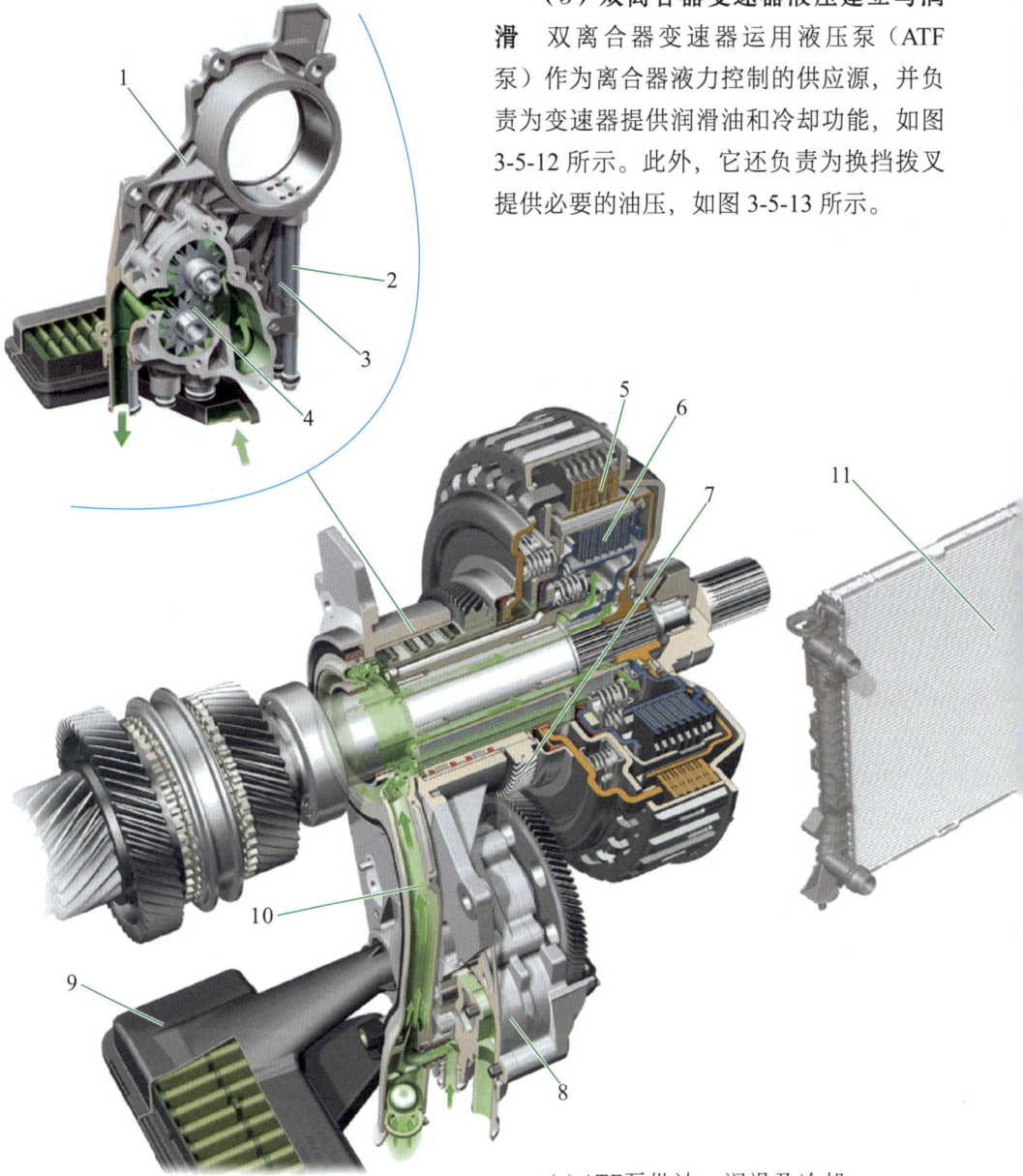

(a) ATF泵供油、润滑及冷却

ATF泵为液压控制系统提供其所需要的机油压力，以完成以下功能。

a. 控制多片离合器（动力接合和动力切断）。

b. 对多片离合器进行冷却和润滑。

c. 控制换挡液压系统（以实现换挡）。

抽吸泵用于提高离合器冷却用的机油流量。抽吸泵采用文丘里原理进行工作，该泵在不需要增大机油泵的消耗功率的情况下，就可以使冷却机油流量增大1倍。这样可以使得机油泵的尺寸较小，从而提高变速器的效率。

ATF泵是采用集成在发动机散热器上的ATF冷却器来冷却的。

ATF冷却器的供油管上有一个压力滤清器，它与进气滤清器一同来保证ATF的清洁。

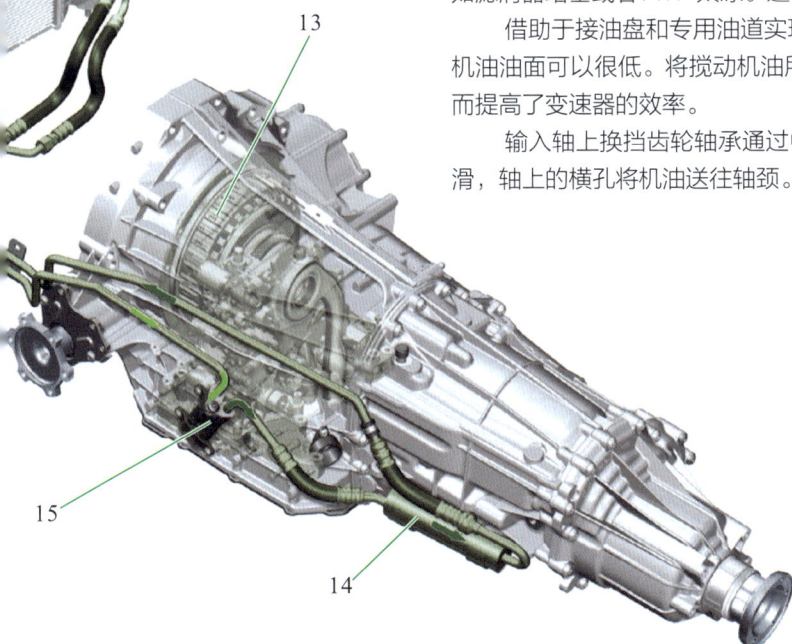

(b) 变速器部分润滑

这两个滤清器是按照变速器的寿命设计的，因此终生不必更换。

压力滤清器内有一个差压阀，在流动阻力太大时该阀会打开，比如滤清器堵塞或者 ATF 太凉。这样即能保证 ATF 冷却器的循环流动。

借助于接油盘和专用油道实现有针对性的润滑，会使变速器内的机油油面可以很低。将搅动机油所造成的功率损失降至最小程度，从而提高了变速器的效率。

输入轴上换挡齿轮轴承通过中空的输入轴 1（此图没显示）来润滑，轴上的横孔将机油送往轴颈。

图 3-5-12
双离合器变速器油压建立、
润滑、冷却功能

1—ATF 泵（带有旋转引导 　部分和双离合器轴承）； 2—高压管 K1 离合器； 3—高压管 K2 离合器； 4—ATF 泵转子； 5—K1 离合器组件； 6—K2 离合器组件； 7—机油泵驱动；	8—ATF 泵（外齿轮泵）； 9—进气滤清器； 10—抽吸泵； 11—带有 ATF 冷却器的发 　动机散热器； 12—ATF 冷却器； 13,19—双离合器组件； 14—压力滤清器；	15—连接模块； 16—通向输入轴 1 中的油道； 17—接油盘； 18—去往驱动桥的油道； 20—连接前驱动桥； 21—通过中空的输出轴来为 　中间差速器供应润滑 　机油

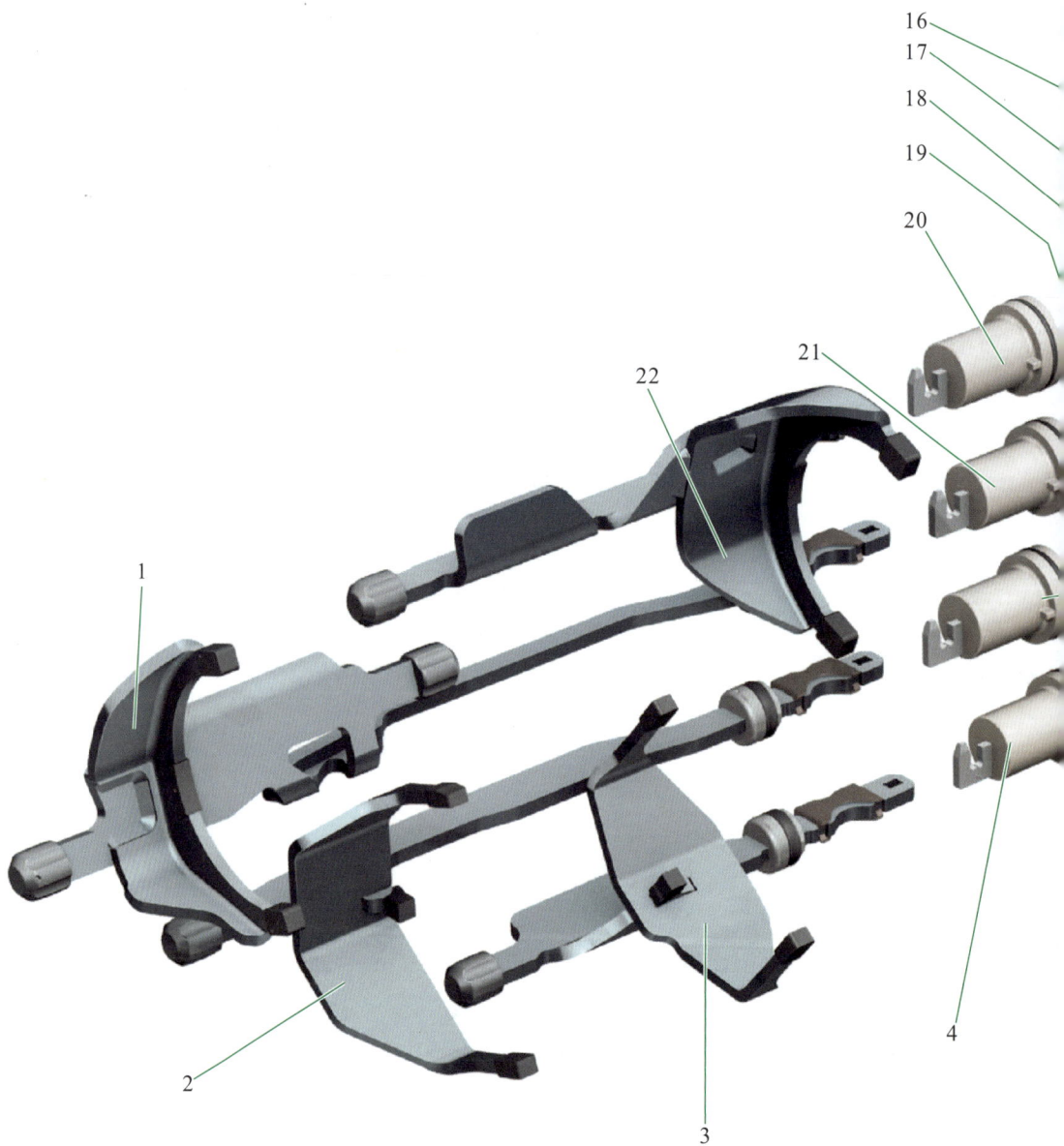

图 3-5-13　双离合器变速器换挡拨叉油压控制

1—换挡拨叉 7 挡、5 挡；

2—换挡拨叉 1 挡、3 挡；

3—换挡拨叉 2 挡、R 挡；

4—2 挡、R 挡选挡器；

5—1 挡、3 挡选挡器；

6—电动液压控制单元；

7—分变速器 1 内的压力调节阀（分变速器 1 内

的电磁阀 4）；

8—主压力电磁阀；

9—分变速器 2 内压力调节阀（分变速器 2 内的
电磁阀 4）；

10—K2 离合器激活电磁阀（分变速器 2 内的电
磁阀 3）；

11—K1 离合器激活电磁阀（分变速器 1 内的电

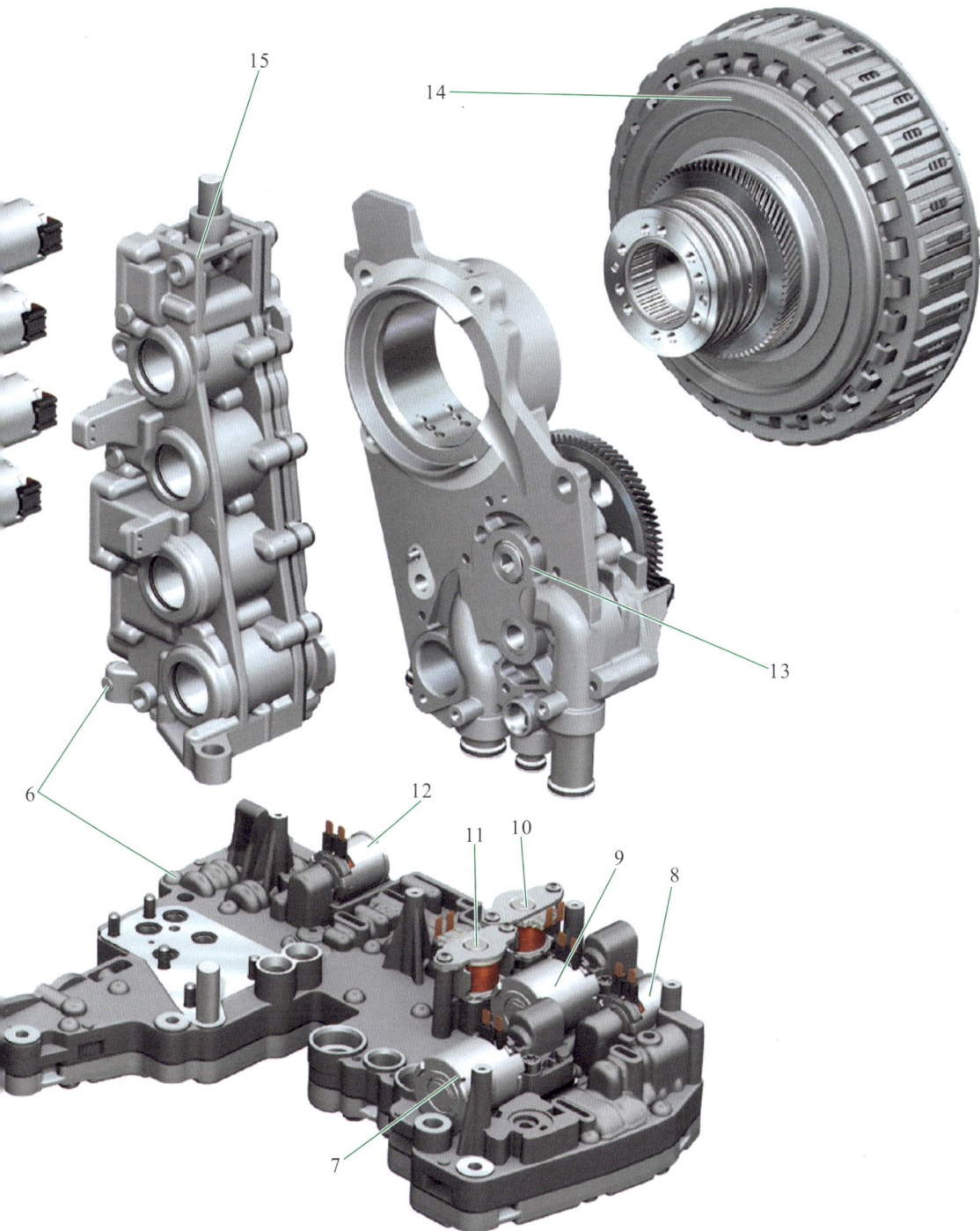

磁阀 3);

12—冷却机油电磁阀；

13—ATF 泵（带用于双离合器的旋转引导部分）；

14—双离合器（两个机油冷却的多片离合器）；

15—电动液压控制单元—选挡模块；

16—4 挡、6 挡选挡电磁阀（分变速器 2 内的电磁阀 2）；

17—5 挡、7 挡选挡电磁阀（分变速器 1 内的

电磁阀 2）；

18—1 挡、3 挡选挡电磁阀（分变速器 1 内的电磁阀 1）；

19—2 挡、R 挡选挡电磁阀（分变速器 2 内的电磁阀 1）；

20—4 挡、6 挡选挡器；

21—7 挡、5 挡选挡器；

22—4 挡、6 挡换挡拨叉

（6）双离合器变速器控制系统　双离合器变速器的机电控制单元是变速器的中央控制单元（图 3-5-14），它将电动液压控制单元（执行元件）、电子控制单元和一部分传感器整合在一起。

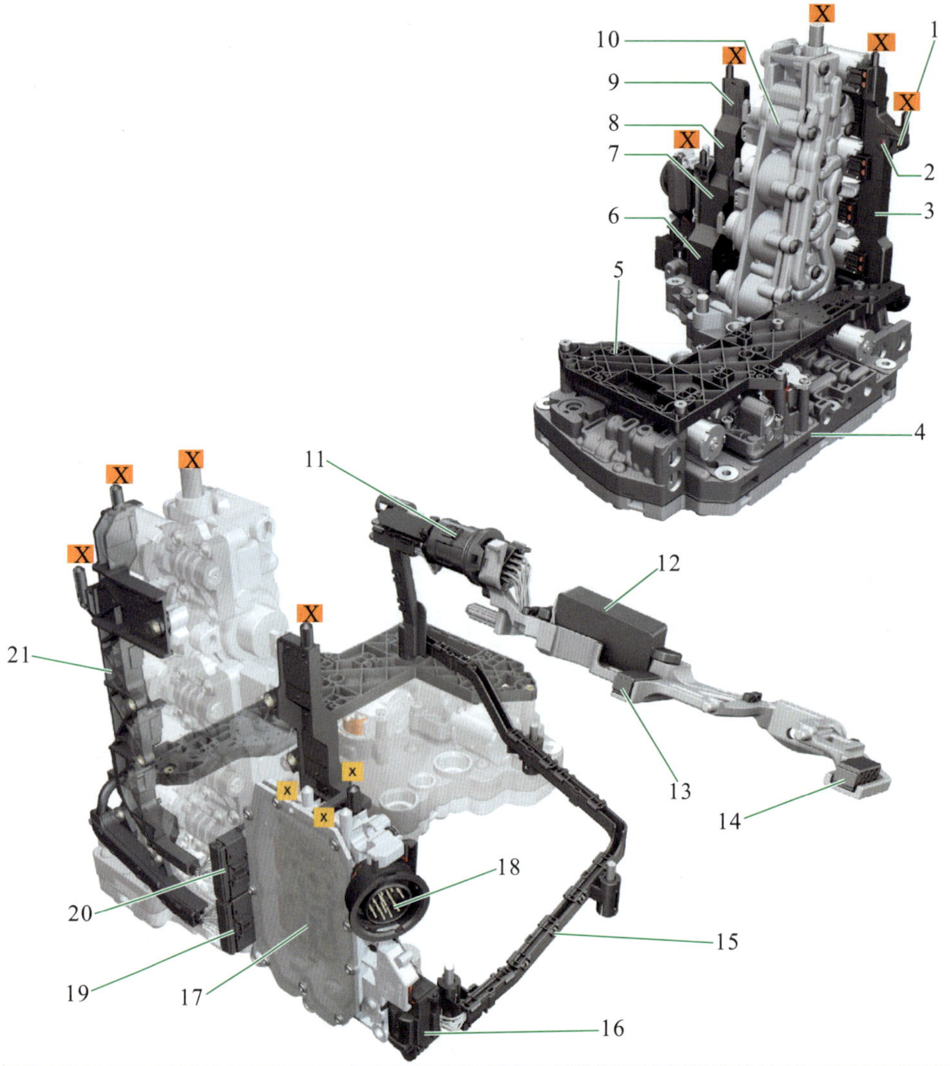

1—离合器温度传感器；
2—变速器轴输入速度传感器（离合器输入转速）；
3,21—印制电路板 2；
4—电动液压控制单元；
5—印制电路板 1；
6—行程传感器 1（用于 2 挡、R 挡选挡）；
7—行程传感器 2（用于 1 挡、3 挡选挡）；
8—行程传感器 3（用于 7 挡、5 挡选挡）；
9—行程传感器 4（用于 4 挡、6 挡选挡）；
10—选挡模块；

11—传感器模块线束插头；
12—挡位传感器；
13—变速器输入转速传感器 2；
14—变速器输入转速传感器 1；
15—线束/电缆通道；
16—变速器控制单元线束插头（传感器模块）；
17—电子模块（变速器电子控制单元）；
18—变速器控制单元与车辆线束的插头；
19—变速器控制单元——印制电路板 1 插头；
20—变速器控制单元——印制电路板 2 插头

图 3-5-14　双离合器变速器的机电控制单元

双离合器变速器行程传感器、温度传感器和输入转速传感器如图 3-5-15 所示。

行程传感器均为霍尔传感器，用于判定换挡拨叉轴或换挡拨叉的位置。行程传感器由两个霍尔传感器和两个永久磁铁构成。永久磁铁固定在换挡拨叉轴上。根据磁铁相对于霍尔传感器的位置，霍尔传感器会根据行程大小输出一个相应的电压。根据这两个电压信号就可以计算出行程信号。

自动变速器电子控制单元内的温度传感器，用于测量 ATF 的精确温度（ATF 温度会影响到离合器的调节和液压控制）。处理器内部温度传感器用于直接测量关键元件的温度。

液压压力（K1）传感器和液压压力（K2）传感器用于监控离合器压紧力以及用于主压力和分变速器压力的自适应。

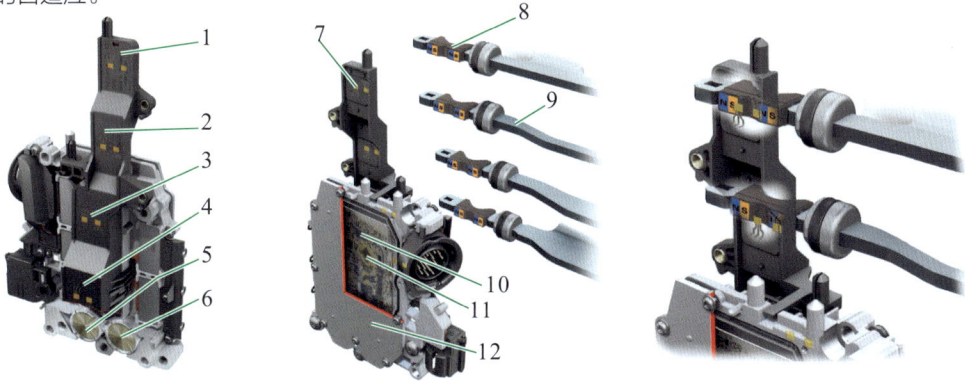

(a) 行程传感器

1—行程传感器 4（4 挡、6挡选挡）；
2—行程传感器 3（7 挡、5挡选挡）；
3—行程传感器 2（1 挡、3挡选挡）；

4—行程传感器 1（2 挡、R挡选挡）；
5—液压压力（K1）传感器；
6—液压压力（K2）传感器；
7—霍尔传感器；
8—永久磁铁；

9—换挡拨叉轴；
10—电子控制单元内的温度传感器；
11—处理器内的温度传感器；
12—自动变速器电子控制单元

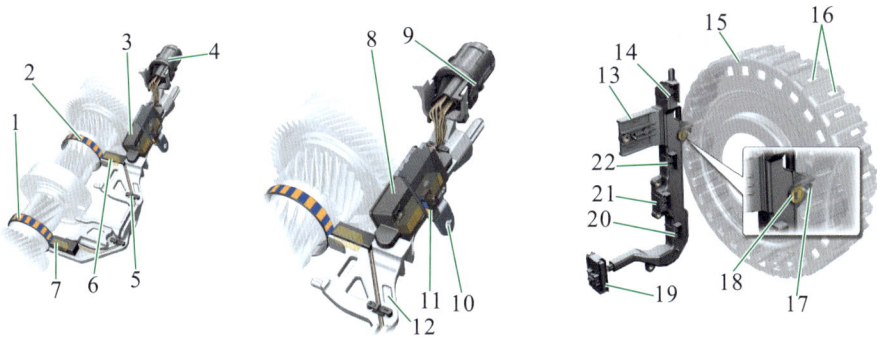

(b) 变速器输入转速传感器和行驶挡位传感器

1—输入轴 1 的靶轮；
2—输入轴 2 的靶轮；
3,8—行驶挡位传感器；
4,9—传感器模块 / 线束插头；
5,12—印制电路板 3；
6—变速器输入转速传感器 2；
7—变速器输入转速传感器 1；

10—驻车锁杠杆；
11—永久磁铁；
13—印制电路板 2；
14,20～22—与选挡阀连接的插头；
15—离合器 K1 的外片支架；
16—冷却机油出口；

17—离合器温度传感器；
18—变速器输入转速传感器 3；
19—与变速器电子控制单元连接的插头

图 3-5-15 双离合器变速器传感器

3.6
CVT 变速器

3.6.1　CVT 变速器传动原理

20 世纪 70 年代中后期，荷兰的 VDT（Van Doorne's Transmissie B.V.）公司在科技研发领域取得了显著突破，成功研制出一种新型的机械式无级变速传动系统，即金属带式无级传动系统（VDT-CVT）。目前，CVT 已成为无级变速器广泛使用的简称，其在汽车行业中的应用日益广泛。

（1）CVT **传动原理（图 3-6-1）**　CVT 变速器可允许变速比在最小变速比和最大变速比之间无级调节。发动机总是工作在最佳转速范围内，而不必考虑如何使动力性或燃油经济性最优化。

变速器由两个带锥面的盘组——主链轮装置（链轮装置 1）和副链轮装置（链轮装置 2），以及工作于两个锥形链轮组之间 V 形槽内的专用传动链组成。

链轮装置 1 由发动机通过辅助减速齿轮驱动，发动机扭矩通过传动链传递到链轮装置 2 并由此传给主减速器。每组链轮装置中的一个链轮可沿轴向移动，调整传动链的跨度尺寸和改变传动比。

每组链轮装置必须同时进行调整，保证传动链始终处于张紧状态和有足够的盘接触传动压力。

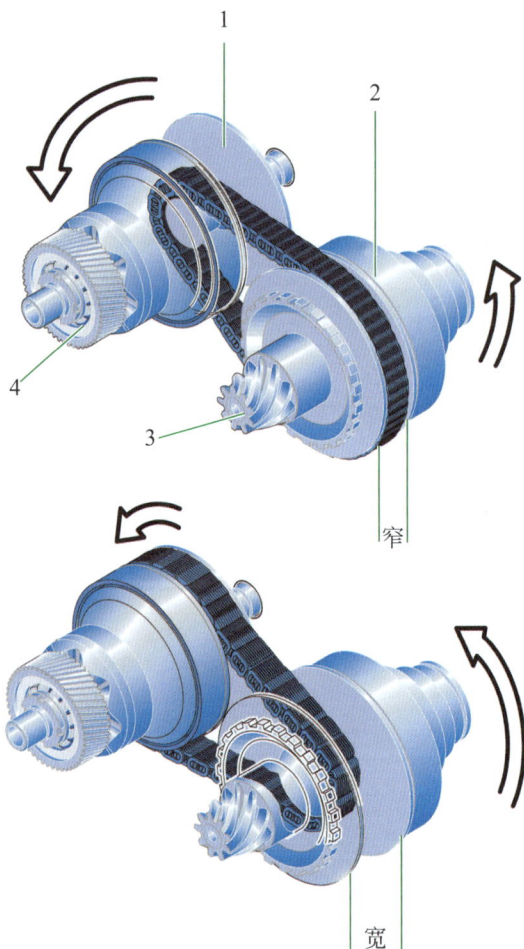

1—主链轮装置（链轮装置 1）；	3—辅助减速齿轮；
2—副链轮装置（链轮装置 2）；	4—驱动齿轮（驱动主减速器）

图 3-6-1　CVT 传动原理

（2）CVT传动链结构与原理（图3-6-2）

① 结构和原理。CVT 传动链的相邻传动链链节通过转动压块连成一排。转动压块在变速器锥形链轮间"跳动"，即与锥形链轮互相挤压。每个转动压块永久性连接到一排连接轨上，通过这种方式，转动压块不可扭曲，两个转动压块组成一个转动节。

② 工作过程。转动压块相互滚动，当其在锥形链轮跨度半径范围内"驱动"传动链时，几乎没有摩擦。这种情况下，尽管扭矩高、弯曲角度大，动力损失和磨损却降到最小，使其寿命延长并且提高了效率。

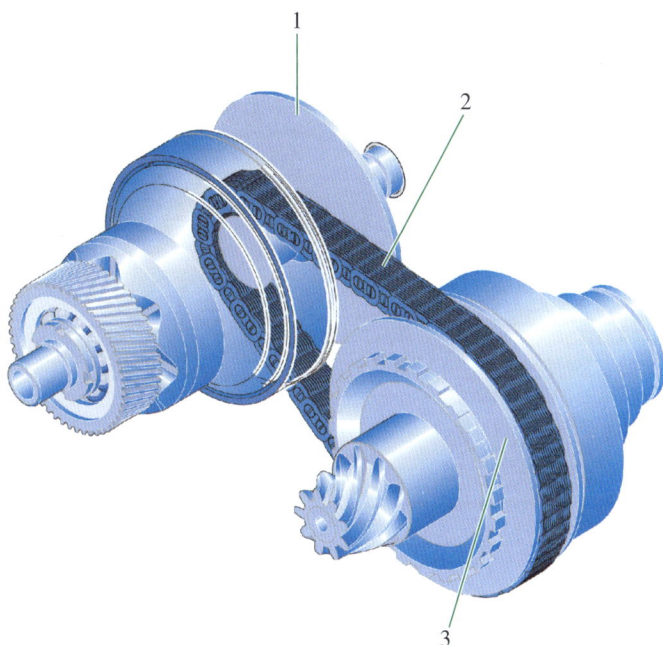

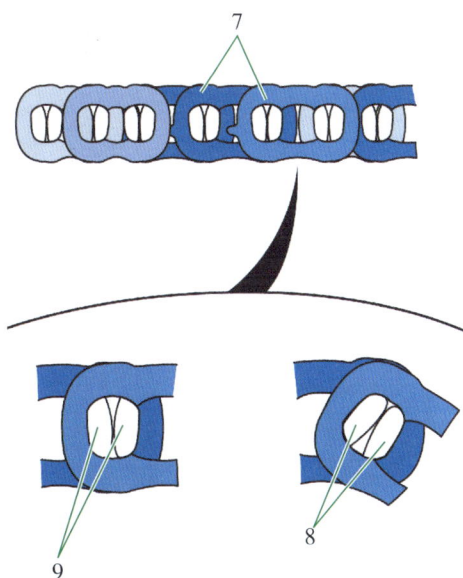

1—链轮装置 1；
2—传动链；
3—链轮装置 2；
4—变速器锥形链轮；

5,9—转动压块；
6—转动压块（俯视图）；
7—链节（俯视图）；
8—转动节（两个转动压块组成一个转动节）

图 3-6-2 CVT 传动链结构与原理

3.6.2 CVT 变速器组成

（1）**结构组成** 无级变速器和普通自动变速器的最大区别是省去了复杂而又笨重的齿轮组合，只用了两组滑轮（主动滑轮组件和从动滑轮组件），如图 3-6-3 所示，通过改变主、从动滑轮间的 V 形槽宽度来改变它们与传动带的接触半径实现变速。该滑轮系统可以在最高挡位和最低挡位间提供无限的可变性，而没有不连续的换挡动作。这使得汽车前进自动换挡时十分平稳，没有突跳的感觉。无级变速器可以实现传动比的连续改变，从而获得传动系统与发动机工况的最佳匹配，提高整车的燃油经济性和动力性，改善驾驶员的操纵方便性和乘员的乘坐舒适性，是理想的汽车传动装置。

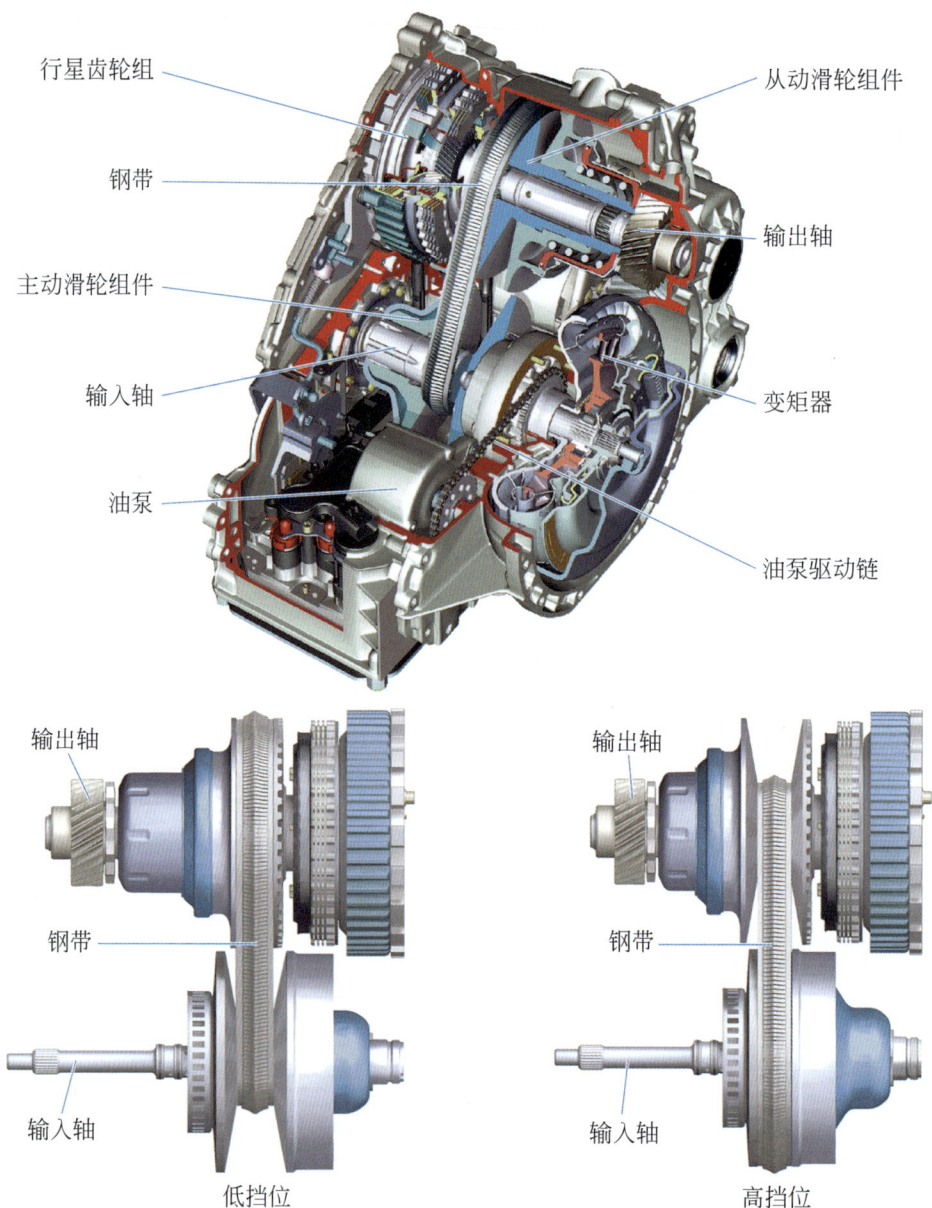

图 3-6-3 CVT 变速器组成

（2）**动力传递**　发动机扭矩从变矩器传送到变速器。钢带将来自主动滑轮组件的力传送到从动滑轮组件。然后，扭矩通过带多片离合器的行星齿轮组件被传送到内部轴。最后，通过齿轮中间轴，扭矩被传送到差速器。差速器将驱动力均匀地分配给车轴。无级变速器动力传递如图3-6-4所示。

图 3-6-4　无级变速器动力传递

（3）**滑轮组件**　滑轮组件由固定滑轮和移动滑轮两部分构成，如图3-6-5所示。在操作过程中，当一个滑轮组件的移动滑轮向固定滑轮接近时，另一个滑轮组件的移动滑轮则会与固定滑轮分离。这种设计不仅调整了速度，而且确保了动力的持续传递。

当主动滑轮组件的移动滑轮受到压力作用时，它会向固定滑轮靠拢，进而使得主动滑轮上的钢带运转半径增大，变速器因此进入高速状态。相反，当压力作用于从动滑轮组件时，移动滑轮会远离固定滑轮，导致钢带的运转半径减小，变速器则处于低速状态。

（4）**钢带**　钢带位于变速器的两个滑轮之间，负责将发动机的动力从主动滑轮组件传递到从动滑轮组件，如图3-6-6所示。

移动滑轮（从动滑轮组件）

压力腔（从动滑轮组件）

活塞

固定滑轮（从动滑轮组件）

弹簧（从动滑轮组件）

移动滑轮（主动滑轮组件）

压力腔（主动滑轮组件）

活塞

固定滑轮（主动滑轮组件）

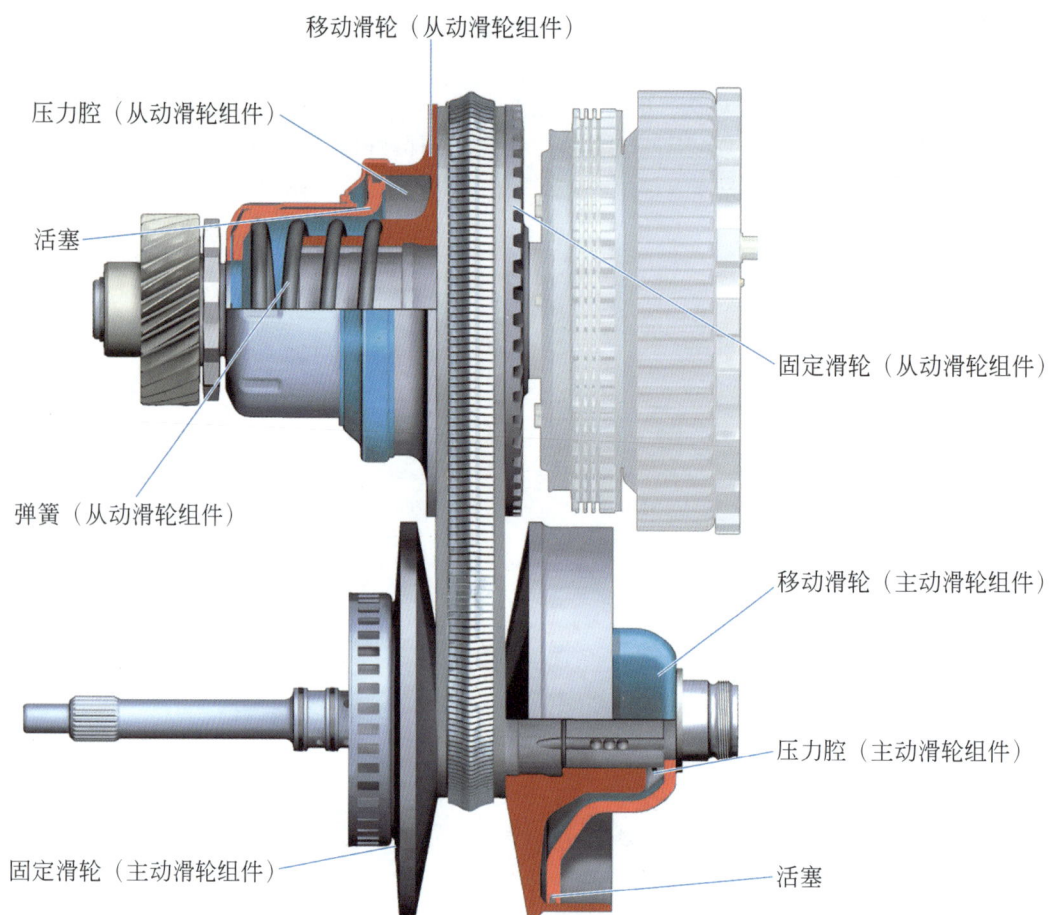

图3-6-5　滑轮组件

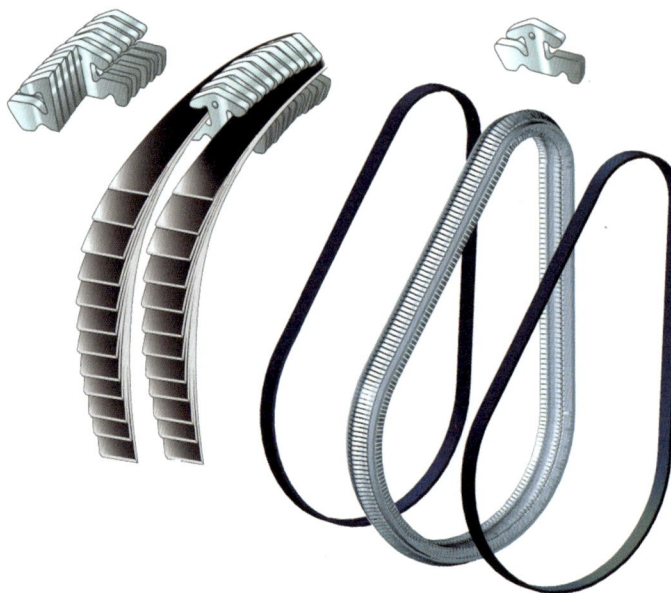

图3-6-6　钢带

（5）**电动液压控制单元与电子控制单元** 电动液压控制单元，如图 3-6-7（a）所示，通过精确调控电磁阀或调节阀的切换动作，以改变内部液压油的流动路径，从而顺利实现变速器的换挡操作。电子控制单元，如图 3-6-7（b）所示，作为变速器的核心控制器，它被安装在电动液压控制单元之上。其主要职责在于收集并处理来自各传感器的信号，对变速器的运行状态进行全面判断，并据此向电磁阀或调节阀发送精确的控制信号，以指导其开启或关闭。

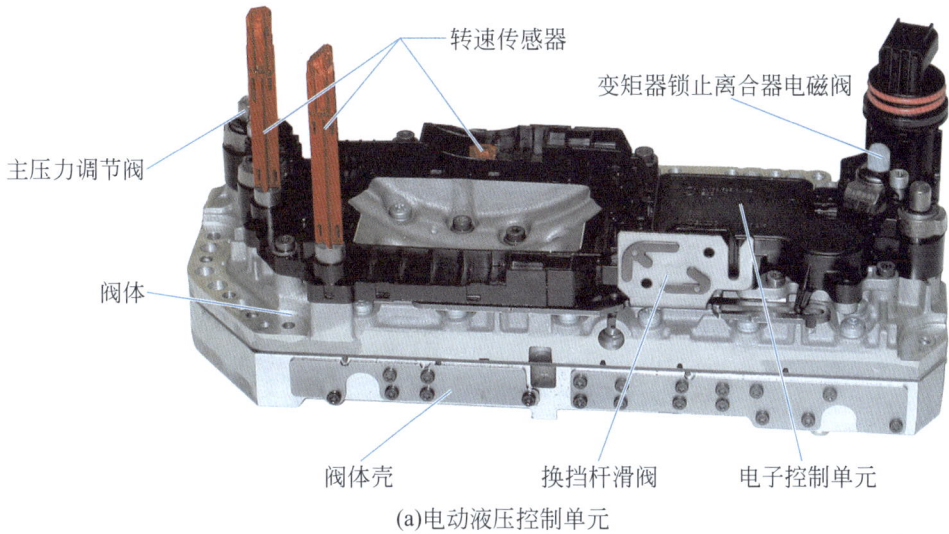

(a)电动液压控制单元

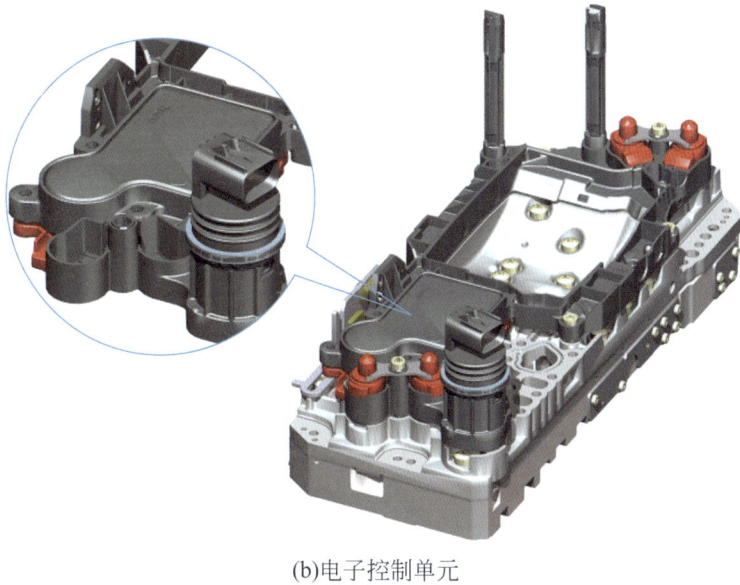

(b)电子控制单元

图 3-6-7 电动液压控制单元和电子控制单元

3.7
驱动电机与单速减速器

扫一扫看动画视频

3.7.1 驱动电机构造原理

驱动电机是电动汽车的驱动部件，它的性能直接影响到整车的动力性、经济性和舒适性。因此，在电动汽车的设计和制造过程中，驱动电机的选择显得尤为重要。

与传统的内燃机相比，驱动电机具有许多优势。首先，驱动电机具有更高的能量转换效率，能够将更多的电能转化为机械能，从而提高整车的动力性能。其次，驱动电机在运转过程中产生的噪声和振动较小，有助于提高整车的舒适性和驾驶体验。此外，驱动电机还具有更好的环保性能，不会产生有害气体和排放物，对于保护环境具有积极意义。

在电动汽车中，驱动电机需要与电池、控制器等部件协同工作，才能实现整车的正常运行。因此，在驱动电机的设计和制造过程中，需要考虑到其与整个电动汽车系统的匹配性和兼容性。此外，还需要对驱动电机的性能进行严格的测试和评估，以确保其能够满足整车的性能要求和安全标准。

驱动电机由前壳体、定子绕组、转子、轴承、旋转变压器等组成，如图 3-7-1 所示。

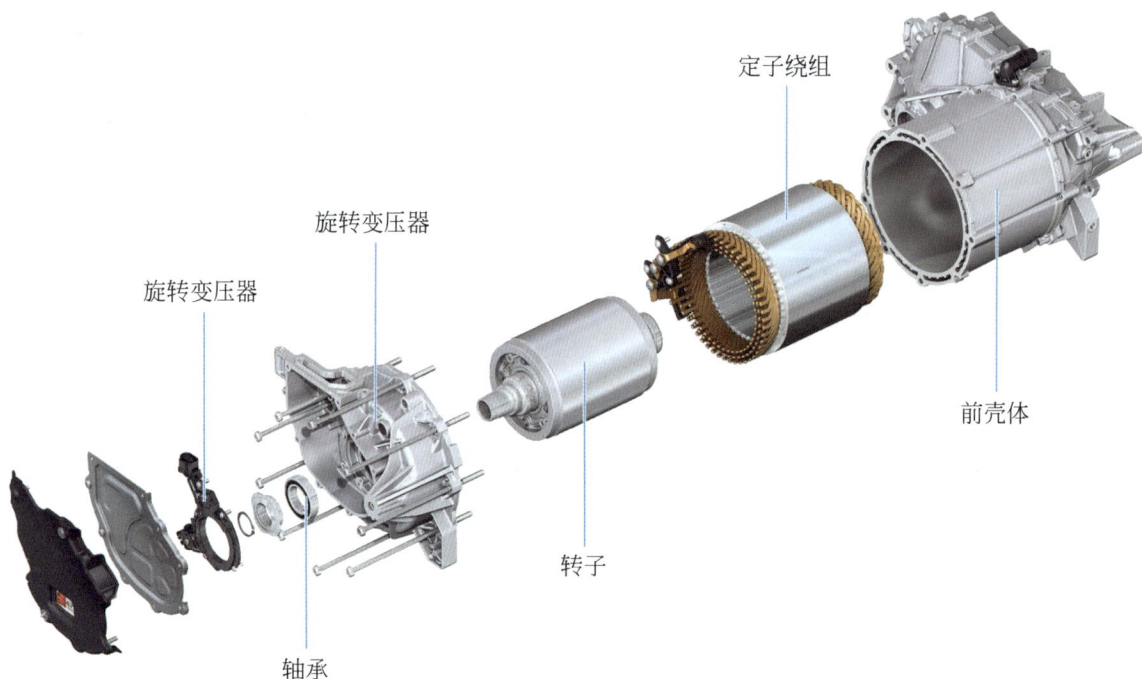

图 3-7-1　驱动电机机构

永磁同步电机转子由永久磁铁、转轴、定子等组成 [图 3-7-2（a）]。转轴是电机的输出部分，与驱动系统减速器连接。永久磁铁与定子线圈产生的磁场呼应，产生旋转扭矩 [图 3-7-2（b）]。

定子由线圈绕组、铁芯等组成 [图 3-7-2（c）]。线圈由带有绝缘层的铜线按照规定的匝数绕制而成。绕组是指若干个线圈按一定的规律放在铁芯槽中。纯电动汽车电机一般采用三相电驱动，电机的绕组为三相定子绕组，三相定子绕组之间互成 120° 角，形成最为简单稳定的旋转力矩结构。

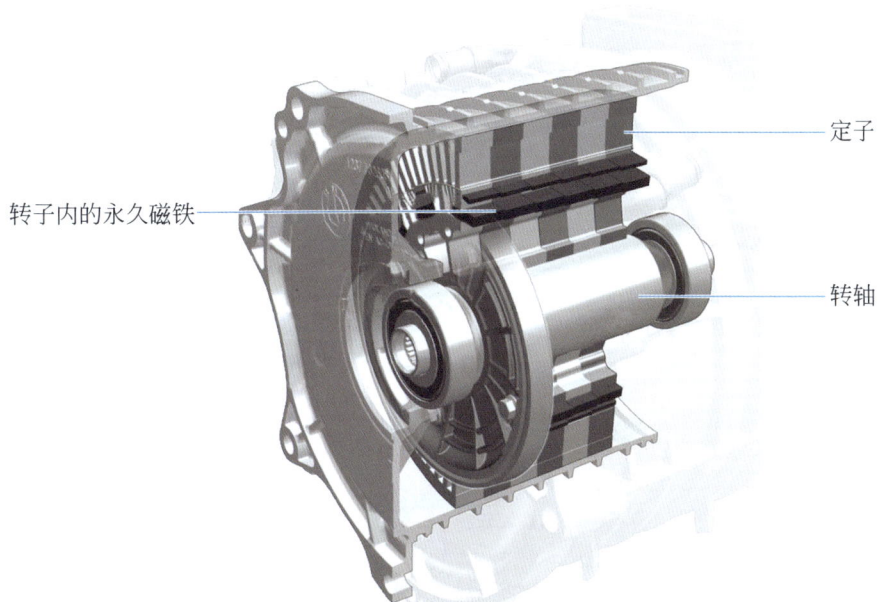

定子

转子内的永久磁铁

转轴

(a)驱动电机剖视图

定子（带永久磁铁）

定子铁芯

线圈绕组

三相接口

(b)转子结构

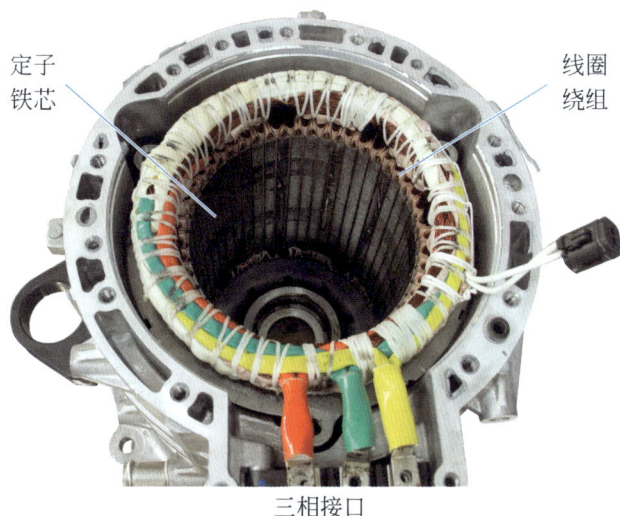

(c)定子绕组结构

图 3-7-2　转子和定子结构

纯电动汽车中常用的驱动电机为永磁同步电机。当三相交流电被接入定子线圈中，即产生旋转的磁场，这个旋转的磁场牵引转子内部的永磁体，产生和旋转磁场同步的旋转扭矩（图 3-7-3）。永磁同步电机使用旋转变压器检测转子的位置和电流传感器检测线圈的电流，从而控制驱动电机的扭矩输出（图 3-7-4）。

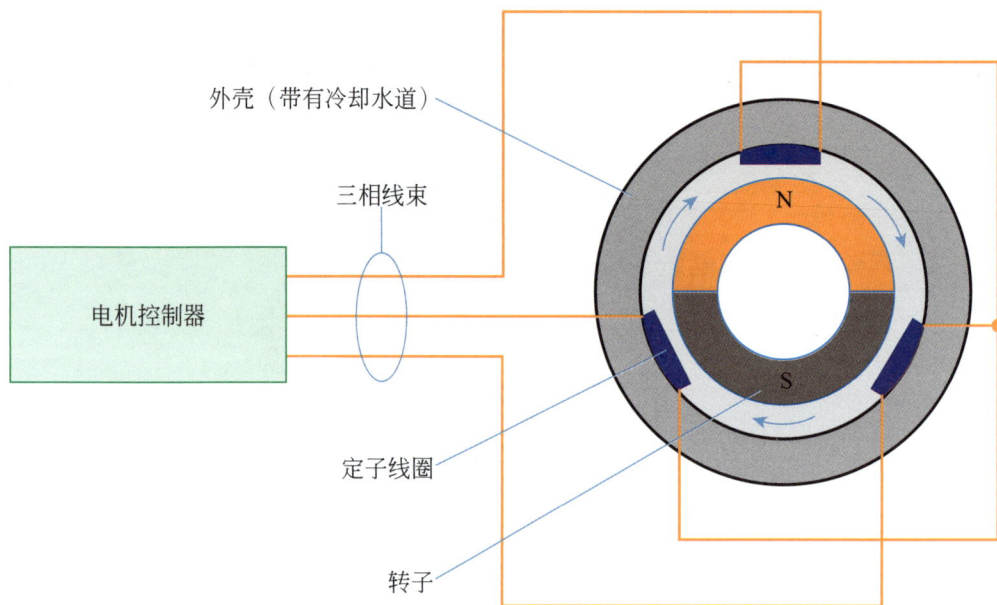

图 3-7-3　永磁同步电机原理

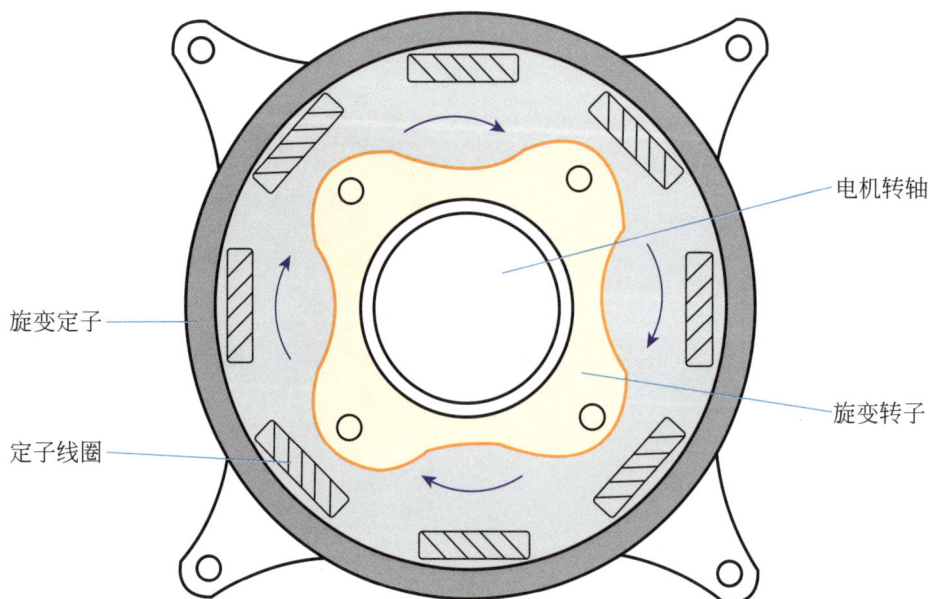

图 3-7-4　旋转变压器原理

3.7.2　单速减速器构造

电机的速度 - 扭矩特性与汽车驱动需求高度匹配，因此在纯电动模式下，汽车的驱动系统无需复杂的多挡位变速器，从而极大地简化了驱动系统的结构。鉴于汽车在不同工况下需要提高电机扭矩，因此必须设置减速增扭装置，通过降低电机的转速并相应地增大扭矩来满足这些需求。电动汽车单速减速器是一种采用固定传动比来降低电机转速并增大扭矩的装置，不同车型根据其特性和需求，传动比的设置也会有所不同。关于电动汽车单速减速器的具体结构，请参见图 3-7-5～图 3-7-8。

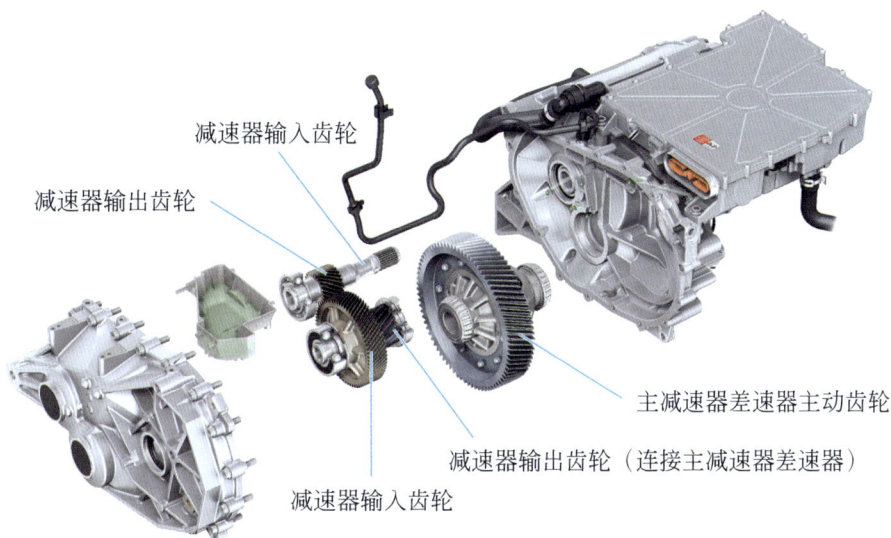

图 3-7-5　奥迪 Q4 e-tron 单速减速器结构

图 3-7-6　宝马 i3 单速减速器结构

车头方向

差速器

中间轴输入齿轮

输入轴齿轮

输入轴齿轮

输出齿轮

中间轴输出齿轮

B

A

中间轴输入齿轮

A

B

输出齿轮

差速器

B

A—来自驱动电机
B—至驱动轴

车头方向

图 3-7-7　日产聆风单速减速器结构

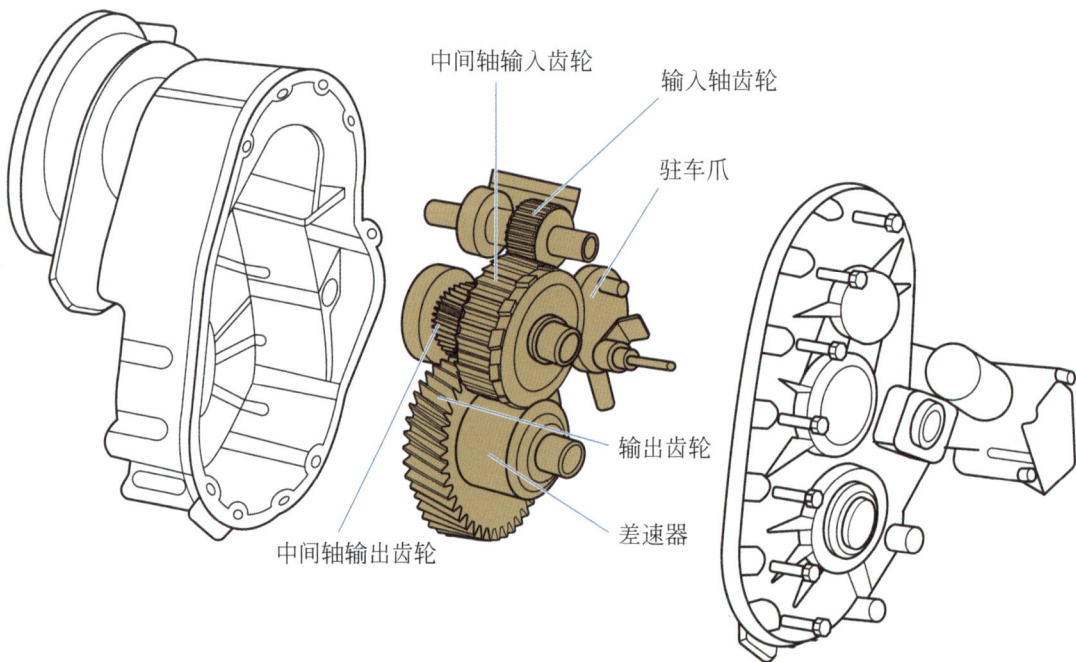

中间轴输入齿轮

输入轴齿轮

驻车爪

输出齿轮

差速器

中间轴输出齿轮

图 3-7-8　吉利帝豪单速减速器结构

3.8
万向传动装置与差速器

扫一扫看动画视频

3.8.1　半轴、万向传动装置

　　半轴是差速器与驱动轮之间传递动力的实心轴，其内端用花键与差速器半轴齿轮相连，外端用凸缘与驱动轮的轮毂相连。万向传动装置能在轴间夹角及相互位置经常发生改变的转轴之间传递动力。

　　（1）前驱车型半轴　前驱车型半轴如图 3-8-1 所示。

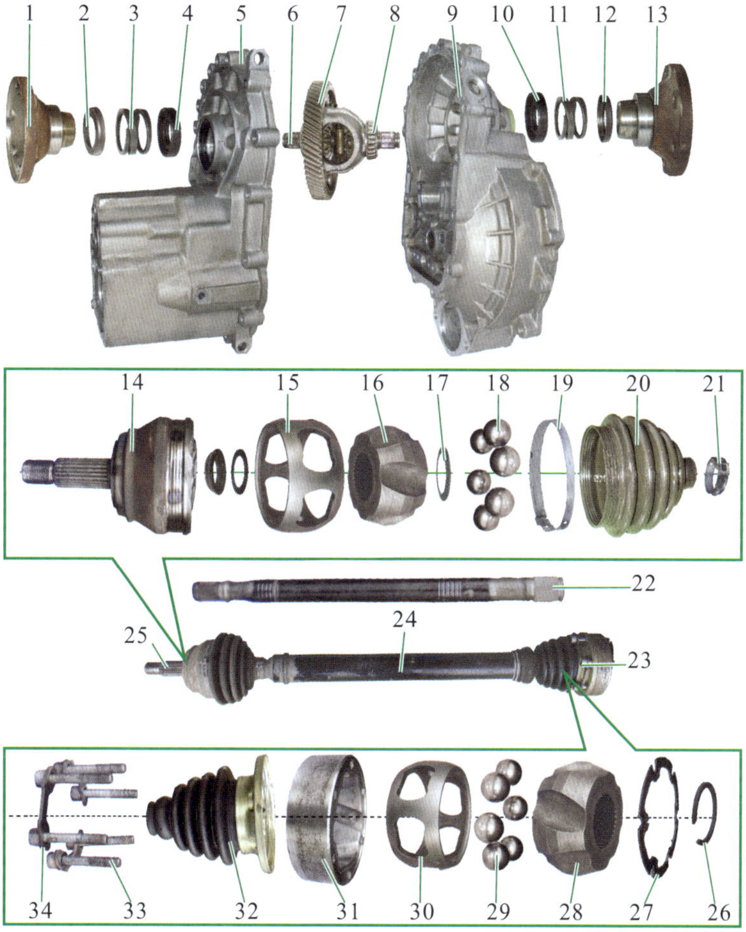

1,6,13—驱动法兰；	14—外环；	23—内等速万向节；
2,12—锥形环；	15,30—保持架；	25—外等速万向节；
3,11—压力弹簧；	16,28—内环；	27—密封垫；
4,10—油封；	17,26—安全环；	31—外球环；
5—变速器壳体；	18,29—钢球；	32—外环罩及防尘垫；
7—主传动齿轮；	19,21—卡箍；	33—圆头内梅花螺栓；
8—圆锥滚子轴承；	20—防尘罩；	34—锁片
9—离合器壳体；	22,24—中半轴；	

图 3-8-1　前驱车型半轴结构图

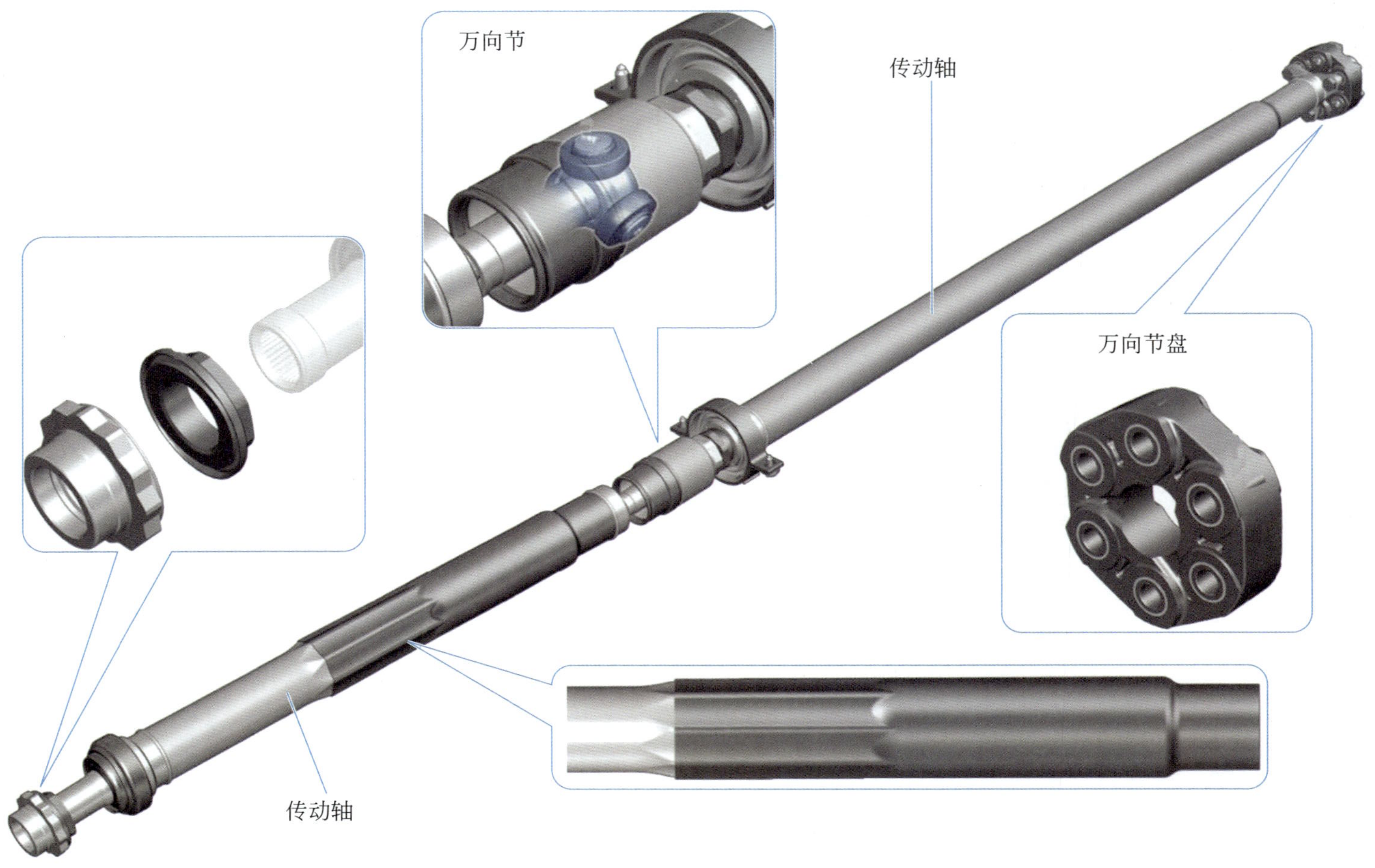

图 3-8-2　后驱车型传动轴

万向节盘

传动轴

万向节

传动轴

（2）后驱车型传动轴　后驱车型传动轴较长，中间需要有支撑部件并连接万向节，确保传动轴的传动效率，如图 3-8-2 所示。

（3）**十字轴万向节**　在发动机前置后轮驱动的汽车传动系统中，十字轴万向节（图3-8-3）的应用最为普遍。它主要由一个十字轴、两个万向节叉和四个滚针轴承等部件构成。当主动轴进行旋转时，从动轴不仅能够随之转动，还能围绕十字轴的中心进行任意角度的摆动。这种十字轴万向节属于不等速万向节，亦被称为普通万向节。

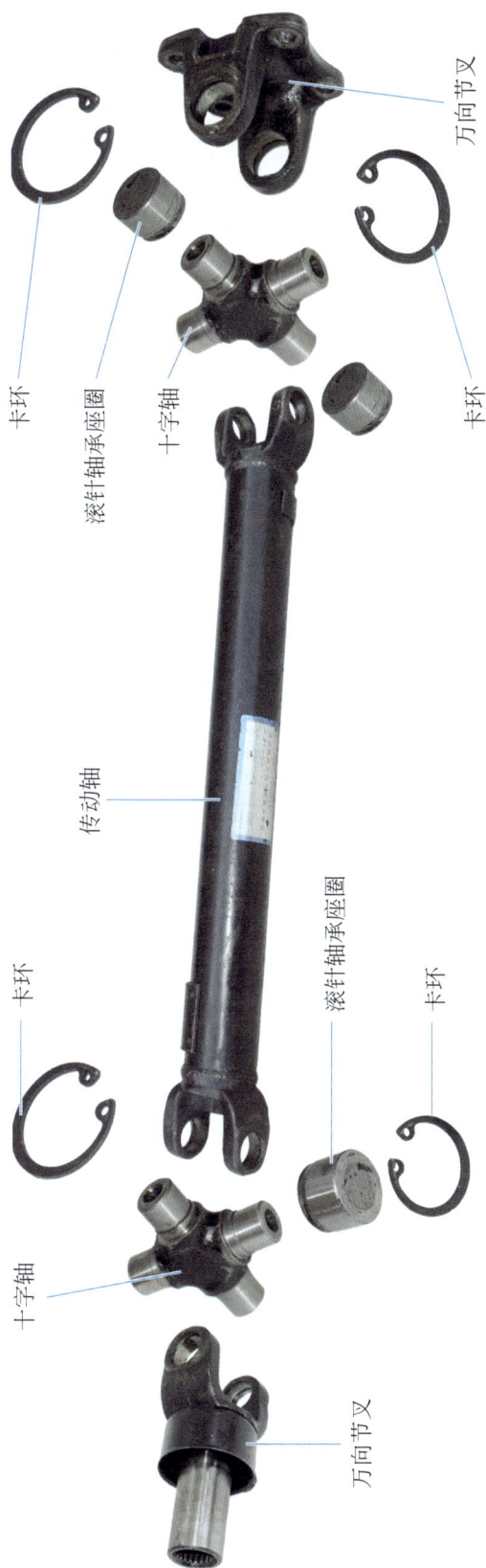

图3-8-3　十字轴万向节

万向节叉

卡环

滚针轴承座圈

十字轴

卡环

传动轴

卡环

滚针轴承座圈

卡环

十字轴

万向节叉

（4）球笼式等速万向节　如图 3-8-4 所示，六个钢球通过特定的保持架被固定在内环之上，并整体被置于带有球形套的外环内。这种设计构成了球笼式等速万向节，它能够在两轴间最大夹角为 42° 的条件下有效地传递扭矩。在实际工作中，无论传动方向如何变化，这六个钢球都会全面参与传力过程，从而展现出强大的承载能力。因此，球笼式等速万向节在前置前驱汽车传动系统中得到了广泛的应用。

卡箍

防尘罩

卡箍

钢球

安全环

内环

保持架

外环（带有球形套）

内等速万向节

外等速万向节

图 3-8-4　球笼式等速万向节

3.8.2 差速器

（1）**普通型差速器**　差速器的作用是将变速器传递的扭矩传给左、右车轮，并在必要时允许左、右两个车轮以不同的转速旋转，使左、右车轮相对地面纯滚动而不是滑动。发动机前置前轮驱动差速器结构如图 3-8-5 所示，发动机前置后轮驱动差速器结构如图 3-8-6 所示。

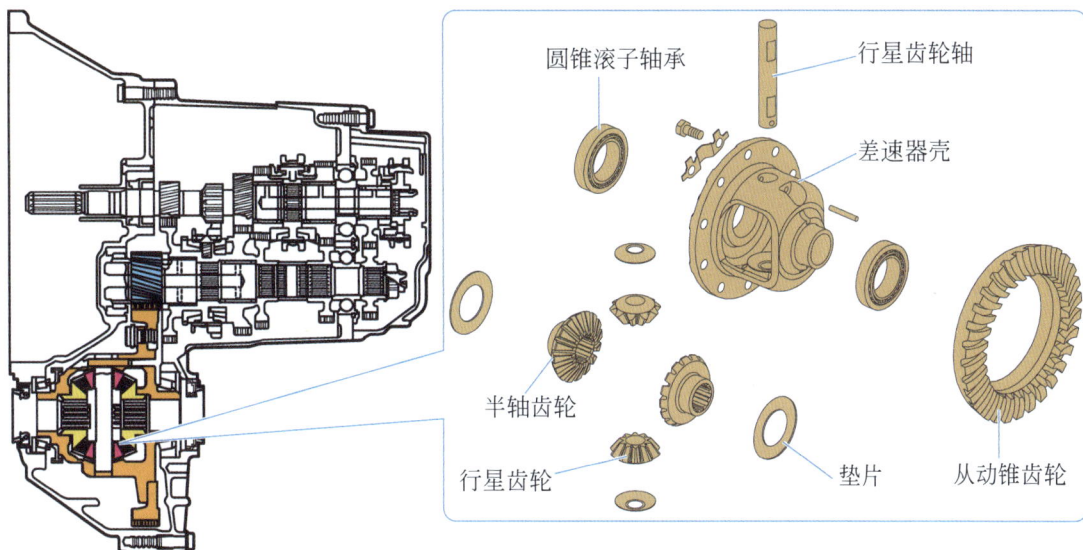

扫一扫看动画视频

圆锥滚子轴承　行星齿轮轴　差速器壳　半轴齿轮　行星齿轮　垫片　从动锥齿轮

图 3-8-5　发动机前置前轮驱动差速器

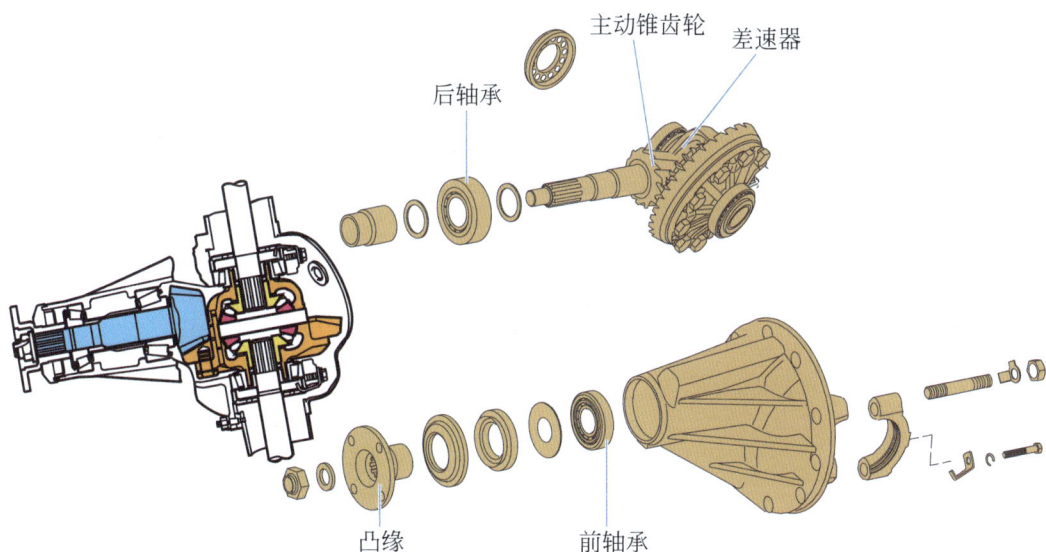

主动锥齿轮　差速器　后轴承　凸缘　前轴承

图 3-8-6　发动机前置后轮驱动差速器

（2）**大众 / 奥迪运动型差速器（大众 / 奥迪行驶模式选择系统）**

运动型差速器是大众 / 奥迪四驱汽车及 SUV 动态行驶系统——奥迪行驶模式选择系统（Audi drive select）的一个选装组件。驾驶员可以在 Audi drive select 的操作面板上通过三个工作模式舒适（comfort）、自动（auto）和运动（dynamic）来在三种不同特色的风格中进行选择。

在舒适（comfort）模式时，运动型差速器的功能被限制在最小水平（尽量不用）。这时最重要的是要消除负荷变化，以便让车辆达到一个比较均衡的性能。

在自动（auto）模式时，运动型差速器以最佳方式来支持车辆的行驶动态性能，车辆转弯极其灵活。

在运动（dynamic）模式时，最易感受到运动型差速器的作用，这时的行驶动力学性能是完全按照运动性行驶需要来设定的。

运动型差速器在车辆行驶过程中总是处于激活状态，无法将其完全关闭。其工作范围扩展为车速 15～150km/h。在车辆起步而后轮打滑时，运动型差速器是不能起到差速锁作用的。大众 / 奥迪运动型差速器及动态行驶系统——奥迪行驶模式选择系统（Audi drive select）示意图如图 3-8-7 所示；后部主传动系统图如图 3-8-8 所示；后部主传动 0BE/0BF 剖面图如图 3-8-9 所示；多片离合器及液压泵电机分解图如图 3-8-10 所示；运动型差速器工作原理如图 3-8-11 所示。

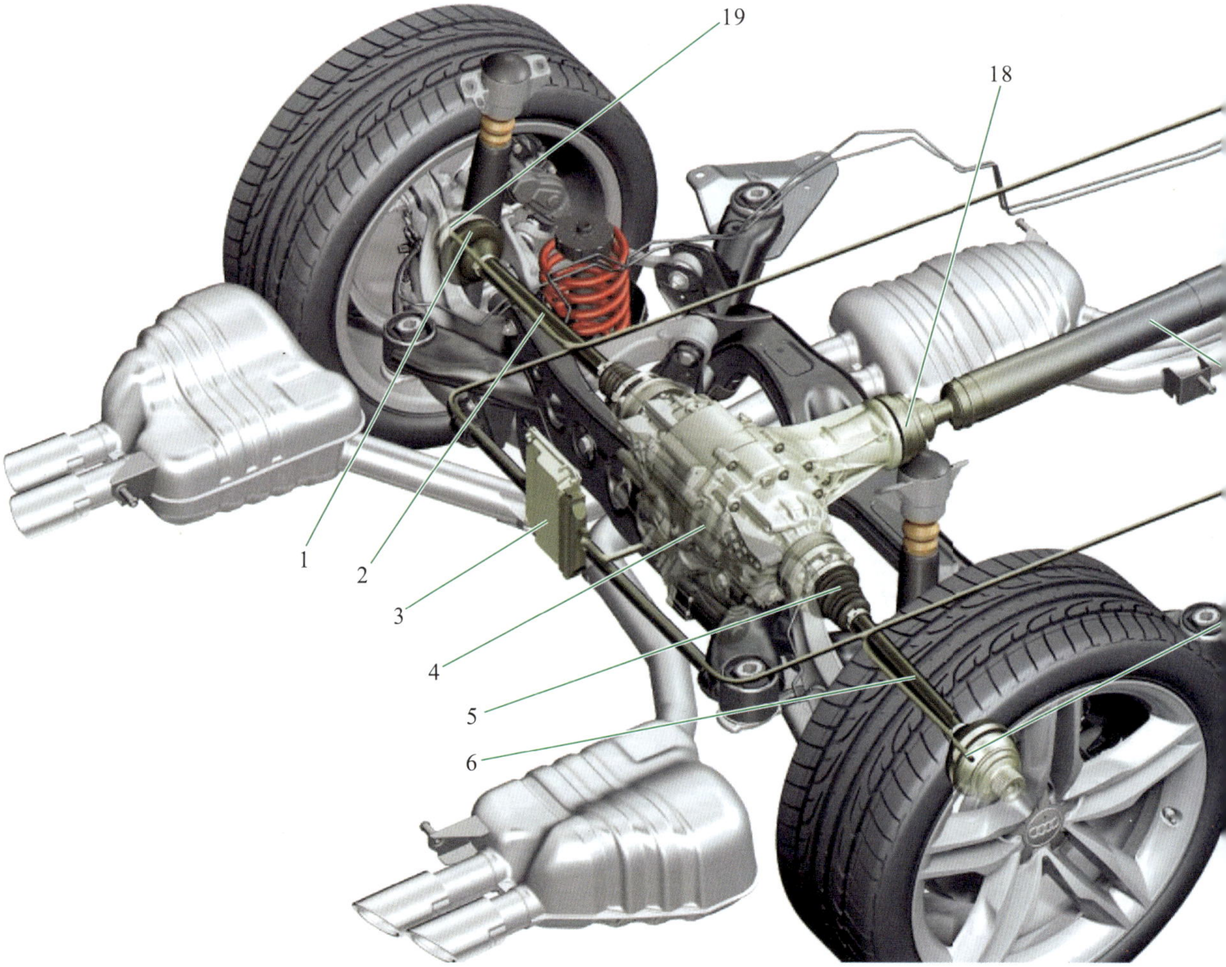

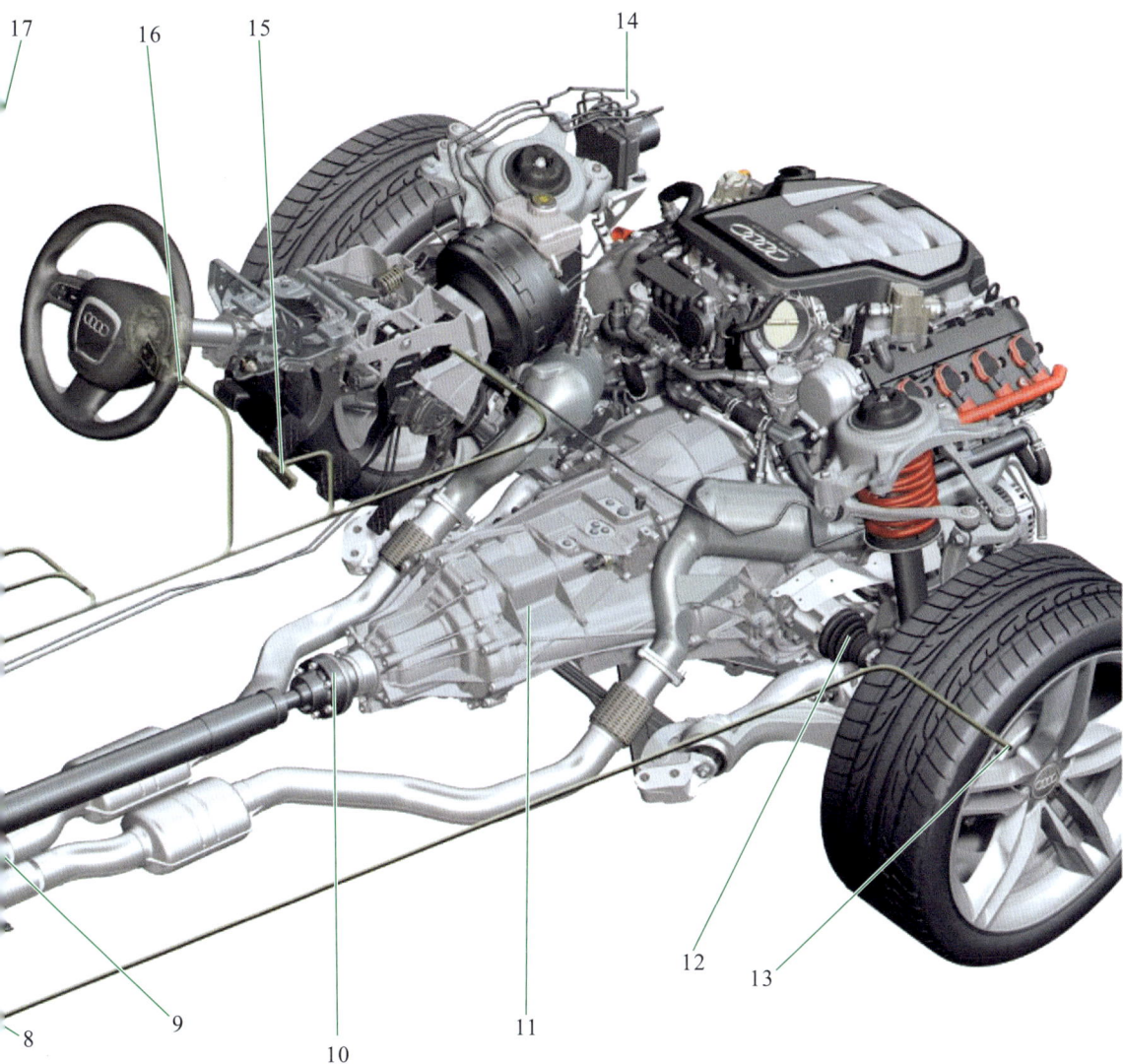

1—左后轮半轴防尘罩（车轮侧）；
2—左后轮驱动半轴；
3—全轮驱动控制单元；
4—后部主传动 0BF/0BE（运动型差速器）；
5—右后轮半轴防尘罩（主传动端）；
6—右后轮驱动半轴；
7—车轮转速传感器（右后）；
8—传动轴；
9—传动轴中间支撑；
10—输出法兰（到传动轴）；

11—带自锁式中间差速器的变速器；
12—右前轮驱动半轴；
13—车轮转速传感器（右前轮）；
14—电子稳定程序 ESP/ABS 控制单元；
15—操纵面板（奥迪行驶模式选择系统开关模块）；
16—转向角传感器；
17—ESP 传感器单元 1 和 2；
18—驱动法兰（万向节法兰）

图 3-8-7　大众 / 奥迪运动型差速器及动态行驶系统示意图

运动型差速器由一个常规的主传动器以及两个新开发的自动控制式叠加单元（左、右各一）构成。每个叠加单元由叠加机构和一个多片离合器组成。

借助于集成的多片离合器的帮助，叠加机构可以将驱动力在后桥车轮之间以任意变化比分配。

多片离合器由液压单元来操纵。液压单元所需要的液压压力由机油泵提供，该机油泵由一个单独的电动机驱动。所有功能都由一个单独的控制单元来控制并监控。

运动型差速器 0BE 和 0BF 在结构及功能上是相同的。0BE 左、右叠加单元以及电动液压控制系统也是直接取自运动型差速器 0BF（属通用件）。0BE 主要配合大扭矩发动机和变速器使用。为了能适应发动机大扭矩的要求，传动系统、从动齿轮、主动齿轮、差动齿轮、轴承和所有壳体部件都相应加大了尺寸。因此，运动型差速器 0BE 比运动型差速器 0BF 宽了约 45mm，重了约 11.5kg。

图 3-8-8 后部主传动系统图

1—后部主传动，型号 0BF；
2—输出法兰（左后轮）；
3—输入法兰（来自传动轴）；

4—差速器半轴行星齿轮（左后轮）；
5,10—多片离合器；
6—左侧叠加单元；

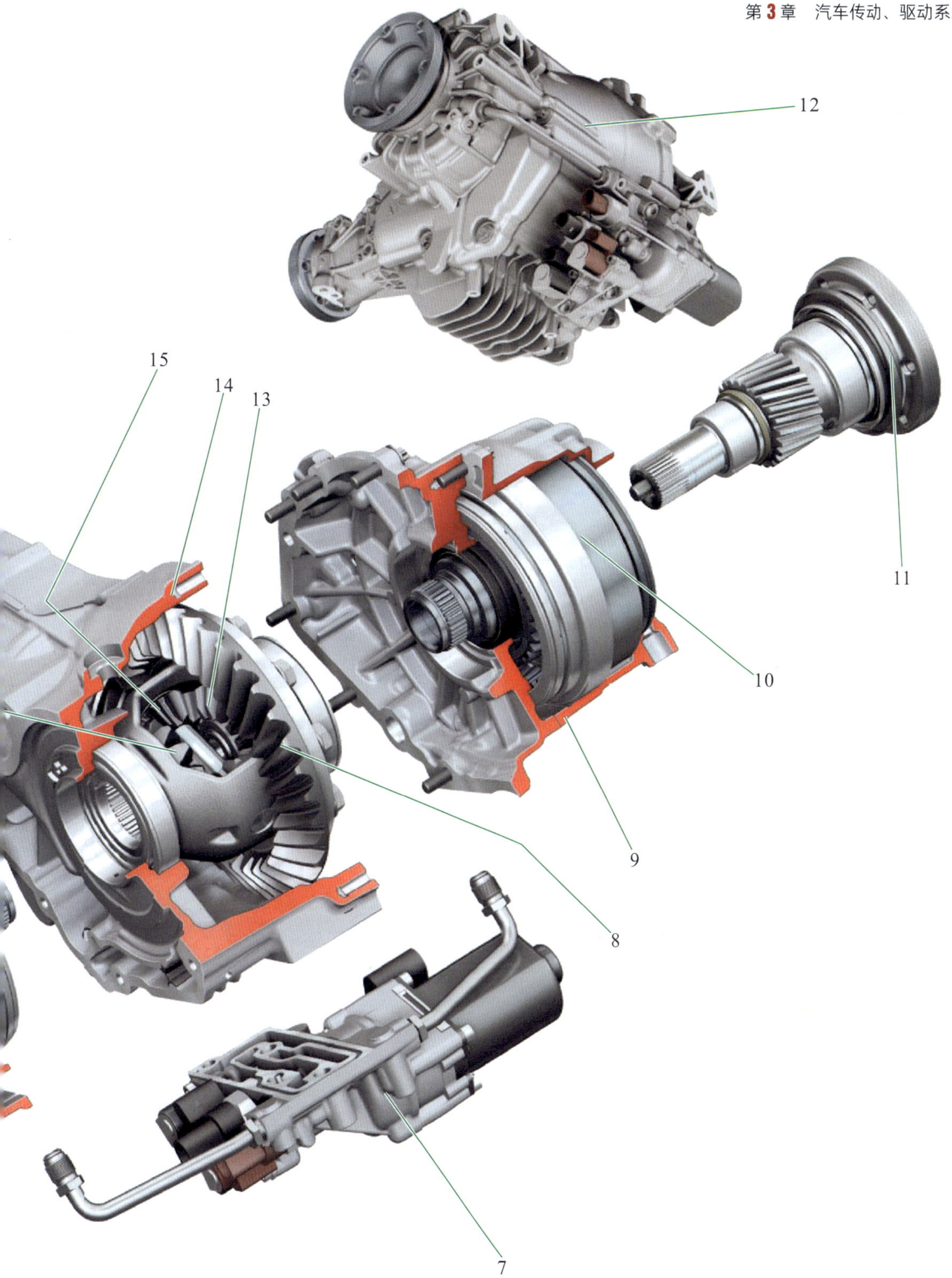

7—执行机构（液压控制单元）；

8—减速器圆锥齿轮；

9—右侧叠加单元；

11—输出法兰（右后轮）；

12—后部主传动，型号 0BE；

13—差速器半轴行星齿轮（右后轮）；

14—主传动（圆锥齿轮传动和差速器）；

15—传动轴行星齿轮

后部主传动 0BF/0BE 必须与全轮驱动控制单元进行匹配和自适应。如果不进行这个自适应过程，运动型差速器是无法发挥作用的。主传动与该控制单元彼此是成对来使用的。每个主传动器都有一个识别身份，多片离合器的分级号刻印在壳体上。

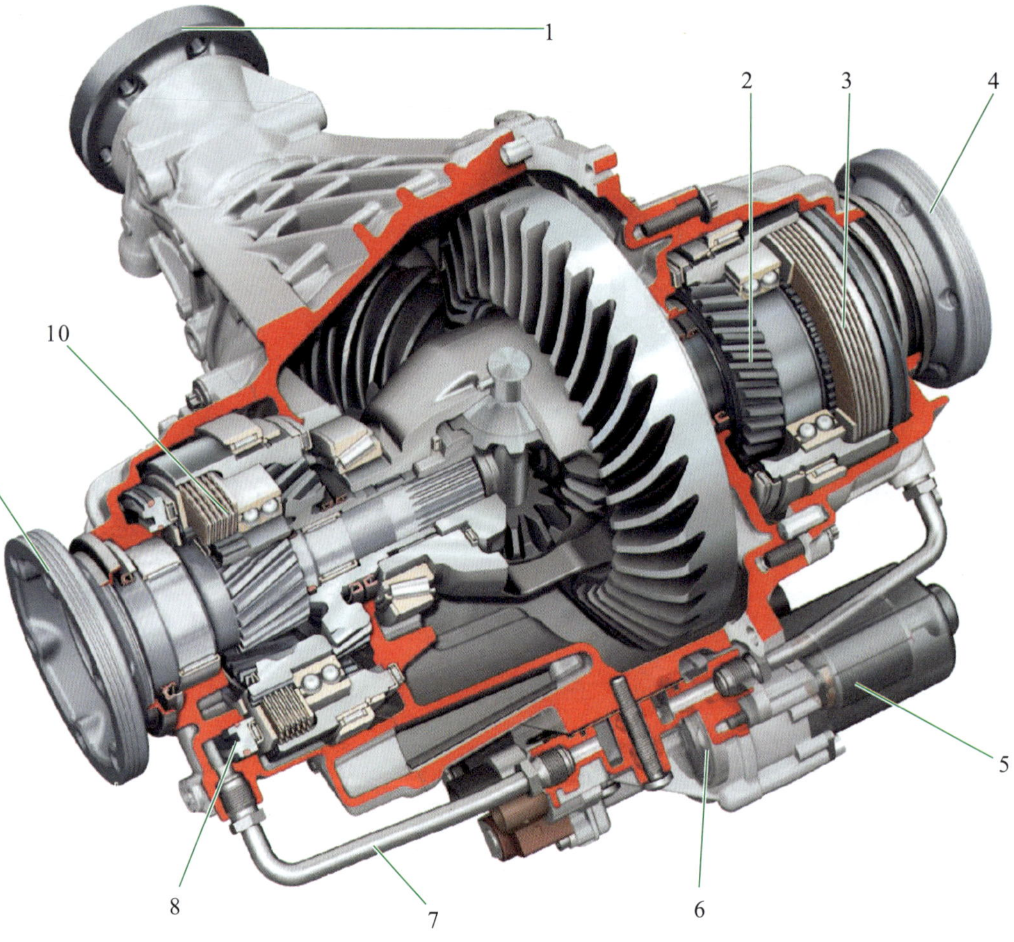

(a) 后部主传动0BE剖面图

1,11—万向节法兰轴（连接传动轴）；	4,14—右侧半轴法兰；
2,12—叠加机构；	5,15—液压泵电机；
3,13—多片离合器；	6,16—液压泵；

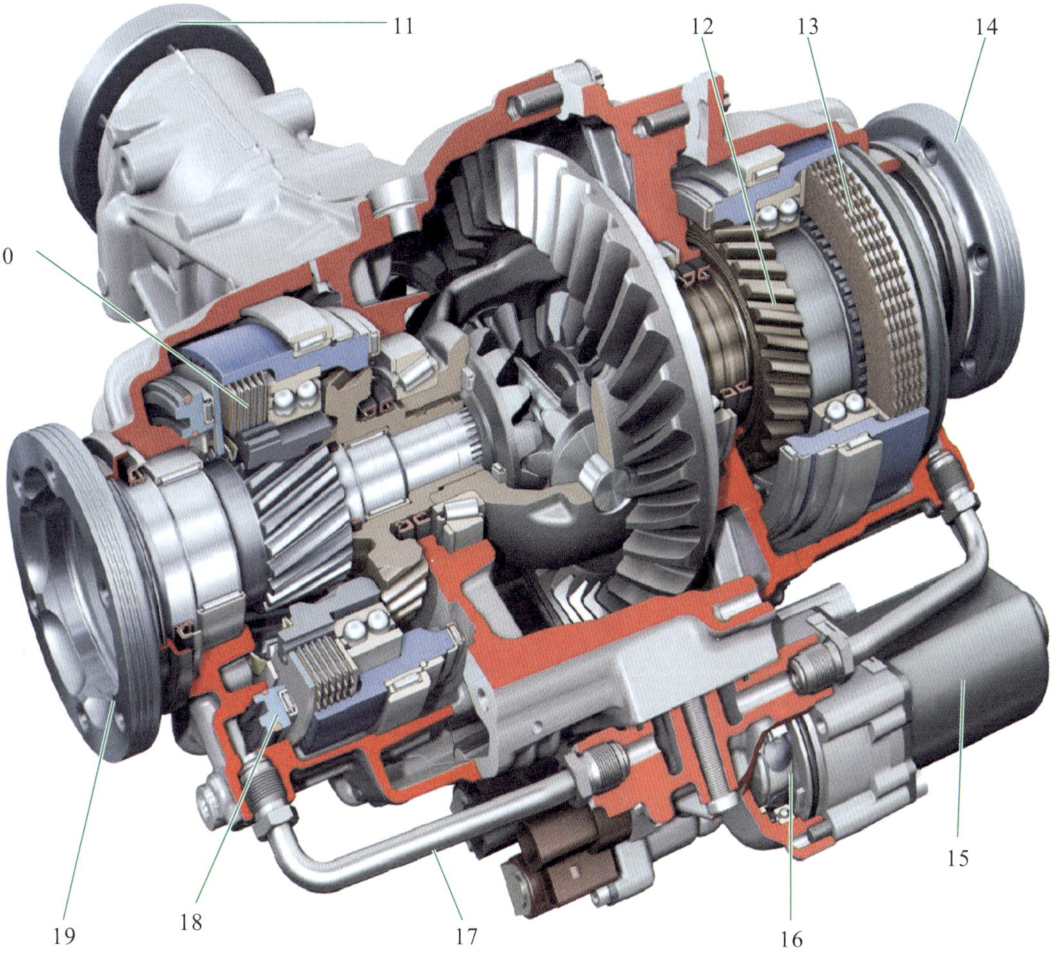

(b) 后部主传动0BF剖面图

7,17—液压管路；
8,18—离合器活塞；

9,19—左侧半轴法兰；
10,20—多片离合器

图 3-8-9　后部主传动 0BE/0BF 剖面图

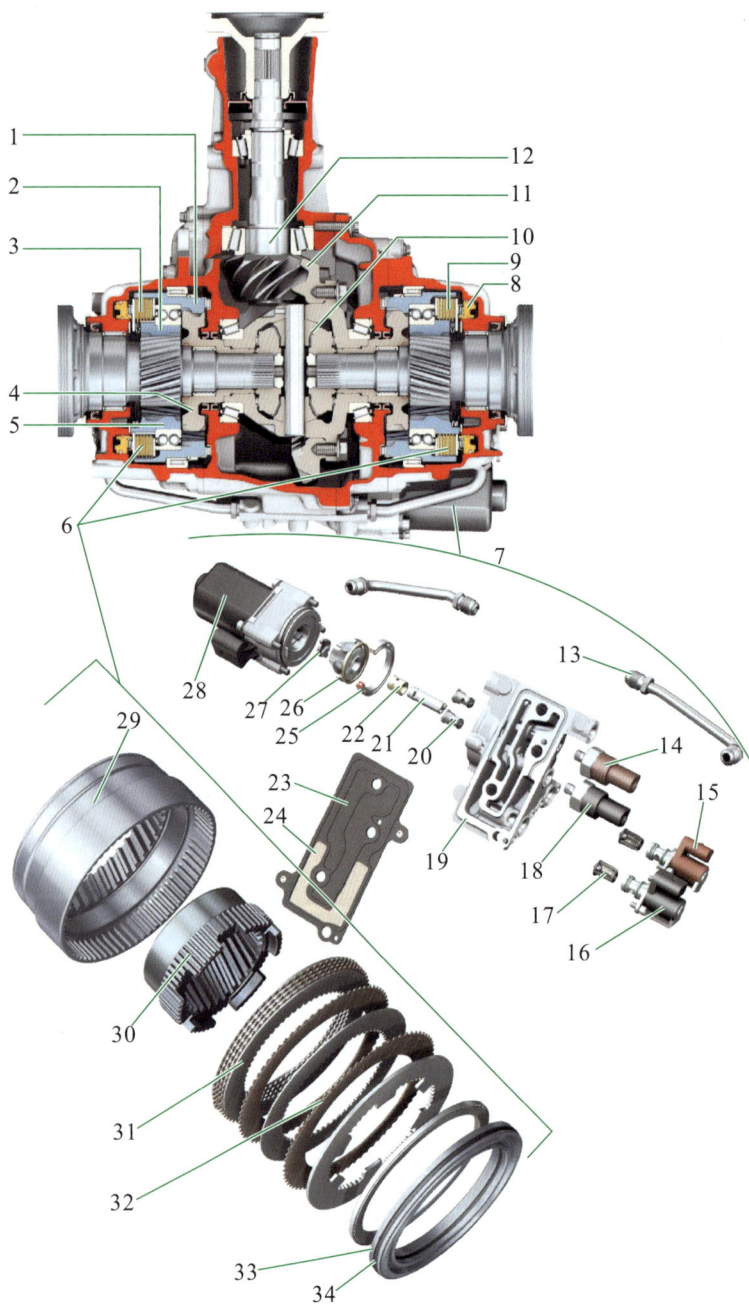

图 3-8-10　多片离合器及液压泵电机分解图

1—齿圈传动 1；

2—齿圈传动 2；

3,6—左 侧 多 片 离 合 器 （分解图）；

4—太阳轮 1；

5—太阳轮 2；

7—液压泵电机（分解图）；

8—离合器活塞；

9—右侧多片离合器；

10—差速器；

11—从动锥齿轮；

12—主动齿轮；

13—接离合器的管子；

14—机油压力和温度传感 器 1；

15—全轮驱动耦合阀 2；

16—全轮驱动耦合阀 1；

17—单向阀；

18—机油压力和温度传感 器 2；

19—执行元件壳体；

20—换向阀；

21—旋转导套 / 泵轴承；

22—轴瓦；

23—密封垫；

24—滤网；

25—轴承；

26—液压泵；

27—同步件；

28—全轮驱动泵（电机）；

29—齿圈 1/ 片组外架；

30—齿圈 2/ 片组外架；

31—离合器钢片；

32—离合器衬片；

33—离合器活塞；

34—离合器分离轴承

运动型差速器可以根据行驶状况，借助于离合器通过叠加机构来细微地改变驱动力矩的传递情况。

下面以右转弯为例介绍运动型差速器的工作原理。

右转弯时运动型差速器可以将更多的驱动力转移到左侧车轮上。通过对左侧离合器进行一定的操控，可以将全部输入功率（100%）中的 50% 传至左侧半轴上。离合器这时是以打滑的方式在工作的，离合器打滑产生的热量造成约 2% 的功率损失。因此刚才所说的那 50% 的功率中实际只有 48% 传至半轴。另外 50% 的功率就经差速器分配到左侧（25%）和右侧（25%）。

于是弯道外侧半轴分得 73% 的驱动功率，而弯道内侧半轴分得 25% 的驱动功率。这样就产生了 48% 的功率差，有助于弯道外侧车轮的工作。牵引能力这时就不再取决于弯道内侧车轮，因为驱动功率的很大部分已经被转移到弯道外侧车轮上。

驱动功率的这种分配方式，会在车上形成一个横摆力矩，该力矩使车摆向弯道内侧。那么所需要的转向回转量就小（与没有这种功率挪移时的转弯相比）。这样就避免出现转向不足，最大牵引力之处（就是弯道外侧）就总是有功率可供使用。车辆的行驶性能极限得到扩展，ESP 的干预明显延迟。

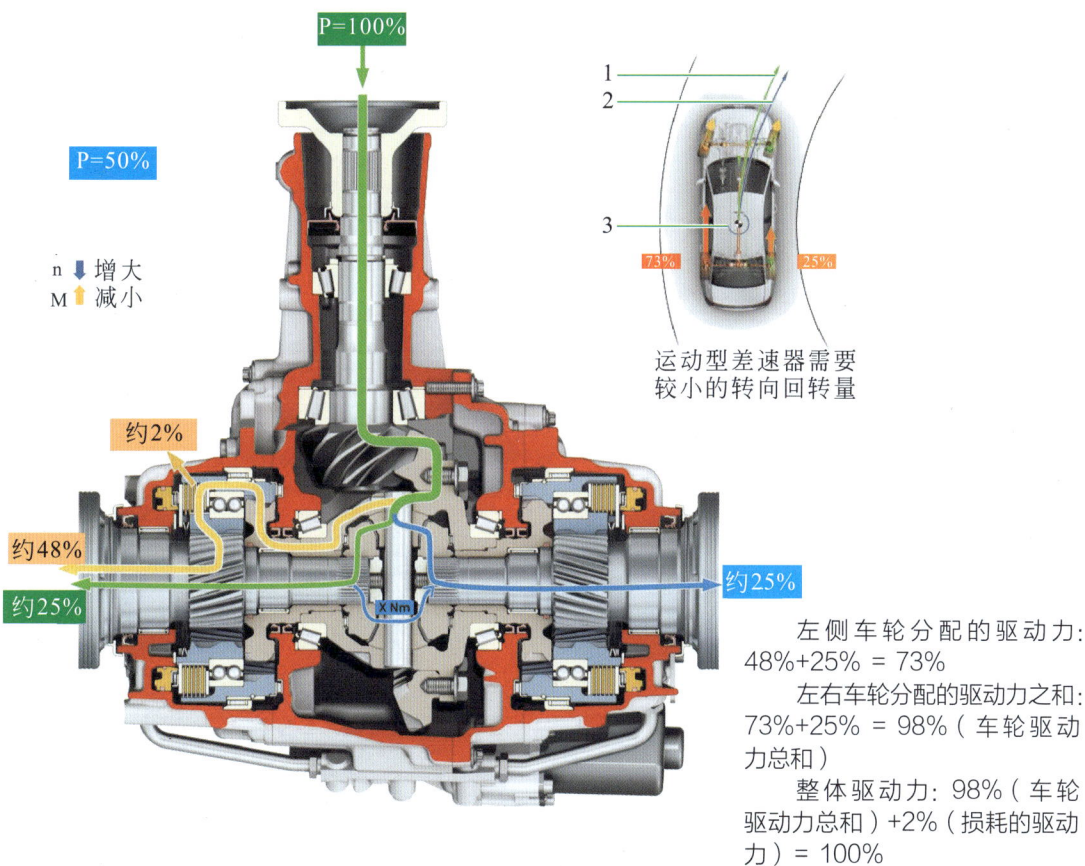

运动型差速器需要较小的转向回转量

左侧车轮分配的驱动力：
48%+25% = 73%

左右车轮分配的驱动力之和：
73%+25% = 98%（车轮驱动力总和）

整体驱动力：98%（车轮驱动力总和）+2%（损耗的驱动力）= 100%

1—弯道半径；	3—发挥作用的横摆力矩
2—转弯半径；	

图 3-8-11　运动型差速器工作原理

第 **4** 章 —— 汽车底盘系统

4.1
汽车底盘概述

4.1.1 汽车底盘作用

汽车底盘的作用是接收发动机的动力，使汽车产生运动。同时底盘具有支撑、安装汽车发动机各部件、总成，形成汽车的整体造型，并保证汽车按照驾驶员的操控正常行驶等作用。

4.1.2 汽车底盘组成

汽车底盘由传动系统（因传动系统的特殊性，本书对传动系统单独进行了讲解）、行驶系统、转向系统和制动系统组成，如图 4-1-1 所示。

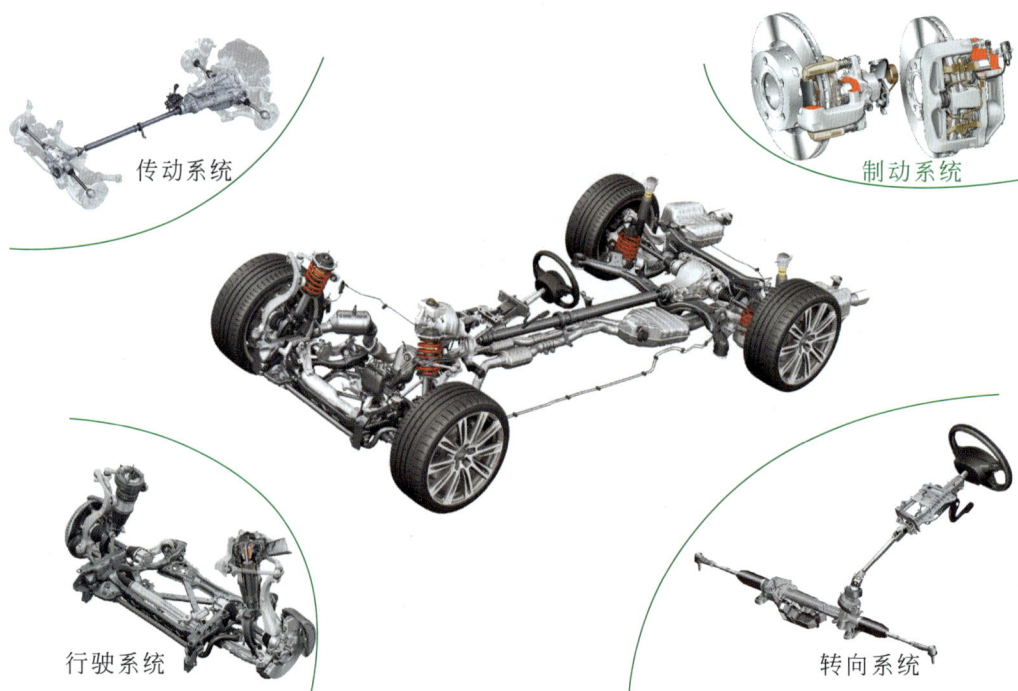

图 4-1-1　汽车底盘组成

传动系统：将发动机的动力传递给车轮。传动系统包括离合器、变速器、传动轴、主减速差速器、半轴等部分。

行驶系统：使汽车各总成及部件安装到适当的位置，对全车起到支撑和对路面起到附着作用，缓和道路冲击和振动。行驶系统包括车身、车架、前悬架、前车轮、后悬架、后车轮等部分。

转向系统：使汽车按照驾驶人的操控行驶。转向系统包括方向盘、转向器、转向传动装置、转向助力装置等。

制动系统：使汽车减速或停车，并可保证驾驶人离去后汽车可靠地停驻。制动系统包括前轮制动器、后轮制动器、驻车制动器、制动控制装置、传动装置和助力装置等。

4.2

行驶系统

4.2.1　概述

　　汽车行驶系统的功用是接收发动机经传动系统传来的扭矩，并通过驱动轮与路面间的附着作用，产生路面对汽车的牵引力，以保证整车正常行驶；传递并承受路面作用于车轮上的各向反力及其形成的力矩；缓和各种冲击及振动，保证汽车平顺行驶，并且与汽车转向系统很好地配合工作，实现汽车行驶方向的正确控制，以保证汽车操纵稳定性。

　　汽车行驶系统一般由悬架、车轮、轮胎、车身、车架等组成，如图 4-2-1 所示。

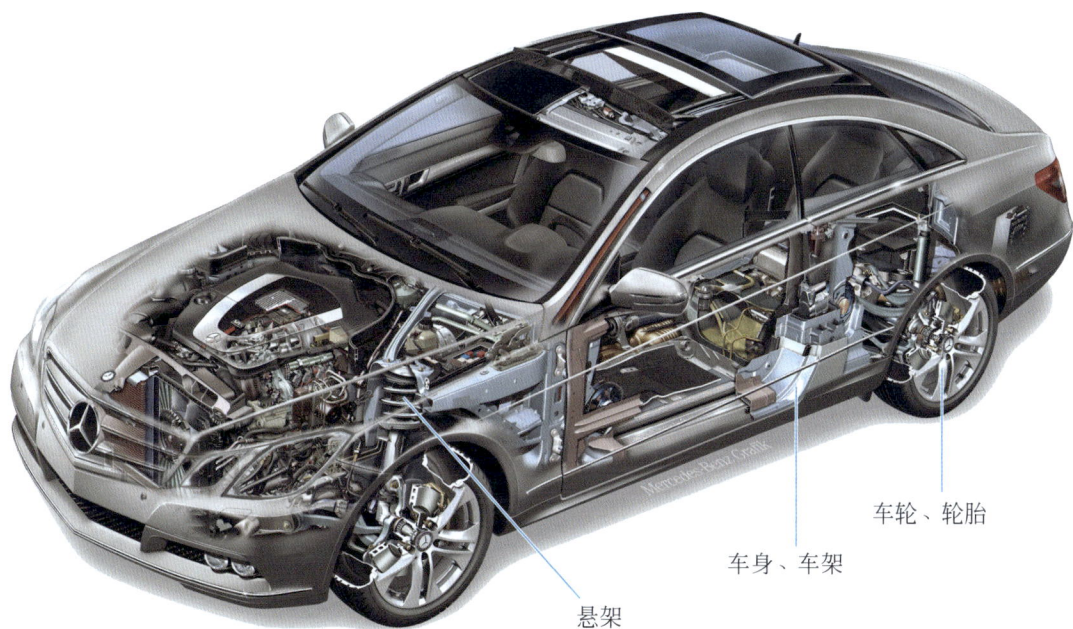

　　车轮、轮胎

　　车身、车架

　　悬架

图 4-2-1　行驶系统组成

4.2.2　悬架

　　悬架，即车架（或承载式车身）与车桥（或车轮）间的所有传力连接装置的统称。其主要功能在于传递路面施加于车轮的各类反力，包括但不限于垂直反力（支撑力）、纵向反力（驱动力与制动力）、侧向反力，以及由此产生的力矩至车架（或承载式车身），以保障车辆的正常行驶。

　　按照系统结构不同，悬架可分为非独立悬架和独立悬架。

（1）**非独立悬架**　非独立悬架（图4-2-2）的结构特性在于，其两侧车轮被安装在一个整体式的车桥上。车轮与车桥共同通过弹性元件与车架或车身相连接。值得注意的是，两侧车轮并非相互独立，而是通过刚性轴紧密相连。这种结构使得车轮在行驶过程中的运动具有一定的关联性。

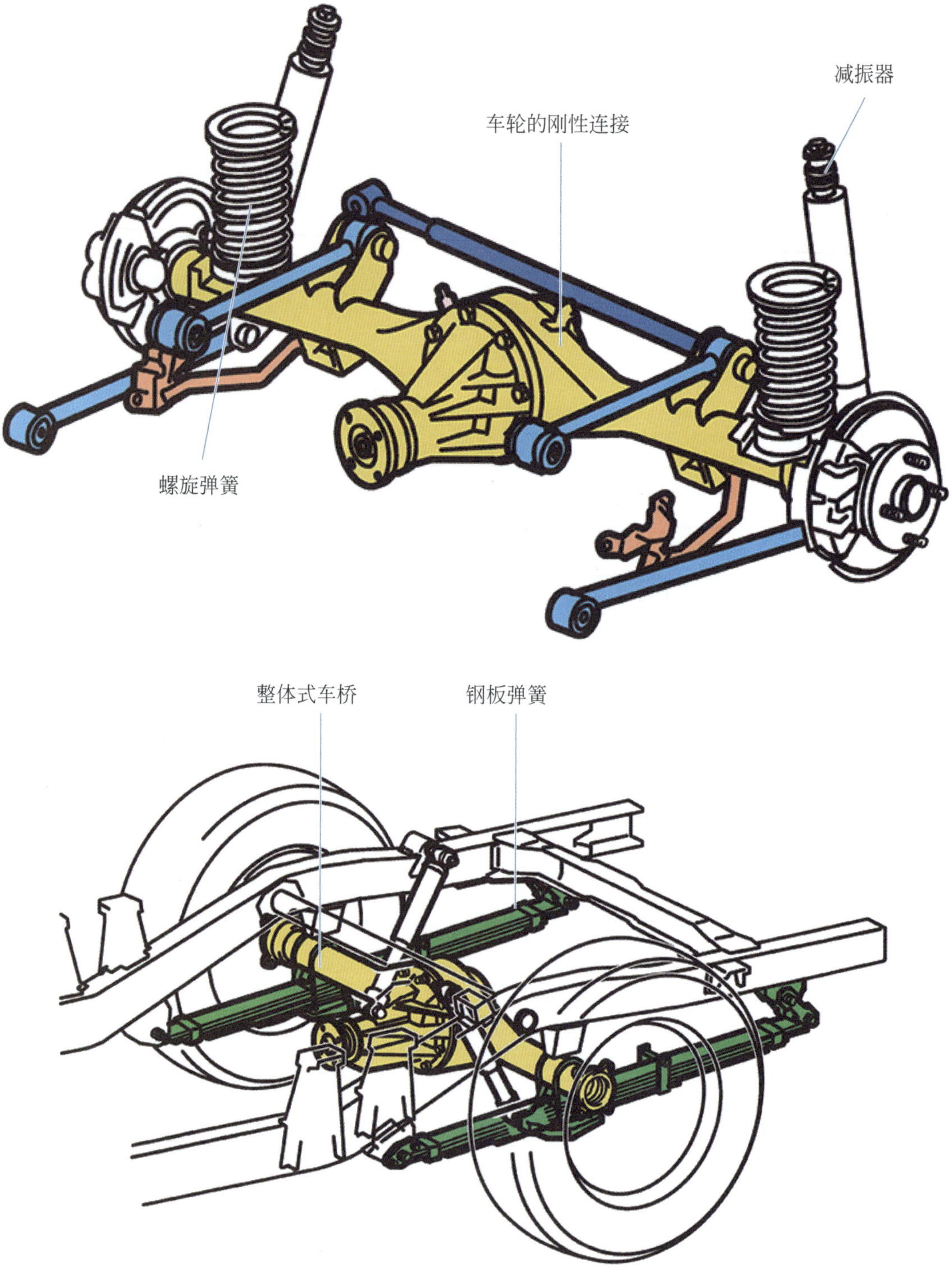

图 4-2-2　非独立悬架

扭杆梁式非独立悬架（图 4-2-3）是汽车后悬架类型的一种，其通过一个扭杆梁来平衡左右车轮的上下跳动，以减小车辆的摇晃，保持车辆的平稳。尽管有些厂商宣称自己的车装备的是扭杆梁式半独立悬架，但是扭杆梁式悬架还是非独立悬架的一种。

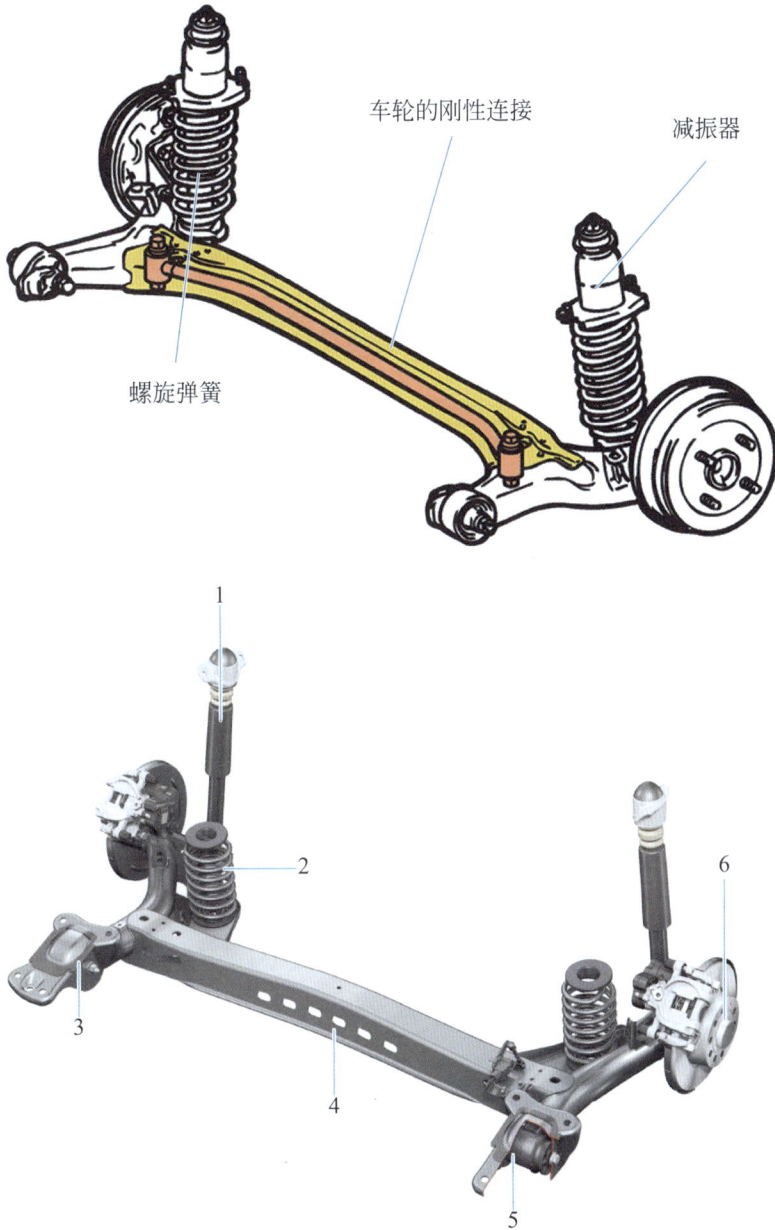

1—双管减振器；
2—螺旋弹簧；
3—支撑座；
4—扭杆梁式悬架；
5—支撑；
6—车轮支撑

图 4-2-3 扭杆梁式非独立悬架

（2）独立悬架　独立悬架（图4-2-4）的设计特性在于，其两侧车轮能够各自独立地与车架或车身实现弹性连接。这意味着，当一侧车轮遭遇冲击时，其动态表现将不会对另一侧车轮造成任何影响。独立悬架依据其结构差异，可进一步细分为麦弗逊式、横臂式、纵臂式以及多连杆式等多种类型。

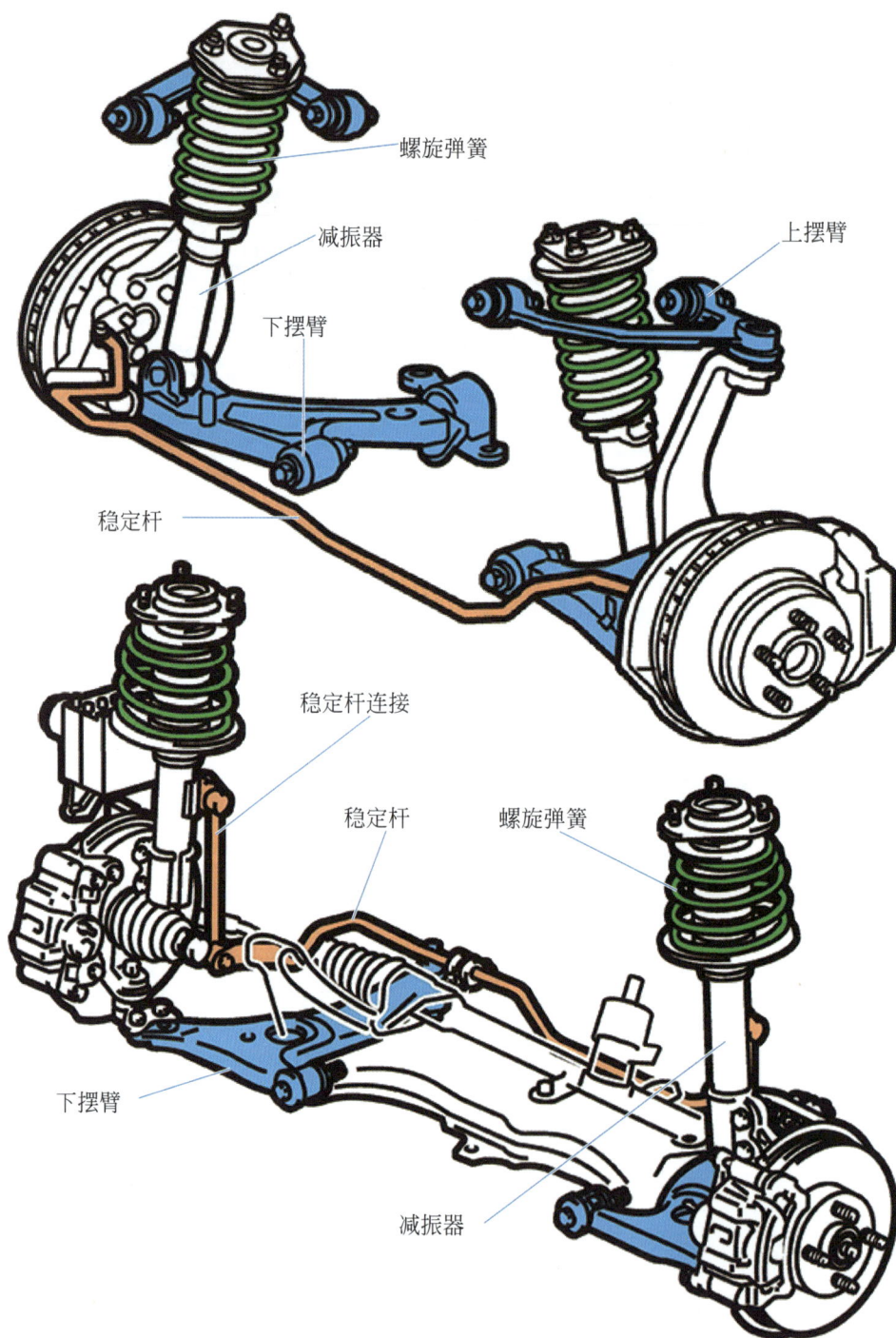

螺旋弹簧

减振器

上摆臂

下摆臂

稳定杆

稳定杆连接

稳定杆

螺旋弹簧

下摆臂

减振器

图4-2-4　独立悬架

① 麦弗逊式独立悬架（图 4-2-5）。麦弗逊式独立悬架广泛应用于发动机前置前轮驱动轿车的前悬架中。这种悬架由减振器、螺旋弹簧、下控制臂和稳定杆等组成。螺旋弹簧与减振器装于一体，减振器作为引导车轮跳动的滑柱，有的还兼起转向主销作用。悬架有一下控制臂，其上端以橡胶做支撑，允许滑柱上端有少许角位移。采用这种悬架的汽车前端空间大，有利于发动机布置，并可降低整车的重心。

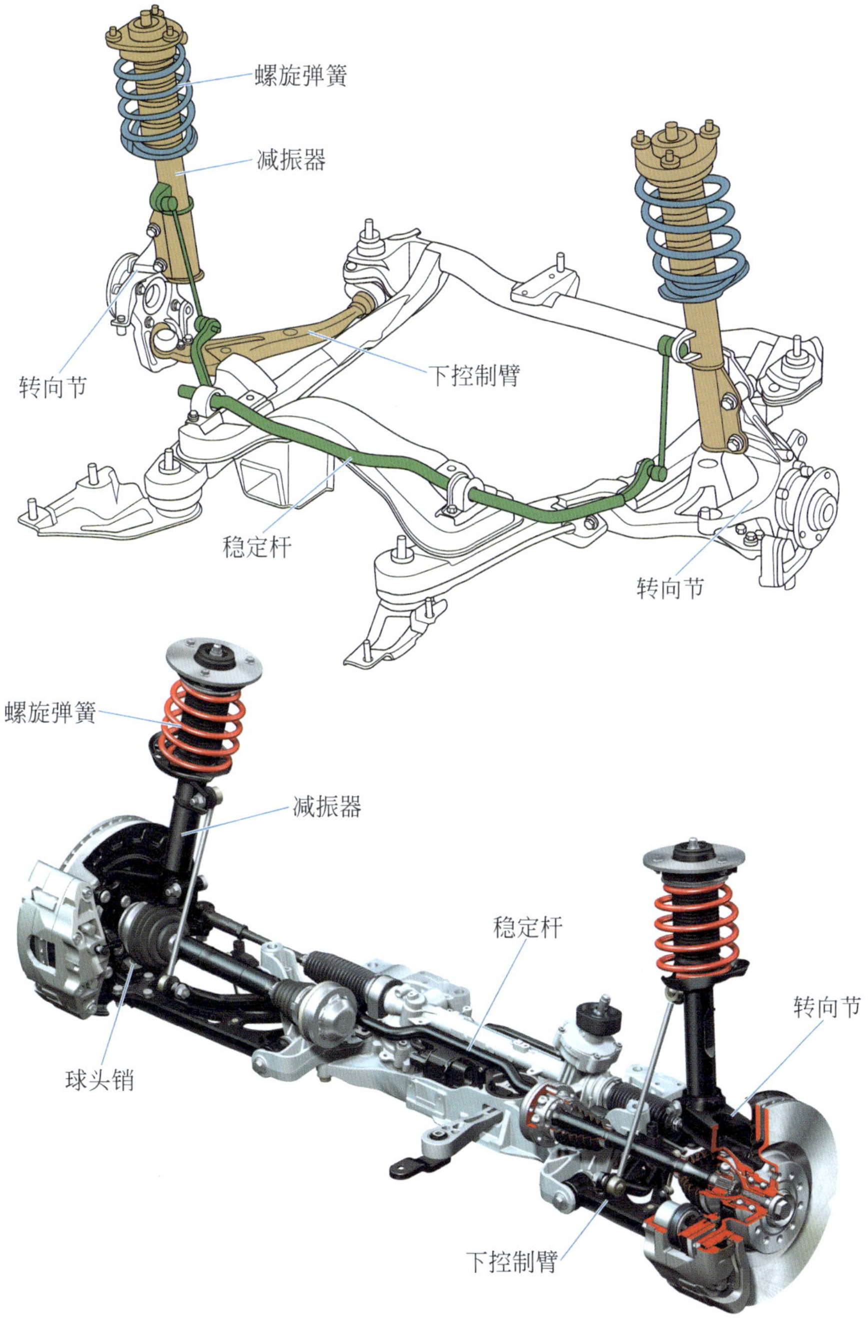

图 4-2-5　麦弗逊式独立悬架

② 多连杆式独立悬架。多连杆式独立悬架是指由多根连杆（一般四到五根）组合在一起来控制车轮位置变化的悬架。由于悬架具备多根连杆，并且连杆可对车轮进行多方面的控制，所以在做车轮定位时可对车轮进行单独调整。如图 4-2-6 所示为四连杆式独立悬架前桥，如图 4-2-7 所示为五连杆式独立悬架前桥。

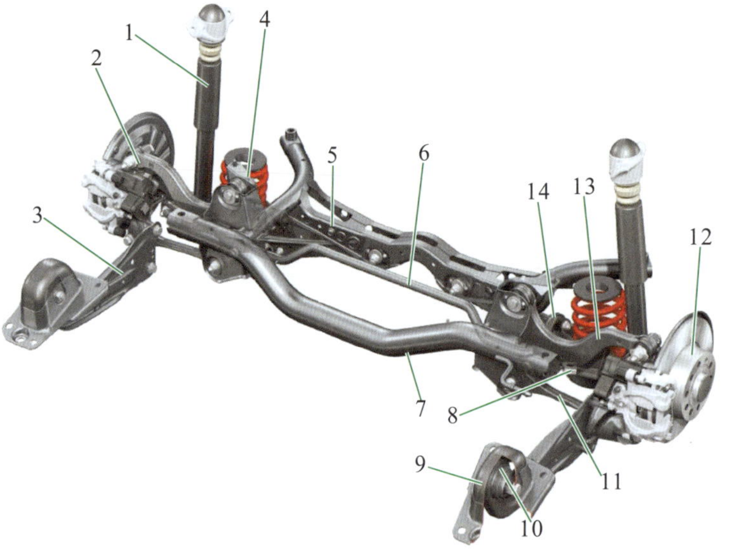

1—减振器；
2—车轮支架；
3—纵摆臂；
4—螺旋弹簧；
5—副车架；
6—横向稳定杆；
7—支撑；
8—悬架臂；
9—轴承座；
10—支撑；
11—前束控制器；
12—车轮轴承／轮毂；
13—上部横摆臂；
14—连接杆

图 4-2-6　四连杆式独立悬架前桥

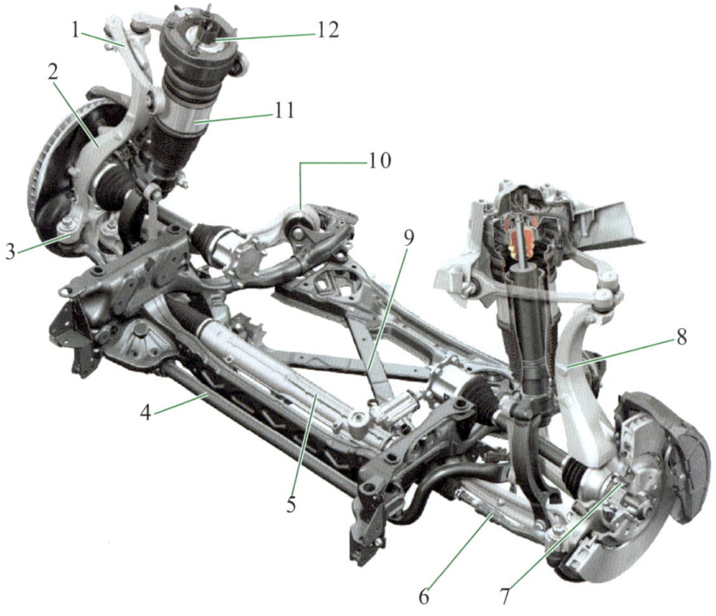

1—支撑杆；
2—转向节；
3—集成在转向节上的支撑杆球节；
4—横向稳定杆；
5—转向器；
6—转向拉杆；
7—车轮轴承；
8—转向节；
9—副车架；
10—液压导向轴承；
11—减振器；
12—支座（集成在车身上）

图 4-2-7　五连杆式独立悬架前桥

经过精心研发与改进，奥迪成功将原有的多连杆式独立悬架升级为梯形臂式独立悬架，进一步提升了车辆的操控性与稳定性，如图4-2-8所示。

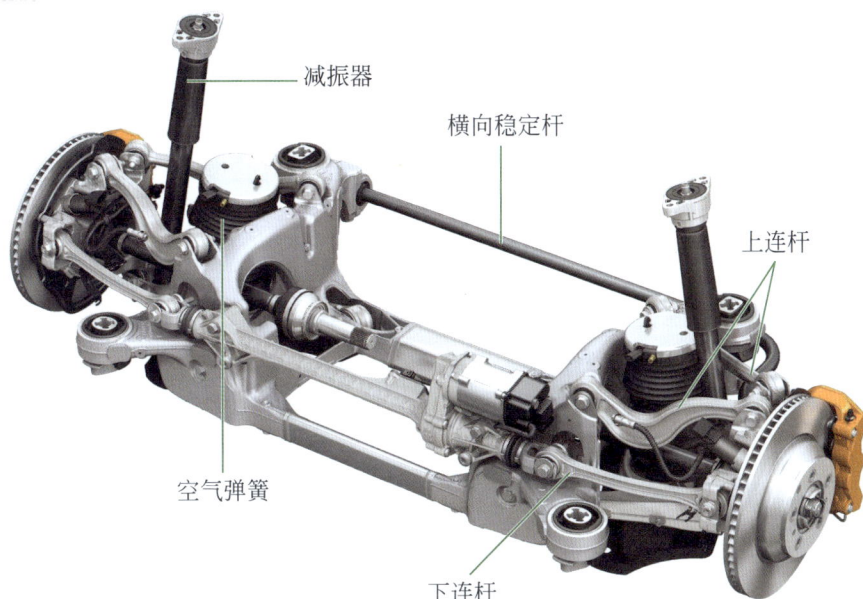

减振器

横向稳定杆

上连杆

空气弹簧

下连杆

图4-2-8　梯形臂式独立悬架

③ 横臂式独立悬架。横臂式独立悬架上摆臂和下摆臂的一端分别通过摆臂轴与车架连接，另一端分别通过上下球头销与转向节连接。上摆臂与上球头销铆接成一体，内部装有减振弹簧（螺旋弹簧或空气弹簧），能自动消除球头销与销座间磨损后的间隙。下摆臂与下球头销是可以拆卸的，通过减少垫片来消除球头销处的磨损间隙。横臂式独立悬架构造如图4-2-9所示。

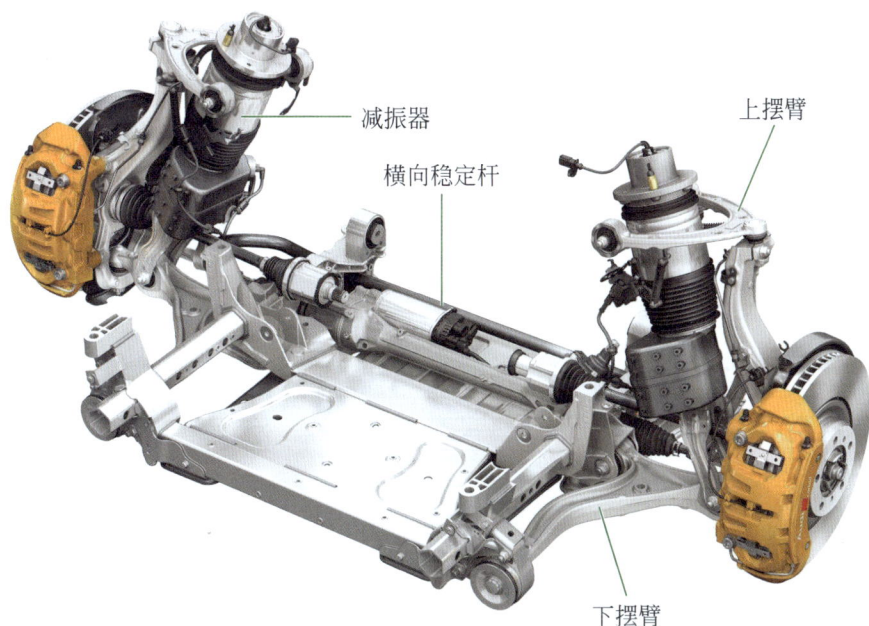

减振器

上摆臂

横向稳定杆

下摆臂

图4-2-9　横臂式独立悬架

（3）弹性元件　汽车上常见的弹性元件包括螺旋弹簧、钢板弹簧、扭杆弹簧、空气弹簧等。

螺旋弹簧广泛地用于独立悬架，特别是前轮独立悬架。将特殊的弹簧钢杆卷成螺旋状就成了螺旋弹簧，可做成等螺距或变螺距。前者刚度不变，后者刚度是可变的，如图4-2-10（a）所示。

钢板弹簧由一组弯曲弹簧钢板从短至长依次叠放而成，如图4-2-10（b）所示。这些重叠钢板在中心点用U形中心螺栓或铆钉固定在一起。

扭杆弹簧（通常简称为扭杆）是用其自身扭转弹性抵抗扭曲力的弹簧钢杆。扭杆的一端固定在车架或车身其他构件上，另一端连在受到扭力载荷的部件上，如图4-2-10（c）所示。

空气弹簧[图4-2-10（d）]是以空气作为弹性介质，即在一个密闭的容器内装入压缩空气，利用气体的可压缩性实现弹簧的作用。

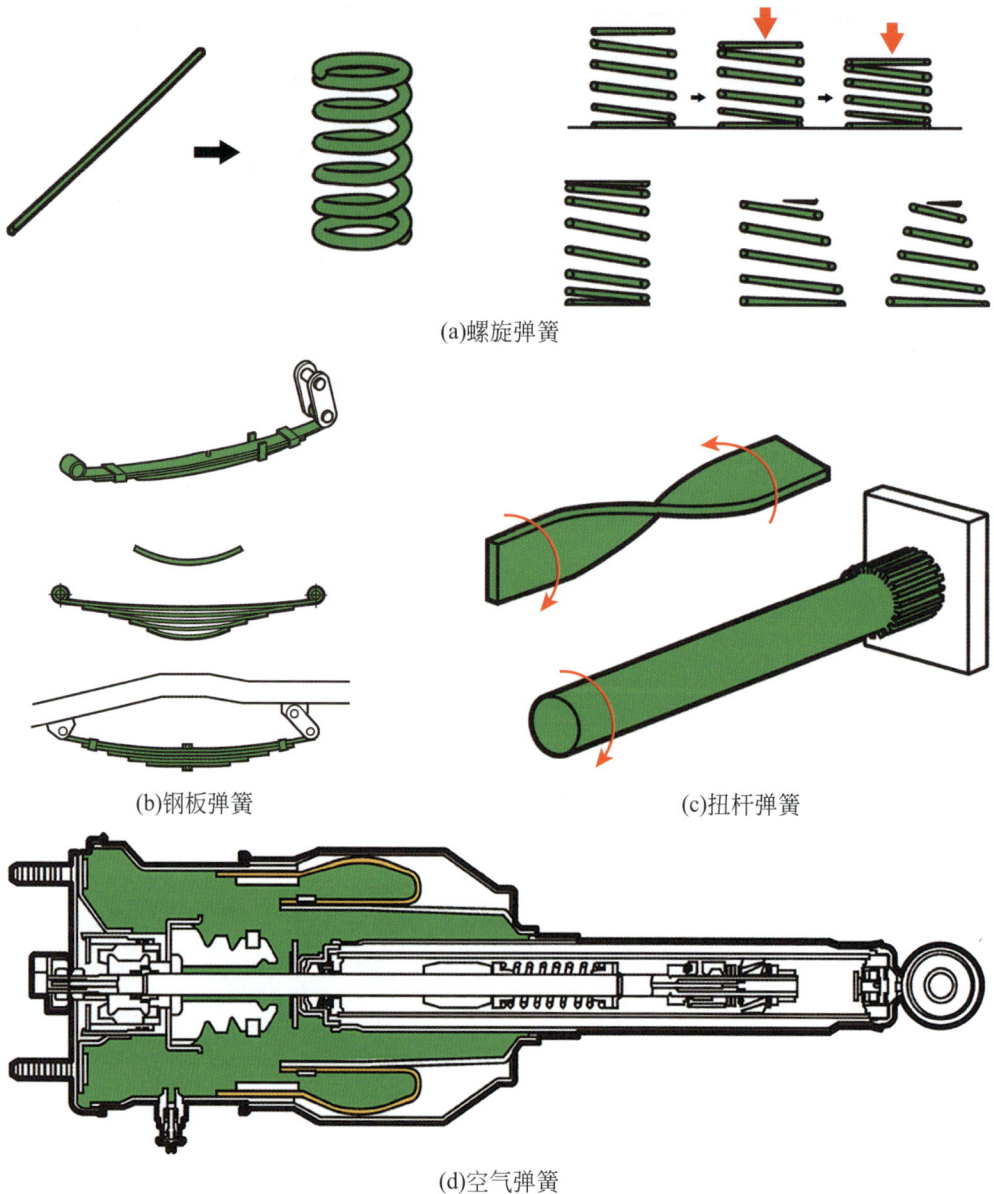

(a)螺旋弹簧

(b)钢板弹簧

(c)扭杆弹簧

(d)空气弹簧

图 4-2-10　弹性元件

（4）减振器构造与原理 减振器与弹性元件并联安装在车桥和车架（或车身）之间，以衰减振动。目前汽车中广泛采用液力减振器，利用迫使不可压缩的液体流过一些小孔产生阻力来消耗振动的能量。单筒式减振器结构如图 4-2-11（a）所示，双筒式减振器结构如图 4-2-11（b）所示，减振器剖面如图 4-2-11（c）所示。

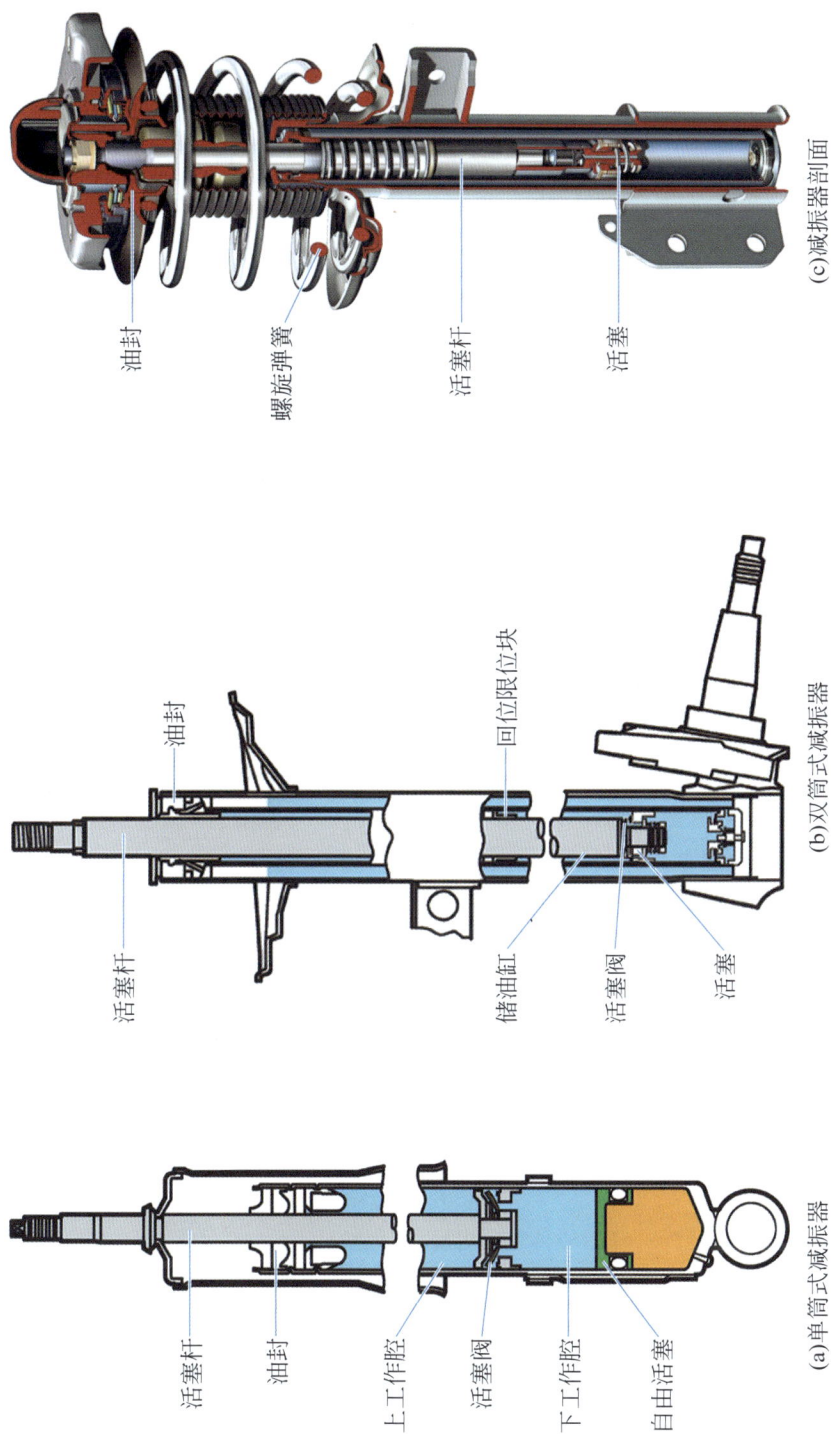

（c）减振器剖面

油封　螺旋弹簧　活塞杆　活塞

（b）双筒式减振器

油封　回位限位块　储油缸　活塞阀　活塞　活塞杆

（a）单筒式减振器

活塞杆　油封　上工作腔　活塞阀　下工作腔　自由活塞

图 4-2-11　减振器结构

　　双筒作用式减振器的结构如图 4-2-12（a）所呈现。在压缩阶段，如图 4-2-12（b）所示，减振器的性能由底阀与活塞运动阻力共同决定。在此过程中，活塞杆将机油挤出并引导其流入机油储油缸，底阀则对机油的流动施加一定的阻力。而在回弹阶段，如图 4-2-12（c）所示，活塞阀独自承担减振功能，对向下流动的机油施加一定的阻力，从而有效降低车辆的振动。

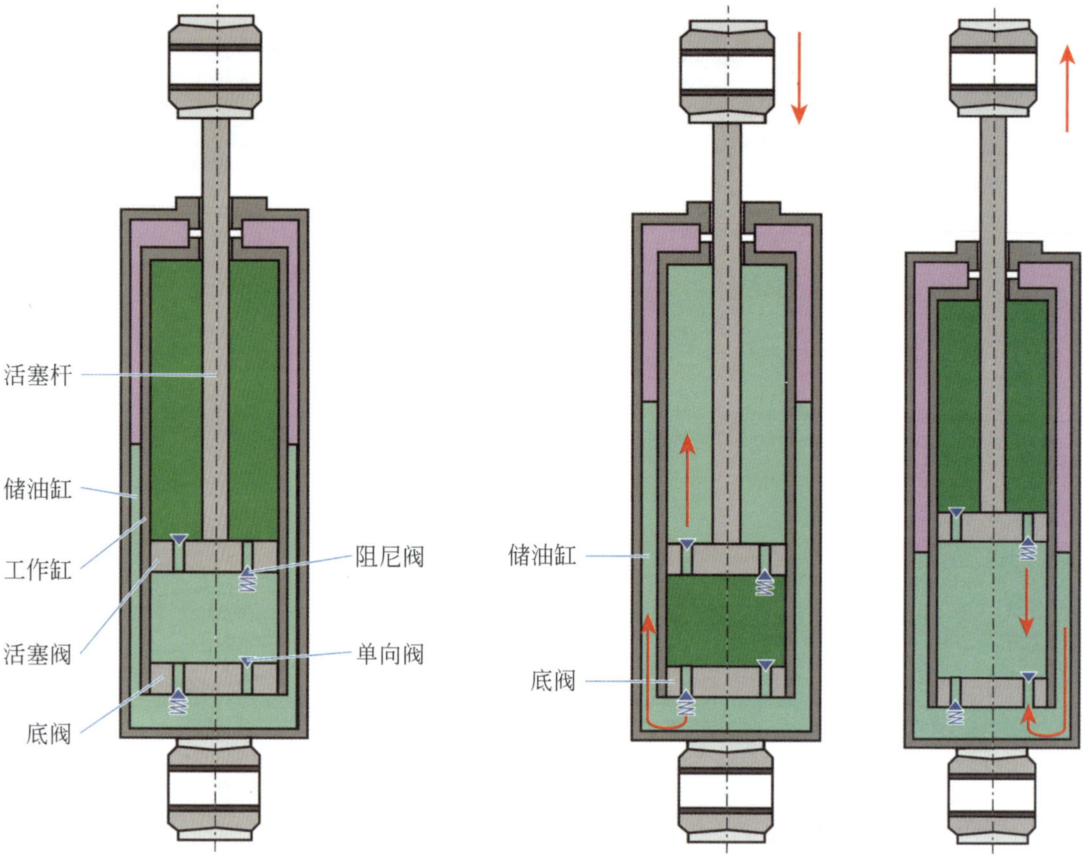

活塞杆

储油缸

工作缸　　　　　　　　　　　阻尼阀

活塞阀　　　　　　　　　　　单向阀

底阀

储油缸

底阀

(a)双筒作用式减振器结构　　　　　　(b)压缩阶段　　　　　　(c)回弹阶段

图 4-2-12　双筒作用式减振器结构与原理

　　（5）自适应主动悬架（电控主动悬架）　根据道路状况和车身高度传感器的输入信号，车身控制单元/底盘控制单元会精准地分析车身高度变化。随后，通过控制空气压缩机和排气阀门的操作，空气弹簧能够自动进行压缩或伸展，从而灵活调整底盘的离地间隙。这一机制旨在提升车辆在高速行驶时的稳定性，以及在复杂路况下的通过能力。

　　空气悬架系统核心组件包括控制单元、空气供给单元（由压缩机和电动机组成，负责为系统提供所需的压缩空气）、电磁阀体（包含多个电磁阀，用于连接空气供给单元与空气弹簧和蓄压器）、前后空气弹簧、车身高度传感器、空气管路以及蓄压器等。空气弹簧气囊的下部通过夹紧卡箍固定于减振器上，而其上部则与减振器支座相连，共同构成一个封闭的气囊空间。在弹簧伸缩过程中，空气弹簧气囊会在旋转塞上实现"滚动"动作。

　　图 4-2-13 展示了奥迪 Q7、A8 的自适应空气悬架系统示意图，而图 4-2-14 则提供了空气供给单元、电磁阀和空气悬架的剖面图，以便更深入地了解这一先进技术的内部结构和工作原理。

(a) 奥迪Q7自适应主动悬架

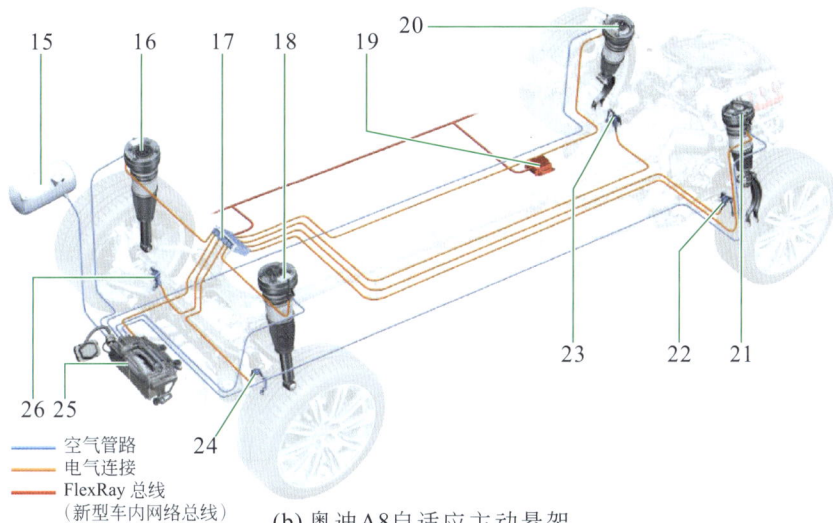

空气管路
电气连接
FlexRay 总线
（新型车内网络总线）

(b) 奥迪A8自适应主动悬架

1,21—右前空气弹簧支柱和减振器，右前减振调节阀；	6,16—左后减振调节阀；	17—水平调节控制单元；
2—底盘控制单元（包含空气悬架控制系统）；	7—空气弹簧；	19—传感器电子装置控制单元；
3,10,15—蓄压器；	8—左后车身高度传感器；	22—右前车辆水平传感器；
4,18—右后减振调节阀；	9—右后车身高度传感器；	23—左前车辆水平传感器；
5,25—空气供给单元（包括压缩机）和电磁阀体；	11—空气管路；	24—右后车辆水平传感器；
	12,20—左前空气弹簧支柱和减振器；	26—左后车辆水平传感器
	13—左前车身高度传感器；	
	14—右前车身高度传感器；	

图 4-2-13　奥迪 Q7、A8 的自适应空气悬架系统示意图

压缩机通过 2 个活塞压缩空气。

压缩第一级的活塞（小直径）与其连杆直接连在驱动轴的偏心盘上。压缩第二级的活塞（大直径）安装在压缩第一级的连杆上。因此，两个活塞共同朝着一个方向移动。在压缩第一级的活塞密封期间，压缩第二级的活塞吸气。

压缩第一级产生约 4～6bar 的压力，压缩第二级提供约 18bar 的系统压力。最长接通时长约 4min，控制电子装置使用额外的安全功能，这项功能在最坏情况下最长 6min 后关闭压缩机。

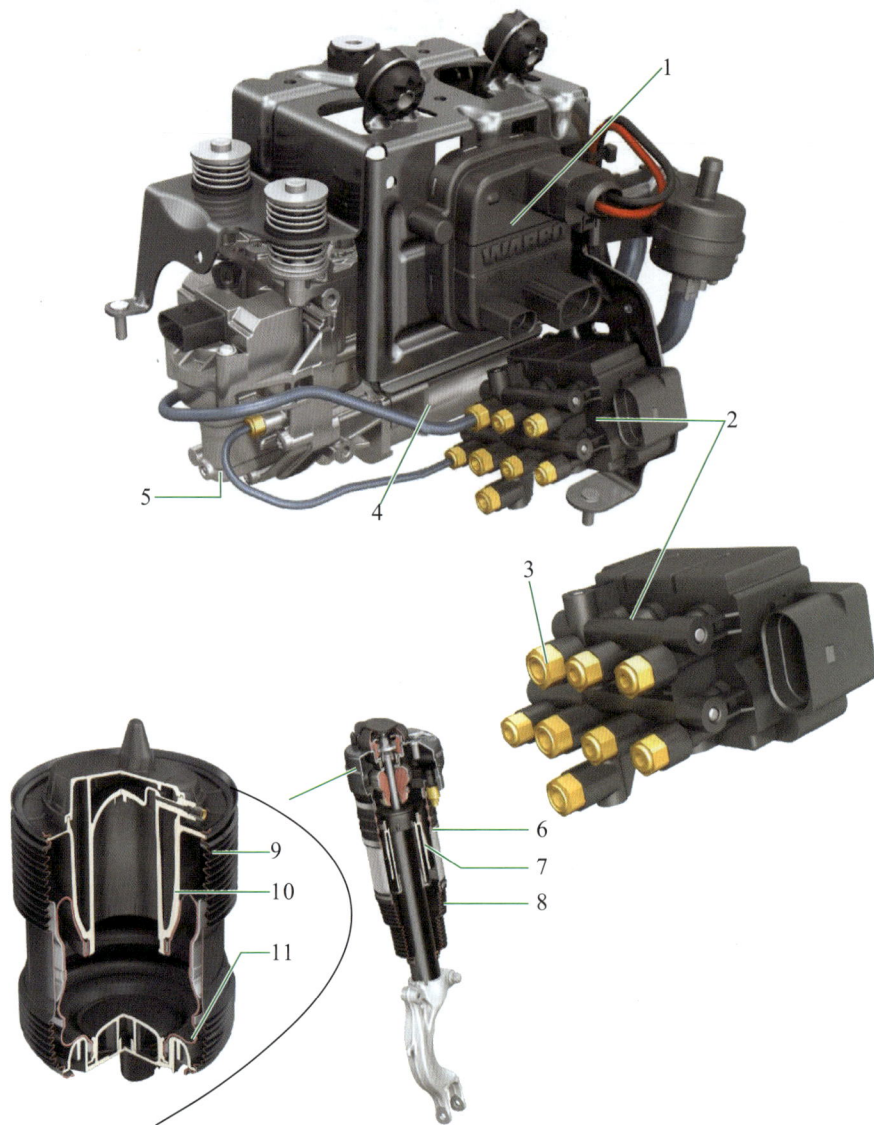

1—控制单元；	5—压缩机；
2—电磁阀体；	6,11—空气弹簧气囊；
3—电磁阀；	7,10—旋转塞；
4—电动机（驱动压缩机）；	8,9—波纹管

图 4-2-14　空气供给单元、电磁阀和空气悬架剖面图

4.2.3　车轮与轮胎

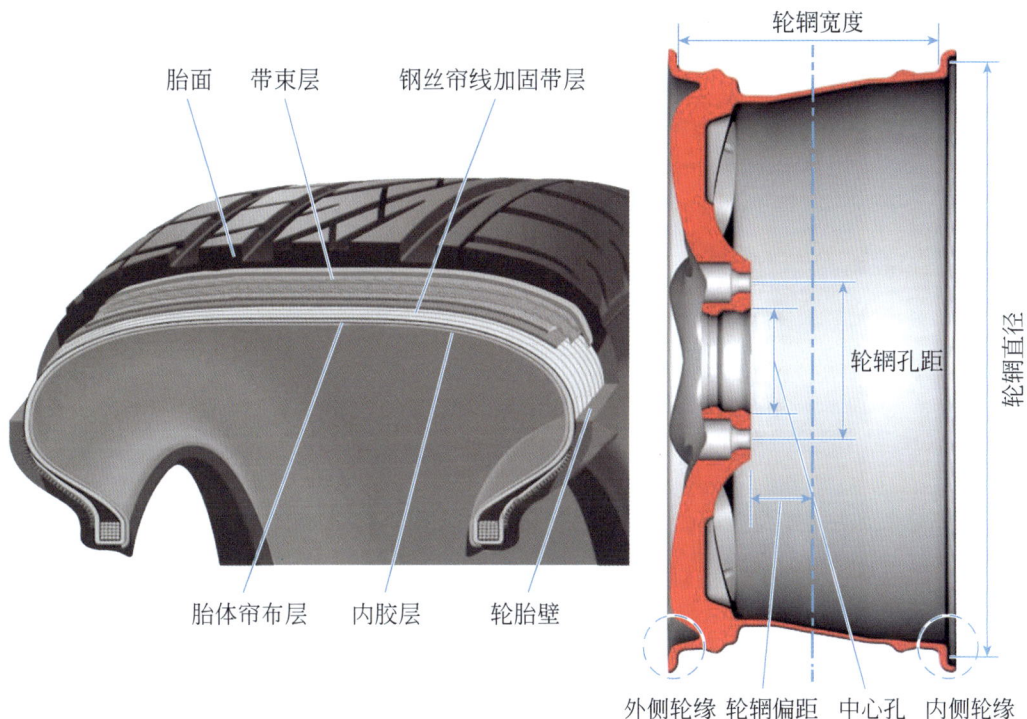

车轮，作为承受负荷并介于轮胎与车轴之间的旋转组件，主要由轮辋与轮辐构成。轮辋，其功能在于安装并支撑轮胎；而轮辐，则扮演着在车轮上连接车轴与轮辋的支撑角色。这两大部件的设计可以是整体式、永久连接式或可拆卸式。此外，车轮还可能包含轮毂这一组成部分。

在现代汽车中，充气轮胎几乎成为标配。轮胎被安装在轮辋之上，直接与路面接触，发挥着多重作用。首先，轮胎与汽车悬架协同工作，缓和车辆行驶时所遭受的冲击，并减少由此产生的振动，从而确保汽车具备优秀的乘坐舒适性和行驶平顺性。其次，轮胎确保车轮与路面之间维持良好的附着性，以优化汽车的牵引、制动及通过性能。最后，轮胎还负责承受汽车的重力，并传递来自其他方向的力和力矩。

鉴于上述功能，轮胎必须具备适当的弹性和承受载荷的能力。同时，其直接与路面接触的胎面部分，应设计有增强附着作用的花纹，以优化行驶性能。车轮与轮胎的结构如图 4-2-15 所示。

图 4-2-15　车轮与轮胎

4.2.4　车身与车架

汽车车身是驾驶人的工作场所，也是装载乘客和货物的场所。

车身应为驾驶人提供良好的操作条件，为乘员提供舒适的乘坐条件（隔离汽车行驶时的振动、噪声、废气以及恶劣气候的影响），并保证完好无损地运载货物且装卸方便。车身结构和设备还应保证行车安全和减轻事故后果。

对于轿车而言，汽车车身一般由车身本体、内外装饰件、车身附件以及车身电器和电子设备组成。对于货车和专用汽车，还包括货箱和其他专用设备。

车身本体（白车身）既是汽车承载的主体，也是一切车身部件的安装基础，通常由纵梁、横梁、立柱、加强板等车身结构件和车身覆盖件组合而成，还包括发动机舱盖、翼子板、车门和行李箱盖等，如图4-2-16所示。

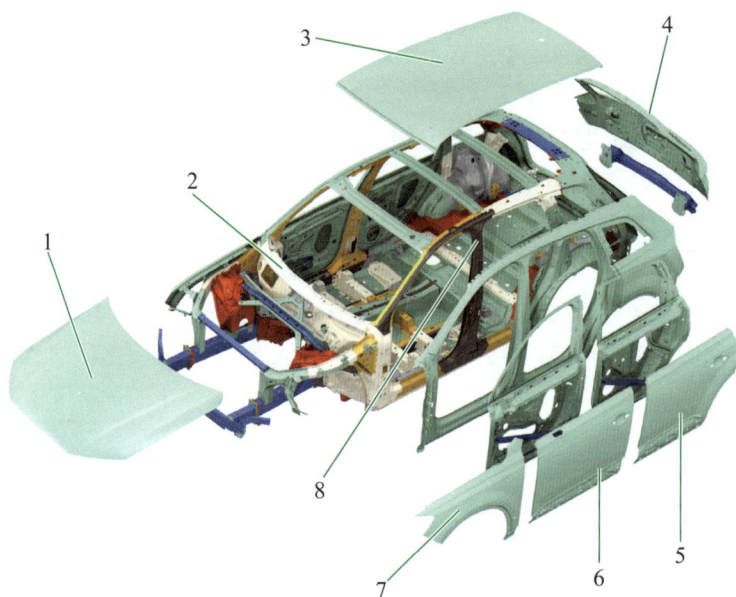

1—发动机舱盖；	5,6—车门盖板；
2—横梁；	7—翼子板；
3—顶部盖板；	8—立柱
4—行李箱盖；	

图4-2-16 奥迪Q7车身

车身内外装饰件是车身内部和外部起装饰和保护作用的零部件的总称。外饰件主要包括前后保险杠、外部装饰条、门窗玻璃、密封条、商标标志、散热器面罩和车外后视镜等；内饰件主要包括仪表板、车门内护板以及顶棚、地板和侧壁的内饰等。

车身附件是车身中具有某些独立功能的机构和装置，包括门锁、门铰链、门窗玻璃升降器、遮阳板、后视镜、拉手、点烟器、烟灰盒，以及座椅、安全带、安全气囊、车用空调等附属装置。

车身电器和电子设备指除用于发动机和底盘以外的所有电器和电子设备，如各种仪表及开关、照明装置、信号装置、门窗玻璃电动升降设备、音像设备、刮水器、洗涤器、除霜装置、防盗装置、导航系统等。

车身结构类型主要分为承载式与非承载式两种。承载式车身设计取消了传统车架，以车身本体替代车架功能，所有组件直接固定于车身上，并由车身承受所有外力。图4-2-17清晰展示了承载式车身的典型结构。

非承载式车身（图4-2-18）则通过橡胶软垫或弹簧与车架实现柔性连接。车架作为整车的支撑基础，与车辆总长一致，独立于车身，起到骨架作用，通常由厚钢板焊接而成。底盘组件，如变速器、悬架等，均安装于车架之上。而车身则由较薄的板材制成，并通过橡胶块安装于车架之上。

车顶横梁

前纵梁

C柱（后柱）

上边梁

B柱（中柱）

A柱（前柱）

前横梁

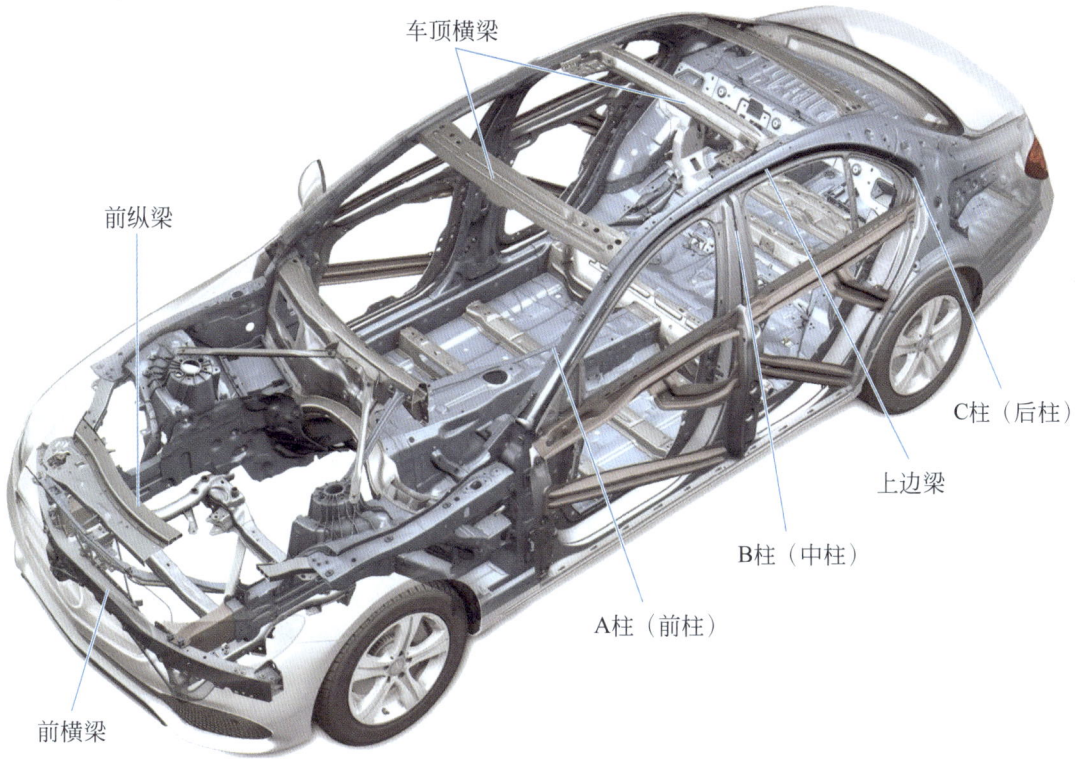

图 4-2-17 承载式车身的典型结构

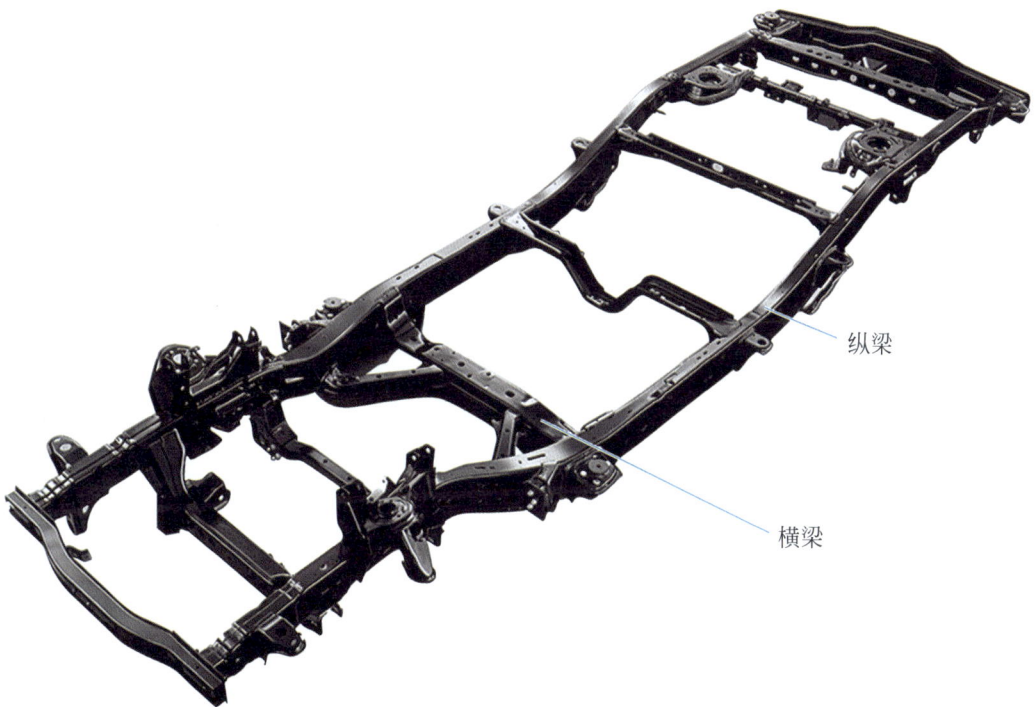

纵梁

横梁

图 4-2-18 非承载式车身的典型结构

4.3
转向系统

4.3.1　概述

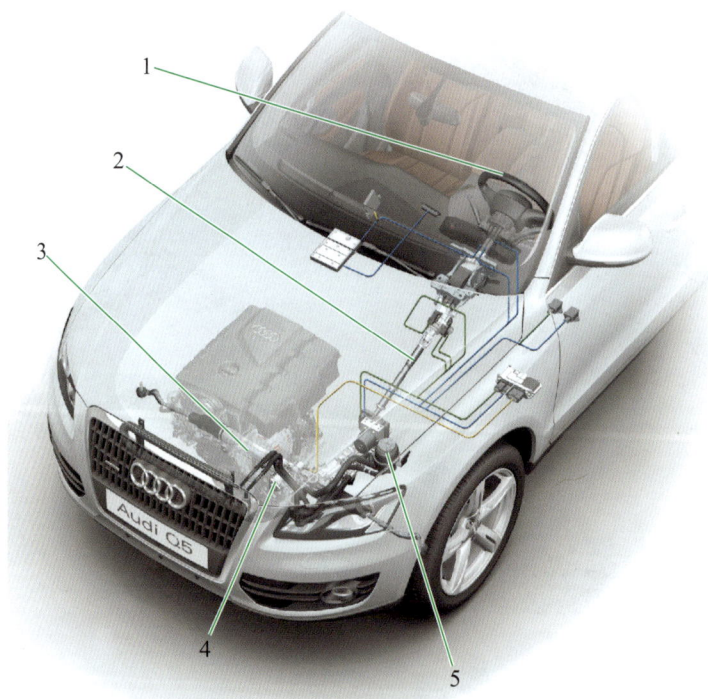

　　汽车在行驶过程中，需按驾驶员的意愿经常改变其行驶方向，即所谓汽车转向。就轮式汽车而言，实现汽车转向的方法是，驾驶员通过一套专设的机构，使汽车转向桥（一般是前桥）上的车轮（即转向轮）相对于汽车纵轴线偏转一定角度。在汽车直线行驶时，往往转向轮也会受到路面侧向干扰力的作用，自动偏转而改变行驶方向。此时，驾驶员也可以利用这套机构使转向轮向相反的方向偏转，从而使汽车恢复原来的行驶方向。这一套用来改变或恢复汽车行驶方向的专设机构，称为汽车转向系统。因此，汽车转向系统的功用是保证汽车能按驾驶员的意愿而进行转向行驶。汽车转向系统由转向操纵机构（方向盘）、转向器、转向传动机构、转向助力机构等组成，如图 4-3-1 所示。

1—转向操纵机构（方向盘）；
2—转向传动机构（转向柱）；
3—转向执行机构（转向器）；

4—转向助力机构（助力电动机）；
5—转向助力机构油箱

图 4-3-1　转向系统组成

4.3.2　转向器

　　转向器是转向系统中的减速传动装置。根据传动结构原理可分为多种类型。汽车中普遍采用的有循环球式和齿轮齿条式两种。循环球式转向器结构相对复杂，其结构和分解图如图 4-3-2 所示，其传动原理如图 4-3-3 所示；齿轮齿条式转向器的分解图如图 4-3-4 所示。

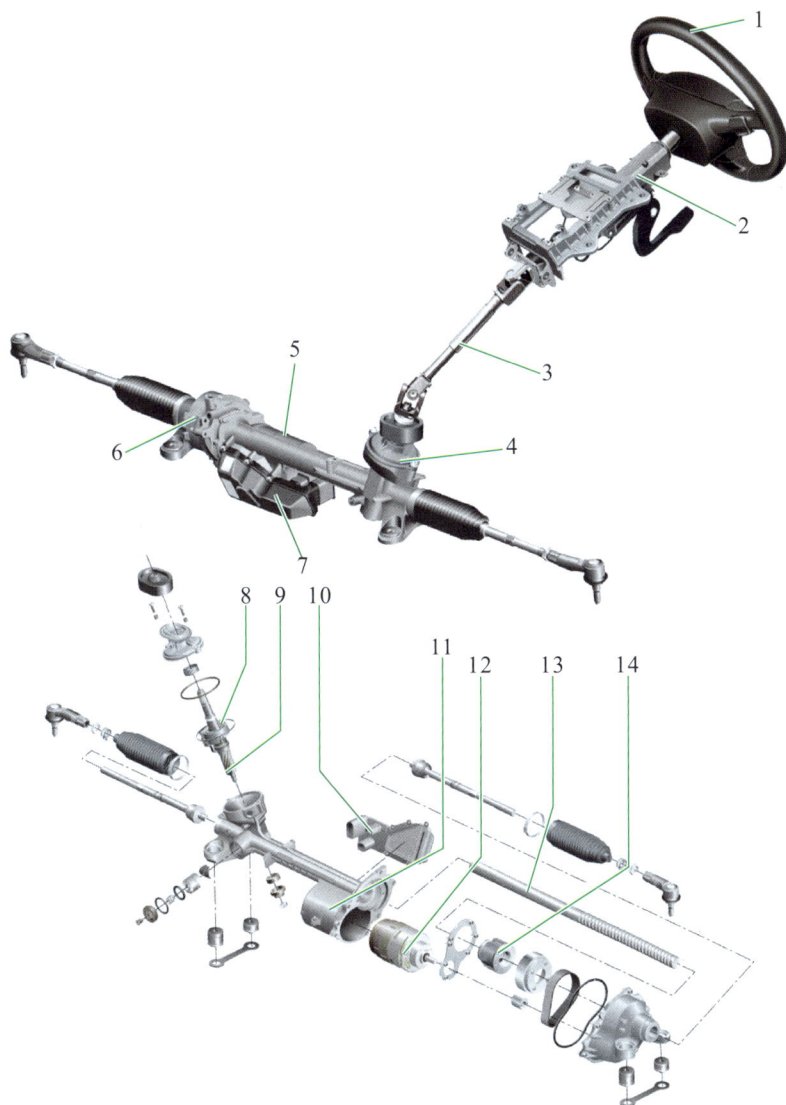

1—方向盘；
2—转向柱；
3—十字万向传动轴；
4,8—转向力矩传感器；
5,12—电动机械助力转向电机；
6—转向器；

7,10—转向助力控制单元；
9—转向机构主动齿轮；
11—转向器壳体；
13—带有螺杆的齿条；
14—循环球螺母

图 4-3-2　循环球式转向器的结构和分解图

随着循环球螺母的转动，球进入齿条的螺杆滚道内。在循环球螺母的转动中，这些球经循环通道又回到原始位置。循环球螺母有两个彼此独立的循环系统（都带有球和循环通道），这两个循环系统呈镜像布置。循环通道是必须要有的，否则这些球就会运动到止点位置，转向系统就卡死了。

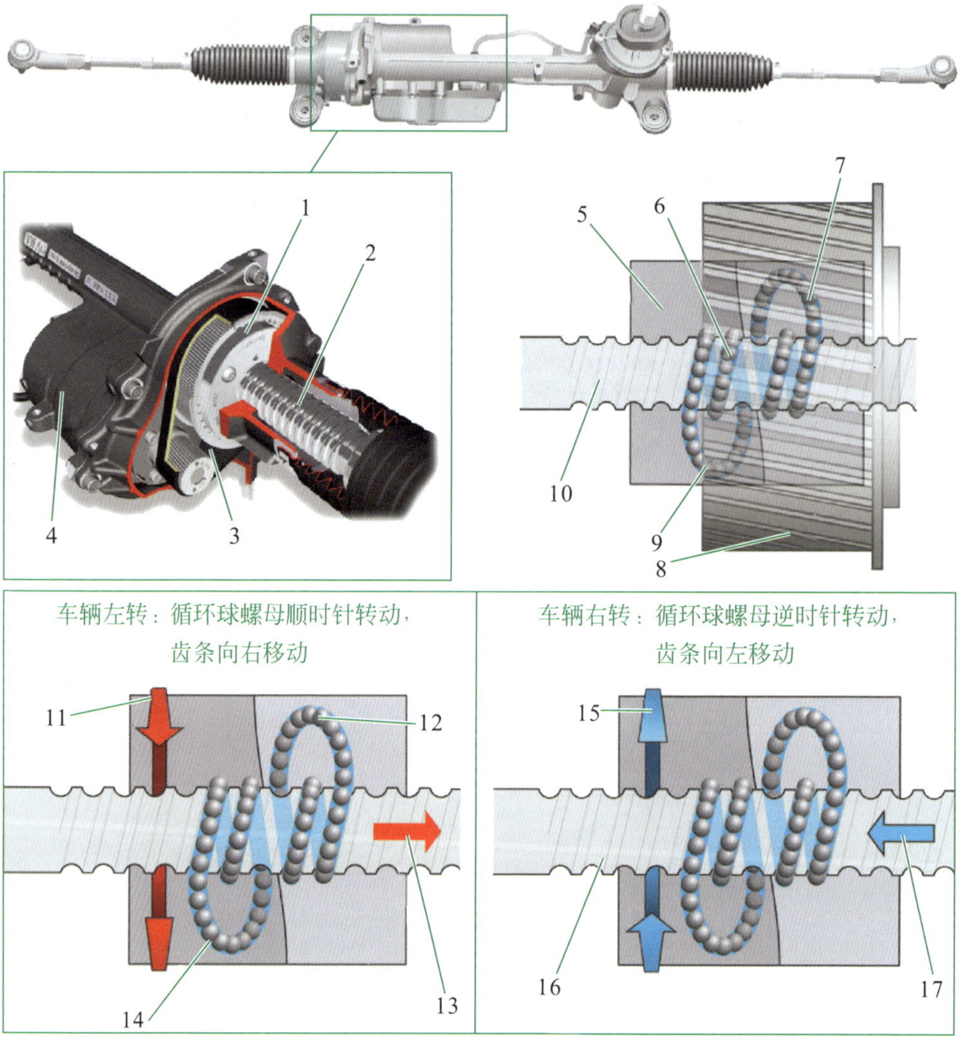

車辆左转：循环球螺母顺时针转动，齿条向右移动

車辆右转：循环球螺母逆时针转动，齿条向左移动

1—循环球机构；

2,10—齿条；

3—齿形带；

4—电动机；

5—循环球螺母；

6,12—循环球；

7,9,14—循环通道；

8—齿轮；

11,15—循环球螺母的传动方向；

13,17—齿条纵向移动；

16—螺杆滚道

图 4-3-3　循环球式转向器的传动原理

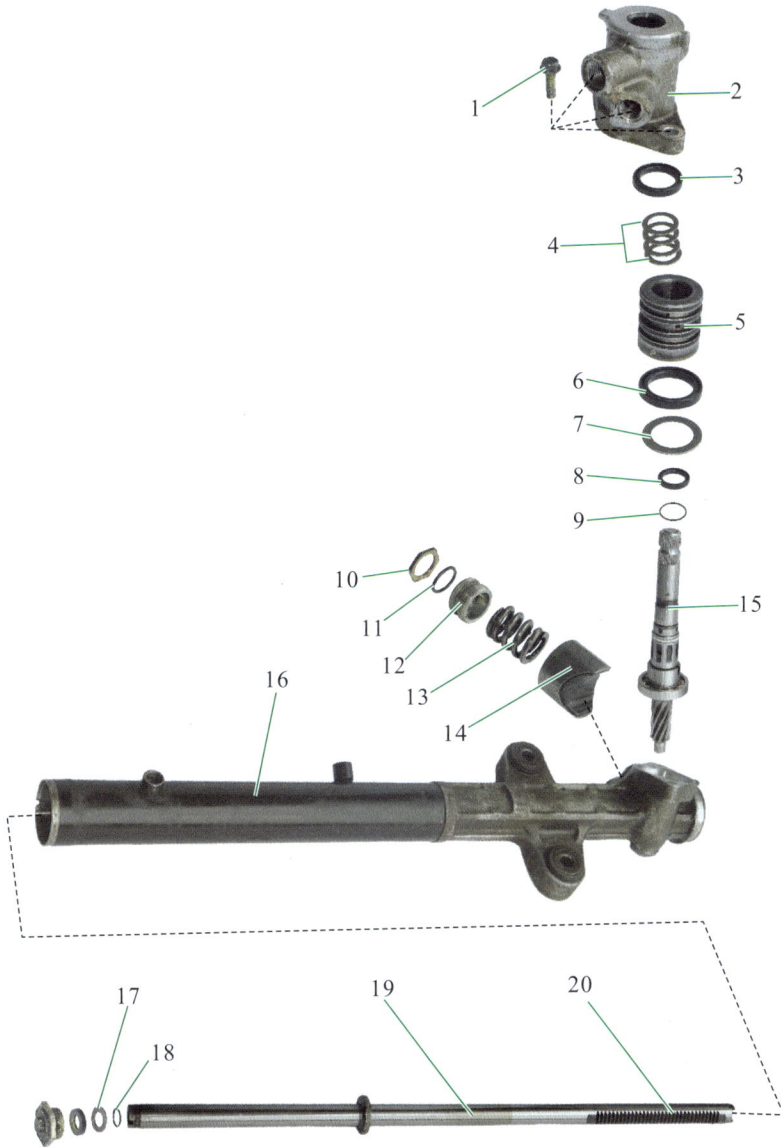

1—

2—

3—

4—

5—

6—

7—

8—

9—

10—

11—

12—

13—

14—

15—

16—

17—

18—

19—

20—

1—凸缘螺栓；

2—阀毂；

3,8—阀油封环；

4—套筒油封环；

5—套筒；

6—阀油封；

7—背托环；

9,11,18—O 形环；

10—锁紧螺母；

12—齿条导螺母；

13—弹簧；

14—齿条导块；

15—小齿轮轴；

16—转向器外壳；

17—活塞油封环；

19—转向齿条轴；

20—转向齿条

图 4-3-4 齿轮齿条式转向器的分解图

4.3.3　液压助力转向系统

（1）**基本组成**　液压助力转向的作用是借由液压机制以增进转向系统之操作效能。当车辆执行转向动作时，驾驶员仅需提供部分动力，余下大部分动力则由液压系统承担。液压式齿轮齿条动力转向系统，涵盖动力转向泵、储液罐、液压管路及齿轮齿条式转向器等关键组件，如图4-3-5所示。当驾驶员转动方向盘时，转向器将驾驶员的转向力传递给齿轮和齿条机构。同时，动力转向泵开始工作，将液压油从储液罐中抽出，并通过液压管路输送到转向器中。在转向器内部，液压油对齿轮和齿条机构施加动力，从而帮助驾驶员更轻松地完成转向操作。

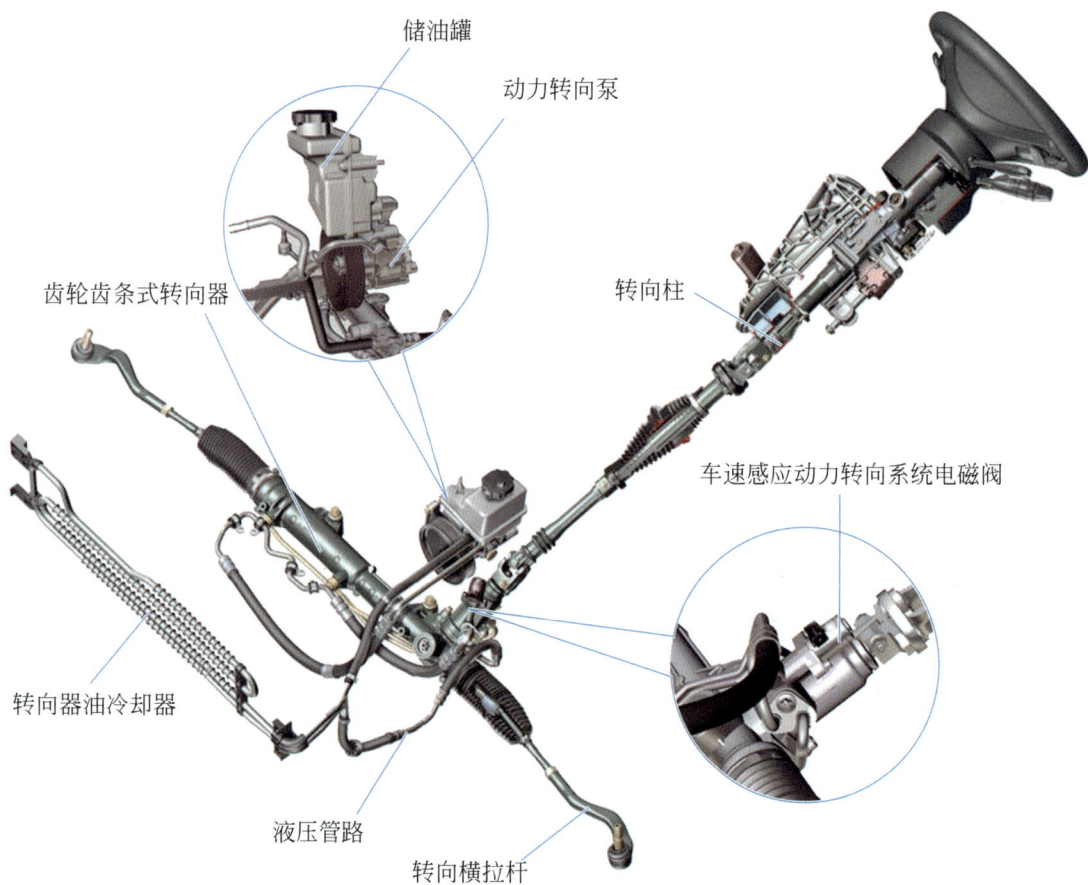

图4-3-5　液压式齿轮齿条动力转向系统组成

（2）**助力原理** 液压助力转向系统运用发动机的动力来驱动叶轮泵，从而产生液压力。随着方向盘的转动，控制阀会相应地转换油路。当液压力被施加至动力油缸内的动力活塞时，操纵方向盘所需的力将得以减少，如图4-3-6所示。

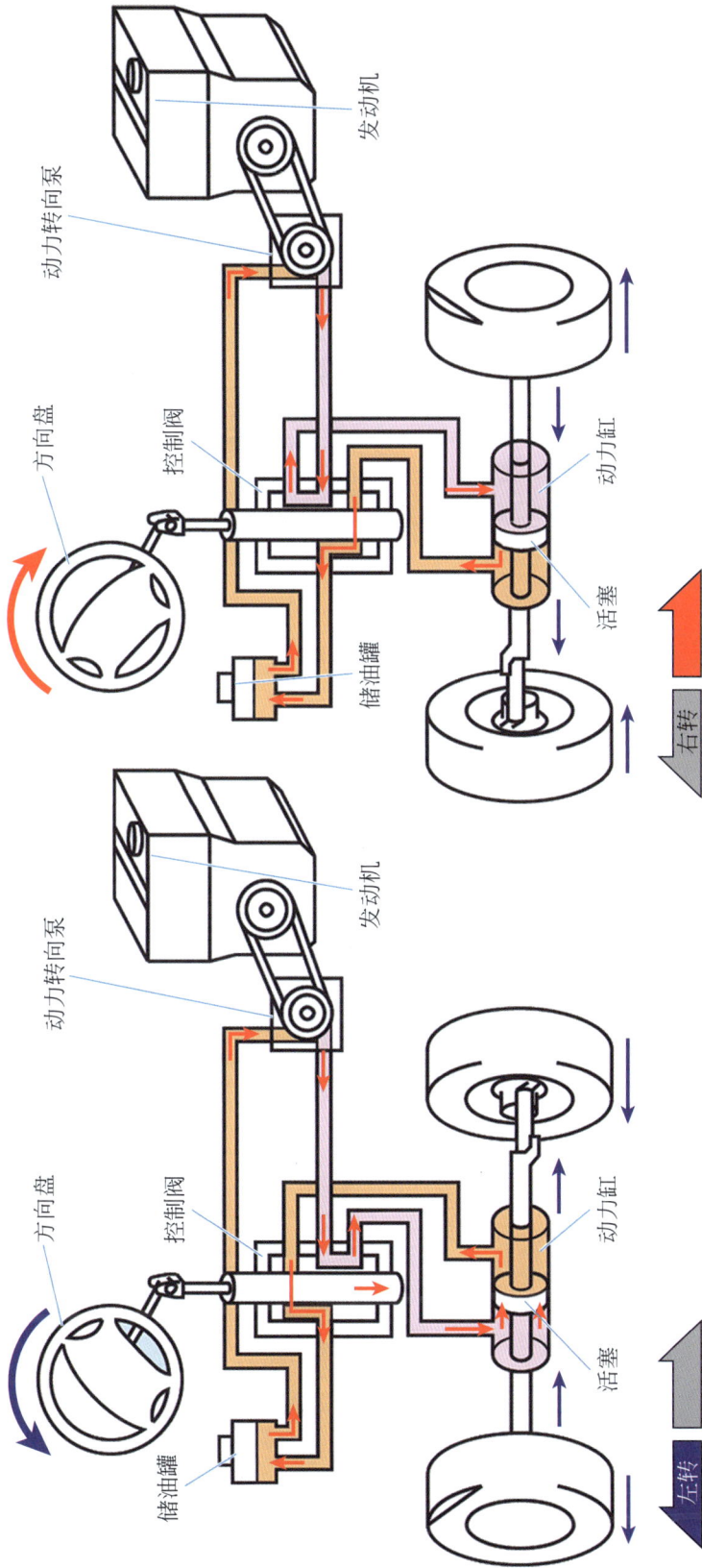

图4-3-6 液压助力转向系统原理

（3）动力转向泵 动力转向泵作为液压助力转向系统的核心动力源，其主要功能是将发动机的机械能转化为驱动转向动力缸工作的液压能，并传递至转向动力缸。液压动力转向泵通常被安装在发动机的前端部位。在液压动力转向泵的类型中，存在滚柱式、叶片式、转子式和齿轮式四种形式。其中，叶片式液压动力转向泵因其结构简单、工作可靠的特点，得到了广泛的应用。如图 4-3-7 所示为叶片式液压动力转向泵的典型结构。

储油罐

动力转向泵

控制阀

端盖

定位销

凸轮环

O形环

转子

叶片

弹簧

弹簧

泵壳体

控制阀

带轮

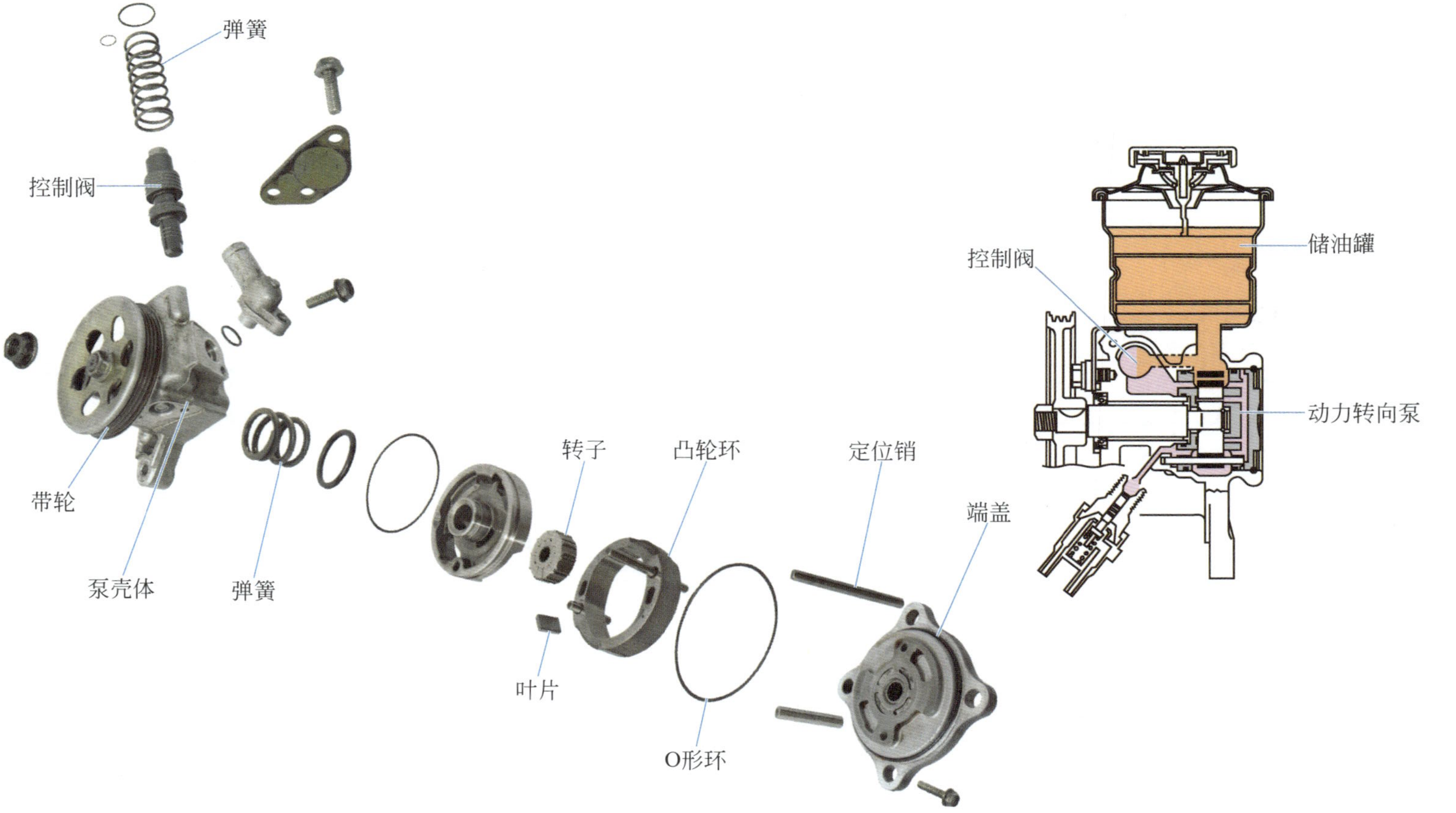

图 4-3-7 叶片式液压动力转向泵的典型结构

4.3.4　电子助力转向系统

（1）**组成**　电子助力转向系统（electronic power steering system, EPS, 图 4-3-8）是一种先进的电动助力转向系统，它通过电动机直接提供辅助扭矩。该系统利用微机精确控制电动机电流的方向和大小，无需繁琐的控制机构。此外，电动机、减速机构、转向柱和转向齿轮可以集成为一体，简化了系统结构。

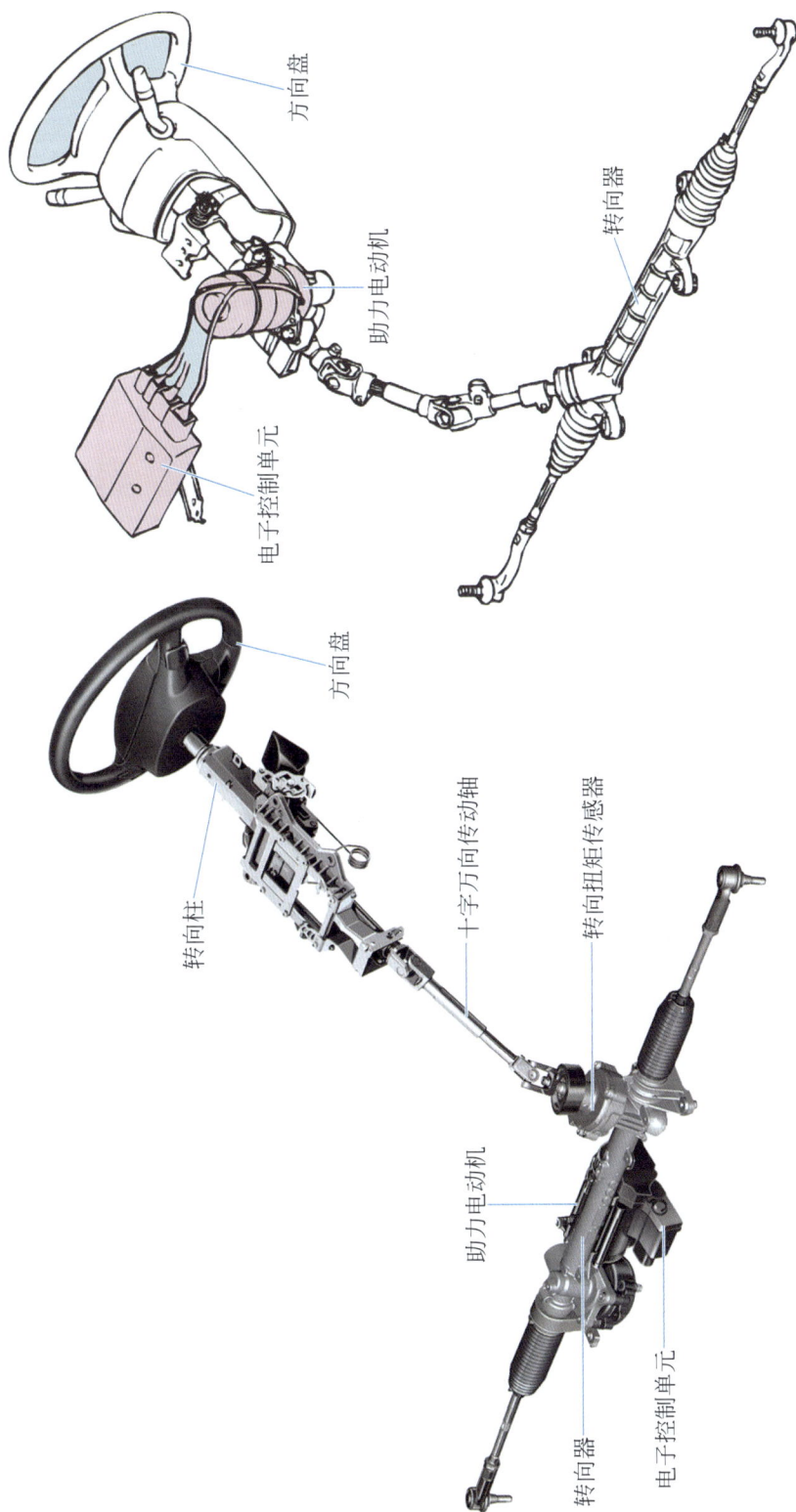

方向盘

转向器

助力电动机

电子控制单元

方向盘

转向柱

十字万向传动轴

转向扭矩传感器

助力电动机

转向器

电子控制单元

图 4-3-8　电子助力转向系统组成

（2）**原理** 电子助力转向系统原理如图 4-3-9 和图 4-3-10 所示。

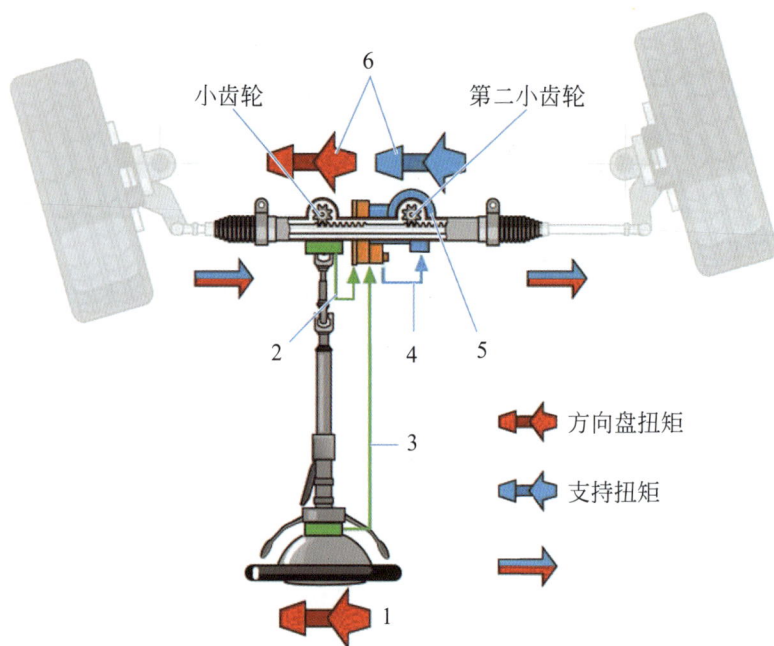

图 4-3-9　转向过程的作用

1—转动方向盘，转向助力开始；

2—扭矩传感器探测扭杆的转动，并将检测的扭矩传递给电子控制单元；

3—转向角度传感器传递当前转向角度和速度给电子控制单元；

4—电子控制单元根据转向扭矩、车速、发动机转速、转向角度、转向速度，计算支持扭矩，启动助力电动机；

5—助力电动机通过涡轮传动装置和第二小齿轮将支持力传递到转向器的齿条上；

6—方向盘扭矩和助力电动机的支持扭矩综合就是转向器上的有效扭矩，由该扭矩来传动齿条

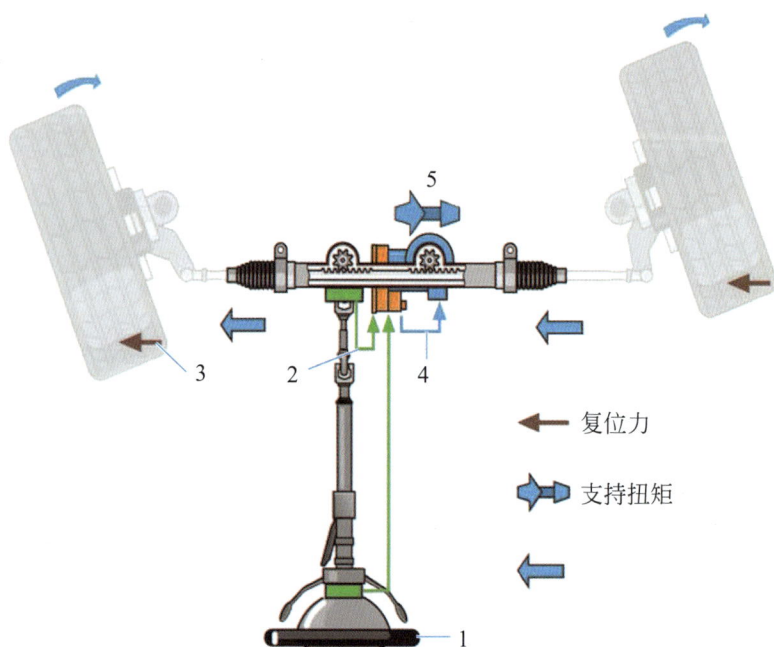

图 4-3-10　车轮主动回正作用

1—弯道行驶时，驾驶员降低了转向扭矩，扭矩传感器通知电子控制单元；

2—电子控制单元根据转向扭矩、转向角度和速度计算出复位扭矩；

3—转向车轮上产生的复位力不足以使车轮回正；

4—电子控制单元根据转向扭矩、车速、发动机转速、转向角度、转向速度，计算支持扭矩，启动助力电动机；

5—电子控制单元启动助力电动机，使车轮回正

4.3.5　四轮转向系统

　　四轮转向系统是一种先进的车辆动力学控制技术，它通过在后桥上安装额外的转向机构，实现了前后四个车轮的同时转向。这种系统不仅显著提高了车辆在高速行驶时的稳定性和可控性，而且在低速行驶时也能有效增强车辆的机动性和快速转向性能。在高速行驶状态下，四轮转向系统通过使后轮与前轮同相位转向，有效减少了车辆在转向过程中的旋转运动，从而显著改善了高速行驶的稳定性。而在低速行驶时，系统则通过使后轮与前轮逆相位转向，优化了车辆在中低速行驶时的操纵性，提高了快速转向的灵活性。图 4-3-11 清晰地展示了四轮转向系统的基本组成结构。

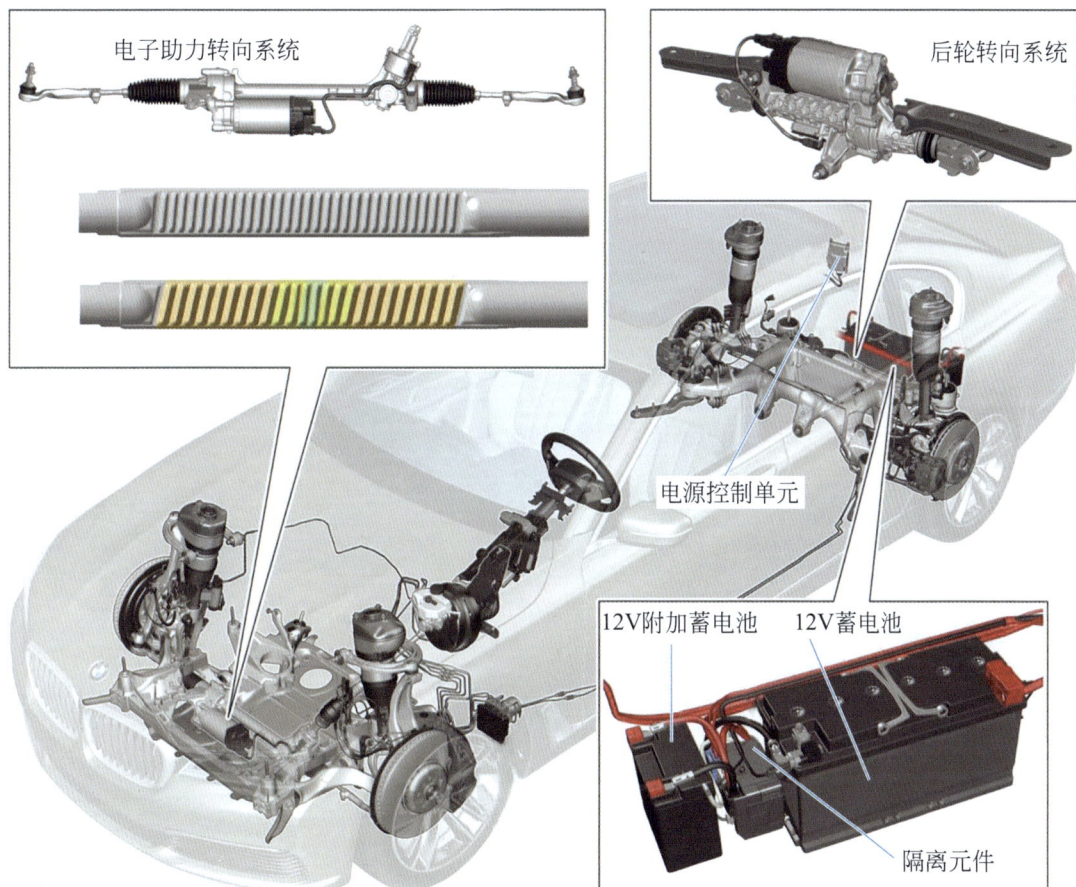

图 4-3-11　四轮转向系统基本组成

4.4
制动系统

扫一扫看动画视频

4.4.1　概述

　　汽车的减速、停车以及保持下坡行驶速度稳定的操作，均被称为汽车制动。为了实现这些功能，汽车上需配备专门的装置，即制动系统。驾驶员可依据道路与交通状况，通过该系统在车辆某些部位（主要是车轮）施加与行驶方向相反的力，实现对汽车的强制制动。这种可控的外力被称为制动力。

　　制动器是制动系统的关键部分，它负责产生阻碍车辆运动的力。目前，汽车主要采用的摩擦制动器有盘式和鼓式两种。在低端汽车中，前轮通常采用盘式制动器，后轮采用鼓式制动器。而在中高端汽车中，前后轮都使用盘式制动器，因其散热更快，制动性能更佳。汽车制动系统的布置方式如图 4-4-1 所示。

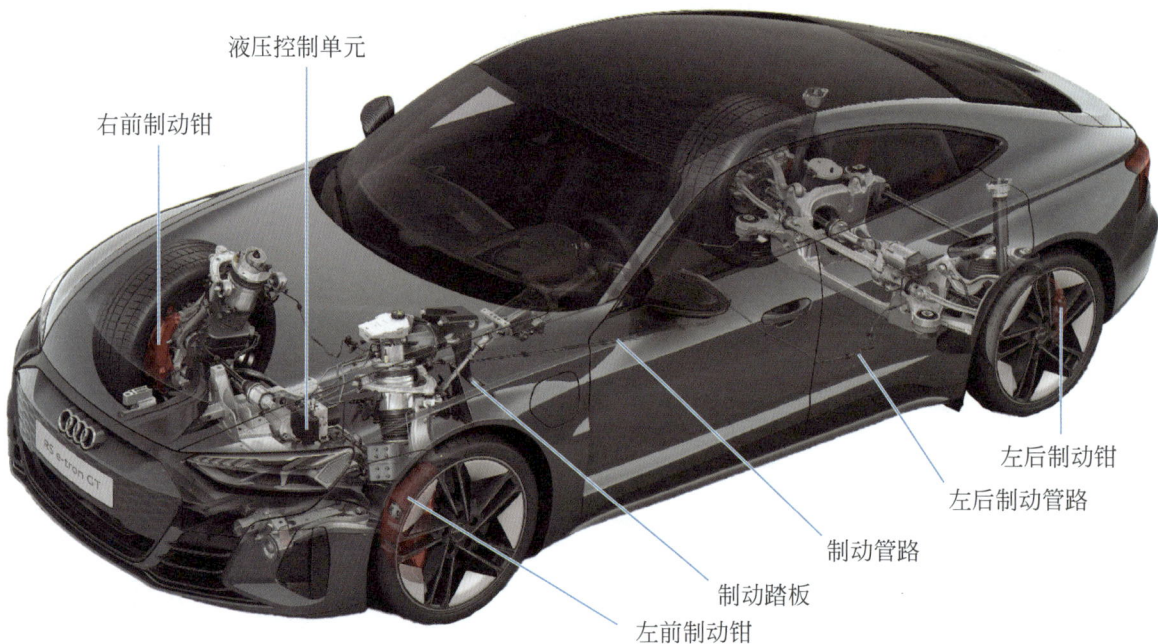

图 4-4-1　汽车制动系统布置方式

4.4.2　制动器

（1）**盘式制动器**　盘式制动器是一种重要的制动装置，其主要组成部分包括制动盘、制动钳、制动片以及活塞等。如图 4-4-2 所示，制动盘作为盘式制动器的旋转元件，与车轮紧密相连。制动片则作为摩擦元件，每个盘式制动器配备两个制动片，它们被安装在制动钳上，横跨制动盘两侧。此外，在制动盘的内侧设有油缸，用于驱动外侧的制动片。制动片附着在制动钳体上，当制动时，制动片会随制动钳一同进行轴向运动，从而实现制动效果。

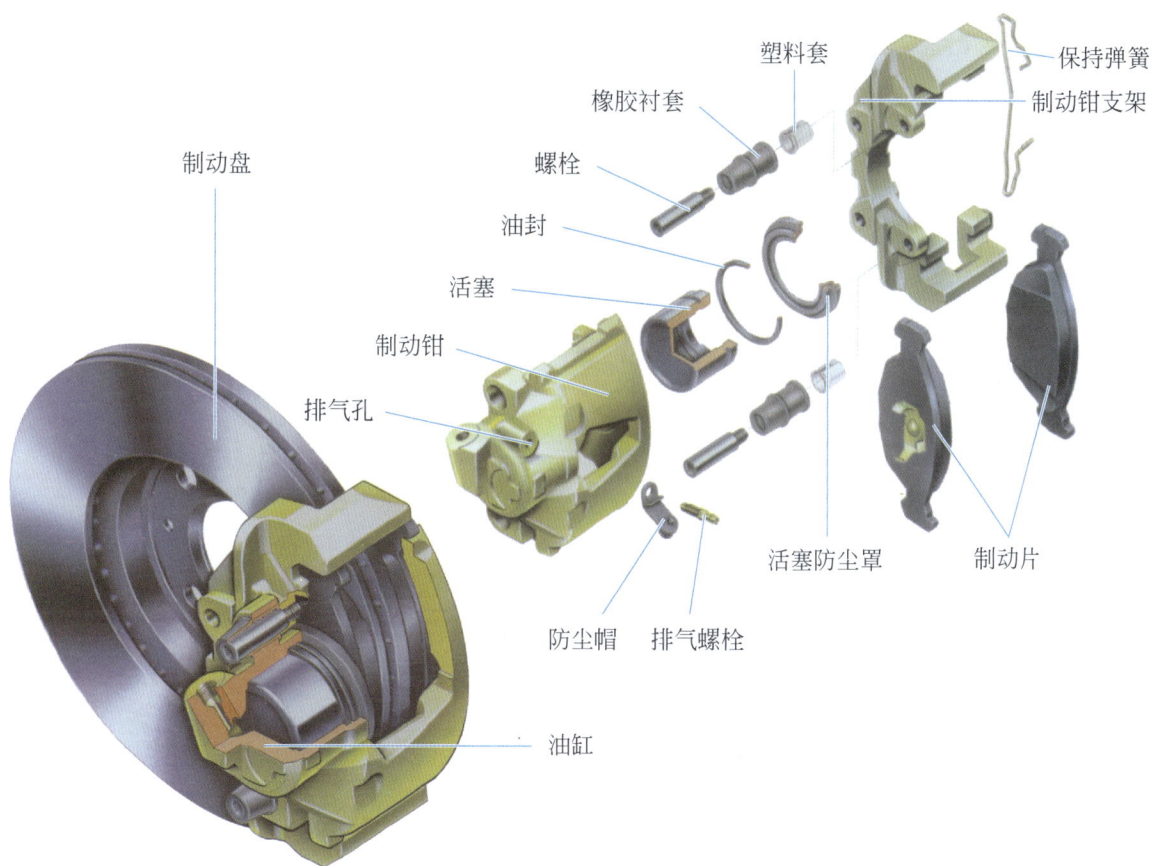

图 4-4-2　盘式制动器

扫一扫看动画视频　　扫一扫看动画视频　　扫一扫看动画视频

（2）**鼓式制动器** 鼓式制动器主要由制动鼓、制动蹄、制动轮缸及回位弹簧等部分构成（图4-4-3）。制动鼓作为旋转元件，与车轮紧密相连；而制动蹄则作为固定元件。当制动轮缸受到促动装置的作用时，制动蹄会向外翻转，使其外表面的摩擦片紧密贴合在制动鼓的内表面上，从而产生制动摩擦力，有效减缓车轮的旋转速度。

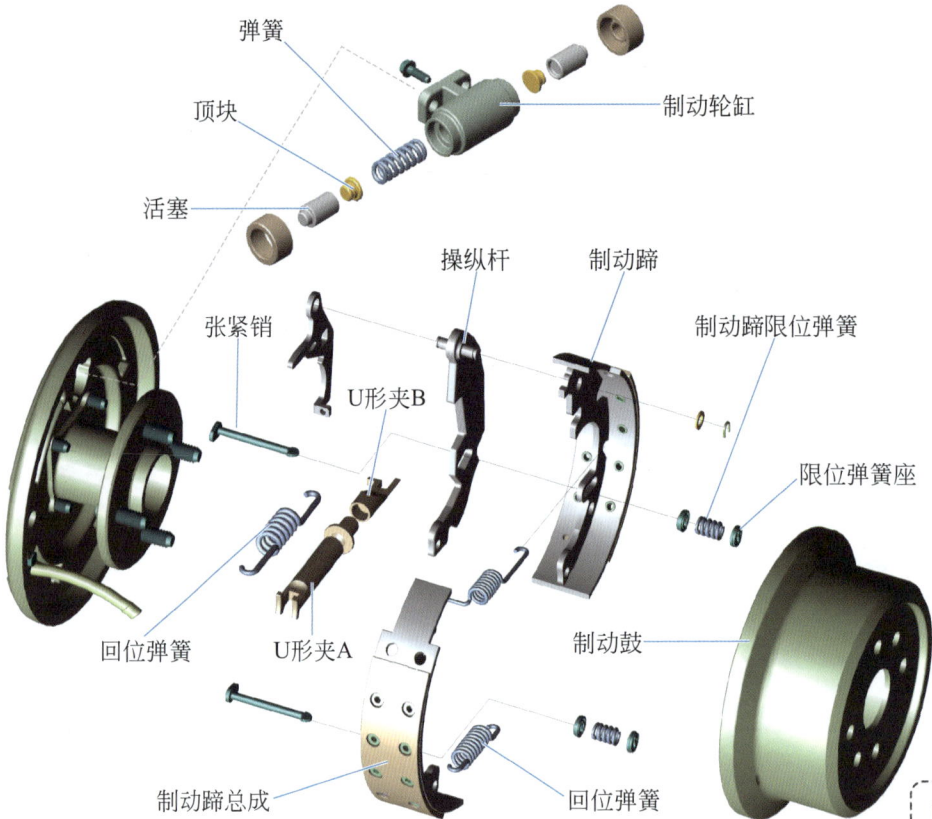

(a)鼓式制动器结构

扫一扫看动画视频

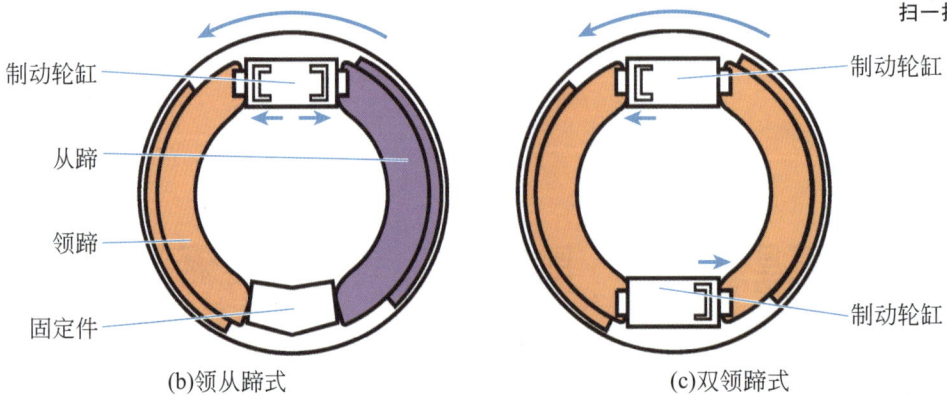

(b)领从蹄式

(c)双领蹄式

图4-4-3 鼓式制动器

4.4.3　防抱死制动系统

防抱死制动系统（anti-lock braking system，ABS）是汽车上的一种制动安全系统，也是一种主动安全装置。其作用是在汽车制动时防止车轮抱死，以提高汽车在制动过程中的方向稳定性、转向控制能力，缩短制动距离。防抱死制动系统由车轮转速传感器、ABS 电子控制器、执行器（制动压力调节器）和警告灯四部分组成，如图 4-4-4 所示。

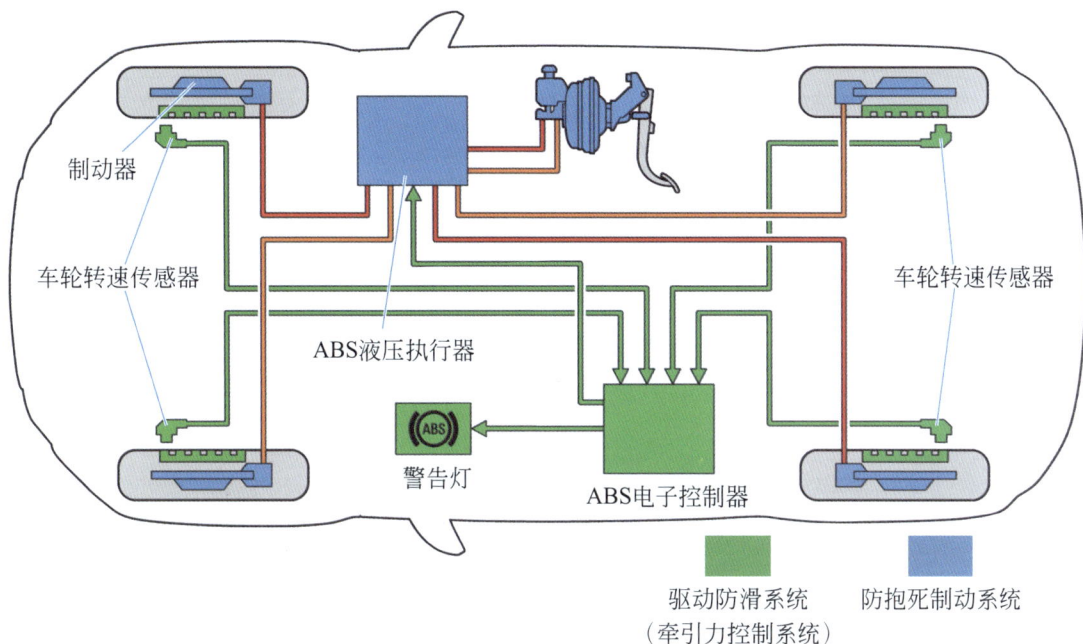

图 4-4-4　ABS 系统组成

（1）**车轮转速传感器**　车轮转速传感器是 ABS 中最主要的一个传感器，其作用是检测车轮速度信号，简称轮速传感器。

（2）**ABS 电子控制器**　ABS 电子控制器，常用 ECU 表示，俗称 ABS 电脑。它是系统的神经中枢，接收传感器信号，通过计算、分析、判断后对执行器发出控制指令，另外还有监测功能。

（3）**制动压力调节器**　制动压力调节器的作用是接收 ECU 的指令，驱动调节器中的电磁阀动作（或电动机转动），调节制动轮缸的制动压力，使车轮始终处于边滚边滑状态。

（4）**警告灯**　警告灯包括仪表板上的制动警告灯和 ABS 警告灯。制动警告灯为红色，通常用 BRAKE 做标识，由制动液压开关、驻车制动开关并联控制；ABS 警告灯为黄色，由 ABS 电子控制器控制，通常用 ABS、ALB 或 ANTILOCK 做标识。ABS 具有失效保护和自诊断功能，当 ECU 监测到系统出现故障时，将自动关闭 ABS，恢复常规制动；存储故障信息，并将 ABS 警告灯点亮，提示驾驶员尽快进行修理。

4.4.4　电子牵引力控制系统（TCS/ASR/TRC）

电子牵引力控制系统（traction control system，TCS，也称为 ASR 或 TRC）在车辆起步、加速或车辆在溜滑路面行驶时起作用，通过控制发动机的输出功率和 / 或对滑转驱动轮施以制动力等措施，防止车轮滑转。电子牵引力控制系统组成如图 4-4-5 所示。

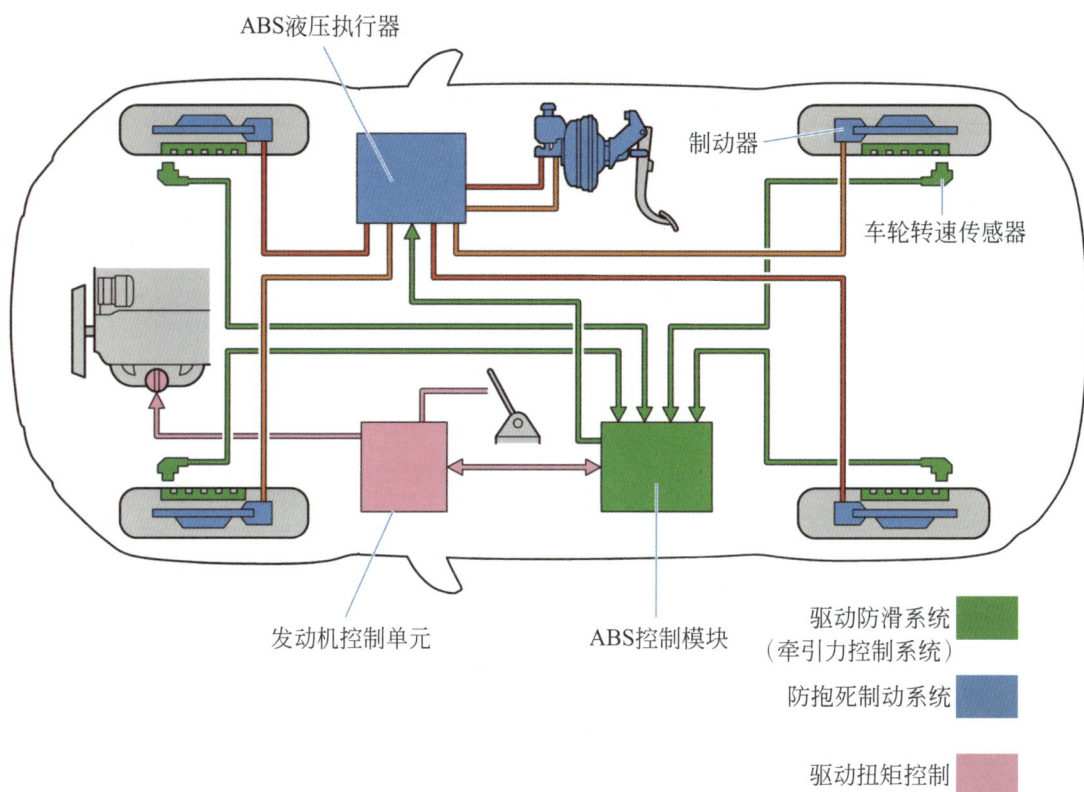

图 4-4-5　电子牵引力控制系统组成

ABS 与 ASR 系统的区别如下。

① ABS 控制车轮的拖滑，以提高制动性能；而 ASR 控制车轮的滑转，提高起步、加速及在溜滑路面行驶时的牵引力，确保行驶稳定性。

② ABS 控制四个车轮，而 ASR 只控制驱动轮。

③ ABS 在车轮抱死时起作用；ASR 在行驶过程中一直工作，驱动轮出现滑转时起作用，但车速高于 60km/h 时不起作用。

4.4.5 电子稳定程序（ESP）

电子稳定程序（electronic stability program，ESP），乃主动安全系统之一，集成了防抱死制动系统（ABS）、电子牵引力控制系统（ASR）的核心功能。当车辆在行驶中出现侧滑、甩尾，或发生转向不足、转向过度等可能导致侧翻的情形时，该系统将指令 ABS 与 ASR 对发动机输出功率进行调控，并对相关车轮施加制动，以迅速纠正车辆行驶不稳定的趋势，确保车辆维持正常行驶轨迹，从而避免失控。ESP 的命名虽因厂商而异，但博世公司的 ESP 系统尤为业界所熟知。其他知名汽车制造商亦开发出类似系统，如丰田的车辆稳定控制系统（VSC）、日产的车辆行驶动力调整系统（VDC）及宝马的动态稳定控制系统（DSC）等。

电子稳定程序组成如图 4-4-6 所示。

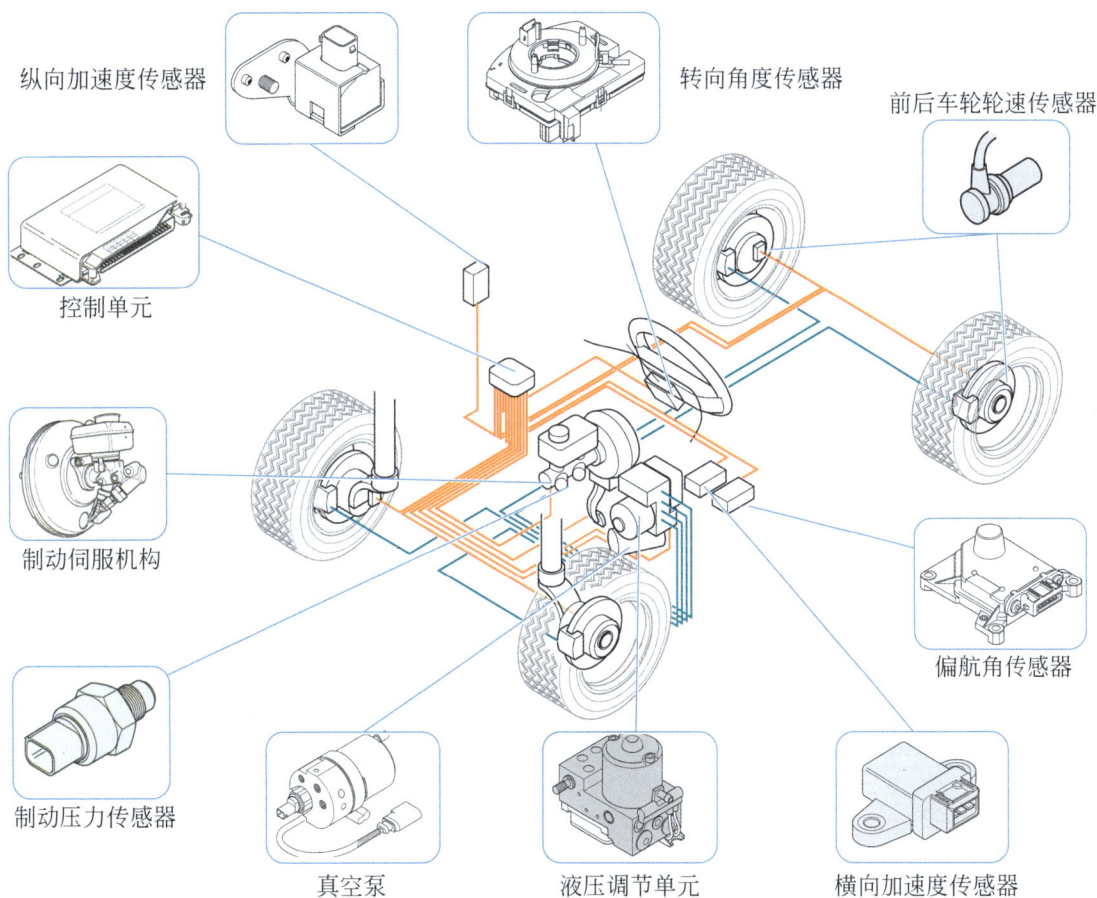

纵向加速度传感器

转向角度传感器

前后车轮轮速传感器

控制单元

制动伺服机构

偏航角传感器

制动压力传感器

真空泵

液压调节单元

横向加速度传感器

图 4-4-6　电子稳定程序组成

4.4.6 电子驻车制动系统（EPB）

（1）组成 电子驻车制动系统（electronic parking brake，EPB）以电子按钮替代了传统机械式驻车制动系统的制动拉杆。该系统利用电动机转动产生的电磁扭矩，通过机械传动机构使制动盘与制动片实现压紧，而非依赖驾驶者的力量。EPB 系统通过电子控制器，依据相关传感器和开关信号，自主判断是否需要实施或解除驻车制动。此外，该系统还集成自动驻车、坡道辅助等先进功能，其整体构成如图 4-4-7 所示。这一创新设计不仅提升了车辆的安全性能，也极大地方便了驾驶者的操作。

图 4-4-7　电子驻车制动系统整体构成

（2）后轮制动执行器 后轮制动执行器由制动电动机、多级变速器、制动活塞、斜盘式齿轮等组成，并集成在制动钳中。拉起驻车制动器操纵按钮时，通过制动电动机、多级变速器及螺杆传动，推动制动活塞将制动片压靠在制动盘上，如图 4-4-8 所示。

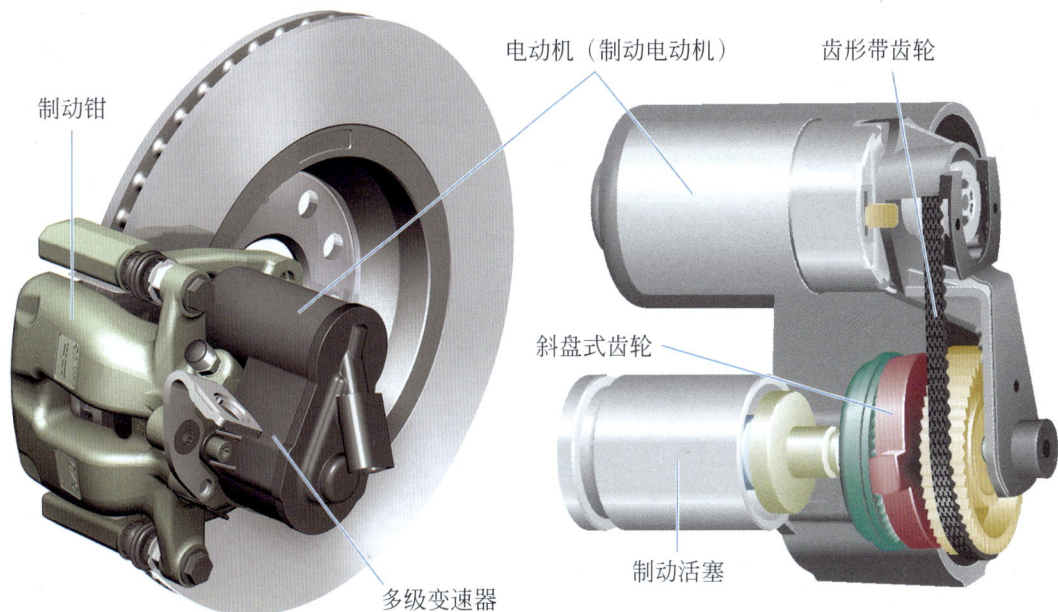

图 4-4-8　后轮制动执行器结构

斜盘式齿轮直接传动螺杆，将电动机的旋转运动转换为冲程运动。螺杆的传动方向决定压力螺母向前或向后移动，如图 4-4-9 所示。

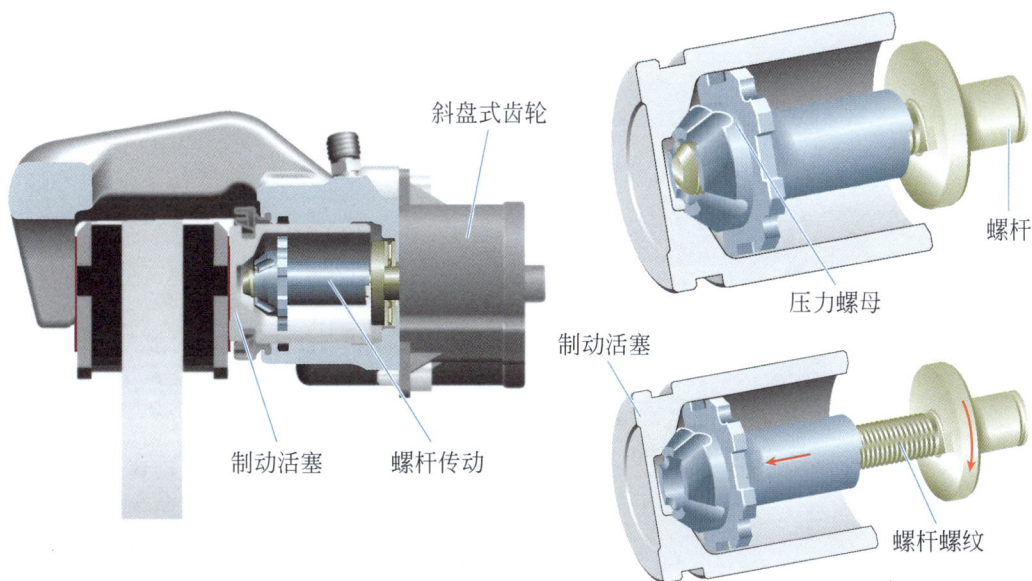

图 4-4-9　螺杆传动原理

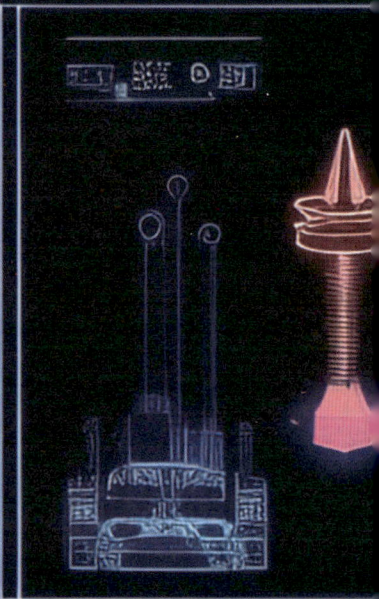

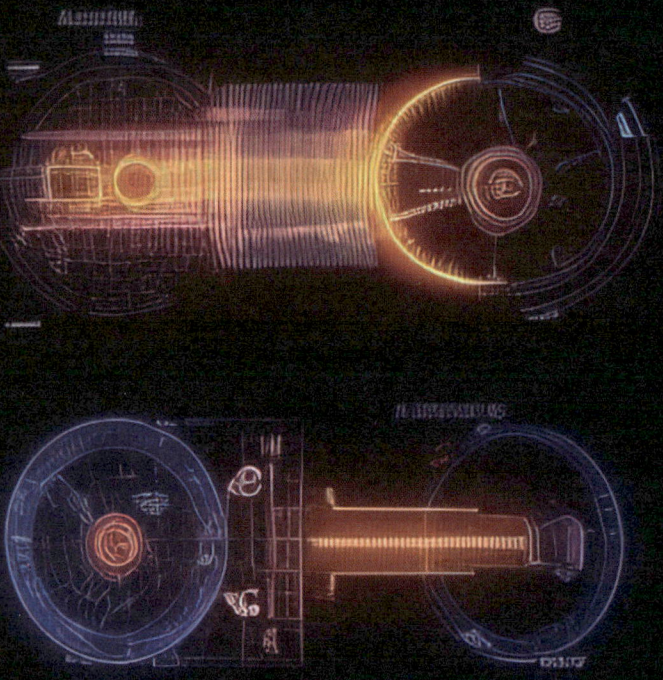

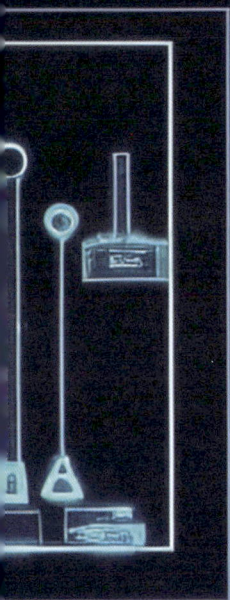
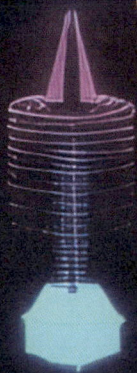

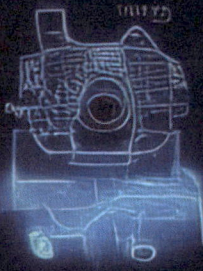

第 **5** 章

汽车电气系统

5.1
汽车电源系统

扫一扫看动画视频　　扫一扫看动画视频

　　汽车电源由蓄电池（图 5-1-1）和发电机（图 5-1-2）并联而成，这种形式也称为双电源。汽车上全车用电设备均为并联形式，电源和用电设备串联连接。

　　发电机是汽车上的主电源，蓄电池为辅助电源。当发电机工作时由发电机向用电设备供电，同时在需要时给蓄电池充电。蓄电池的作用是启动发动机时向起动机供电，同时当发电机不工作时，向用电设备供电。

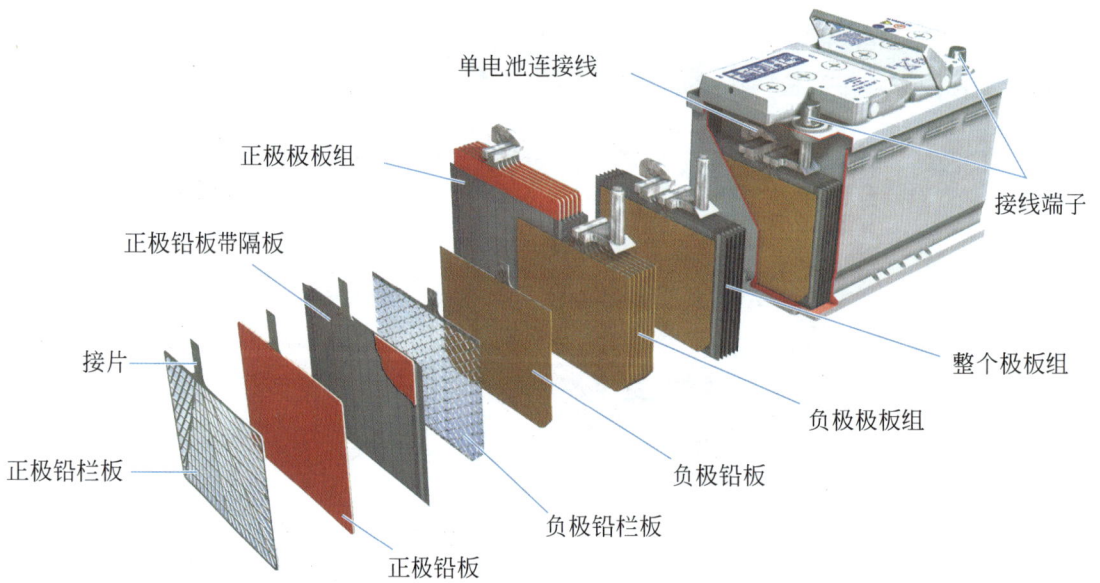

图 5-1-1　蓄电池结构图

后罩盖

电刷

调节器组件

集流环

转子

后端盖

定子

轴承

轴

带轮

冷却风扇

前端盖

弹簧垫　带轮　　止推垫片　冷却风扇　轴承　定子　电刷

螺母　平垫　　轴承　　前端盖　　轴　转子　调节器组件　后端盖

后端盖　轴承　　调节器组件　定子　　绕组　　定子　前端盖　冷却风扇　带轮

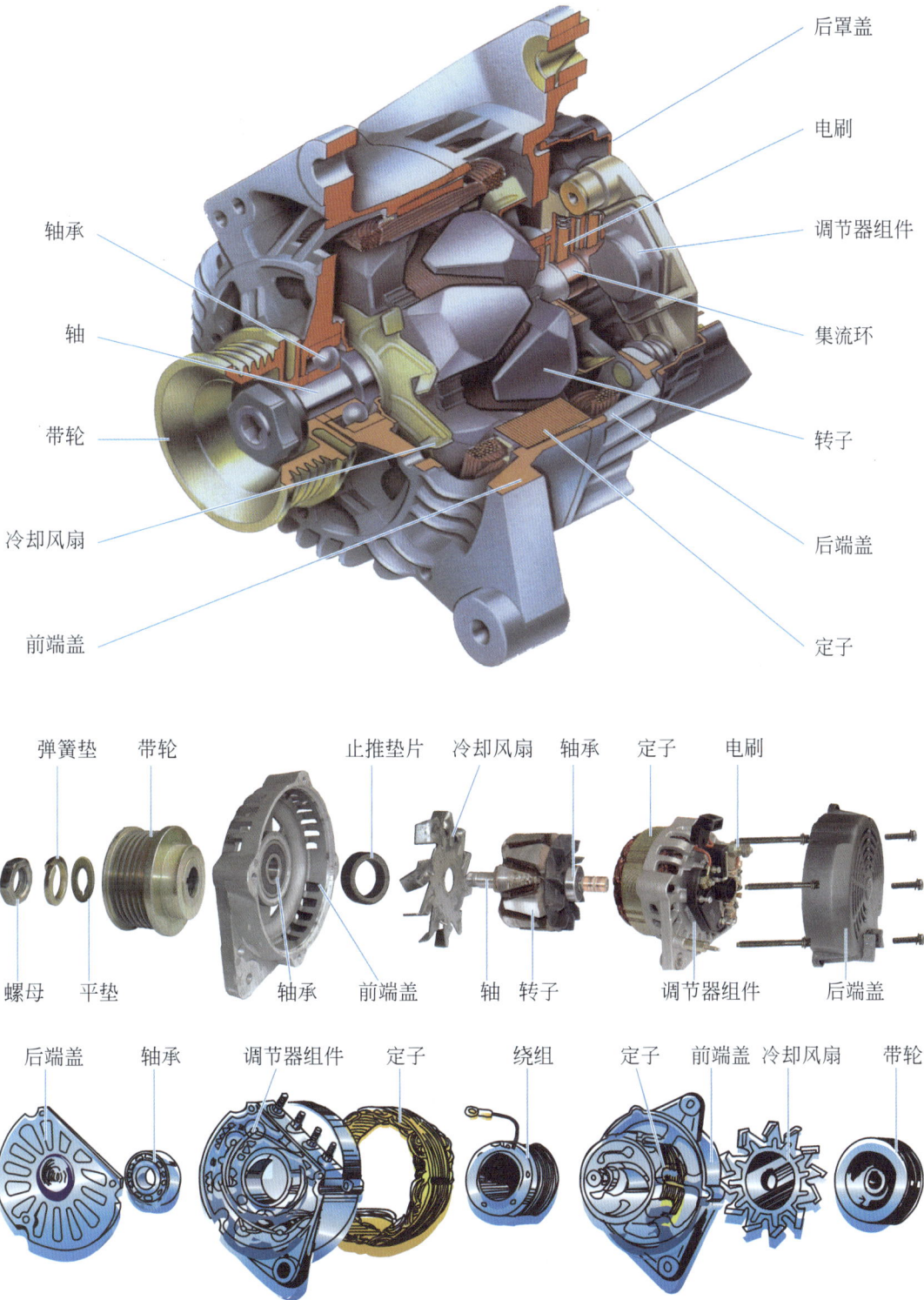

图 5-1-2　发电机构造及拆解图

5.2
电动汽车高压电气系统

电动汽车高压电气系统是以高压配电盒为中心，将动力电池的高压电分配给电机控制器、驱动电机、电动空调压缩机、PTC 加热器、DC/DC 等高压用电设备，同时将交流、直流充电接口高压充电电流分配给动力电池，以便为动力电池充电。高压电气系统组成如图 5-2-1 所示。

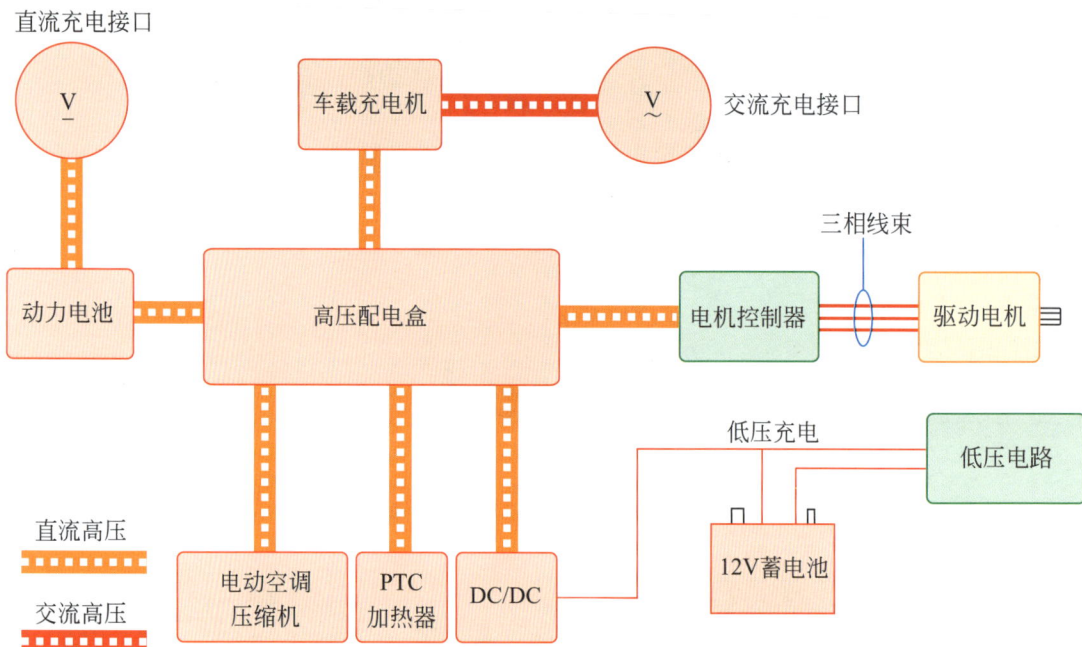

图 5-2-1　高压电气系统组成

5.2.1　电机控制器

电机控制器（图 5-2-2）负责将输入的直流高压电逆变为频率可调的三相交流电，以满足驱动电机的运行需求。其主要组成部分包括 IGBT 驱动板、控制模块、IGBT 模块、壳体以及冷却模块等关键构件。通过这些组件的协同工作，电机控制器能够有效地实现电能转换与控制，为驱动电机提供稳定、可靠的电力支持。

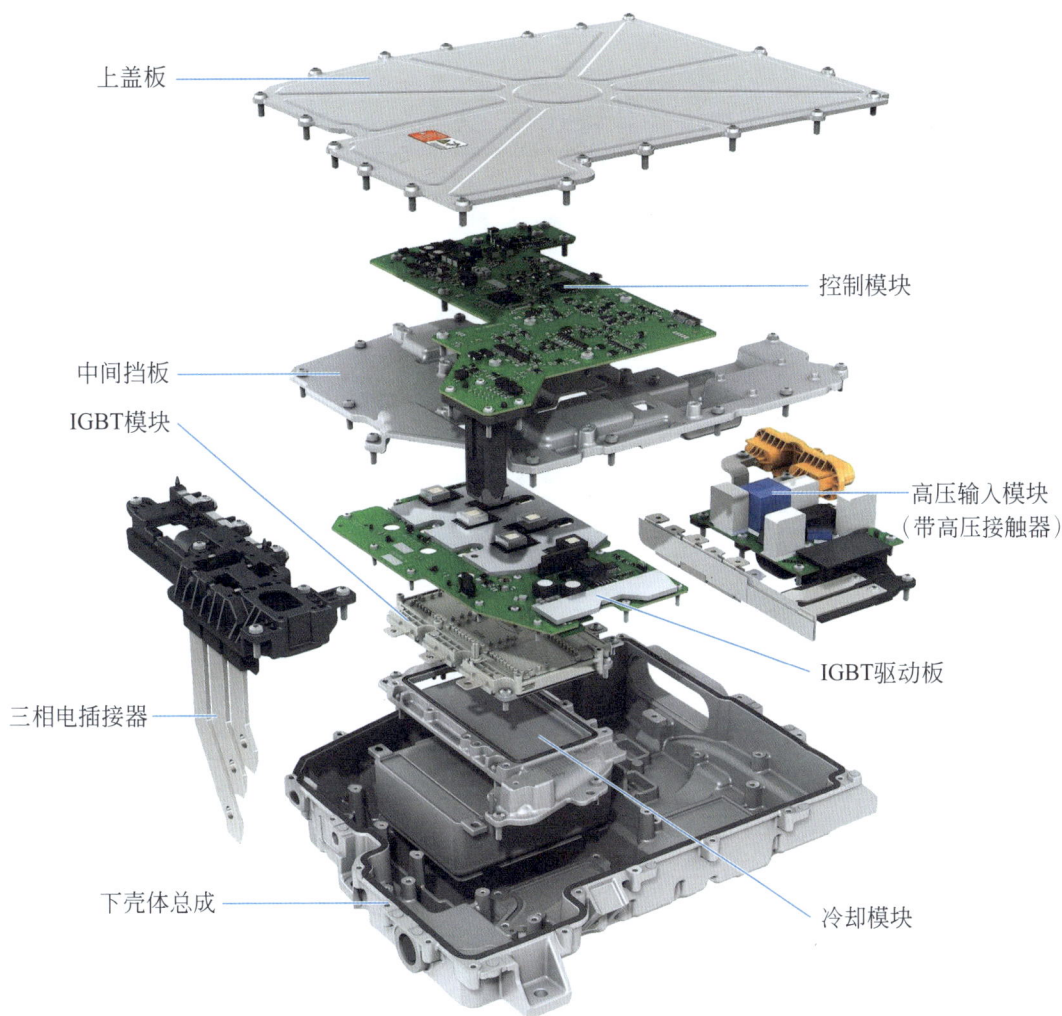

上盖板

控制模块

中间挡板

IGBT模块

高压输入模块
（带高压接触器）

三相电插接器

IGBT驱动板

下壳体总成

冷却模块

图 5-2-2　电机控制器

5.2.2　车载充电机

　　车载充电机，亦被称为交流充电机，是一种固定安装在车辆上的设备。该设备依据整车控制器（VCU）和电池管理系统（BMS）所提供的数据，能够自动调整充电电流或电压参数，从而满足动力电池的充电需求，顺利完成充电任务。车载充电机配备有散热片和散热风扇，以确保设备在运行过程中的稳定性。此外，该设备外部还设有低压线束插接器、三相交流电输入端、高压直流电输出端等，以满足不同的充电和通信需求。车载充电机一般还作为 DC/DC 为低压蓄电池进行充电。车载充电机外观如图 5-2-3所示。

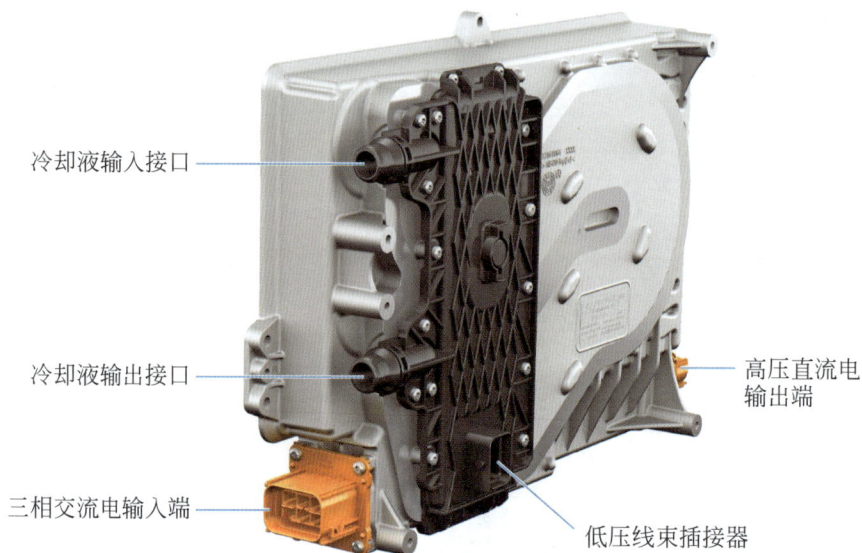

冷却液输入接口

冷却液输出接口

三相交流电输入端

高压直流电输出端

低压线束插接器

图 5-2-3　车载充电机外观

5.2.3　高压配电盒

高压配电盒（图 5-2-4）在电力分配与保护方面发挥着关键作用，其角色与低压供电系统中的熔丝盒相似。其核心职责在于对高压电能进行合理分配，同时针对高压回路的过载与短路情况提供有效保护。具体来说，高压配电盒负责将从动力电池总成获取的电能分配给电机控制器、电动空调压缩机以及 PTC 加热器，确保各部件的正常运作。值得一提的是，在部分车型直流快充过程中，充电电流亦会经过高压配电盒，为动力电池进行充电，从而实现了能量的高效传输与利用。

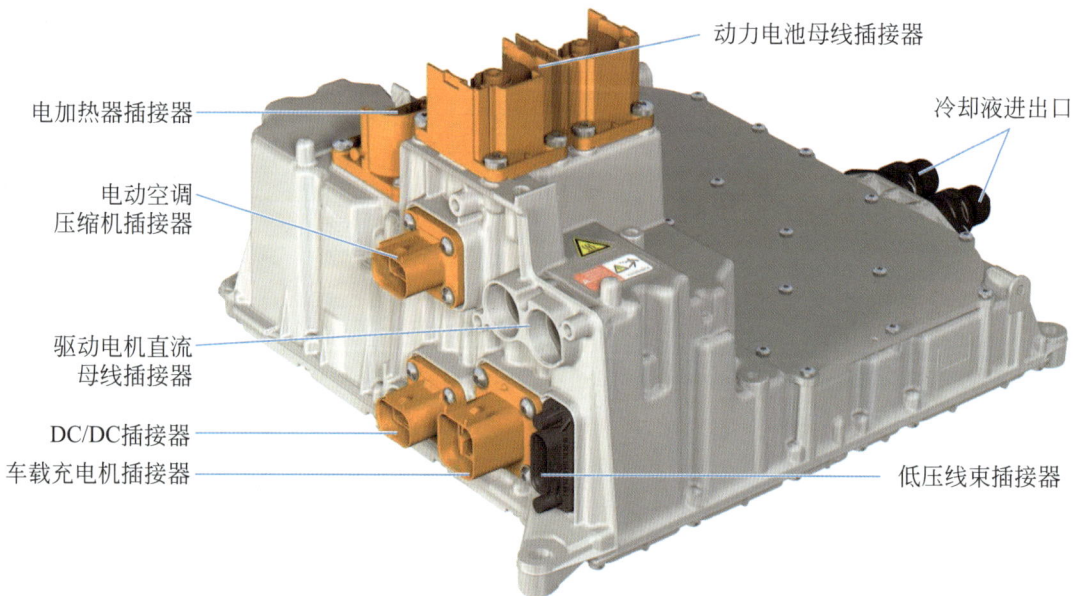

动力电池母线插接器

电加热器插接器

电动空调压缩机插接器

冷却液进出口

驱动电机直流母线插接器

DC/DC插接器

车载充电机插接器

低压线束插接器

图 5-2-4　高压配电盒

5.2.4　电动空调压缩机

电动空调压缩机（图 5-2-5）使用小型直流高压电机驱动。压缩机类型一般为涡旋式，压缩机与控制器集成一体，通过电机自身的旋转带动涡旋盘压缩，完成制冷剂的吸入和排出，为制冷循环提供动力。

图 5-2-5　电动空调压缩机

5.2.5　电加热器（PTC）

电加热器（图 5-2-6）由高压系统供电，并由整车控制器或空调控制器负责控制其通断状态。当接收到来自空调控制器的制暖信号时，电加热器将启动加热过程。加热后的冷却液随后流向蒸发箱，此时鼓风机将热风送入车内，从而实现制暖功能。

图 5-2-6　电加热器（PTC）

5.3
汽车照明系统

5.3.1 简介

汽车照明系统，作为保障行车安全不可或缺的重要组成部分，涵盖了外部照明灯具、内部照明灯具、外部信号灯具及内部信号灯具等多个方面。在功能划分上，汽车灯具主要分为汽车照明灯和汽车信号灯两大类。其中，汽车照明灯依据其安装位置和具体功能，进一步细分为前照灯、雾灯、牌照灯、仪表灯、顶灯和工作灯。而汽车信号灯则包括转向信号灯、危险报警灯、示宽灯、尾灯、制动灯和倒车灯，它们在车辆行驶过程中发挥着重要的信号传递和安全警示作用。

5.3.2 前照灯

（1）**前照灯结构**　前照灯又叫前大灯，装于汽车头部两侧，用于夜间行车道路的照明。有两灯制和四灯制之分。每辆车安装 2 个或 4 个，装于外侧的一对应为近、远光双光束灯，装于内侧的一对应为远光单光束灯。

目前汽车上前大灯可分为普通卤素大灯（图 5-3-1）、氙气大灯（图 5-3-2）、LED 大灯（图 5-3-3）等。

(a) 奥迪A6L普通卤素大灯组成图

1—左前转向灯灯泡；
2—左侧驻车灯灯泡；
3—左侧白天行车灯灯泡及左侧远光灯灯泡；
4—左侧近光灯灯泡；
5—左侧大灯照程调节用伺服电动机

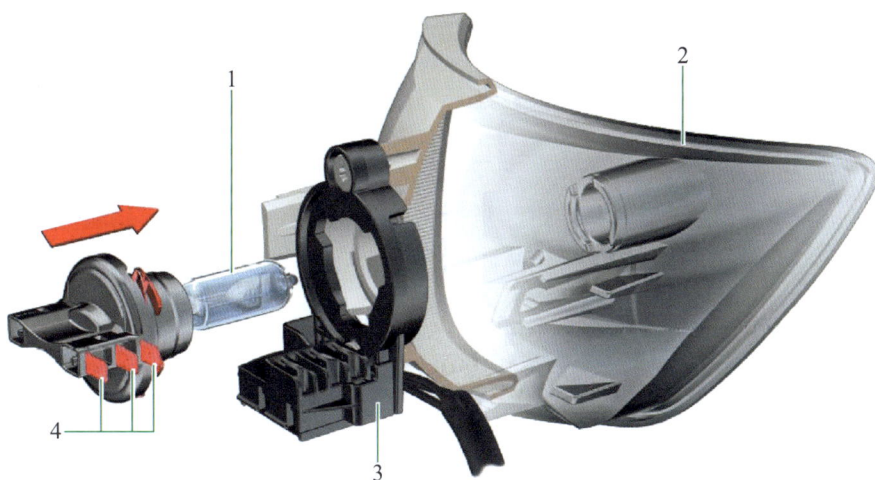

(b) 奥迪A6L普通卤素大灯远光灯

2011 年款奥迪 A6L 汽车普通卤素大灯上使用一个 H15 白炽灯来实现白天行车灯和远光灯功能。这个白炽灯是双丝的，一个灯丝的功率为 15W（白天行车灯），另一个灯丝的功率为 55W（远光灯）。

这个白炽灯的底座上有三个接点片，它们一方面起到触点接通的作用，另一方面也起到机械限位止点作用（指在拧入灯泡时）。

(c) 奥迪A6L普通卤素大灯远光灯安装

只需按顺时针方向拧 1/4 圈，就可让这个 H15 白炽灯固定并接触好。这个 H15 白炽灯不需要再用卡夹等来固定。

1—白炽灯；	4—接点片；
2—反光罩；	5—旋转 90°
3—带有供电接头的灯座；	

图 5-3-1　前大灯（卤素）

在双氙气大灯上，近光灯和远光灯之间的切换是通过一个遮光板（百叶窗）来实现的，这个遮光板由一个电磁铁进行操控。这个遮光板在基本位置是向上翻起的，这时用于实现非对称近光。要想实现远光灯功能的话，需要给电磁铁通上电（激活它），于是这个遮光板就向下翻转，气体放电灯就产生出对称的远光灯束。

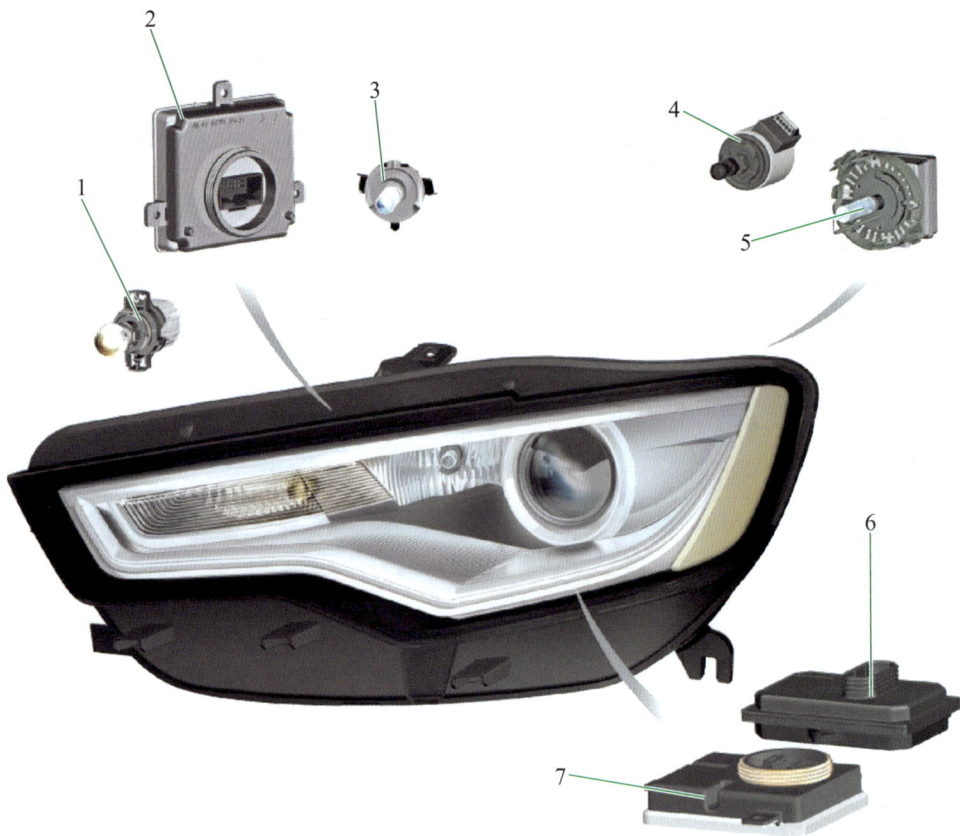

图 5-3-2　前大灯（氙气）

以奥迪 A6L 为例介绍 LED 大灯的结构与组成，如图 5-3-3 所示。

在近光灯工作时，带有总共 12 个发光二极管的 9 个投射模块被激活。白天行车灯的发光二极管就变暗至驻车灯状态。

在远光灯工作时，除了近光灯和驻车灯的发光二极管点亮以外，还会激活 3 组 1×4 发光二极管芯片。远光灯是通过远光灯拨杆或者远光灯辅助系统来激活的。

转向灯使用 24 个黄色发光二极管（LED）。在闪光过程中白天行车灯的发光二极管则关闭。

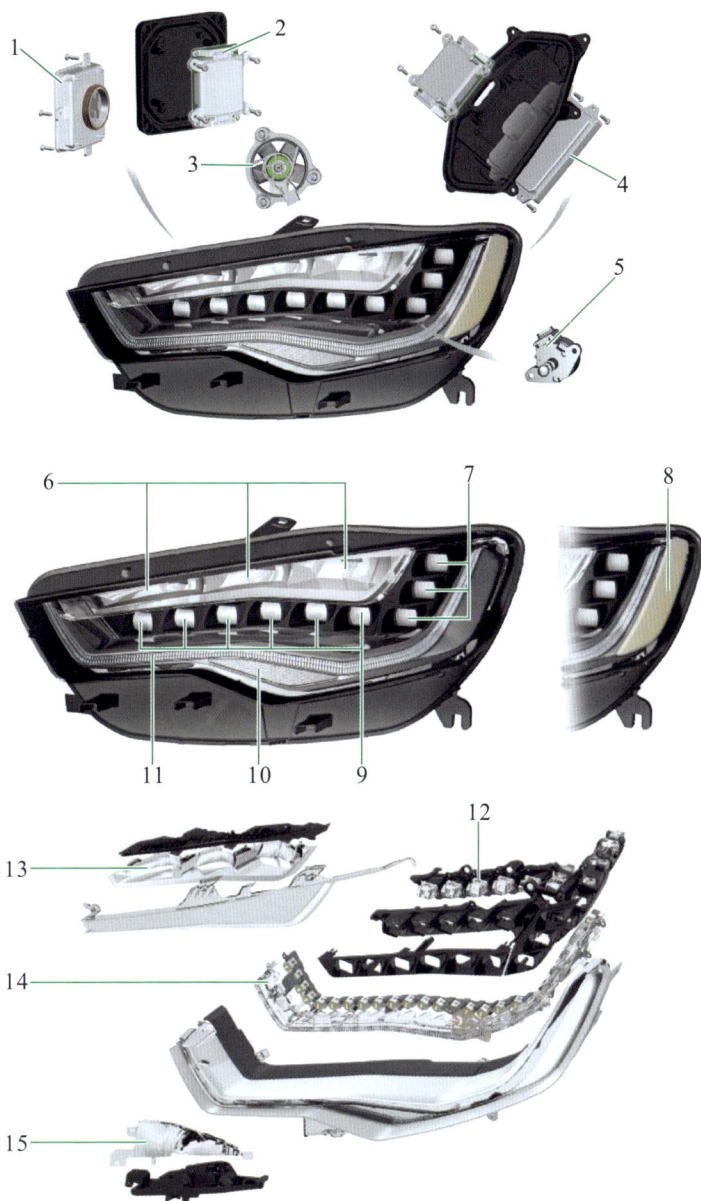

1—左侧 LED 大灯功率模块 2（驻车灯／白天行车灯、转向灯）；

2—左侧 LED 大灯功率模块 3（转向灯）；

3—左侧大灯冷却风扇；

4—左侧 LED 大灯功率模块 1（近光灯、远光灯、高速公路灯）；

5—左侧大灯照程调节用伺服电动机；

6—远光灯；

7—近光灯（非对称）；

8—边灯；

9—近光灯（对称）；

10—转向灯；

11—转向灯和白天行车灯或驻车灯；

12—近光灯的 9 个投射模块；

13—远光灯的 3 个反光镜；

14—驻车灯／白天行车灯和转向灯的厚壁型光学件；

15—转向灯的反光镜

图 5-3-3　奥迪 A6L 的 LED 大灯

（2）**自适应大灯及远光灯辅助系统**　自适应大灯可以在转弯时对灯光进行动态调节。这种大灯的投射模块内装有一个电动机，该电动机可以在车辆转弯时在水平方向上改变灯光的照射方向。大灯的透镜和支架并不转动，灯光转动的角度在转弯方向内侧约 15°，外侧约 7.5°。这些角度变化可使车辆在转弯时得到更好的照明效果，可在相同灯光强度下得到最大的照亮范围。

自适应大灯系统在车速低于 6km/h 时不工作，当车速超过 10km/h 时，灯光回转的角度主要取决于方向盘转动的角度。其示意图与控制原理如图 5-3-4 所示。

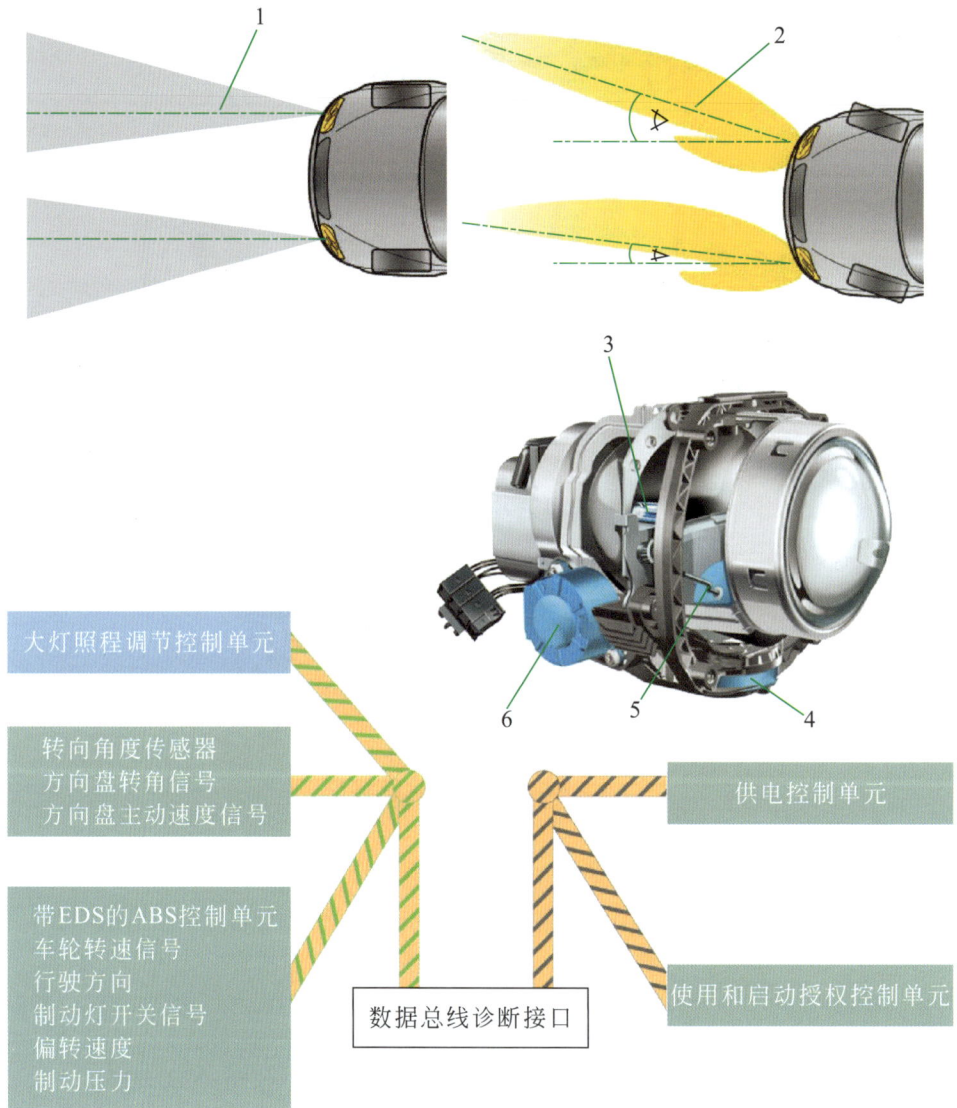

大灯照程调节控制单元

转向角度传感器
方向盘转角信号
方向盘主动速度信号

带EDS的ABS控制单元
车轮转速信号
行驶方向
制动灯开关信号
偏转速度
制动压力

数据总线诊断接口

供电控制单元

使用和启动授权控制单元

1—车辆直线行驶时灯光的投射状态；
2—汽车右转弯时灯光的投射状态；
3—气体放电灯；

4—回转模块位置传感器；
5—大灯光栅调节电磁阀；
6—转弯灯光动态调节电动机

图 5-3-4　自适应大灯系统示意图与控制原理

　　远光灯辅助系统可以在交通和周围环境允许的情况下，始终将远光灯保持打开状态，以确保驾驶员在黑暗中驾驶时能有更清晰的视线。

　　当远光灯辅助系统的摄像机识别到有迎面行驶或前方行驶的车辆时，系统将及时切换到近光，以确保行车人员不感到炫目。当识别到车辆在远光灯辅助系统的探测范围内消失时，又重新自动切换到远光。其工作模式如图 5-3-5 所示。

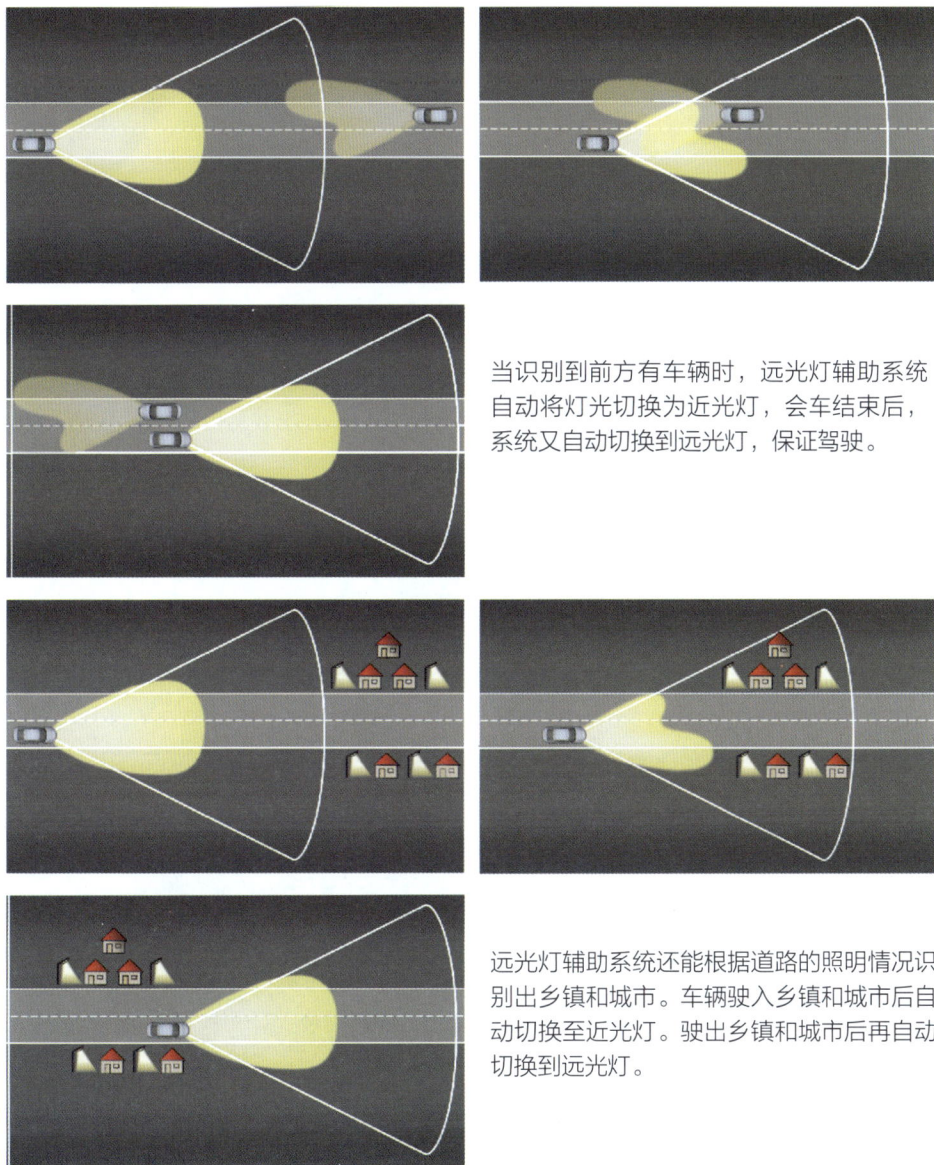

图 5-3-5　远光灯辅助系统工作模式

　　远光灯辅助系统可以确保远光灯达到最长的开启时间，为驾驶员提供更好的灯光照射条件。远光灯辅助系统需要车灯开关开启。如要开启该模式，车灯开关必须放在"AUTO"位置上，然后将远光灯拨杆向前推即可激活。如要关闭该模式，车灯开关旋出"AUTO"位置，远光灯辅助系统持续关闭。远光灯拨杆以及系统组件安装位置如图 5-3-6 所示。

(a) 远光灯拨杆

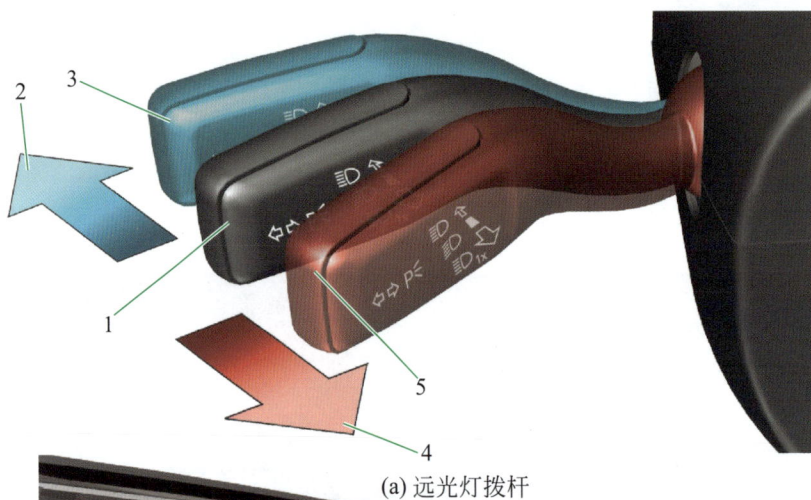

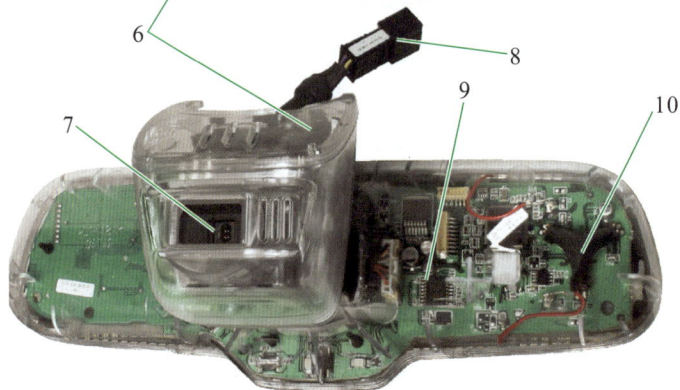

(b) 远光灯辅助系统控制器安装位置

1—远光灯拨杆未被操纵时的位置；
2—远光灯拨杆向前推；
3—远光灯拨杆向前推后的位置；
4—远光灯拨杆向后拉；
5—远光灯拨杆向后拉后的位置；

6,7—远光灯辅助系统摄像头及控制模块；
8—连接插头（连接车内后视镜 / 汽车电子系统）；
9—远光灯辅助系统控制器；
10—车内后视镜内的罗盘传感器

图 5-3-6　远光灯拨杆及系统组件安装位置

5.4
汽车电动辅助系统

扫一扫看动画视频

5.4.1 电动刮水器及风窗清洗器

电动刮水器与风窗清洗器（图 5-4-1）是汽车不可或缺的标准配置，作为汽车辅助电器的重要组成部分，其主要功能是清洗和刷除风窗玻璃上的雨水、雪以及灰尘，从而确保驾驶员的视觉清晰度。此外，部分汽车的前照灯也配备了刮水器和清洗器系统，以进一步提升在雨雪天气，特别是夜间驾驶时的安全性。

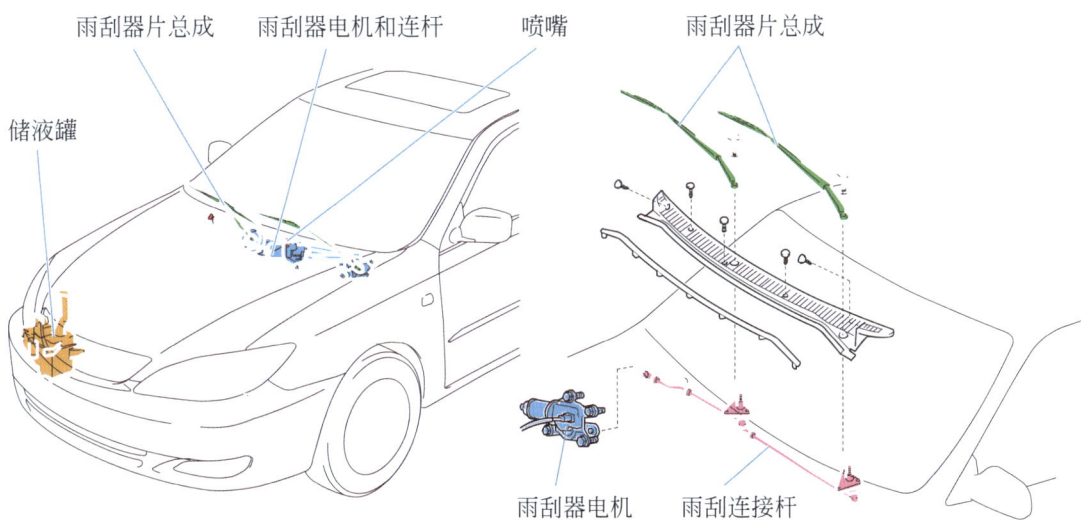

图 5-4-1　电动刮水器及风窗清洗器

扫一扫看动画视频

5.4.2 电动座椅

电动座椅一般由电动机（包含前后调节电动机、倾斜角度调节电动机、腰部支撑调节电动机）、调节开关、调节控制单元等组成，部分车型的电动座椅还带有座椅加热及通风等功能，如图 5-4-2 所示。

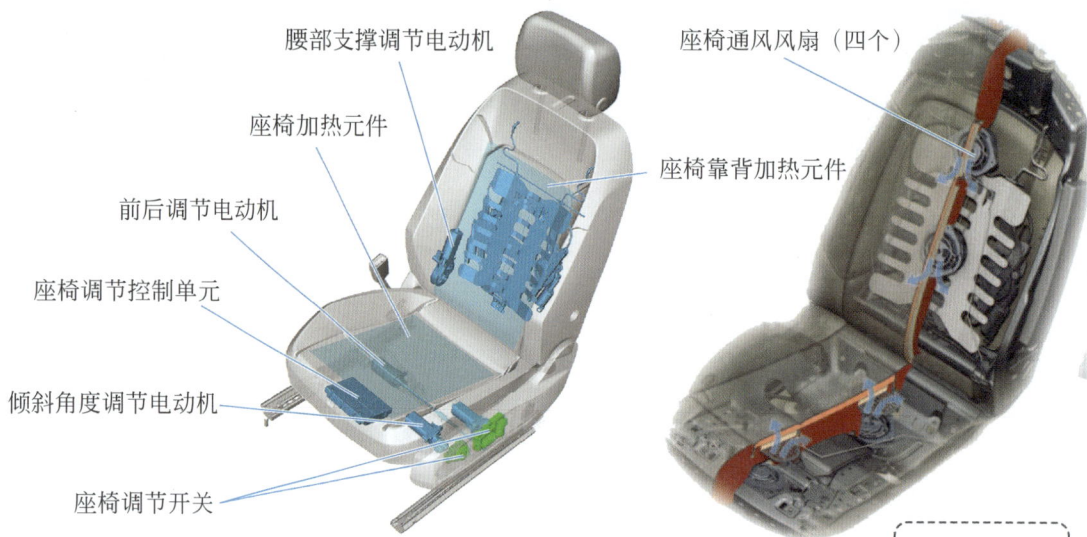

图 5-4-2　电动座椅

扫一扫看动画视频

5.4.3　电动车窗

　　电动车窗系统允许驾驶员和乘客在座位上通过操作开关实现车门玻璃的自动升降，这一设计不仅简化了操作过程，还有助于提升行车安全性。在具体实现上，某些汽车的电动车窗系统由电动机直接驱动升降器，而另一些则通过驱动机构与升降器相互作用，将电动机的旋转运动转化为车窗玻璃的上下移动。车窗升降器主要有两种类型：绳轮式电动车窗玻璃升降器和交叉传动臂式（图 5-4-3）电动车窗玻璃升降器。

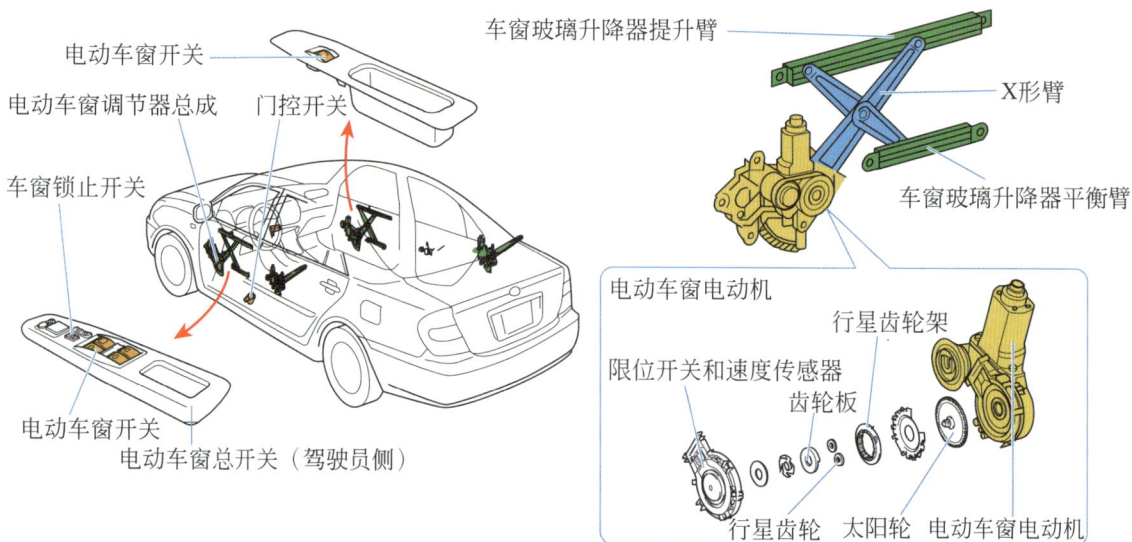

图 5-4-3　交叉传动臂式电动车窗玻璃升降器结构

5.4.4　中控门锁

汽车中控门锁（图 5-4-4）是中央控制门锁的简称，是一种通过设在驾驶室门上的开关同时控制车门关闭和开启的装置。中控门锁和防盗系统是现代汽车的重要组成部分，该系统让汽车的使用更加方便和安全。

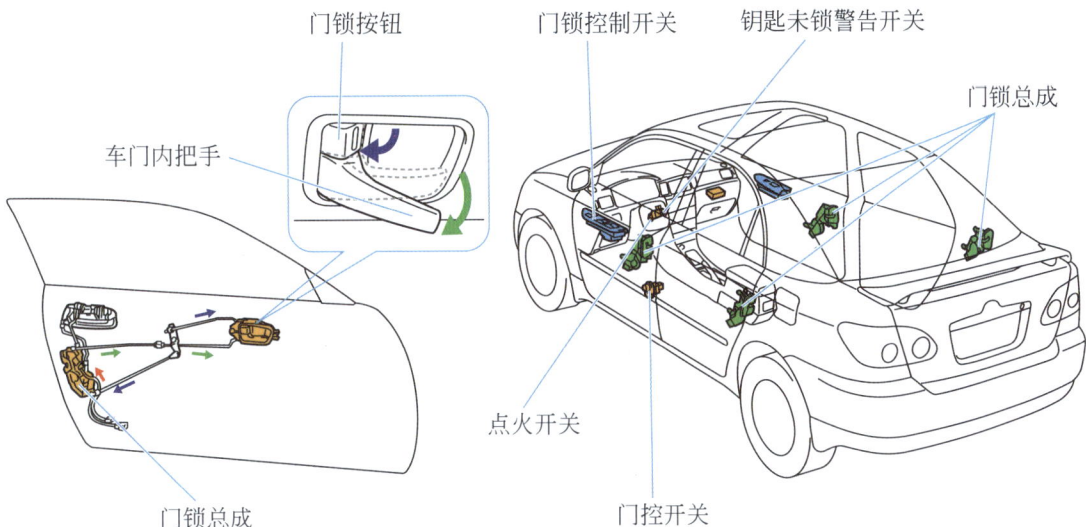

图 5-4-4　中控门锁

5.4.5　电动室外后视镜

电动室外后视镜（图 5-4-5）的背后装有两套电动机和驱动器，可操纵反射镜上下及左右转动。通常上下方向的转动由一个电动机控制，左右方向的转动由另一个电动机控制。通过改变电动机的电流方向，即可完成后视镜的上下及左右调节。

扫一扫看动画视频

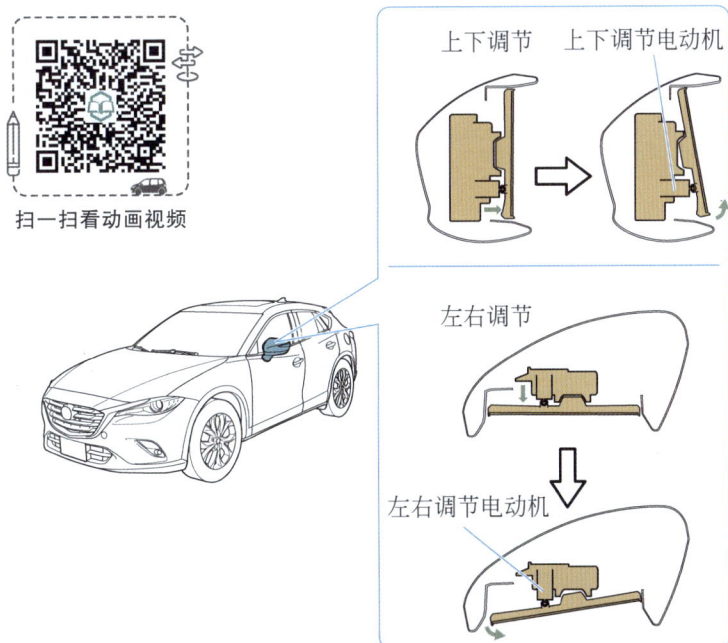

图 5-4-5　电动室外后视镜

5.5
汽车空调系统

扫一扫看动画视频

5.5.1 概述

汽车空调是一种通风装置，其设计目的在于将汽车车厢内的温度、湿度、空气清洁度以及空气流动进行精确调整与控制，从而优化乘客的乘坐体验，降低旅途中的疲劳感。同时，它也为驾驶员提供了更为舒适的工作环境，对确保行车安全起到了至关重要的作用。其构成主要包括冷凝器、储液罐、压缩机、制冷剂管、蒸发器以及膨胀阀等部件，如图 5-5-1 所示。

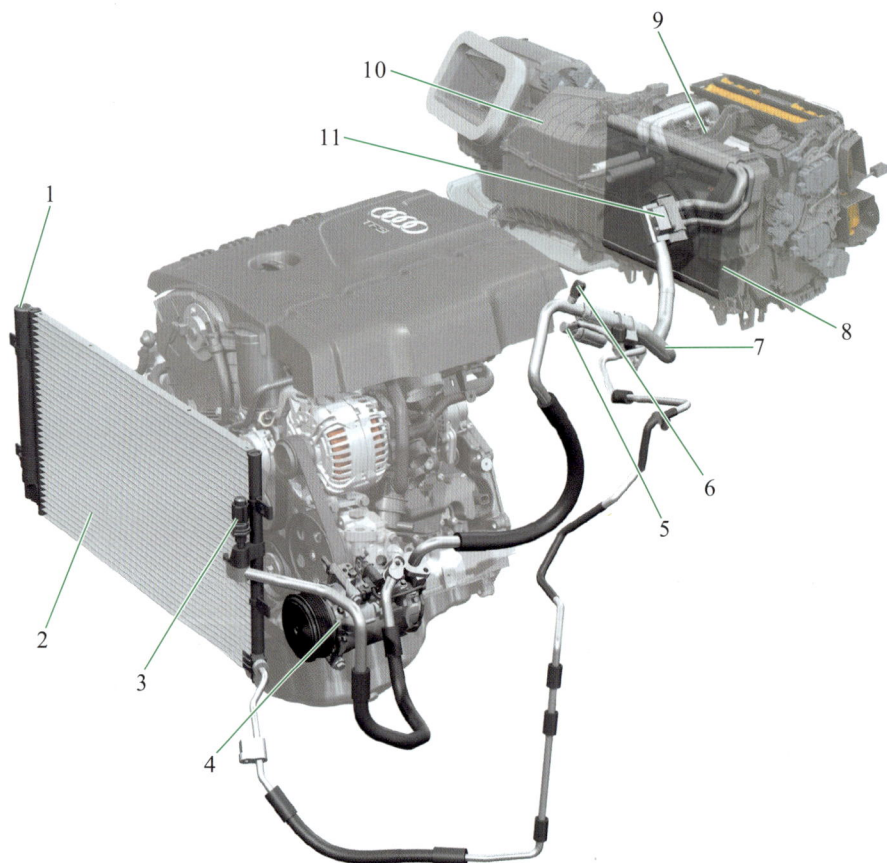

1—储液罐（带有干燥罐）；
2—冷凝器；
3—制冷剂压力和温度传感器；
4—压缩机；
5—快速接头；
6—保养接头；
7—制冷剂管；
8—蒸发器；
9—空调器；
10—空气进气箱；
11—膨胀阀

图 5-5-1 汽车空调系统组成图

5.5.2　汽车空调原理

基于自然现象，任何物质在冷却过程中均会释放热量。鉴于此，在车辆上采用了一种压缩式制冷系统。该系统通过封闭的管道循环运行制冷剂，并在液态与气态之间不断转换。其核心原理在于，首先压缩气体，随后通过释放热量实现气体液化（冷凝）。接着，在吸收热量的过程中，通过减压促使液体气化，如图 5-5-2 所示。这一过程并非直接制冷，而是从车内空气中抽离热量。

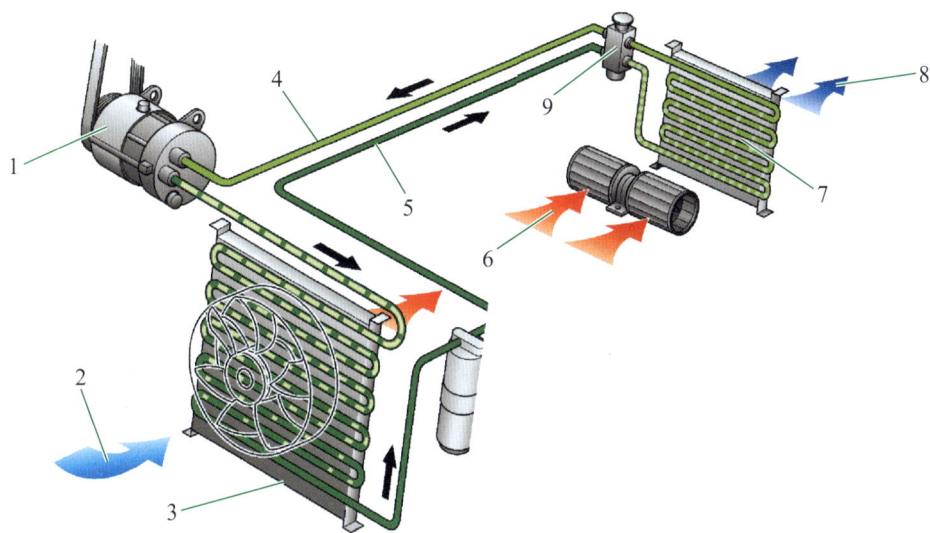

1—压缩机；	6—热的新鲜空气；
2—冷却空气；	7—蒸发器；
3—冷凝器；	8—被冷却了的新鲜空气；
4—低压侧；	9—膨胀阀
5—高压侧；	

图 5-5-2　汽车空调制冷原理

压缩机吸入低温低压的气态制冷剂，随后在压缩机内部对其进行压缩，导致其温度升高。高温高压的气态制冷剂随后被推送至循环管路中。经过短暂流程，制冷剂进入冷凝器（液化器），此时已被压缩且温度升高的气体通过与流经的空气（包括迎风空气和风扇产生的空气）进行热交换，从而实现降温。当达到由压力决定的露点时，制冷剂气体开始冷凝，转化为液态。此时，制冷剂处于高压且中等温度状态。

液态的压缩后的制冷剂继续流动，经过一个狭窄点，这个点可能是一个节流阀或者膨胀阀。在此，制冷剂被喷入蒸发器，压力随之降低。在蒸发器中，液态制冷剂减压并蒸发（气化）。这一过程所需的热量从流经蒸发器薄片的热新鲜空气中吸收，从而降低空气温度，为车内带来凉爽。在这个阶段，制冷剂以蒸气形态存在，压力低且温度低。

气态制冷剂从蒸发器流出后，再次被压缩机吸入，开始在环路中新一轮的循环。此时，制冷剂再次回到气态，压力低且温度低。

带膨胀阀的制冷剂回路如图 5-5-3 所示。

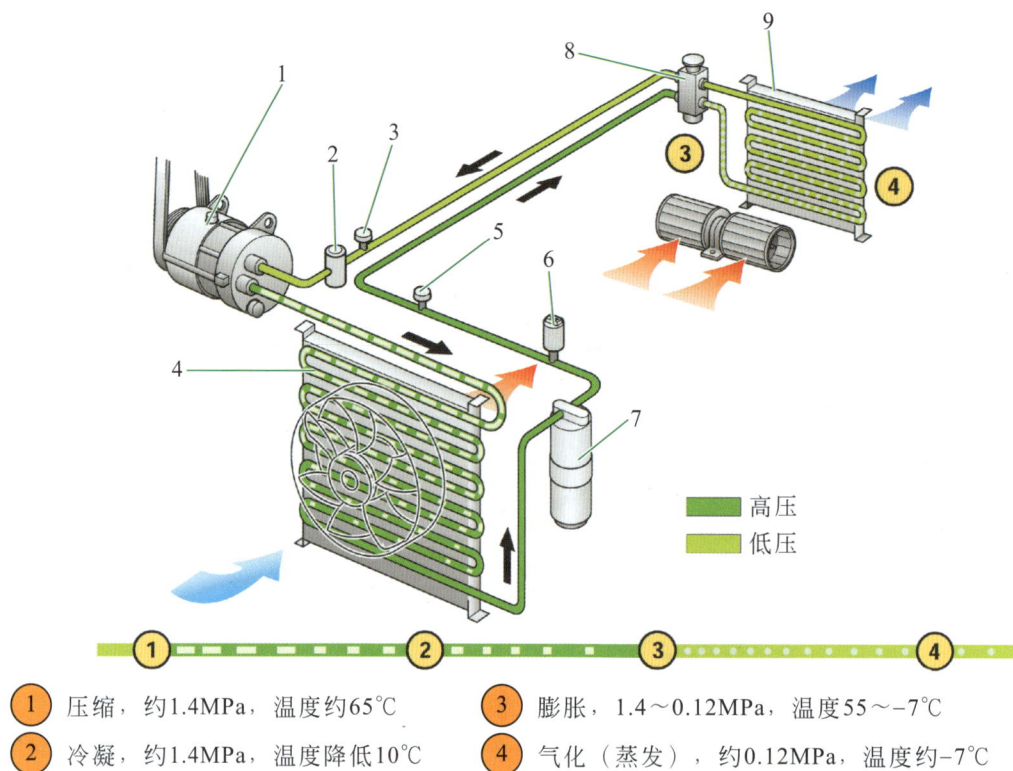

| ① | 压缩，约1.4MPa，温度约65℃ | ③ | 膨胀，1.4～0.12MPa，温度55～-7℃ |
| ② | 冷凝，约1.4MPa，温度降低10℃ | ④ | 气化（蒸发），约0.12MPa，温度约-7℃ |

高压
低压

1—压缩机；	6—高压开关；
2—阻尼器；	7—储液干燥罐；
3—低压维修接头；	8—膨胀阀；
4—冷凝器；	9—蒸发器
5—高压维修接头；	

图 5-5-3　带膨胀阀的制冷剂回路

制冷循环管路中的压力和温度是随着瞬时工作状态的变化而变化的，因此所给出的数据只能作为参考。这些数据是在特定条件下获得的：环境温度为 20℃，车辆停放 20min 后，发动机转速维持在 1500~2000r/min 之间；当环境温度为 20℃且发动机处于停止状态时，制冷剂循环管路中的过压为 0.47MPa（4.7bar）。这些条件对于理解和应用所提供的数据至关重要。

5.5.3　空调系统主要零部件

（1）空调压缩机（带轮驱动）　燃油汽车所配备的空调压缩机，采用的是带轮驱动式的斜盘式轴向柱塞设计。其详细的剖面图和工作原理如图 5-5-4 所示。在此系统中，驱动轴的旋转运动经由斜盘的转换，变为轴向运动，这一轴向运动直接对应活塞的升程。根据压缩机结构的不同，可以使用 3 至 10 个活塞，这些活塞围绕驱动轴呈圆周状布置，每个活塞都配备有吸/压阀。

驱动轴的旋转运动被传递到驱动毂，再经由斜盘转换为活塞的轴向运动。斜盘在导轨内可以纵向滑动，因此其倾斜状态是可以调节的。这就导致了活塞行程的变化，从而使得压缩机的输出功率（即制冷能力）可以根据需求进行调整。

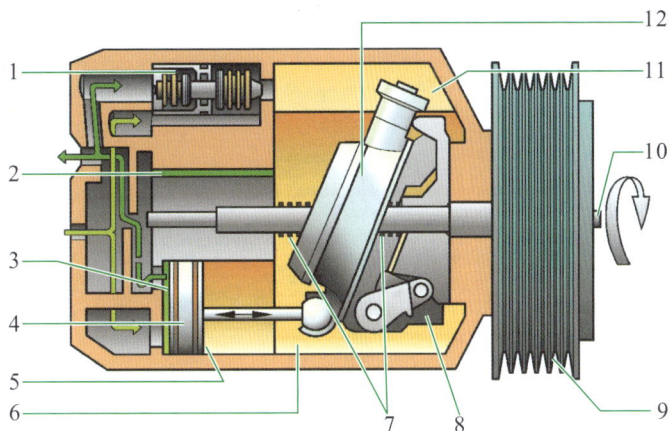

(a) 压缩机剖面图

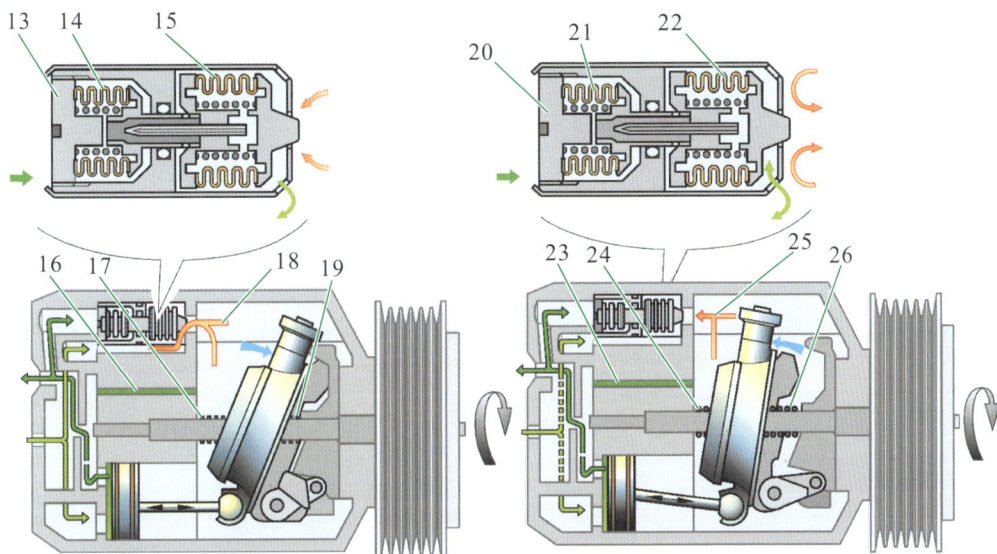

波纹管2被高压压靠在一起。波纹管1也被相对较高的低压压靠在一起。调节阀打开，腔压通过低压侧来卸压。活塞上面的低压与弹簧1的力的合力大于活塞下面的腔压和弹簧2的力的合力。于是斜盘的倾斜度就变大（行程增大），输出功率提高。

(b) 制冷能力强时的高功率输出

波纹管2舒展开。相对较低的低压使得波纹管1也舒展开。调节阀关闭。低压侧因腔压而关闭。腔压经校准节流孔而增大。活塞上面的低压与弹簧1的力的合力小于活塞下面的腔压和弹簧2的力的合力。于是斜盘的倾斜度就变小（行程减小），输出功率降低。

(c) 制冷能力低时的低功率输出

1,13,20—调节阀；	7—弹簧 1 和 2；	14,21—波纹管 1；
2—校准节流孔；	8—驱动毂；	15,22—波纹管 2；
3—活塞上部；	9—电磁离合器；	16,23—节流孔；
4—活塞；	10—驱动轴；	17,24—弹簧 1；
5—活塞下部；	11—导轨；	19,26—弹簧 2
6,18,25—腔压；	12—斜盘；	

图 5-5-4　压缩机剖面图及工作原理

（2）空调系统其他零部件（图 5-5-5）

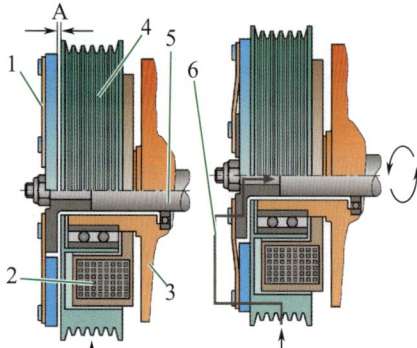

离合器关闭　　　　离合器接通

电磁线圈与压缩机壳体刚性连接在一起。
弹簧片和带轮之间有一个间隙"A"。
电磁线圈中就有电流流过产生磁场，该磁场将弹簧片拉靠到旋转着的带轮上（这时间隙"A"就不存在了），带轮和压缩机的驱动轴之间建立起了力的传递关系。这时压缩机就开始工作了。

(a) 空调压缩机电磁离合器

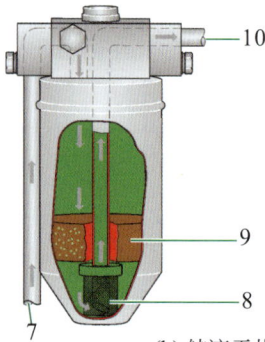

制冷剂储液罐作为制冷剂的膨胀罐和存储罐。从压缩机来的液态制冷剂从侧面进入制冷剂储液罐，在这里汇集并流过干燥罐，再经立管以不间断、无气泡液流状态流向膨胀阀。

(b) 储液干燥罐

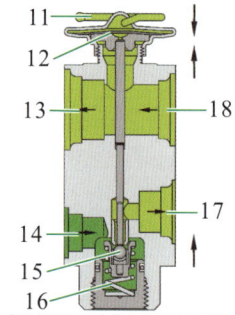

制冷剂流过膨胀阀被卸去压力后进入蒸发器。

(c) 膨胀阀

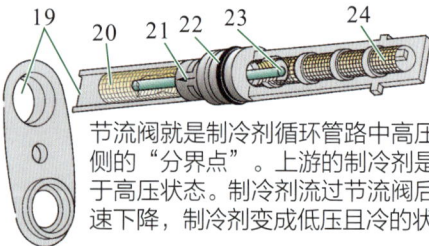

节流阀就是制冷剂循环管路中高压侧和低压侧的"分界点"。上游的制冷剂是暖的且处于高压状态。制冷剂流过节流阀后，压力迅速下降，制冷剂变成低压且冷的状态。

(d) 节流阀

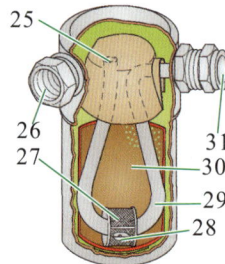

补偿并存储制冷剂和压缩机润滑油，并保护压缩机。

(e) 收集罐

1—带有毂的弹簧片；	剂的恒温器；	22—O 形环；
2—电磁线圈；	12—膜片；	23—校准节流孔；
3—压缩机壳体；	13—去往压缩机（低压）；	24,27—过滤网；
4—带有轴承的带轮；	14—来自压缩机（高压）；	25—气态制冷剂吸入点；
5—压缩机的驱动轴；	15—球阀；	26—来自蒸发器；
6—力的走向；	16—调节弹簧；	28—压缩机润滑油孔；
7—来自冷凝器；	17—去往蒸发器（低压）；	29—U 形管；
8—滤网；	18—来自蒸发器（低压）；	30—干燥剂；
9—干燥罐；	19—去往蒸发器；	31—去往压缩机
10—流向膨胀阀；	20—雾化网；	
11—带有传感器导线和制冷	21—箭头指向蒸发器；	

图 5-5-5　空调系统其他零部件

5.6
汽车安全气囊系统

5.6.1　安全气囊组成

　　安全气囊系统，作为汽车被动安全性的重要组成部分，旨在与座椅安全带协同工作，为车内乘员提供在碰撞事故中的有效保护。当汽车发生碰撞时，安全气囊的及时展开能够显著降低乘员的头部受伤风险，减少率约为 25%，并大幅度降低面部受伤的可能性，减少率可达 80%。

　　现代汽车普遍配备了驾驶员侧和副驾驶员侧的安全气囊，以确保基本的乘员安全。对于高档车型，还额外增设了侧面安全气帘、膝部安全气囊以及头部安全气囊等，以提供更全面的乘员保护。同时，车辆内安装了多个传感器，其中包括座椅占用识别传感器，以确保在没有乘员的座椅上，安全气囊不会误触发。

　　图 5-6-1 展示了安全气囊系统的剖视结构，而图 5-6-2 则提供了该系统的示意图，以便更深入地了解安全气囊系统的布局和工作原理。

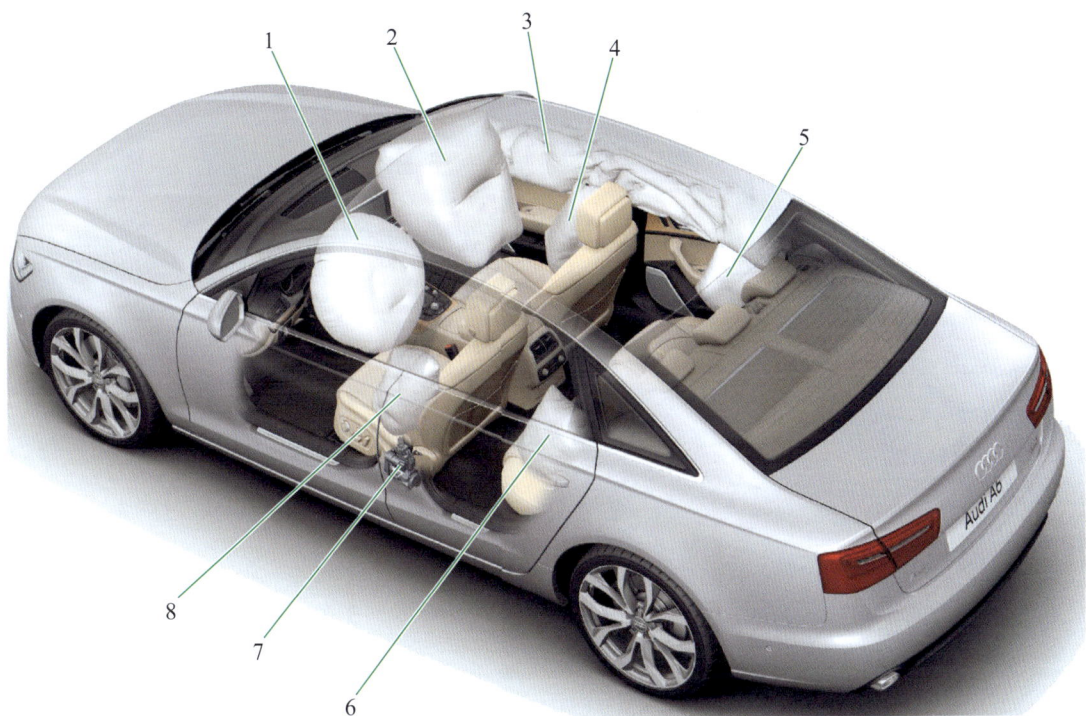

1—驾驶员侧自适应式安全气囊；

2—副驾驶员侧自适应式安全气囊；

3—头部安全气囊；

4—侧面安全气囊（副驾驶员侧）；

5—侧面安全气囊（右后乘客侧）；

6—侧面安全气囊（左后乘客侧）；

7—驾驶员侧安全带预紧装置；

8—侧面安全气囊（驾驶员侧）

图 5-6-1　安全气囊系统剖视图

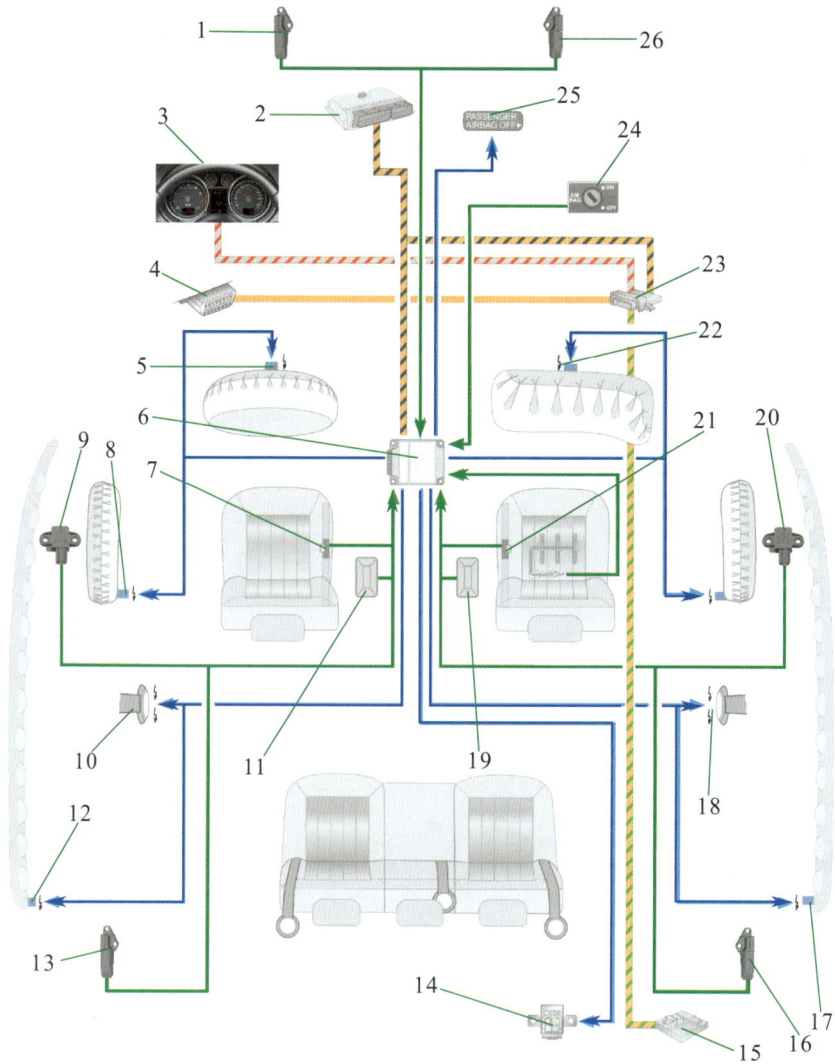

图 5-6-2 安全气囊系统示意图

1—驾驶员正面安全气囊碰撞传感器（左侧车头）；
2—发动机控制单元；
3—组合仪表内控制单元，安全带警告指示灯，安全气囊指示灯；
4—诊断接口；
5—驾驶员安全气囊点火器1，2；
6—安全气囊控制单元；
7—驾驶员座椅位置传感器；
8—驾驶员侧面安全气囊点火器；
9—驾驶员侧的侧面安全气囊碰撞传感器（驾驶员车门）；
10—驾驶员安全带张紧器点

火器1，驾驶员安全带限力器；
11—驾驶员安全带开关；
12—驾驶员头部安全气囊点火器；
13—左后座侧面安全气囊碰撞传感器（C柱）；
14—蓄电池切断装置点火器；
15—舒适系统中央控制单元；
16—右后座侧面安全气囊碰撞传感器（C柱）；
17—副驾驶员头部安全气囊点火器；
18—副驾驶员安全带张紧器点火器1，副驾驶员安全带限力器；

19—副驾驶员安全带开关；
20—副驾驶员侧的侧面安全气囊碰撞传感器（副驾驶员车门）；
21—副驾驶员座椅位置传感器；
22—副驾驶员安全气囊点火器1，2；
23—数据总线诊断接口（网关）；
24—副驾驶员安全气囊关闭钥匙开关；
25—副驾驶员安全气囊关闭指示灯；
26—副驾驶员正面安全气囊碰撞传感器（右侧车头）

5.6.2　安全气囊引爆器结构

安全气囊引爆器（图 5-6-3）是一种单级固体燃料气体发生器。引爆器由安全气囊控制器激活，并引燃引爆材料。

引爆材料的燃烧使得壳体内的压力升高，直至破碎，引燃的引爆材料通过喷嘴孔点燃了燃料。

当燃料燃烧产生的气体压力超出规定数值时，薄膜打开流出口，由此开放通过金属滤网至气囊的通道，气囊被展开并充入气体。

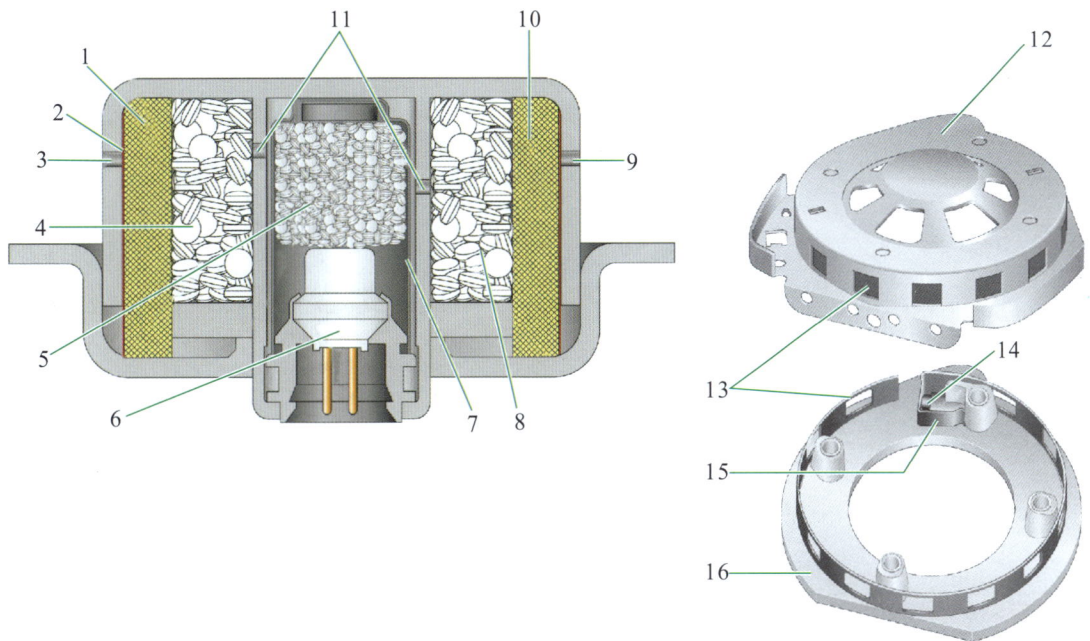

1,10—金属滤网；	9—流出口；
2—薄膜；	11—喷嘴孔；
3—流出口；	12—分配器壳体；
4—燃料；	13—控制环；
5—引爆材料；	14—引爆器 2；
6—引爆器 1；	15—固定夹；
7—壳体；	16—底板
8—燃料；	

图 5-6-3　安全气囊引爆器

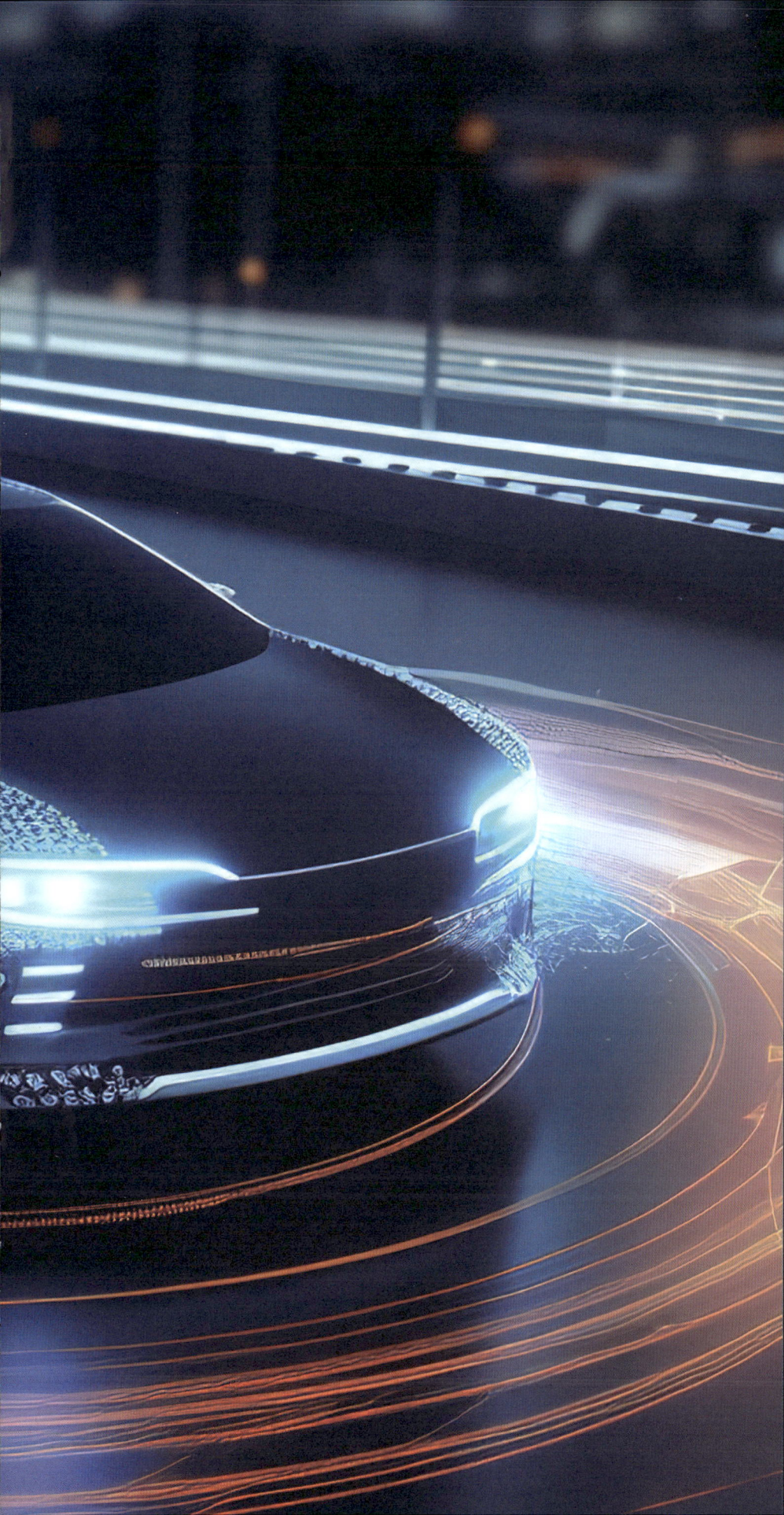

6.1
先进驾驶辅助系统（ADAS）概述

6.1.1 ADAS 概述

先进驾驶辅助系统（advanced driver assistance systems，ADAS）又称为高级驾驶辅助系统。智能网联汽车先进驾驶辅助系统，如图 6-1-1 所示。

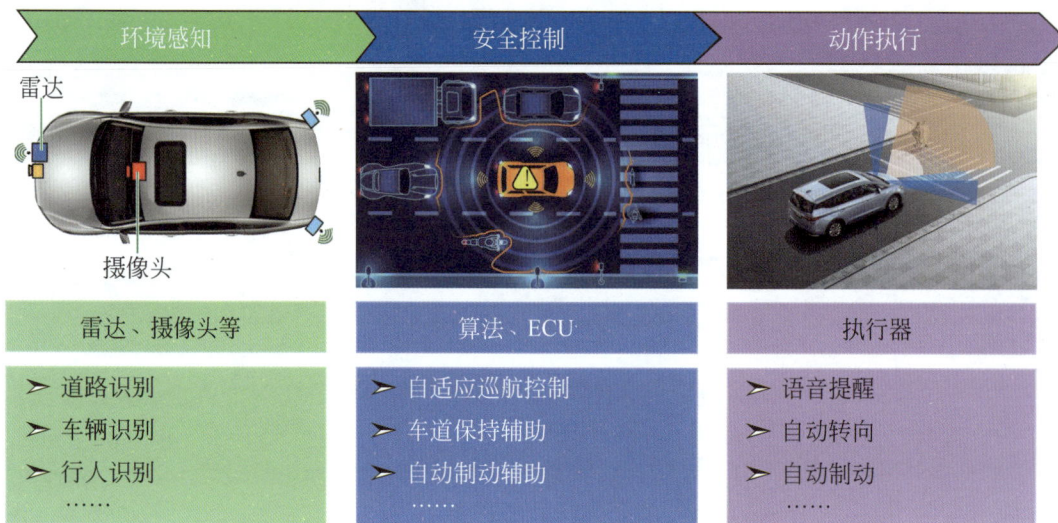

图 6-1-1　智能网联汽车先进驾驶辅助系统

6.1.2 ADAS 类型

ADAS 类型参见图 1-2-11 所示。

6.2
视野改善类ADAS

6.2.1 汽车自适应前照灯系统

自适应前照灯系统（adaptive front lighting system，AFS）是一种照明装置，它能够根据天气情况、外部光线、道路状况以及行驶信息，来自动改变前照灯系统的工作模式，调整照射光线的光型，消除夜间或能见度低时转弯或其他特殊行驶条件带来的视野暗区，能够为驾驶员提供范围更宽、更为可靠的照明视野，保证驾驶员和道路行人的安全。

汽车有无 AFS 的照明效果比较图，如图 6-2-1 所示。可以看出，AFS 的转向灯能够根据方向盘的角度转动，把有效的光束投射到驾驶员需要看清的前方路面上。

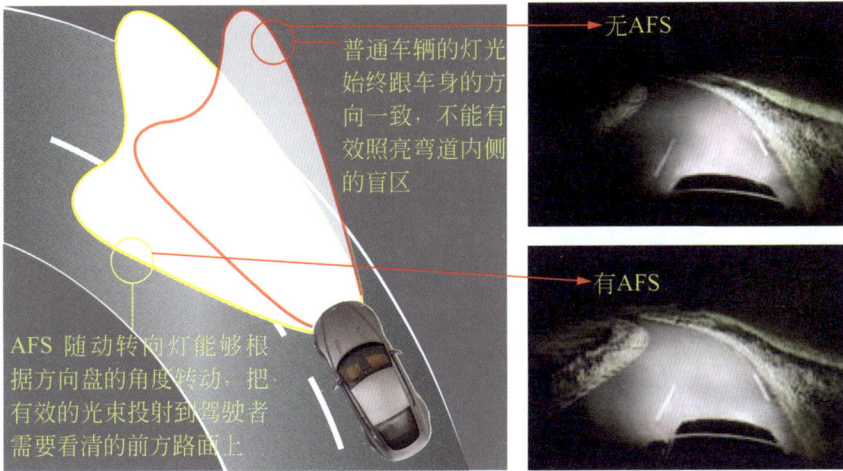

图 6-2-1　汽车有无 AFS 的照明效果比较图

自适应前照灯系统主要由传感器单元、CAN 总线传输单元、控制单元（ECU）和执行单元等组成，如图 6-2-2 所示。

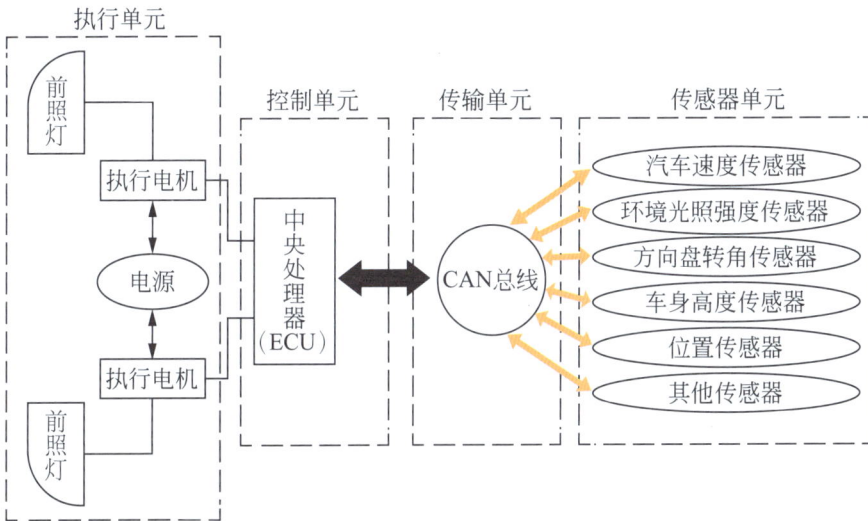

图 6-2-2　自适应前照灯系统组成

6.2.2　汽车夜视辅助系统

汽车夜视辅助系统是一种利用红外成像技术辅助驾驶员在黑夜中看清道路、行人和障碍物等，减少事故发生，增强主动安全的系统，如图 6-2-3 所示。

图 6-2-3　汽车夜视辅助系统

汽车夜视辅助系统主要由红外发射单元、红外成像单元、控制单元（ECU）和图像显示单元等组成，如图 6-2-4 所示。

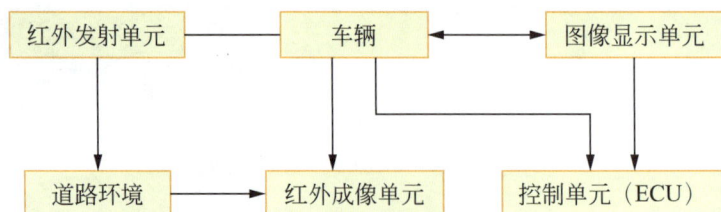

图 6-2-4　汽车夜视辅助系统组成

奥迪 A8L 夜视辅助系统主要元件是控制单元和摄像头。控制单元是夜视辅助系统的核心，位于左前座椅前方的汽车底板内，装在一个塑料盒内，如图 6-2-5 所示。摄像头是一种红外热敏图像摄像头，如图 6-2-6 所示。

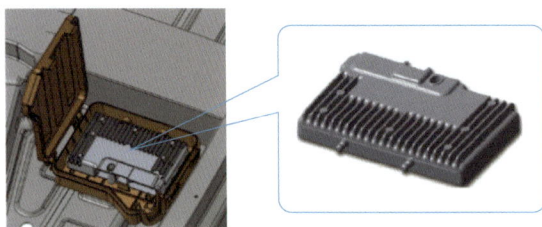

图 6-2-5　奥迪 A8L 夜视辅助系统控制单元

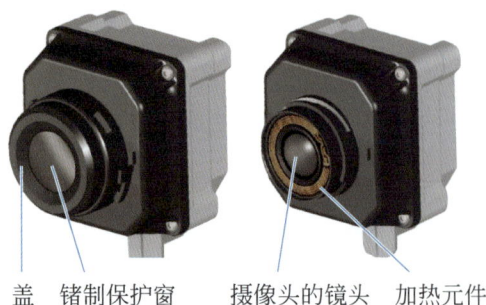

盖　　锗制保护窗　　摄像头的镜头　加热元件

图 6-2-6　奥迪 A8L 夜视辅助系统摄像头

6.2.3　汽车平视显示系统

平视显示系统也称为抬头显示（HUD）系统。它利用光学反射原理，将汽车驾驶辅助信息、导航信息、检查控制信息以及 ADAS 信息等，通过镜片的定位技术，将图像投射到改进过的前挡风玻璃上，最后让影像犹如漂浮在汽车发动机盖上，处在大约离驾驶员眼睛 2m 远的位置，这样驾驶员无须低头就可随时看清各种行车信息，以及导航路况引导等，从而可提高行车安全性，如图 6-2-7 所示。

图 6-2-7　汽车平视显示系统

平视显示系统主要由图像源、光学系统和图像合成器等组成，如图 6-2-8 所示。

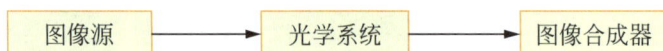

图 6-2-8　平视显示系统组成

奥迪平视显示系统如图 6-2-9 所示，其核心组成为前挡风玻璃投影控制单元，如图 6-2-10 所示。此控制单元集成了全部所需的光学、机械和电气元件，并位于组合仪表的正前部，以确保其精确、高效地运行。

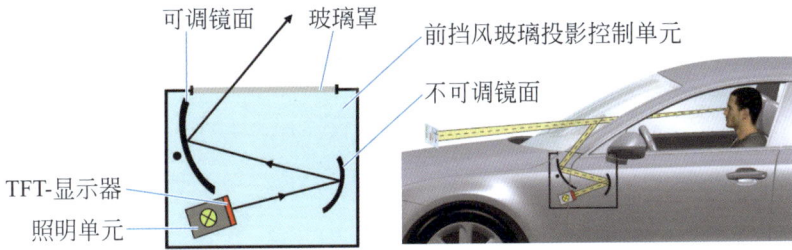

图 6-2-9　奥迪平视显示系统

图 6-2-10　前挡风玻璃投影控制单元

6.2.4　全景泊车系统

全景泊车系统是一种先进的驾驶辅助技术，旨在为驾驶员提供车辆周围 360°的全方位视觉信息，从而极大地提高了泊车的安全性和便利性。对于大型车辆，该系统能够显著减少在停车过程中可能出现的刮擦事故。该系统又被称为 360°全景泊车影像系统、AVM 全景式监控影像系统、360°全景泊车系统、360°全景可视系统、全息影像停车辅助系统或汽车环视系统等，其核心组成包括安装在车身前后左右的四个超广角鱼眼摄像头、人机交互界面和系统主机等部件，如图 6-2-11 所示。

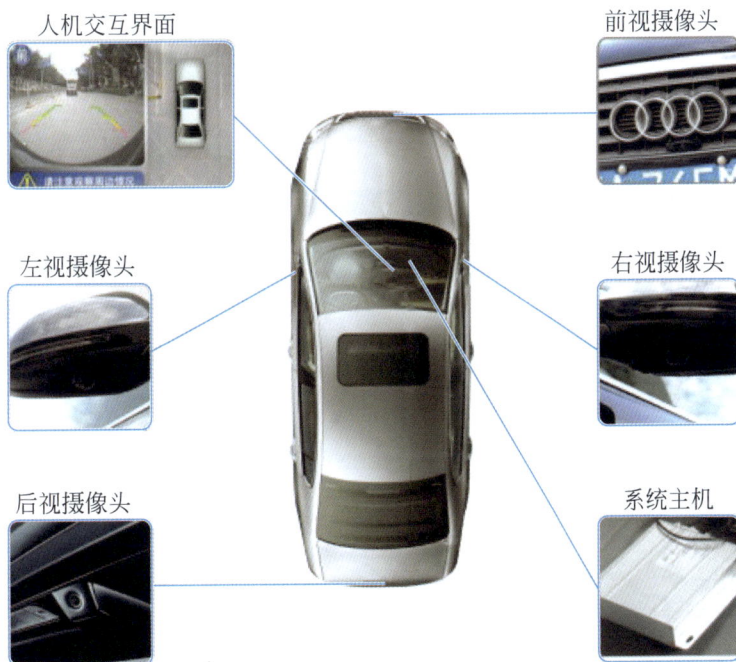

图 6-2-11　全景泊车系统组成

如图 6-2-12 所示，这四个超广角鱼眼摄像头能够同时捕捉车辆四周的影像，通过图像处理单元的畸变还原、视角转化、图像拼接和图像增强等处理步骤，最终生成一幅 360°的全景俯视图，为驾驶员提供全面且直观的车辆周边环境信息。这种全景俯视图极大地减少了驾驶员在泊车过程中的视觉盲区，使得泊车操作更加直观和便捷。

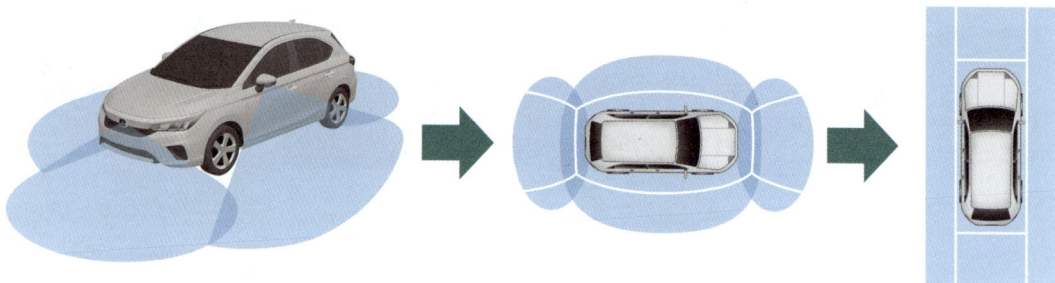

图 6-2-12　全景泊车系统工作原理

6.3
安全预警类ADAS

6.3.1　前向碰撞预警系统

前向碰撞预警（forward collision warning，FCW）系统通过雷达或视觉传感器时刻监测前方车辆，判断本车与前车之间的距离、方位及相对速度，当存在潜在碰撞危险时对驾驶员进行警告。一般预警的方式有声音、视觉或触觉警示等，如图 6-3-1 所示。FCW系统一般本身不会采取任何制动措施去避免碰撞或控制车辆，但也有一些前向碰撞预警系统提供不同程度的制动功能。

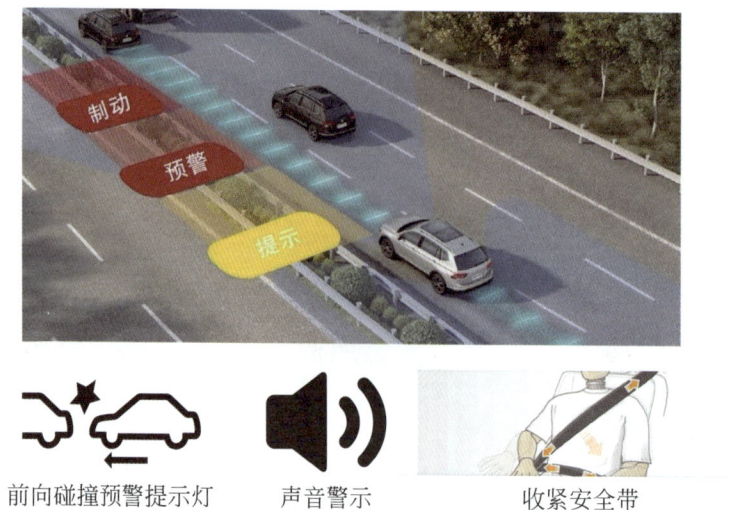

前向碰撞预警提示灯　　　声音警示　　　收紧安全带

图 6-3-1　前向碰撞预警系统

前向碰撞预警系统由信息采集、电子控制和人机交互三个单元组成，如图 6-3-2 所示。

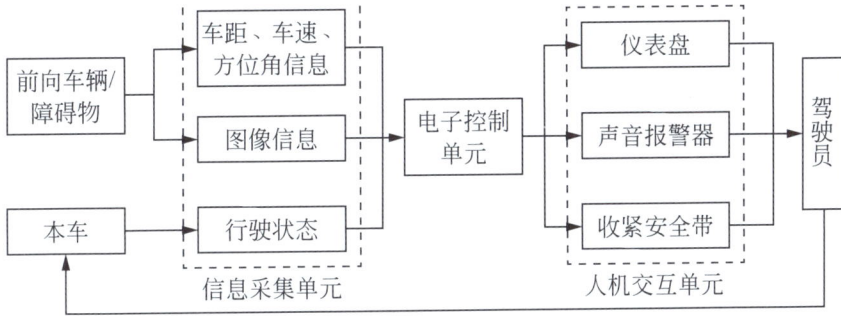

图 6-3-2　前向碰撞预警系统组成

6.3.2　车道偏离预警系统

车道偏离预警系统（lane departure warning system，LDWS）根据前方道路环境和本车位置，判断车辆偏离车道的行为并对驾驶员进行及时提醒，从而防止由于驾驶员疏忽造成的车道偏离事故的发生，如图 6-3-3 所示。

图 6-3-3　车道偏离预警系统示意图

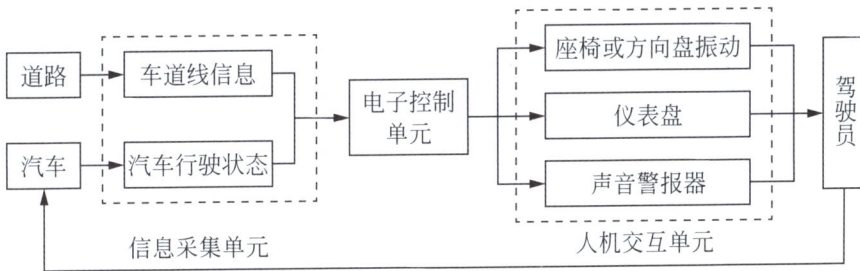

它通过传感器获取前方道路信息，结合车辆自身的行驶状态以及预警时间等相关参数，判断汽车是否有偏离当前所处车道的趋势。如果在驾驶员没有开转向灯的情况下，车辆即将发生偏离，则通过视觉、听觉或触觉的方式向驾驶员发出警报。

车道偏离预警系统主要由信息采集单元、电子控制单元和人机交互单元等组成，如图 6-3-4 所示。在该系统中，所有的信息均以数字信号的形式进行传递，通过汽车总线技术实现。

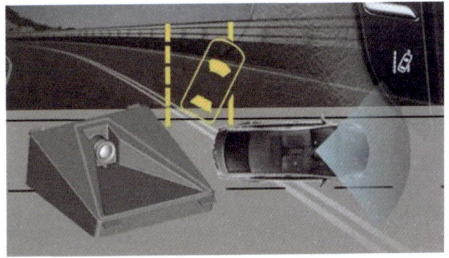

图 6-3-4　车道偏离预警系统组成

吉利博越车道偏离预警系统如图 6-3-5 所示。吉利博越通过挡风玻璃后方摄像头实时监测前方车道线，当车辆出现非主动偏航时，及时警示驾驶者，避免危险发生。

6.3.3　盲区监测系统

所谓车辆盲区，是指驾驶员位于正常驾驶座位置，

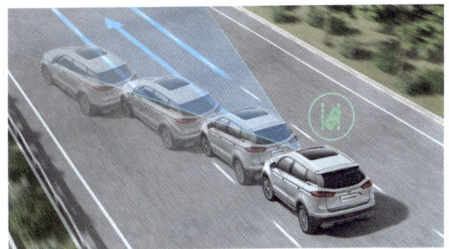

图 6-3-5　吉利博越车道偏离预警系统

其视线被车体遮挡而不能直接观察的视野。排除人为遮挡的因素，不同车型的盲区会有略微差别，总体来说，车辆盲区主要包括四大区域，即车头盲区，车尾盲区，后视镜盲区和A、B、C柱盲区，如图6-3-6所示。

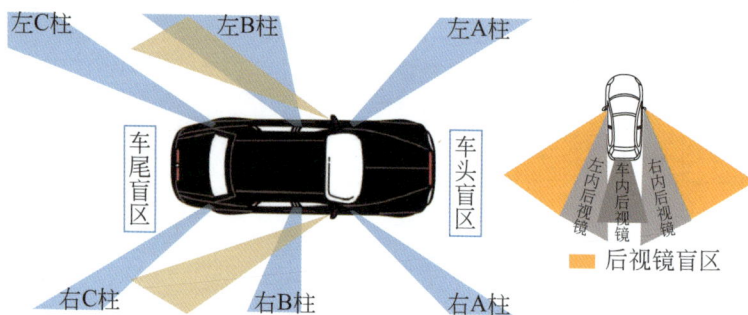

图6-3-6　汽车盲区示意图

所谓盲区监测（BSD）系统，是通过超声波、摄像头、探测雷达等车载传感器检测视野盲区内有无来车，在左右两个后视镜内或其他地方通过声音、灯光等方式提醒驾驶员后方安全范围内有无来车，从而消除视线盲区，提高行车的安全性，如图6-3-7所示。盲区监测（BSD）系统也称汽车并线辅助（LCA）系统，是汽车上的一款安全类的高科技配置。

图6-3-7　盲区监测系统

盲区监测系统一般由信息采集单元、电子控制单元和预警显示单元等组成，如图6-3-8所示。

图6-3-8　盲区监测系统组成

6.3.4　驾驶员疲劳预警系统

驾驶员疲劳预警系统（driver fatigue monitor system，BMS）是指驾驶员精神状态不佳或进入浅层睡眠时，系统会依据驾驶员精神状态指数分别给出语音提示、振动提醒、电脉冲警示等，警告驾驶员已经进入疲劳状态，需要休息。其功用是监视并提醒驾驶员自身的疲劳状态，减少驾驶员疲劳驾驶的潜在危害。图 6-3-9 所示为通过摄像头监视驾驶人的面部特征来进行疲劳监测的系统。

闭眼预警	当驾驶员在驾驶过程中处于闭眼状态并持续 1.5s 时，系统会发出预警	**打哈欠预警**	当驾驶员出现打哈欠的行为并持续 0.5s 时，系统会发出预警
低头预警	当驾驶员因疲劳或分神出现低头情况并持续 1.0s 时，系统会发出预警	**左顾右盼预警**	当检测到驾驶员存在视线偏移（持续 1.0s）时，系统会发出预警

图 6-3-9　驾驶员疲劳预警系统

驾驶员疲劳预警系统也称为防疲劳预警系统、疲劳识别系统、注意力警示辅助系统、驾驶员安全警告系统（DAC）等。

问界 M5 驾驶员疲劳预警系统控制原理和逻辑如图 6-3-10 所示。

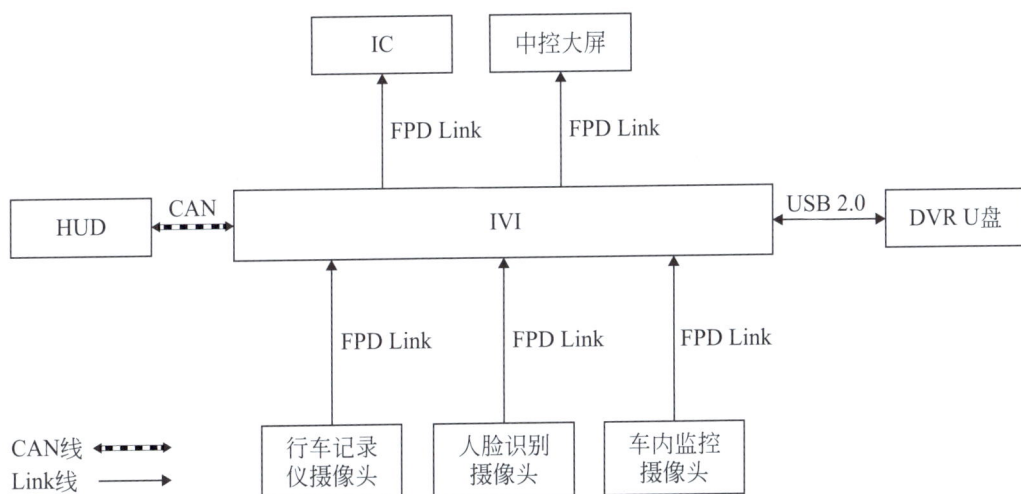

图 6-3-10　问界 M5 驾驶员疲劳预警系统控制原理和逻辑

系统通过人脸识别摄像头输出视频信号到 IVI，IVI 对视频进行处理，通过相应算法进行疲劳检测。车内监控摄像头提供视频信号到 IVI，IVI 对视频进行处理，通过相应算法进行车内监控。行车记录仪摄像头提供视频信号到 IVI，IVI 对视频进行处理，处理后的视频和图片信息传输到 DVR 存储接口进行存储。

6.4
主动控制类 ADAS

6.4.1　车道保持辅助系统

车道保持辅助系统（lane keeping assist system，LKAS）源于车道偏离预警系统，并在此基础上进行了升级。该系统能够利用转向系统控制，辅助车辆更精确地保持在车道内行驶。在行驶过程中，车辆通过信息采集单元（如摄像头）来识别车道标识线，从而确保车辆稳定地保持在车道上。一旦车辆接近或可能越过标识线，系统会通过方向盘振动或声音提示来引起驾驶员的注意。此外，系统还会自动微调方向盘，确保车辆回到正确的车道上。若系统长时间检测到驾驶员未进行主动干预，将发出警报，以进一步提醒驾驶员。图6-4-1 展示了车道保持辅助系统的示意图，以便更好地理解其工作原理。

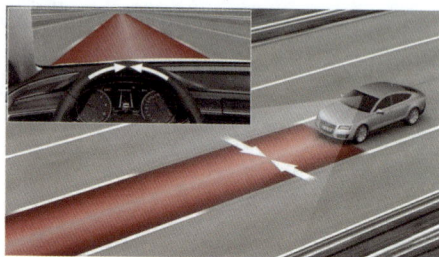

图 6-4-1　车道保持辅助系统示意图

车道保持辅助系统主要由信息采集单元、电子控制单元以及执行单元等核心组件构成，如图6-4-2 所示。当系统处于工作状态时，驾驶员将会接收到关于车道偏离的警示信息，并可自行选择对转向系统或制动系统中的一项或多项动作进行控制。此外，驾驶员也可以选择将控制权完全交给系统，由其进行自主控制。在整个系统中，所有的信息均以数字信号的形式进行传输，通过汽车总线技术实现信息的有效流通。

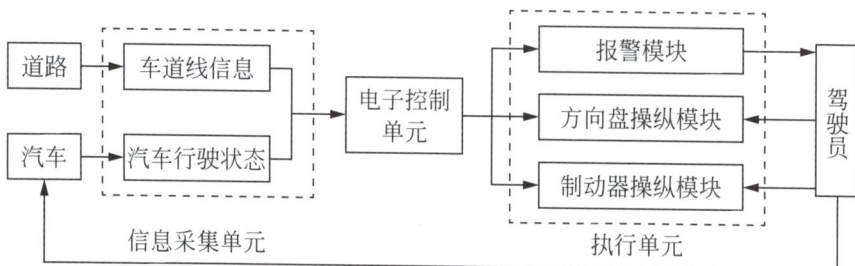

图 6-4-2　车道保持辅助系统组成

车道保持辅助系统的工作过程如图6-4-3 所示。车辆在位置①时未偏离车道；在位置②时若未使用转向灯，则发出警报声响；在位置③时若车辆继续偏离车道，且驾驶者没有理会警报，LKAS 会和缓地将车辆导回原有车道。车道保持辅助系统是系统主动进行车道偏离纠正的过程，最终使汽车重新处于正确的行驶轨迹上。经过该过程，车道保持辅助系统完成了一个完整的工作周期。

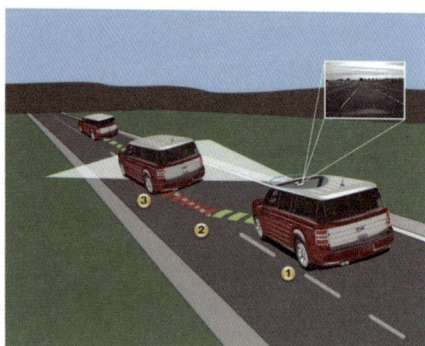

①未偏离车道
②若未使用转向灯，则发出警报声响
③若车辆继续偏离车道，且驾驶者没有理会警报，LKAS 会和缓地将车辆导回原有车道

图 6-4-3　车道保持辅助系统工作过程

6.4.2　自动紧急制动系统

自动紧急制动（AEB）系统是一种车辆安全技术，其工作原理为：当车辆在非自适应巡航状态下正常行驶时，若遇到突发危险情况，或与前车及行人之间的距离小于安全阈值，系统会自动触发制动机制。然而，尽管此系统能显著降低碰撞风险，但车辆可能无法完全停住。AEB系统的应用，显著提高了行车安全性，降低了追尾等碰撞事故的发生率。图6-4-4展示了自动紧急制动系统的示意图。

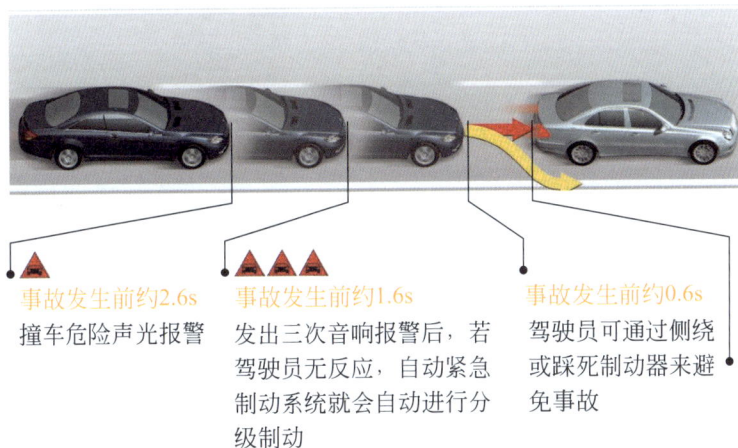

事故发生前约2.6s
撞车危险声光报警

事故发生前约1.6s
发出三次音响报警后，若驾驶员无反应，自动紧急制动系统就会自动进行分级制动

事故发生前约0.6s
驾驶员可通过侧绕或踩死制动器来避免事故

图6-4-4　自动紧急制动系统示意图

通常情况下，AEB系统由车辆碰撞迫近制动（CIB）系统和动态制动支持（DBS）系统两个部分组成。CIB系统主要负责在发生追尾事故或驾驶员未能及时采取任何制动措施的情况下，自动紧急制动车辆，以防止或减轻碰撞事故。而DBS系统则在驾驶员制动力度不够的情况下，提供额外的制动支持，帮助避免或减少碰撞的损害。这两个系统共同协作，为驾驶安全提供重要保障。

自动紧急制动系统由行车环境信息采集单元、电子控制单元和执行单元等核心组件构成，其组成如图6-4-5所示。

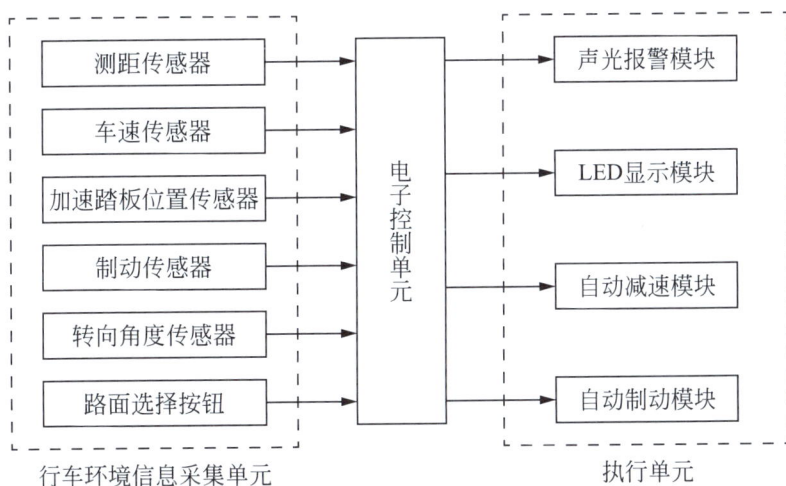

图6-4-5　自动紧急制动系统组成

奔驰自动紧急制动系统（配备横向行人与车辆探测功能），如图 6-4-6 所示，已成为新 E 系列所有车型的标准安全配置。此系统旨在通过预先检测并响应潜在碰撞风险，从而避免或减少与前方车辆及横向穿越的行人发生碰撞事故的可能性。具体而言，该系统通过车辆前部的雷达装置精确测量与前方障碍物的距离。当检测到与前方障碍物距离过近时，系统会发出声音警告，以提醒驾驶员采取避险措施。若驾驶员未能在合理时间内作出反应，系统将自动启动紧急制动程序，以最大程度减轻潜在碰撞的严重性。

6.4.3 自适应巡航控制系统

自适应巡航控制系统，亦被称为主动巡航，是一种先进的驾驶辅助技术。此系统通过运用低功率雷达或红外线光束精确探测前方车辆的位置信息。一旦系统识别到前方车辆减速或新的目标物出现，将立即发送执行指令至发动机或制动系统，以调节车速，确保本车与前车维持预设的安全距离。当道路障碍消失后，系统将自动恢复至预设车速，并继续通过雷达系统监测下一个目标。自适应巡航控制系统的引入，不仅大幅减少了驾驶者频繁调节巡航控制的需求，更在多种路况下为驾驶者提供了更为轻松、安全的驾驶体验。

如图 6-4-7 所示的自适应巡航控制系统，在工作状态下，雷达会实时侦测前方道路情况。一

图 6-4-6　奔驰自动紧急制动系统

(a) 雷达发射和接收装置

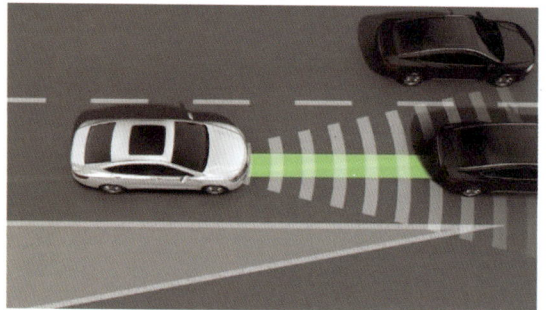

(b) 自适应巡航控制示意图

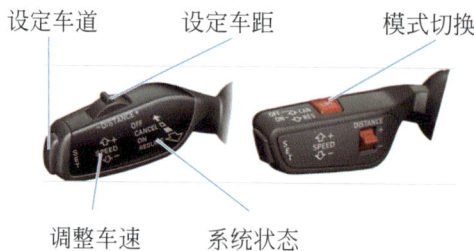

(c) 自适应巡航控制按钮

图 6-4-7　自适应巡航控制系统示意图

且侦测到前方有行驶速度较慢的车辆，系统将自动启动减速程序，调整当前车辆速度至与前方车辆一致，并始终保持安全车距。当前方车辆驶离后，系统将再次自动调整车速，恢复到预先设定的速度值。整个过程中，自适应巡航控制系统以高度严谨、稳重和理性的方式，确保车辆行驶的安全性与舒适性。

　　燃油汽车 ACC 系统主要由信息感知单元、电子控制单元（ECU）、执行单元和人机交互界面等组成，如图 6-4-8 所示。

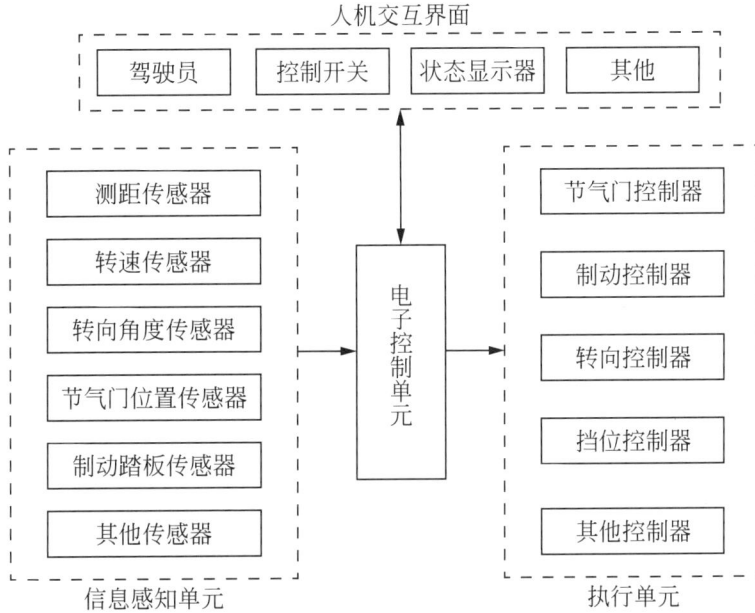

图 6-4-8　燃油汽车 ACC 系统组成

　　电动汽车的 ACC 系统同样包含信息感知单元、电子控制单元（ECU）、执行单元以及人机交互界面等多个关键组成部分，如图 6-4-9 所示。相较于燃油汽车，电动汽车的 ACC 系统在信息感

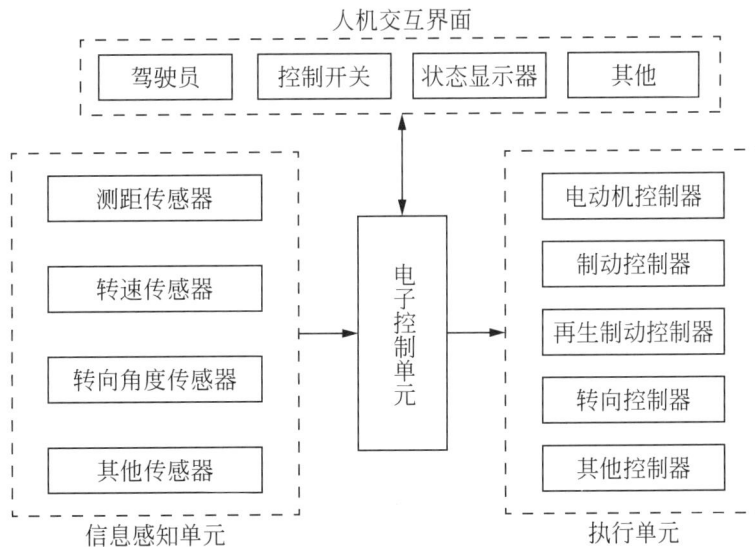

图 6-4-9　电动汽车 ACC 系统组成

知单元中省去了节气门位置传感器，而在执行单元中则去除了节气门控制器和挡位控制器，取而代之的是电动机控制器和再生制动控制器。信息感知单元负责收集传感器测量的距离、速度和加速度等信号，并将这些数据传递至电子控制单元。电子控制单元则对汽车的行驶环境及其运动状态进行深入分析、精确计算与科学决策，进而输出扭矩和制动压力信号。执行单元则负责执行电子控制单元的指令，通过电动机控制器和制动控制器来精准调控汽车的行驶速度。至于人机交互界面，则为驾驶员提供了观察系统运行状况并进行干预控制的便捷操作平台。

6.4.4 自动泊车辅助系统

图 6-4-10 展示了汽车先进驾驶辅助系统之一的自动泊车辅助系统。该系统利用车载传感器探测有效泊车空间，并通过辅助控制车辆完成泊车操作。相较于传统的电子辅助功能，如倒车雷达和倒车影像显示，自动泊车辅助系统展现了更高的智能化水平，显著减轻了驾驶员的操作负担，并有效降低了泊车过程中的事故率。

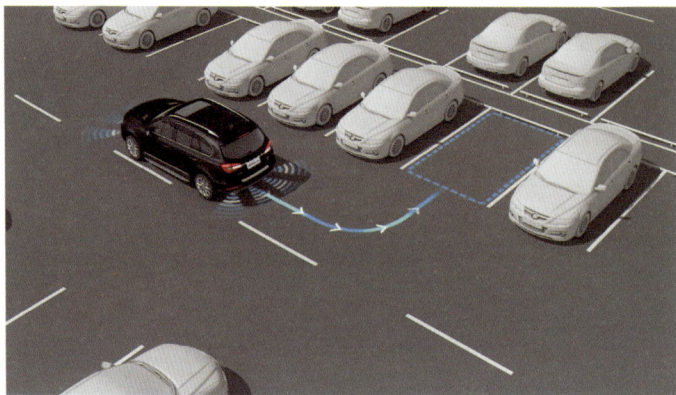

图 6-4-10　自动泊车辅助系统示意图

自动泊车辅助系统由信息感知单元、电子控制单元以及执行单元等核心组件构成，如图 6-4-11 所示。这些组件协同工作，以确保车辆在泊车过程中的安全、准确和高效。信息感知单元负责收集车辆周围的各种信息，如障碍物距离、车道线等；电子控制单元则根据这些信息计算出最佳的泊车路径和速度；执行单元则负责按照电子控制单元的指令，精确控制车辆的转向、加速和制动等操作，从而完成自动泊车过程。整个系统的工作流程严谨、稳定，确保了泊车的安全性和准确性。

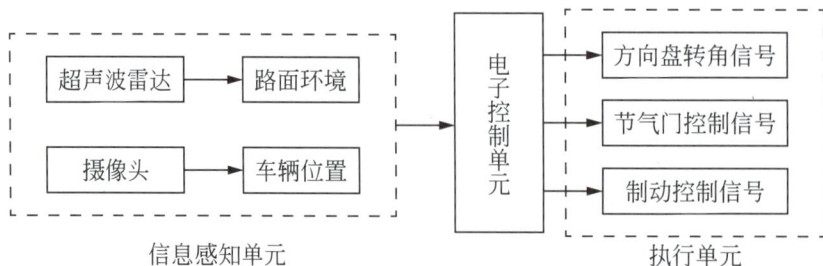

图 6-4-11　自动泊车辅助系统组成

　　经过车载传感器对车辆周边环境的细致扫描，自动泊车辅助系统能够精确分析与建模环境区域，进而寻找合适的泊车空位。一旦确认目标车位，系统将提示驾驶员进行停车操作并启动自动泊车程序。该程序将依据所获取的车位尺寸和位置信息，通过算法精确计算出泊车路径，随后系统将自动操控汽车完成泊车入位。整个自动泊车辅助系统的运作流程如图 6-4-12 所示，体现了高效、精准与自动化的特点。

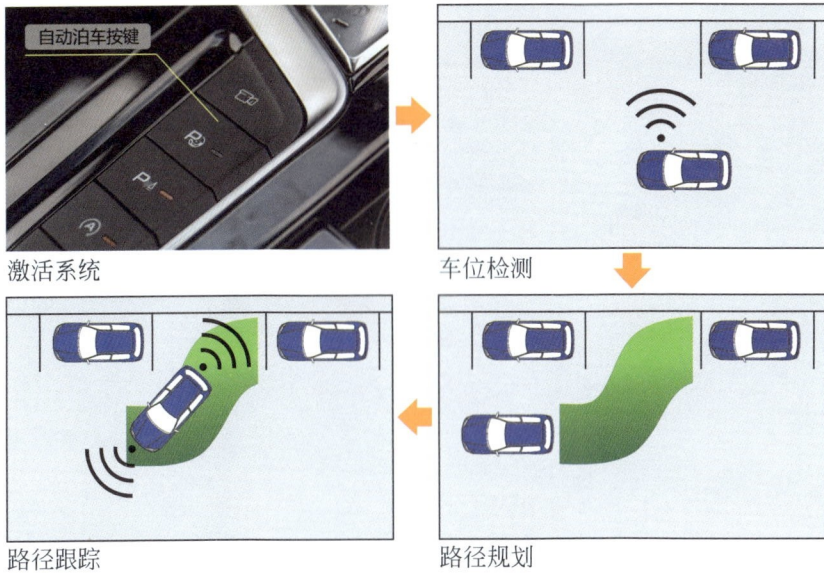

图 6-4-12　自动泊车过程

　　蔚来全自动泊车系统（S-APA）是一种利用超声波雷达探测车辆与路缘、物体以及其他停放车辆间距的辅助停车技术。此系统不仅支持水平车位泊入，也支持垂直车位泊入，如图 6-4-13 所示。当蔚来 ES8 搭载此全自动泊车系统并以低于 15km/h 的速度行驶时，若车辆与目标车位之间的距离处于 0.5～1.5m 范围内，系统将自动对两侧车位进行搜索。一旦系统识别到合适的车位，车辆将自动制动并停止。在确保周边环境安全后，系统将自动将车辆挂入倒车挡，驾驶员只需点击中控屏上方的"开始泊车"按钮，即可启动全自动泊车功能。在此过程中，驾驶员无需进行任何挡位切换或车速控制，车辆将独立完成泊入操作。

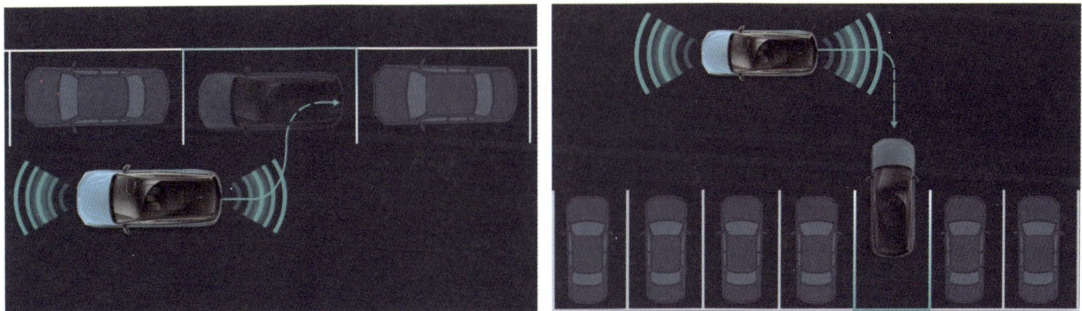

(a) 水平车位泊入　　　　　　　　　　(b) 垂直车位泊入

图 6-4-13　蔚来全自动泊车系统